GÉNÉRALITÉ DE CAEN.

TARIF DES DROITS
DÉPENDANS
DE LA RÉGIE GÉNÉRALE,
DUS DANS LA DIRECTION
DE CAEN.

DROITS SUR LES BOISSONS, A L'ENTRÉE ET AU BRASSAGE, par Muid de 144 Pots.

VILLE DE CAEN.

NATURE DES DROITS, ET RÉGLEMENS QUI LES AUTORISENT.	EAU DE-VIE & Liqueur.	VIN de Liqueur.	VIN ordinaire.	CIDRE.	POIRÉ.	BIERE.
	tt ß $	tt ß $	tt ß $	tt ß $	tt ß $	tt ß $
Ordonnance de 1680, titre 4, article 1er, Anciens & Nouveaux Cinq Sols.......	». ». ».	».14. »	».14. »	». ». ».	». ». ».	». ». ».
Idem, titre 24, art. 1er, titre 27, art. 6, Subvention......................	». ». ».	1. 7. ».	1. 7. ».	».13. 6.	». 6. 9.	».13. 6.
Déclarations du Roi, des 10 Oct. & 31 Déc. 1689, Jauge & Courtage........	2. 5. ».	».15. ».	».15. ».	». 9. ».	». 9. ».	». 9. ».
Edit d'Octobre & Arrêt du Conseil, du 29 Décembre 1705, Inspecteurs.......	1. 10. ».	».10. ».	».10. ».	». 5. ».	». 2. 6.	». 5. ».
Ordonnance de 1680, titre 26, article 1er & 2, Gros, Détail & Augmentation....	26. ». ».	». ». ».	». ». ».	». ». ».	». ». ».	». ». ».
Idem, tit. 26, art. 3, Edit de Déc. 1686, Subvention à l'Entrée & à la Consommation.	10. 16. ».	». ». ».	». ». ».	». ». ».	». ». ».	». ». ».
Idem, tit. 27, art. 1er, Contrôle sur la Biere.	». ». ».	». ». ».	». ». ».	». ». ».	». ». ».	1.10. ».
TOTAL.........	40. 11. ».	3. 6. ».	3. 6. ».	1. 7. 6.	».18. 3.	2.17. 6.
Edit d'Août 1781, Dix Sols pour livre..	20. 5. 6.	1.13. ».	1.13. ».	».13. 9.	». 9. 1½.	1. 8. 9.
Déclaration du 3 Janvier 1759, Droits Réservés..........................	14. 8. ».	6. ». ».	1.10. ».	».10. ».	». 5. ».	».10. ».
Edit d'Août 1781, 10 ß p' tt, modérés à 6 f. par Décision du 29 dudit mois....	4. 6. $4\frac{4}{5}$	1.16. ».	». 9. ».	». 3. ».	». 1. 6.	». 3. ».
TOTAL GÉNÉRAL...	79. 10 $10\frac{4}{5}$	12.15. ».	6. 18. ».	2.14. 3.	1.13.10½	4.19. 3.

BOURGS DE CREULLY, TROUARD, ARGENCES ET VILLERS.

NATURE DES DROITS, ET RÉGLEMENS QUI LES AUTORISENT.	EAU-DE-VIE & Liqueur.	VIN de Liqueur.	VIN ordinaire.	CIDRE.	POIRÉ.	BIERE.
	tt ß ʤ	tt ß ʤ	tt ß ʤ	tt ß ʤ	tt ß ʤ	tt ß ʤ
Ordonnance de 1680, titre 4, article 1er, Anciens & Nouveaux Cinq Sols.......	». ». ».	».14. ».	».14. ».	». ». ».	». ». ».	». ». ».
Idem, titre 24, art. 1er, titre 26, art. 3, titre 27, art. 6, Subvention..............	5. 8. ».	1. 7. ».	1. 7. ».	».13. 6.	». 6. 9.	».13. 6.
Déclarations du Roi, des 10 Oct. & 31 Déc. 1689, Jauge & Courtage.........	2. 5. ».	».15. ».	».15. ».	». 9. ».	». 9. ».	». 9. ».
Edit d'Octobre & Arrêt du Conseil, du 29 Décembre 1705, Inspecteurs..........	1. 10. ».	».10. ».	».10. ».	». 5. ».	». 2. 6.	». 5. ».
TOTAL.......	9. 3. ».	3. 6. ».	3. 6. ».	1. 7. 6.	».18. 3.	1. 7. 6.
Edit d'Août 1781, Dix Sols pour livre..	4. 11. 6.	1.13. ».	1.13. ».	».13. 9.	». 9. 1 1/2.	».13. 9.
Déclaration du Roi, du 3 Janvier 1759, Droits Réservés....................	14. 8. ».	6. ». ».	1. ». ».	».10. ».	». 5. ».	».10. ».
Edit d'Août 1781, 10 ß pr tt, modérés à 6 ß, par Décision du 29 dudit mois..........	4. 6. 4 4/5.	1.16. ».	». 6. ».	». 3. ».	». 1. 6.	». 3. ».
TOTAL GÉNÉRAL...	32. 8. 10 4/5.	12.15. ».	6. 5. ».	2.14. 3.	1.13.10 1/2.	2.14. 3.

BOURG DE CHEUX.

NATURE DES DROITS, ET RÉGLEMENS QUI LES AUTORISENT.	EAU-DE-VIE, & Liqueur.	VIN de Liqueur.	VIN ordinaire.	CIDRE.	POIRÉ.	BIERE.
	tt ß ʤ	tt ß ʤ	tt ß ʤ	tt ß ʤ	tt ß ʤ	tt ß ʤ
Edit d'Octobre & Arrêt du Conseil, du 29 Décembre 1705, Inspecteurs..........	1. 10. ».	».10. ».	».10. ».	». 5. ».	». 2. 6.	». 5. ».
Edit d'Août 1781, Dix Sols pour livre..	».15. ».	». 5. ».	». 5. ».	». 2. 6.	». 1. 3.	». 2. 6.
TOTAL........	2. 5. ».	».15. ».	».15. ».	». 7. 6.	». 3. 9.	». 7. 6.
Lettres Patentes du 22 Avril 1759, Droits Réservés..............................	14. 8. ».	6. ». ».	1. ». ».	».10. ».	». 5. ».	».10. ».
Edit d'Août 1781, 10 ß pr tt, modérés à 6 ß, par Décision du 29 dudit mois..........	4. 6. 4 4/5.	1.16. ».	». 6. ».	». 3. ».	». 1. 6.	». 3. ».
TOTAL GÉNÉRAL...	20. 19. 4 4/5.	8.11. ».	2. 1. ».	1. ». 6.	».10. 3.	1. ». 6.

BOURGS DE SAINT SILVIN, BRETTEVILLE ET EVRECY.

NATURE DES DROITS, ET RÉGLEMENS QUI LES AUTORISENT.	EAU-DE-VIE, & Liqueur.	VIN de liqueur.	VIN ordinaire.	CIDRE.	POIRÉ	BIERE.
	tt ß ꞡ	tt ß ꞡ	tt ß ꞡ	tt ß ꞡ	tt ß ꞡ	tt ß ꞡ
Ordonnance de 1680, titre 4, article 1er, Anciens & Nouveaux Cinq Sols.......	». ». ».	».14. ».	».14. ».	». ». ».	». ». ».	». ». ».
Idem, titre 24, art. 1er, titre 26, art. 3, titre 27, art. 6, Subvention............	5. 8. ».	1. 7. ».	1. 7. ».	».13. 6.	». 6. 9.	».13. 6.
Déclarations des 10 Octobre & 31 Déc. 1689, Jauge & Courtage.............	2. 5. ».	».15. ».	».15. ».	». 9. ».	». 9. ».	». 9. ».
Edit d'Octobre & Arrêt du Conseil du 29 Déc. 1705, Inspecteurs.............	1. 10. ».	».10. ».	».10. ».	». 5. ».	». 2. 6.	». 5. ».
TOTAL...........	9. 3. ».	3. 6. ».	3. 6. ».	1. 7. 6	».18. 3.	1. 7. 6.
Edit d'Août 1781, Dix Sols pour livre.	4. 11. 6.	1.13. ».	1.13. ».	».13. 9.	». 9. 1½.	».13. 9.
TOTAL GÉNÉRAL....	13. 14. 6.	4.19. ».	4.19. ».	2. 1. 3.	». 7. 4½.	2. 1. 3.

BOURGS DE LA DÉLIVRANCE, COLLEVILLE ET CLINCHAMPS.

NATURE DES DROITS, ET RÉGLEMENS QUI LES AUTORISENT.	EAU-DE-VIE & Liqueur.	VIN de Liqueur.	VIN ordinaire.	CIDRE.	POIRÉ.	BIERE.
	tt ß ꞡ	tt ß ꞡ	tt ß ꞡ	tt ß ꞡ	tt ß ꞡ	tt ß ꞡ
Edit d'Octobre & Arrêt du Conseil du 29 Décembre 1705, Inspecteurs.........	1. 10. ».	».10. ».	».10. ».	». 5. ».	». 2. 6.	». 5. ».
Dix Sols pour livre, Edit d'Août 1781..	». 15. ».	». 5. ».	». 5. ».	». 2. 6.	». 1. 3.	». 2. 6.
TOTAL...........	2. 5. ».	».15. ».	».15. ».	». 7. 6.	». 3. 9.	». 7. 6.

OBSERVATION GENÉRALE.

Les Nobles sont exempts, pour leur consommation seulement, sur les Boissons provenant de leur crû, & les Ecclésiastiques sur celles du crû de leurs Bénéfices; les premiers, de la Subvention; les seconds de la Subvention, des Nouveaux Cinq Sols, de la Jauge-Courtage & des Droits Réservés, en se conformant aux formalités prescrites par les Réglemens.

DROIT DE 6tt 15ß SUR L'EAU-DE-VIE DE VIN, par Muid de 144 Pots.

	tt ß ꞡ
Ordonnance de 1680, titre 26, article premier.................................	6. 15. ».
Edit d'Août 1781, Dix Sols pour livre.................................	3. 7. 6.
TOTAL.............	10. 2. 6.

Le Droit de 6tt 15ß est dû sur l'Eau-de-vie de Vin, à l'Entrée des lieux sujets, & à l'Arrivée, dans les lieux non sujets, lorsqu'il n'est pas justifié qu'il a été acquitté en route ou aux premiers Bureaux de passage, Edit de Décembre 1686, Lettres Patentes du 28 Juin 1722.

L'Eau-de-vie rectifiée & l'Esprit-de-Vin sont assujettis, par la Déclaration du Roi, du 9 Décembre 1687, à payer, savoir, l'Eau-de-vie rectifiée, le double, l'Esprit-de-Vin le triple des Droits de 6tt 15ß & de Subvention; & ces Liqueurs paient les autres Droits comme l'Eau-de-vie simple.

DROIT DE CONTRÔLE SUR LA BIERE,

par Muid de 144 Pots.

	tt	ß	g
Ordonnance de 1680, titre 27, article premier...........................	1.	10.	».
Edit d'Août 1781, Dix Sols pour livre...........................	».	15.	».
TOTAL.............	2.	5.	».

Nota. Le Droit de Contrôle sur la Biere, est dû dans les Brasseries, en tous les lieux où elle se façonne; Ordonnance citée ci-dessus.

DROITS A LA SORTIE DU ROYAUME,

par Muid de Vin, de 144 Pots.

NATURE DES DROITS, ET RÉGLEMENS QUI LES AUTORISENT.	VIN.		
	tt	ß	g
Ordonnance de 1680, titre 4, article 16, Anciens & Nouveaux Cinq Sols	».	14.	».
Edit d'Août 1781, Dix Sols pour livre...........................	».	7.	».
TOTAL...........	1.	1.	».

Nota. Il se perçoit aussi à la sortie du Royaume, des Droits de Jauge & Courtage sur le Vin & l'Eau-de-vie, avec les Dix Sols pour livre; mais ils ont été réunis à la Ferme générale.

DROITS DE GROS.

Par l'Arrêt du Conseil, du 13 Mars 1753, les Vins destinés pour être consommés dans la Province de Normandie, étant exempts des Droits de Gros au passage, ces Droits sont dûs, lorsqu'ils s'enlevent de Normandie, pour aller à l'Etranger, ou dans une autre Province; ils consistent dans le vingtieme du prix de la vente, l'augmentation de 16 ß 3 g, le Droit de Courtage de 10 ß par Muid, & les Dix Sols pour livre de l'Edit d'Août 1781.

EXEMPLE, pour du Vin vendu 150 liv. le Muid de 144 Pots.

	tt	ß	g	tt	ß	g		tt	ß	g
Gros ou Vingtieme........................	7.	10.	».	8.	16.	3.	».	13.	4.	4. $\frac{1}{2}$.
Augmentation........................	».	16.	3.							
Courtage........................	».	10.	».							
Edit d'Août 1781, Dix Sols pour livre........................				4.	8.	1. $\frac{1}{2}$.				

DROITS A LA VENTE ET REVENTE DES BOISSONS,
SOUS LA DÉNOMINATION DE COURTIERS-JAUGEURS,
dans les Paroisses de la Direction, dépendantes des Généralités ci-après: SAVOIR;

GÉNÉRALITÉ DE CAEN.

BOISSONS.	RÉGLEMENS qui autorisent la perception DES DROITS.	1er ENLEVEMENT. Quotité de chaque Droit.	1er ENLEVEMENT. Total par nature de Boissons.	2e ENLEVEMENT. Quotité de chaque Droit.	2e ENLEVEMENT. Total par nature de Boissons.
		tt ß ꝗ	tt ß ꝗ	tt ß ꝗ	tt ß ꝗ
EAU-DE-VIE, par Baril de 28 à 29 Veltes..	Tarif du 16 Juin 1722, Courtiers-Jaugeurs....................	». 18. ».	1. 7. ».	». 9. ».	».13. 6.
	Edit d'Août 1781, Dix Sols p^r liv.	». 9. ».		». 4. 6.	
LIQUEUR, par Muid de 144 Pots........	Tarif du 16 Juin 1722, Courtiers-Jaugeurs....................	1. 18. ».	2.17. ».	1. 10. ».	2. 5. ».
	Edit d'Août 1781, Dix Sols p^r liv.	». 19. ».		». 15. ».	
VIN, par Muid de 144 Pots ou demi-queue...	Tarif du 16 Juin 1722, Courtiers-Jaugeurs....................	». 9. ».	». 13. 6.	». 5. ».	». 7. 6.
	Edit d'Août 1781, Dix Sols p^r liv.	». 4. 6.		». 2. 6.	
CIDRE, POIRÉ & BIERE, par M^d de 144 Pots	Tarif du 16 Juin 1722, Courtiers-Jaugeurs....................	». 4. 6.	». 6. 9.	». 2. 6.	». 3. 9.
	Edit d'Août 1781, Dix Sols p^r liv.	». 2. 3.		». 1. 3.	

GÉNÉRALITÉ D'ALENÇON.

BOISSONS.	RÉGLEMENS qui autorisent la perception DES DROITS.	1er ENLEVEMENT. Quotité des Droits.	1er ENLEVEMENT. TOTAL.	2e ENLEVEMENT. Quotité des Droits.	2e ENLEVEMENT. TOTAL.
		tt ß ꝗ	tt ß ꝗ	tt ß ꝗ	tt ß ꝗ
EAU-DE-VIE, par Baril de 28 à 29 Veltes...	Tarif de 1696, Courtiers-Jaugeurs.	».18. ».	1. 7. ».	».10. ».	».15. ».
	Edit d'Août 1781, Dix Sols p^r liv.	». 9. ».		». 5. ».	
LIQUEUR, par Muid de 144 Pots........	Tarif de 1696, Courtiers-Jaugeurs.	1.18. ».	2.17. ».	1.10. ».	2. 5. ».
	Edit d'Août 1781, Dix Sols p^r liv.	».19. ».		».15. ».	
VIN, par Muid de 144 Pots ou demi-queue...	Tarif de 1696, Courtiers-Jaugeurs.	». 9. ».	».13. 6.	». 5. ».	». 7. 6.
	Edit d'Août 1781, Dix Sols p^r liv.	». 4. 6.		». 2. 6.	
CIDRE, POIRÉ & BIERE, par M^d de 144 Pots	Tarif de 1696, Courtiers-Jaugeurs.	». 4. 6.	». 6. 9.	». 2. 6.	». 3. 9.
	Edit d'Août 1781, Dix Sols p^r liv.	». 2. 3.		». 1. 3.	

GÉNÉRALITÉ DE ROUEN.

BOISSONS.	RÉGLEMENS qui autorisent la perception DES DROITS.	1er ENLEVEMENT.		2e ENLEVEMENT.	
		Quotité des Droits.	TOTAL.	Quotité des Droits.	TOTAL.
		tt ß ₰	tt ß ₰	tt ß ₰	tt ß ₰
EAU-DE-VIE, par Baril de 28 à 29 Veltes...	Tarif de 1696, Courtiers-Jaugeurs.	1.10. 8.	2. 6. ».	1. ». ».	1.10. ».
	Edit d'Août 1781, Dix Sols pr liv.	».15. 4.		».10. ».	
LIQUEUR, par Muid de 144 Pots......	Tarif de 1696, Courtiers-Jaugeurs	1.18. ».	2.17. ».	1.10. ».	2. 5. ».
	Edit d'Août 1781, Dix Sols pr liv.	».19. ».		».15. ».	
VIN, par Muid de 144 Pots ou demi-queue...	Tarif de 1696, Courtiers-Jaugeur	». 6. 6.	». 9. 9.	». 2. 6.	». 3. 9.
	Edit d'Août 1781, Dix Sols pr liv.	». 3. 3.		». 1. 3.	
CIDRE, POIRÉ & BIERE, par Md de 144 Pots	Tarif de 1696, Courtiers-Jaugeurs	». 3. 3.	». 4.10½.	». 1. 3.	». 1.10½.
	Edit d'Août 1781, Dix Sols pr liv.	». 1. 7½.		». ». 7½.	

DROITS DUS A LA VENTE EN DÉTAIL DES BOISSONS, dans toute l'étendue de la Direction de CAEN, excepté ladite Ville, où les Droits sur l'Eau-de-vie se paient à l'Entrée, par Muid de 144 Pots.

NATURE DES DROITS, ET RÉGLEMENS QUI LES AUTORISENT.	Eau-de-vie, à 3 livres le Pot.	VIN, à 1 sol la Pinte.	CIDRE, à 6 deniers la Pinte.	POIRÉ, à 6 deniers la Pinte.	BIERE, à 12 sols le Pot.
	₶ ß ₰	₶ ß ₰	₶ ß ₰	₶ ß ₰	₶ ß ₰
Le Quatrieme sur l'Eau-de-vie est le tiers du prix de la Vente, Edit de Décembre 1686	144. ». ».	». ». ».	». ». ».	». ». ».	». ». ».
Le 4me sur les Vins, Cidre & Poiré, est réduit au 5me, Ordonn. de 1680, titre 14, article premier & deuxieme	». ». ».	3. 18. ».	1. 18. ».	1. 18. ».	». ». ».
Le Quatrieme sur la Biere est le quart du Prix de la Vente, Parisis, sol & six deniers, Ordonnance de 1680, titre 27, article 6.	». ». ».	». ». ».	». ». ».	». ». ».	29. 1. 3.
Edit d'Août 1781, Dix Sols pour livre, modérés à Huit Sols, par Décision du 29 dudit mois	57. 12. ».	1. 11. 2 2/5.	». 15. 2 2/5.	». 15. 2 2/5.	11. 12. 6.
TOTAL	201. 12. ».	5. 9. 2 2/5.	2. 13. 2 2/5.	2. 13. 2 2/5.	40. 13. 9.
Subvention à la Consommation, Ordonnance de 1680, titre 26, art. 3, pour l'Eau-de-vie, titre 23, art. 1er & 2, pour les Vins, Cidre & Poiré, & titre 27, art. 6, pour la Biere.	5. 8. ».	1. 7. ».	». 13. 6.	». 6. 9.	». 13. 6.
Déclaration du 10 Octobre 1689, Jauge & Courtage	2. 5. ».	». 15. ».	». 9. ».	». 9. ».	». 9. ».
TOTAL	7. 13. ».	2. 2. ».	1. 2. 6.	». 15. 9.	1. 2. 6.
Edit d'Août 1781, Dix Sols pour livre	3. 16. 6.	1. 1. ».	». 11. 3.	». 7. 10 1/2.	». 11. 3.
Total de la Subvention, Jauge & Courtage, & Dix Sols pour livre	11. 9. 6.	3. 3. ».	1. 13. 9.	1. 3. 7 1/2.	1. 13. 9.
Rapport du 4eme & Huit Sols pour livre	201. 12. ».	5. 9. 2. 2/5	2. 13. 2 2/5.	2. 13. 2 2/5.	40. 13. 9.
TOTAL GÉNÉRAL	213. 1. 6.	8. 12. 2 2/5	4. 6. 11 2/5	3. 16. 9 9/10	42. 7. 6.

Nª Lorsque le Vin est vendu plus d'un sol la Pinte, les Droits de Quatrieme sont augmentés, à raison de 3 ₶ 18 ß pour chaque sol; & lorsque les Cidre & Poiré sont aussi vendus plus de 6 ₰ la Pinte, les Droits sont augmentés à raison de 6 ß par chaque denier, Réglemens ci-dessus cités.

Il est encore à observer que les Droits de Jauge & Courtage au Détail, ne se perçoivent dans aucun des lieux où ils sont payés à l'Entrée.

DROITS A LA VENTE EN DÉTAIL DES BOISSONS,

DANS LA VILLE DE CAEN,

par Muid de 144 Pots.

NATURE DES DROITS, ET RÉGLEMENS QUI LES AUTORISENT.	VIN, à 1 sol la Pinte.	CIDRE, à 6 deniers la Pinte.	POIRÉ, à 6 deniers la Pinte.	BIERE, à 12 sols le Pot.
	tt ß ₰	tt ß ₰	tt ß ₰	tt ß ₰
Le Quatrieme sur le Vin, Cidre & Poiré, est réduit au Cinquieme, Ordonnance de 1680, titre 14, art. 1er & 2.	3. 18. ».	1. 18. ».	1. 18. ».	». ». ».
Le quatrieme sur la Biere, est le quart du Prix de la Vente, avec Parisis, Sol & Six deniers; Ordonnance de 1680, titre 27, article 6	». ». ».	». ». ».	». ». ».	29. 1. 3.
Edit d'Août 1781, Dix Sols pour livre, modérés à Huit Sols, par Décision du 29 dudit mois	1. 11. 2 2/5	». 15. 2 2/5	». 15. 2 2/5.	11. 12. 6.
TOTAL	5. 9. 2 2/5.	2. 13. 2 2/5.	2. 13. 2 2/5.	40. 13. 9.
Ordonnance de 1680, titre 23, art. 1er & 2, titre 27, art. 6. Subvention à la Consommation	1. 7. ».	». 13. 6.	». 6. 9.	». 13. 6.
Edit d'Août 1781, Dix Sols pour livre	». 13. 6.	». 6. 9.	». 3. 4 1/2.	». 6. 9.
TOTAL GÉNÉRAL	7. 9. 8 2/5	3. 13. 5 2/5	3. 3. 3 9/10	41. 14. ».

Les Droits de Détail, expliqués dans les Tableaux précédens, sont également dûs sur les Boissons arrivant & transportées en Bouteilles, ou autres vaisseaux, au dessous de soixante-douze Pintes, mesure de Paris, Lettres Patentes du 25 Mai 1728, aux exceptions y portées, & qui tombent sur le Vin de Liqueur venant en Caisses, les Vins de Champagne gris, arrivant en panier de cent Bouteilles, en destination pour la Province; les Vins en paniers de 50 Bouteilles, en destination pour l'Etranger, & les Vins en Bouteilles, pour la provision des Personnes qui vont aux Eaux de Forges, & de celles qualifiées, qui vont passer quelque tems dans leurs Terres; le tout en se conformant aux formalités prescrites par lesdites Lettres Patentes.

Les Eaux-de-vie transportées en Barils au-dessous de soixante Pintes, sont aussi assujetties aux Droits de Détail, Lettres Patentes du 24 Août 1728. Ces Droits sont encore dus par les Bouilleurs & Marchands d'Eau-de-vie en gros, sur les manquans à leur charge, déduction faite du 21e pour 20, Lettres Patentes citées ci-dessus; & les Soumissionnaires d'Eau-de-vie sont assujettis au paiement du double desdits Droits sur les Eaux-de-vie pour lesquelles ils ne rapportent pas dans les trois mois, Certificat d'arrivée; Lettres Patentes des 7 Juin 1727, & 2 Mars 1728.

DROIT ANNUEL.

		tt ß ₰	tt ß ₰
Dans les Villes	Ordonnance de 1680, titre 29, art. 1er	8. ». ».	12. ». ».
	Edit d'Août 1781, Dix Sols pour livre	4. ». ».	
Dans les autres Lieux	Ordonnance de 1680, titre 29, art. 1er	6. 10. ».	9. 15. ».
	Edit d'Août 1781, Dix Sols pour livre	3. 5. ».	

Ce Droit est dû par tous les Marchands en gros, Bouilleurs, Brasseurs, Cabaretiers, Taverniers & autres vendans en detail.

Les Détailleurs de Biere ne doivent que la moitié de l'Annuel, Ordonnance de 1680, titre 29, article 7.

DROITS SUR LES BESTIAUX, A L'ENTRÉE ET AU MASSACRE.

VILLE DE CAEN.

NATURE DES DROITS, ET RÉGLEMENS QUI LES AUTORISENT.	Bœuf & Vache.	Veau & Genisse.	Mouton, Brebis & Chevre.	Porc.	Livre de Viande.
	tt ß ₰	tt ß ₰	tt ß ₰	tt ß ₰	tt ß ₰
Edit de Février 1704, Inspecteurs	3. ». ».	». 12. ».	». 4. ».	». ». ».	». ». 2.
Edit d'Août 1781, Dix Sols pour livre	1. 10. ».	». 6. ».	». 2. ».	». ». ».	». ». 1.
TOTAL	4. 10. ».	». 18. ».	». 6. ».	». ». ».	». ». 3.
Déclaration du 3 Janvier 1759, Droits Réservés	2. ». ».	». 13. 4.	». 5. ».	». 13. 4.	à proport.
Edit d'Août 1781, Dix Sols pour livre, modérés à Six Sols, par Décision du 29 dudit mois	». 12. ».	». 4. ».	». 1. 6.	». 4. ».	*Idem.*
TOTAL GÉNÉRAL	7. 2. ».	1. 15. 4.	». 12. 6.	». 17. 4.	

BOURGS DE CREULLY, TROUARD, ARGENCES, VILLERS ET CHEUX.

NATURE DES DROITS, ET RÉGLEMENS QUI LES AUTORISENT.	Bœuf & Vache.	Veau & Genisse.	Mouton, Brebis & Chevre.	Porc.	Livre de Viande.
	tt ß ₰	tt ß ₰	tt ß ₰	tt ß ₰	tt ß ₰
Edit de Février 1704, Inspecteurs	2. ». ».	». 12. ».	». 4. ».	». ». ».	». ». 2.
Edit d'Août 1781, Dix Sols pour livre	1. ». ».	». 6. ».	». 2. ».	». ». ».	». ». 1.
TOTAL	3. ». ».	». 18. ».	». 6. ».	». ». ».	». ». 3.
Déclaration du 3 Janvier 1759, Droits Réservés	1. ». ».	». 6. 8.	». 3. ».	». 6. 8.	à proport.
Edit d'Août 1781, Dix Sols pour livre, modérés à Six Sols, par Décision du 29 dudit mois	». 6. ».	». 2. ».	». ». 10 4/5	». 2. ».	*Idem.*
TOTAL GÉNÉRAL	4. 6. ».	1. 6. 8.	». 9. 10 4/5.	». 8. 8.	

DROITS DUS SUR LES BESTIAUX, A L'ENTRÉE ET AU MASSACRE, DANS LES BOURGS DE LA DELIVRANCE, COLLEVILLE, SAINT SILVIN, BRETTEVILLE-SUR-L'AIZE, CLINCHAMPS ET EVRECY; par les Bouchers, Maîtres & fils de Maîtres, avant l'Abattis, & par tous les autres Bouchers, à la Vente hors domicile.

NATURE DES DROITS, ET RÉGLEMENS QUI LES AUTORISENT.	Bœuf & Vache.	Veau & Genisse.	Mouton, Brebis & Chevre.	Livre de Viande.
	tt ß ₰	tt ß ₰	tt ß ₰	tt ß ₰
Edit de Février 1704, Inspecteurs	2. ». ».	». 12. ».	». 4. ».	». ». 2.
Edit d'Août 1781, Dix Sols pour livre	1. ». ».	». 6. ».	». 2. ».	». ». 1.
TOTAL	3. ». ».	». 18. ».	». 6. ».	». ». 3.

PIED-FOURCHÉ.

NATURE DES DROITS, ET RÉGLEMENS QUI LES AUTORISENT.	Cheval ou Jument.	Bœuf ou Vache.	Porc.	Mouton.
	tt ß $\mathcal{S}$	tt ß $\mathcal{S}$	tt ß $\mathcal{S}$	tt ß $\mathcal{S}$
Edit de Mars & Arrêt du Confeil de 1663................	». 3. ».	». 2. ».	». 1. ».	». ». 6.
Edit d'Août 1781, Dix Sols pour livre.....................	». 1. 6.	». 1. ».	». ». 6.	». ». 3.
TOTAL..................	». 4. 6.	». 3. ».	». 1. 6.	». ». 9.

Nota. Ce Droit eft dû dans toutes les Foires & Marchés qui fe tiennent dans les Paroiffes de l'étendue du Bailliage du Cotentin, ou dépendantes de l'ancien Reffort d'icelui.

DROITS RÉSERVÉS SUR LES BOIS ET FOINS, DANS LA VILLE DE CAEN.

NATURE DES DROITS, ET RÉGLEMENS QUI LES AUTORISENT.	Voiture à trois Chevaux.	Voiture à deux Chevaux.	Voiture à un Cheval.	Somme de Cheval.	Somme d'Afne.
	tt ß $\mathcal{S}$	tt ß $\mathcal{S}$	tt ß $\mathcal{S}$	tt ß $\mathcal{S}$	tt ß $\mathcal{S}$
Déclaration du Roi, du 3 Janvier 1759, & Arrêt du Confeil du 15 Septembre 1776..........	».10. ».	». 7. 6.	». 5. ».	». 1. ».	». ». 6.
Edit d'Août 1781, Dix Sols pour livre, modéré à Six Sols, par Décifion du 29 du même mois..	». 3. ».	». 2. 3.	». 1. 6.	». ». $3\frac{1}{5}$.	». ». $1\frac{4}{5}$.
TOTAL..........	».13. ».	». 9. 9.	». 6. 6.	». 1. $3\frac{1}{5}$.	». ». $7\frac{4}{5}$.

Au deffus de trois Chevaux, chaque Cheval augmente le Droit à proportion, & il n'y a de Bois exempts, que ceux défignés dans les Lettres Patentes du 4 Août 1778, qui font les Bourrées & Fagots fans paremens, d'Epines, Ronces, Fuines, &c.

SOL POUR LIVRE SUR LE POISSON DE MER, FRAIS, SEC ET SALÉ.

Par Edit de 1543 & autres Réglemens fubféquens, il eft dû fur le Poiffon de mer venant de l'Étranger ou de pêche Françoife, lorfque ce dernier n'eft pas vendu par le Propriétaire, le Vingtieme du prix de la vente, ou Sol pour livre, & les Dix Sols pour livre de l'Edit d'Août 1781.

Il faut en excepter le Poiffon que les Pêcheurs & Mariniers ont eux-mêmes pêché, qu'il leur eft permis de vendre ou faire vendre par leurs femmes & enfans, fans être obligés de fe fervir du miniftere des Vendeurs, ni de payer le Sol pour livre; Arrêt du Confeil du 31 Mars 1711, portant Réglement, & du 7 Juin 1763.

Il faut en excepter auffi les Morues, Harengs & tous Poiffons falés, que les Marchands, Maîtres de Navires, & autres, faifant le commerce de la pêche, ont pêchés, ou fait pêcher fur des Vaiffeaux expédiés des Ports de Normandie & Picardie, qu'ils vendent eux-mêmes, ou font vendre, à leur retour de la pêche, par leurs Affociés, Matelots & autres gens de l'équipage des Vaiffeaux qui y ont été employés, lefquels font pareillement déchargés du Sol pour livre; & ce, fans diftinction des parts & portions appartenantes à chacun des Particuliers intéreffés ou employés à ladite pêche; Arrêt du Confeil & Lettres Patentes du 5 Décembre 1690; autre Arrêt, du 31 Mars 1711.

OCTROIS MUNICIPAUX SUR LES TAN ET CARREAUX,
ENTRANS DANS LA *VILLE* DE *CAEN*.

NATURE DES DROITS, ET RÉGLEMENS QUI LES AUTORISENT.	*TAN,* la Charretée.	*TAN,* la Somme de Cheval.	Carreaux, la Charretée.
	tt ß ₰	tt ß ₰	tt ß ₰
Lettres Patentes du 2 Août 1777, Octrois Municipaux..........	1. ». ».	». 2. 6.	». 5. ».
Edit d'Août 1781, Dix Sols pour livre....................	». 10. ».	». 1. 3.	». 2. 6.
TOTAL..............	1. 10. ».	». 3. 9.	». 7. 6.

DROITS SUR LES HUILES,
A LA FABRICATION.

RÉGLEMENS.	NATURE DES HUILES.	Principal.	Dix Sols pour livre.	TOTAL.
		tt ß ₰	tt ß ₰	tt ß ₰
Déclaration du Roi, du 21 Mars 1716, Edit du mois d'Août 1781, pour le Doublement des Droits & les Dix Sols pour livre.	Par livre pesant d'Huile de Poisson, d'Olives, d'Amendes, de Noix & autres Fruits........	». 1. ».	». ». 6.	». 1. 6.
	Par livre d'Huile de Térébenthine, Lin, Chenevis, Rabette, Navette & autres Graines.........	». ». 6.	». ». 3.	». ». 9.
	Par livre d'Huile d'Essence, & autres de plus grande valeur que celles sujettes au Droit d'un Sol...............................	». 2. ».	». 1. ».	». 3. ».
	Si le Droit principal est de plus de 3 tt, il est dû pour l'acquit...............................	». 5. ».	». 2. 6.	». 7. 6.
	S'il n'est que de 3 tt, ou d'une moindre somme, jusqu'à vingt sols inclusivement, le Droit d'Acquit est de...............................	». 2. ».	». 1. ».	». 3. ».

Nota. Le Droit d'Acquit n'a pas lieu, lorsque le Droit principal est au-dessous de Vingt Sols.

DROITS SUR LES CUIRS ET PEAUX,

Établis par Edit du mois d'Août 1759, Arrêts du Conseil des 28 Juin & 13 Novembre 1760, sujets aux Dix Sols pour livre de l'Édit d'Août 1781.

OBJETS SUJETS AUX DROITS.	CUIRS ET PEAUX, *à la Fabrication.*			CUIRS ET PEAUX, *à l'Exportation.*			CUIRS & Peaux, à l'Importation.
	Principal.	Dix Sols pour livre.	TOTAL.	Principal.	Dix Sols pour livre.	TOTAL.	
	tt ß ₰	tt ß ₰	tt ß ₰	tt ß ₰	tt ß ₰	tt ß ₰	
Cuirs de Bœufs & Vaches, à fort & à œuvre; Peaux de Veaux, Moutons, Agneaux, Chevreaux, Porcs & Sangliers, tannés & apprêtés en toutes sortes d'apprêts, la livre pesant........	». 2. ».	». 1. ».	». 3. ».	....	....	....	10 pr % de leur valeur.
Chevaux, Mulets, & Asnes, *id.*	». 1. ».	». ». 6.	». 1. 6.	....	....	....	
Cerfs, Elans & Orignaux, *id.*.	». 6. ».	». 3. ».	». 9. ».	....	....	....	
Boucs & Chevres, *idem*.......	». 4. ».	». 2. ».	». 6. ».	....	....	....	
Chamois, Dains & Chevreuils, *idem*..............	». 10. ».	». 5. ».	». 15. ».	....	....	....	
Toutes Peaux non dénommées ci-dessus, dix pour cent de leur valeur....................	*Mémoire*.	....	....	....	....	....	
Cuirs de Bœufs & Vaches, en verd, & en demi-apprêt, passant à l'Etranger, la piece....	....	....	....	6. ». ».	3. ». ».	9. ». ».	
Peaux de Veaux, *idem*, la piece....................	....	....	....	1. ». ».	». 10. ».	1. 10. ».	
Peaux de Moutons, *idem*, la piece....................	....	....	....	». 10. ».	». 5. ».	». 15. ».	

Les Deux tiers du principal des Droits sur les Cuirs apprêtés, sont rembourfés, lorsque les Cuirs passent à l'Etranger, en remplissant les formalités prescrites par les Réglemens.

DROITS SUR LA MARQUE D'OR ET D'ARGENT.

RÉGLEMENS.	OBJETS sujets aux Droits.	PRINCIPAL.	DIX SOLS pour livre.	TOTAL.
		tt ß ₰	tt ß ₰	tt ß ₰
Ordonnance de 1681, tit. 2, art. 1er, & Edit de Mai 1723, pour le Principal.	Or, par marc........	33. 12. ».	16. 16. ».	50. 8. ».
Édit d'Août 1781, pour les Dix Sols pour livre.	Argent, par marc.....	2. 16. ».	1. 8. ».	4. 4. ».

DROITS SUR L'AMIDON.

NATURE DES DROITS, ET RÉGLEMENS QUI LES AUTORISENT.	AMIDON, à la Fabrication, par Muid.	AMIDON, Poudre à poudrer, venant de l'Etranger, par livre pesant.
	tt ß &	tt ß &
Edit de 1771, & Arrêt du Conseil du 10 Décembre 1778......	7. 10. ".	". 4. ".
Edit d'Août 1781, Dix Sols pour livre......................	3. 15. ".	". 2. ".
TOTAL.........	11. 5. ".	". 6. ".

DROITS SUR LES CARTES A JOUER.

RÉGLEMENS.	DÉNOMINATION de chaque espece de Jeu, & Nombres de Cartes dont ils sont composés.	Intérieur & extérieur du Royaume. Principal à un den. par Carte.	Dix Sols pour livre	TOTAL.
		tt ß &	tt ß &	tt ß &
Déclaration du Roi, du 3 Janvier 1751, pour le principal; & Edit d'Août 1781, pour les 10 s. pour liv.	Entieres, à 52 Cartes..............................	". 4. 4.	". 2. 2.	". 6. 6.
	Comete, à 48 *idem*..............................	". 4. ".	". 2. ".	". 6. ".
	Quadrille, à 40 *idem*..............................	". 3. 4.	". 1. 8.	". 5. ".
	Piquet, à 32 *idem*..............................	". 2. 8.	". 1. 4.	". 4. ".
	Piquet, à 36 *idem*..............................	". 3. ".	". 1. 6.	". 4. 6.
	Try, à 30 *idem*..............................	". 2. 6.	". 1. 3.	". 3. 9.
	Brelan, à 28 *idem*..............................	". 2. 4.	". 1. 2.	". 3. 6.

Nota. Les Cartes destinés pour l'Etranger, ne paient, par modération & Décision du Conseil, que 6 deniers par Jeu indistinctement, en justifiant de leur sortie du Royaume.

OFFICES SUPPRIMÉS,

Édit de Janvier, & Arrêt du Conseil, du 16 Avril 1697.

NOMS DES LIEUX.	NATURE DES OFFICES.		DROITS attribués à chaque Office.
			tt ß &
CAEN........... VILERS......... ÉVRECY.......	*Mesureurs de Grains.*	Pour 18 liv. 5 onces pesant, de Bled, Seigle ou Farine..	". ". 2.
		Par Boisseau d'autres Grains, sur le pied & à proportion de la Mesure de Paris.....	". ". 1.

DROITS SUR LES QUITTANCES TIMBRÉES,

POUR LA RÉGIE ET POUR LES PARTIES ÉTRANGERES.

	tt	ß	§
Ordonnance de 1680, titre 33, Déclaration de 1690, Edit de 1748, Déclaration de 1771, & Lettres Patentes de 1780, par Quittance de cinq sols, & au-dessus..	».	».	10.
Edit d'Août 1781, Dix Sols pour livre..	».	».	5.
TOTAL............	».	1.	3.

Nota. Les frais de Timbre pour les Congés & Expéditions qui ne sont point des Quittances de Droits, sont dûs; Ordonnance de 1681, titre commun, art. 16, Déclaration de 1771, & Lettres Patentes de 1780, article 10.

OBSERVATION GÉNÉRALE.

Les articles de Droits qui, payés séparément, ne forment pas une somme de 6 deniers, ne doivent pas de Sols pour livre.

OCTROIS MUNICIPAUX.

Les Octrois Municipaux prorogés par le Tarif annexé aux Lettres Patentes du 2 Août 1777, consistans aux Quatre Sols pour livre du principal des Droits d'Octroi de la Ville, sont dûs dans la Ville de Caen, sur les Boissons, Bestiaux, Denrées & Marchandises sujettes auxdits Droits d'Octroi, ainsi que les Dix Sols pour livre desdits Octrois Municipaux.

OCTROI DE VILLE.

Les Droits de premiere moitié d'Octroi sont aussi dûs dans la Ville de Caen, sur les Boissons, Bestiaux, Denrées & Marchandises y sujettes, ainsi que les Dix Sols pour livre desdits Droits & de ceux appartenans à la Ville.

Renvoyé, pour les Droits ci-dessus, au Tarif particulier de la Ville.

DÉNOMINATION DES PARTIES ÉTRANGERES A LA RÉGIE, dont les Dix Sols pour livre sont dus au Roi, sur le principal des Droits.

NOMS DES LIEUX.	DÉNOMINATION DES DROITS.	
VILLE DE CAEN.......	Le Droit d'Hôpital..... La Coutume........... Poids-le-Roi........... Mesureurs de Charbon... Mesureurs de Verdage...	Appartenans à différens Particuliers.
	Droit Patrimonial.. .... Deuxieme moitié d'Octroi. Dix Huit den. pour livre.	Appartenans à la Ville.

De l'Imprimerie de LAMESLE, Imprimeur des Fermes du Roi, au Bureau général des Aides, Hôtel de Bretonvilliers, Isle Saint Louis. 1781.

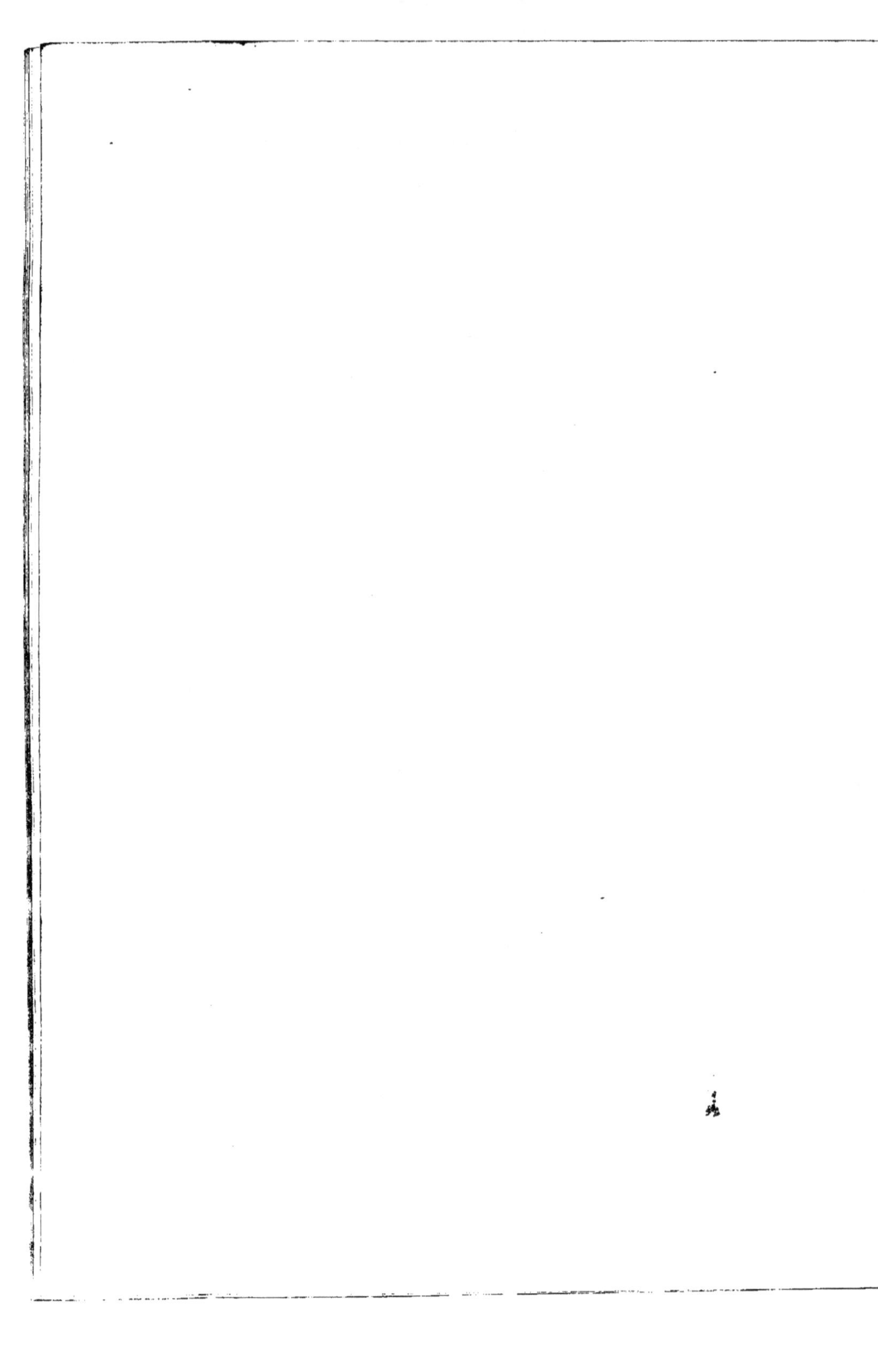

TARIF
DES DROITS
D'OCTROI,

UE LE ROI EN SON CONSEIL, veut & ordonne être payés dans la Ville, Fauxbourgs & Lieux dépendans de la Bourgeoisie de Caen, par tous Bourgeois & Habitans exempts & non exempts, Privilégiés & non Privilégiés, conformément à l'Arrêt du Conseil du 8 Janvier 1718, & à commencer du premier dudit mois de Janvier 1718, autorisé & confirmé par autre Arrêt du Conseil du premier Août 1719, & Lettres Patentes données en conséquence, audit mois d'Août, registrées, tant en la Cour des Comptes, Aides & Finances de Normandie, qu'au Greffe de l'Hôtel commun de la Ville de Caen.

DÉNOMINATION

DES MARCHANDISES ET DENRÉES

SUJETTES AUX DROITS.

OCTROI à l'Entrée, Braſſage & Paſſe-de-bout, compris l'Aide de Ville, ſur les Eau-de-vie, Cidre, Poiré, Fruits, Biere & autre Liqueurs.

Pour chaque Barique de Vin, contenant cent vingt Pots, onze livres dix ſols........

Pour chaque Barique de Vin rouge, du crû du Pays, de continence de cent vingt-quat trois livres..

Pour chaque Tonneau de Cidre, Poiré, Vin blanc du Pays, dit *Vin-huet*, contenant c vingt-quatre pots, quatre livres quatre ſols....................................

Dont les Nobles ne paieront que trois livres douze ſols, parce qu'ils ne ſont ſujets moitié de l'Aide de Ville ....

Pour chaque Pipe de Cidre ou Poiré, contenant deux cens ſoixante pots, braſſé dans la Fauxbourgs de Caen, trente ſols...

Pour chaque Tonneau de Biere, groſſe ou petite, ou Cervoiſe, contenant cinq cens ving braſſée en la Ville & Fauxbourgs de Caen, deux livres..............................

Pour chaque Tonneau de Biere, ou Cervoiſe, de pareille continence, venant de trois livres...

Pour chaque Barique de cent vingt pots d'Eau-de-vie, entrant dans la Ville & Fauxb trois livres...

Pour chaque ſomme ou charge de Cheval, d'Eau de-vie, compoſée de deux Barils de trente Pots ou environ, entrant dans la Ville & Fauxbourgs de Caen, trente ſols.........

Pour chaque Barique de cent vingt pots d'Aigre ou Vinaigre, entrant dans la Ville & Fauxb quinze ſols...

Pour chaque charretée de Pommes ou Poires entrant dans la Ville & Fauxbourgs de Caen, dix

Pour chaque ſomme, ou charge de cheval, de Pommes ou Poires, entrant comme trois deniers...

P A S S E - D E - B O U T.

Pour chaque Barique de Vin qui paſſera debout dans ladite Ville & Fauxbourgs de Caen, sep

Pour chaque Tonneau de Cidre, contenant cinq cens vingt pots, paſſant debout, douze ſ

Deſquels Droits de Paſſe-de-bout, les Nobles ne paieront que moitié.................

Et pour les autres Vaiſſeaux de Vin, Cidre, Poiré, Biere, Eau-de-vie, Vin-huet, Vinai charge de Fruits, au-deſſus & au deſſous des continences ci-deſſus fixées, à proportion.

OCTROI ſur la Vente en Détail, des Vins, Cidre, Poiré & Biere.

Pour chaque Barique de Vin, contenant cent vingt pots, vendue en détail, à quelque p ce ſoit, dans la Ville & Fauxbourgs, deux livres ſept ſols............................

Pour chaque Tonneau de Cidre, Poiré, ou Vin-huet, contenant cinq cens vingt pots, en détail, trente ſols...

Pour chaque Tonneau de pareille continence, de Biere ou Cervoiſe, vendu en détail, Ville & Fauxbourgs, deux livres...

Et pour les autres Vaiſſeaux de Vin, Cidre, Poiré, Biere, & autres menues Boiſſons au & au-deſſous des continences ci-deſſus fixées, à proportion.

OCTROI ſur la Vente en Gros des Vins, Cidre, Poiré & autres Liqueurs

Pour chaque Barique de Vin, contenant cent vingt pots, vendu en Gros dans la Ville & bourgs de Caen, dix ſols...

Pour chaque Tonneau de Cidre, Poiré ou Vin-huet, contenant cinq cens vingt pots, ve gros comme deſſus, dix ſols...

Pour chaque Barique de cent vingt Pots d'Aigre, ou Vinaigre, porté hors la Ville & Fauxb quinze ſols...

Et pour tous les autres Vaiſſeaux de Vin, Cidre, Poiré & autres Liqueurs au-deſſus & au- des continences ci-deſſus fixées, à proportion.

Droits appartenans à la Ville.		TOTAL	*Droits appartenans à la Régie.*					TOTAL	TOTAL
Arrêt de 1723, 8 deniers sur le Droit principal de l'Octroi.	Tarif de 1719, deuxieme moitié d'Octroi.	des Droits appartenans à la Ville.	Edit d'Août 1781, Dix Sols pour livre des Droits appartenans à la Ville.	Lettr. Pat. de 1777, Octrois Munici-paux, ou 4 sols pour livre du Droit principal de l'Octroi.	Edit d'Août 1781, Dix Sols pour livre des Octrois Munici-paux.	Ordon-nance de 1681, premiere moitié d'Octroi.	Edit d'Août 1781, Dix Sols pour livre de la premiere moitie d'Octroi.	des Droits appartenans au Roi.	général des Droits dûs au Roi & à la Ville.
tt ß $\mathcal{g}$	tt ß $\mathcal{g}$	tt ß $\mathcal{g}$	tt ß $\mathcal{g}$	tt ß $\mathcal{g}$	tt ß $\mathcal{g}$	tt ß $\mathcal{g}$	tt ß $\mathcal{g}$	tt ß $\mathcal{g}$	tt ß $\mathcal{g}$
.17. 3.	5.15.».	6.12.3.	3. 6. 1 $\frac{1}{2}$.	2. 6. ».	1. 3. ».	5.15.».	2.17. 6.	15. 7.7 $\frac{1}{2}$.	21.19.10 $\frac{1}{2}$
. 4. 6.	1.10.».	1.14.6.	».17. 3	».12. ».	». 6. ».	1.10.».	».15. ».	4. ».3.	5.14.9.
. 6. 3 $\frac{3}{5}$.	2. 2.».	2. 8.3 $\frac{3}{5}$.	1. 4. 1 $\frac{4}{5}$.	».16. 9 $\frac{3}{5}$.	». 8. 4 $\frac{4}{5}$.	2. 2.».	1. 1. ».	5.12.4 $\frac{1}{5}$.	8. ».7 $\frac{4}{5}$
. 5. 4 $\frac{4}{5}$.	1.16.».	2. 1.4 $\frac{4}{5}$.	1. ». 8 $\frac{2}{5}$.	».14. 4 $\frac{4}{5}$	». 7. 2 $\frac{2}{5}$	1.16.».	».18. ».	4.16.3 $\frac{1}{5}$.	6.17.8 $\frac{2}{5}$.
. 2. 3.	».15.».	».17.3.	». 8. 7 $\frac{1}{2}$.	». 6. ».	». 3. ».	».15.».	». 7. 6.	2. ».1 $\frac{1}{2}$.	2.17.4 $\frac{1}{2}$.
. 3. ».	1. » ».	1. 3.».	».11. 6.	». 8. ».	». 4. ».	1. ».».	».10. ».	2.13.6.	3.16.6.
. 4. 6.	1.10.».	1.14 6.	».17. 3.	».12. ».	». 6. ».	1.10.».	».15. ».	4. ».3.	5.14.9.
4. 6.	1.10.».	1.14.6.	».17. 3.	».12. ».	». 6. ».	1.10.».	».15. ».	4. ».3.	5.14.9.
. 2. 3.	».15.».	».17.3.	». 8. 7 $\frac{1}{2}$.	». 6. ».	». 3. ».	».15.».	». 7. 6.	2. ».1 $\frac{1}{2}$.	2.17.4 $\frac{1}{2}$.
. 1. 1 $\frac{1}{2}$. ». 9.	». 7.6. ». 5.».	». 8.7 $\frac{1}{2}$. ». 5.9.	». 4. 3 $\frac{3}{4}$. ». 2.10 $\frac{1}{2}$.	». 3. ». ». 2. ».	». 1. 6. ». 1. ».	». 7.6. ». 5.».	». 3. 9. ». 2. 6.	1. ».» $\frac{1}{4}$. ».13.4 $\frac{1}{2}$.	1. 8.8 $\frac{1}{4}$ ».19.1 $\frac{1}{2}$.
. ». » $\frac{9}{40}$	». ».1 $\frac{1}{2}$.	». ».1 $\frac{19}{40}$	». ». » $\frac{69}{80}$	». ». » [illegible]	». ». » $\frac{1}{10}$	». ».1 $\frac{1}{2}$.	». ». » $\frac{1}{4}$.	». ».4 $\frac{1}{80}$	». ».5 $\frac{19}{80}$
. ». 6 $\frac{1}{10}$ ».10 $\frac{4}{5}$. . ». 5 $\frac{2}{5}$.	». 3.6. ». 6.». ». 3.».	». 4.» $\frac{1}{10}$ ».6.10 $\frac{4}{5}$. ». 3.5 $\frac{2}{5}$.	». 2. » $\frac{1}{10}$ ». 3. 5 $\frac{2}{5}$. ». 1. 8 $\frac{7}{10}$	». 1. 4 $\frac{4}{5}$. ». 2. 4 $\frac{4}{5}$ ». 1. 2 $\frac{2}{5}$.	». ». 8 $\frac{2}{5}$. ». 1. 2 $\frac{2}{5}$. ». ». 7 $\frac{1}{5}$.	». 3.6. ». 6.». ». 3.».	». 1. 9. ». 3. ». ». 1. 6.	». 9.4 $\frac{7}{10}$ ».16.» $\frac{1}{5}$. ». 8.» $\frac{1}{10}$	».13.4 $\frac{11}{20}$ 1. 2.11 $\frac{2}{5}$ ».11.5 $\frac{1}{10}$
. 3. 6 $\frac{1}{10}$	1. 3.6.	1. 7.» $\frac{3}{10}$	».13. 6 $\frac{3}{10}$	». 9. 4 $\frac{4}{5}$.	». 4. 8 $\frac{2}{5}$.	1. 3.6.	».11. 9.	3.2.10 $\frac{7}{10}$	4.9.10 $\frac{11}{20}$
. 2. 3.	».15.».	».17.3.	». 8. 7 $\frac{1}{2}$.	». 6. ».	». 3. ».	».15.».	». 7. 6.	2. ».1 $\frac{1}{2}$.	2.17.4 $\frac{1}{2}$.
. 3. ».	1. ».».	1. 3.».	».11. 6.	». 8. ».	». 4. ».	1. ».».	».10. ».	2.13.6.	3.16.6.
. ». 9.	». 5.».	». 5.9.	». 2.10 $\frac{1}{2}$.	». 2. ».	». 1. ».	». 5.».	». 2. 6.	».13.4 $\frac{1}{2}$.	».19.1 $\frac{1}{2}$.
. ». 9.	». 5.».	». 5.9.	». 2.10 $\frac{1}{2}$.	». 2. ».	». 1. ».	». 5.».	». 2. 6.	».13.4 $\frac{1}{2}$.	».19.1 $\frac{1}{2}$.
. 1. 1 $\frac{1}{2}$.	». 7.6.	». 8.7 $\frac{1}{2}$.	». 4. 3 $\frac{3}{4}$.	». 3. ».	». 1. 6.	». 7.6.	». 3. 9.	1. ».» $\frac{1}{4}$.	1. 8.3 $\frac{1}{4}$.

DÉNOMINATION

DES MARCHANDISES ET DENRÉES,

SUJETTES AUX DROITS.

OCTROI SUR LE PIED-FOURCHÉ.

Pour chaque Bœuf qui entre dans ladite Ville & Fauxbourgs, cinq sols.................

Pour chaque Vache, deux sols six deniers...

Pour chaque Bête à laine ou Porchine, un sol.......................................

OCTROI SUR LA BOUCHERIE.

Pour chaque Bœuf ou Vache entrant dans la Ville & Fauxbourgs de Caen, pour y être ma six livres cinq sols...

Pour chaque Veau & Mouton entrant, comme dessus, dix sols six deniers.............

Pour chaque Bête Porchine, entrant comme dessus, seize sols six deniers..............

Et permis d'apporter en ladite Ville & Fauxbourgs, du Mouton & du Cochon, par qua ainsi que des Jambons crus ou cuits non salés, à l'exception des Jambons venans des Pays étra qui pourront entrer, quoique salés, en payant six deniers pour livre......................

OCTROI SUR LE POISSON FRAIS OU SALÉ

Pour chaque Barique de Harengs blancs ou saurs, Maquereaux, ou autres Poissons secs ou entrant dans la Ville & Fauxbourgs de Caen, par Eau ou par Terre, vingt-huit sols......

Pour chaque Baril de Saumon, vingt-cinq sols...

Pour chaque cent de Molue verte, seche ou salée, grande ou petite, marchande, vali viciée, & généralement pour toutes autres Molues, de quelque nom & qualité qu'elles soi raison de soixante-six poignées au cent, cinq livres......................................

Pour chaque Baril de Molue, vingt sols...

Pour chaque Saumon frais ....

Pour chaque Marsouin, Esturgeon, & autres gros & gras Poissons, cinq sols...............

Pour chaque Somme de Poisson frais, entrant dans la Ville & Fauxbourgs, pour y être vend sortant d'icelle pour être portée hors, deux sols...

OCTROI *sur les Bois à bâtir & à brûler, & sur le Charbon de Bois.*

Pour une Charretée de Bois à brûler, entrant dans la Ville & Fauxbourgs de Caen, dix sols..

Pour une Charriottée de Bois à brûler, cinq sols...

Pour une Somme ou charge de Cheval, deux sols..

Pour une Charretée de Bois à merrain, trente sols..

Pour une Somme ou charge de Cheval, de Bois à merrain, trois sols.......................

Pour une Charretée de bois dolé, quarante sols...

Pour une Somme de Bois dolé, quatre sols...

Pour une Charretée de Charbon de Bois, seize sols..

Pour une Somme ou charge de Cheval, de Charbon de bois, quatre sols.....................

Pour un cent de Cotrets, quatre sols...

OCTROI SUR LES CUIRS ET TANNERIES.

Pour chaque Cuir en poil, abat du pays, entrant dans la Ville & Fauxbourgs de Caen, excepté provenans des Bestiaux massacrés dans les Boucheries de la Ville & Fauxbourgs, un sol.........

Pour chaque Cuir tanné de Bœuf ou Vache, vendu en la Ville, mis en magasin, ou sortant h la Ville, un sol..

Pour chaque Cuir du Sénégal, Cap-Verd, Irlande, Barbarie, Vache de Roussi & Maroc deux sols six deniers...

Pour chaque Cuir du Pérou, des Indes, Mexique, Havane & Espagne, sept sols six deniers.

Droits appartenans à la Ville.		TOTAL	DROITS APPARTENANS A LA RÉGIE.					TOTAL	TOTAL
ARRÊT de 1723, 18 deniers sur le Droit principal de l'Octroi.	TARIF de 1719, deuxieme moitié d'Octroi.	des DROITS appartenans à la Ville.	ÉDIT d'Août 1781, Dix Sols pour livre des Droits appartenans à la Ville.	Lettr. Pat. de 1777, Octrois Munici-paux, ou 4 sols pour livre du Droit principal de l'Octroi.	ÉDIT d'Août 1781, Dix Sols pour livre des Octrois Munici-paux.	Ordon-nance de 1681, premiere Moitié d'Octroi.	ÉDIT d'Août 1781, Dix Sols pour livre de la premiere moitié d'octroi.	des DROITS appartenans au ROI.	général des DROITS dûs au Roi & à la Ville.
tt ß ϑ	tt ß ϑ	tt ß ϑ	tt ß ϑ	tt ß ϑ	tt ß ϑ	tt ß ϑ	tt ß ϑ	tt ß ϑ	tt ß ϑ
» » 4$\frac{1}{2}$.	» 2.6.	».2.10$\frac{1}{2}$.	» 1. 5$\frac{1}{4}$.	» 1. ».	» » 6.	» 2.6.	» 1. 3.	» 6.8$\frac{1}{4}$.	» 9.6$\frac{1}{4}$.
» » 2$\frac{1}{4}$.	» 1.3.	» 1.5$\frac{1}{4}$.	» » 8$\frac{5}{8}$.	» » 6.	» » 3.	» 1.3.	» » 7$\frac{1}{2}$.	» 3.4$\frac{1}{8}$.	» 4.9$\frac{1}{8}$.
» » »$\frac{9}{10}$	» ».6.	» ».6$\frac{9}{10}$	» » 3$\frac{9}{10}$	» » 2$\frac{2}{5}$.	» » 1$\frac{1}{5}$.	» ».6.	» » 3.	» 1.4$\frac{1}{2}$	».1.10$\frac{19}{20}$
» 9. 4$\frac{1}{2}$.	3. 2.6.	3.11.10$\frac{1}{2}$	1.15.11$\frac{1}{4}$.	1. 5. ».	».12. 6.	3. 2.6.	1.11 3.	8. 7.2$\frac{1}{4}$.	11.19.»$\frac{1}{2}$.
» » 9$\frac{9}{20}$	» 5.3.	» 6.»$\frac{9}{20}$	» 3. »$\frac{9}{40}$	» 2. 1$\frac{1}{5}$.	» 1. »$\frac{1}{5}$.	» 5.3.	» 2. 7$\frac{1}{2}$.	».14.»$\frac{21}{40}$	1. ».»$\frac{19}{40}$
» 1. 2$\frac{17}{20}$	» 8.3.	» 9.5$\frac{17}{20}$	» 4. 8$\frac{17}{40}$	» 3. 3$\frac{3}{5}$.	» 1. 7$\frac{4}{5}$.	» 8.3.	» 4. 1$\frac{1}{2}$.	1. 2.»$\frac{11}{40}$	1.11.6$\frac{17}{40}$
» » »$\frac{9}{20}$	» ».3.	» ».3$\frac{9}{20}$	» » 1$\frac{29}{40}$	» » 1$\frac{1}{5}$.	» » »$\frac{1}{5}$.	» ».3.	» » 1$\frac{1}{2}$.	» ».8$\frac{1}{40}$	».».11$\frac{19}{40}$
» 2. 1$\frac{1}{5}$.	».14.».	».16.1$\frac{1}{5}$.	» 8. »$\frac{1}{5}$.	» 5. 7$\frac{1}{5}$.	» 2. 9$\frac{1}{5}$.	».14.»	» 7. ».	1.17.5$\frac{3}{5}$.	2.13.6$\frac{4}{5}$.
» 1.10$\frac{1}{2}$.	».12.6.	».14.4$\frac{1}{2}$.	» 7. 2$\frac{1}{4}$.	» 5. ».	» 2. 6.	».12.6.	» 6. 3.	1.13.5$\frac{1}{4}$.	2. 7.9$\frac{3}{4}$.
» 7. 6.	2.10.».	2.17.6.	1. 8. 9.	1. » ».	».10. ».	2.10.».	» 5. ».	6.13.9.	9.11.3.
» 1. 6.	».10.».	».11.6.	» 5. 9.	» 4. ».	» 2. ».	».10.».	» 5. ».	1. 6.».	1.18.3.
» » 4$\frac{1}{2}$.	» 2.6.	» 2.10$\frac{1}{2}$	» 1. 5$\frac{1}{4}$.	» 1. ».	» » 6.	» 2.6.	» 1. 3.	» 6.8$\frac{1}{4}$.	» 9.6$\frac{1}{4}$.
» » 4$\frac{1}{2}$.	» 2.6.	» 2.10$\frac{1}{2}$	» 1. 5$\frac{1}{4}$.	» 1. ».	» » 6.	» 2.6.	» 1. 3.	» 6.8$\frac{1}{4}$.	» 9.6$\frac{1}{4}$.
» » 1$\frac{4}{5}$.	» 1.».	» 1.1$\frac{4}{5}$	» » 6$\frac{9}{10}$	» » 4$\frac{1}{5}$.	» » 2$\frac{2}{5}$.	» 1.».	» » 6.	» 2.8$\frac{1}{10}$	» 3.9$\frac{9}{10}$
» » 9.	» 5.».	» 5.9.	» 2.10$\frac{1}{2}$.	» 2. ».	» 1. ».	» 5.».	» 2. 6.	».13.4$\frac{1}{2}$.	».19.1$\frac{1}{2}$.
» » 4$\frac{1}{2}$.	» 2.6.	» 2.10$\frac{1}{2}$	» 1. 5$\frac{1}{4}$.	» 1. ».	» » 6.	» 2.6.	» 1. 3.	» 6.8$\frac{1}{4}$.	» 9.6$\frac{1}{4}$.
» » 1$\frac{4}{5}$.	» 1.».	» 1.1$\frac{4}{5}$.	» » 6$\frac{9}{10}$	» » 4$\frac{1}{5}$.	» » 2$\frac{2}{5}$.	» 1.».	» » 6.	» 2.8$\frac{1}{10}$	» 3.9$\frac{9}{10}$
» 2. 3.	».15.».	».17.3.	» 8. 7$\frac{1}{2}$.	» 6. ».	» 3. ».	».15.».	» 7. 6.	2. ».1$\frac{1}{2}$.	2.17.4$\frac{1}{2}$.
» » 2$\frac{7}{10}$	» 1.6.	» 1.8$\frac{7}{10}$	» ».10$\frac{7}{20}$	» » 7$\frac{1}{5}$.	» » 3$\frac{3}{5}$.	» 1.6.	» » 9.	» 4.»$\frac{7}{20}$	» 5.8$\frac{17}{20}$
» 3. ».	1. ».».	1. 3.».	».11. 6.	» 8. ».	» 4. ».	1. ».».	».10. ».	2.13.6.	3.16.6.
» » 3$\frac{1}{5}$.	» 2.».	» 2.3$\frac{1}{5}$.	» 1. 1$\frac{4}{5}$.	» » 9$\frac{3}{5}$.	» » 4$\frac{4}{5}$.	» 2.».	» 1. ».	» 5.4$\frac{1}{5}$.	» 7.7$\frac{2}{5}$.
» 1. 2$\frac{2}{5}$.	» 8.».	» 9.2$\frac{2}{5}$.	» 4. 7$\frac{1}{5}$.	» 3. 2$\frac{2}{5}$.	» 1. 7$\frac{1}{5}$.	» 8.».	» 4. ».	1. 1.4$\frac{4}{5}$.	1.10. $\frac{1}{5}$.
» » 3$\frac{1}{5}$.	» 2.».	» 2.3$\frac{1}{5}$.	» 1. 1$\frac{4}{5}$.	» » 9$\frac{3}{5}$.	» » 4$\frac{4}{5}$.	» 2.».	» 1. ».	» 5.4$\frac{1}{5}$.	» 7.7$\frac{2}{5}$.
» » 3$\frac{1}{5}$.	» 2.».	» 2.3$\frac{1}{5}$.	» 1. 1$\frac{4}{5}$.	» » 9$\frac{3}{5}$.	» » 4$\frac{4}{5}$.	» 2.».	» 1. ».	» 5.4$\frac{1}{5}$.	» 7.7$\frac{2}{5}$.
» » »$\frac{9}{10}$	» ».6.	» ».6$\frac{9}{10}$	» » 3$\frac{9}{10}$	» » 2$\frac{2}{5}$.	» » 1$\frac{1}{5}$.	» ».6.	» » 3.	» 1.4$\frac{1}{2}$	».1.10$\frac{19}{20}$
» » »$\frac{9}{10}$	» ».6.	» ».6$\frac{9}{10}$	» » 3$\frac{9}{10}$	» » 2$\frac{2}{5}$.	» » 1$\frac{1}{5}$.	» ».6.	» » 3.	» 1.4$\frac{1}{2}$	».1.10$\frac{19}{20}$
» » 2$\frac{1}{4}$.	» 1.3.	» 1.5$\frac{1}{4}$.	» » 8$\frac{5}{8}$.	» » 6.	» » 3.	» 1.3.	» » 7$\frac{1}{2}$.	» 3.4$\frac{1}{8}$.	» 4.9$\frac{1}{8}$.
» » 6$\frac{3}{4}$.	» 3.9.	» 4.3$\frac{3}{4}$.	» 2. 1$\frac{7}{8}$.	» 1. 6.	» » 9.	» 3.9.	» 1.10$\frac{1}{2}$.	».10.»$\frac{3}{8}$	».14.4$\frac{1}{8}$

DÉNOMINATION

DES MARCHANDISES ET DENRÉES,

SUJETTES AUX DROITS.

OCTROI SUR LES LAINES.

Pour chaque Cent pesant de Laine lavée, de toutes qualités, sept sols six deniers...........
Pour chaque Cent de Toisons grasses, ou en suin, sept sols six deniers....................
Pour chaque Cent pesant de Laine en suin, non en toison, quatre sols.....................

Lesquels Droits seront payés par tous les Habitans, même par les Peigneurs, qui demeurer ce moyen déchargés du Tarif des cinq sols par piece de Sarge.

OCTROI SUR LES TOILES, BOUGRANS ET COUTILS

Pour une Charretée de Toiles ou Bougrans, de quelque qualité qu'elles soient. vingt-quatre
Pour une Somme de Toile, trois livres..
Pour une douzaine de Bougrans, dix sols..
Pour une piece de Coutil, deux sols..

Seront tenus ceux qui apporteront des Toiles aux Blanchisseries dépendantes de la Ville & Fau de Caen, d'en passer leurs déclarations & soumissions à l'Adjudicataire ou Commis, & de le porter Certificat de la sortie, dans six mois, pour tout délai, faute de quoi en seront les Droits pa seront lesdites soumissions faites sans frais.

OCTROI *sur plusieurs Denrées & Marchandises, à l'entrée de la Ville & Fauxbourgs de*

Pour chaque Cuve de Voidre, qui est de sept Rondelles, quarante-cinq sols..............
Pour chaque Rondelle de Voidre, sept sols.......................................
Pour chaque Cent pesant de livres de Beurre frais & salé, quarante sols.................
Pour chaque Cent pesant de Suif cuit, blanc ou brun, vingt sols........................
Pour chaque Cent de Vieil-Oingt, dix sols.......................................
Pour les autres quantités de poids au-dessous du cent fixé, à proportion.
Pour chaque Cent de Boisseaux de Charbon de Terre, quatre livres.....................
Et pour la moindre quantité, à proportion.
Pour une Charretée de Fer, œuvré & non œuvré....................................
Pour une Somme ou charge de Cheval, de Fer, œuvré ou non œuvré, dix sols...........
Pour un Cent pesant d'Acier, quarante sols.......................................
Et pour la moindre quantité, à proportion.
Pour une Charretée de Chaux, vingt sols...
Pour une Somme ou charge de Cheval de Chaux, quatre sols..........................
Pour une Charretée de Tuiles, deux livres..
Pour une Somme de Tuiles, cinq sols...
Pour une Charretée de Foin, vingt sols..
Pour une Charriottée de Foin, dix sols..
Pour une Somme ou Charge de Cheval de Foin, deux sols.............................
Pour un Mont de Plâtre, vingt sols..
Pour chaque Cent pesant de Dindanderie, quarante sols, & pour la moindre quantité, à prop
Pour chaque Cent pesant d'Étaim fin ou commun, trente sols.........................

OCTROI *sur les Sarges dites Lingettes, & Frocs, fabriqués à Caen.*

Pour chaque piece de Sarge ou Lingette qui se feront dans la Ville & Fauxbourgs de Caen, seront apportées de dehors, sera payé deux sols par aune pour tous Droits, à la réserve de sera apporté par des Particuliers, pour mettre à la teinture, ou pour être employé à leurs vête duquel Droit seront exempts les Pauvres de l'Hôtel-Dieu & de l'Hôpital général, & le susdit sera payé moitié par le vendeur, & moitié par l'acheteur.......................................

Pour les Frocs de Caen, façon de demi-aune, & les Revêches, façon de ladite Ville, ou d'ai de largeur de trois quarts, sera payé un sol par aune par le vendeur; si mieux n'aiment les March Fabricateurs payer demi-Droit des deux Articles ci-dessus, pendant tout le cours de l'année, mêm dant la Foire franche, laquelle option ils seront tenus de faire dans le premier Avril prochain..

Droits appartenans à la Ville.		TOTAL	Droits appartenans a la Régie.					TOTAL	TOTAL
Arrêt de 1723, 18 deniers sur le Droit principal de l'Octroi.	Tarif de 1719, deuxieme moitié d'Octroi.	des Droits appartenans à la Ville.	Édit d'Août 1781, Dix Sols pour livre des Droits appartenans à la Ville.	Lettr. Pat. de 1777, Octrois Municipaux, ou 4 sols pour livre du Droit principal de l'Octroi.	Édit d'Août 1781, Dix Sols pour livre des Octrois Municipaux.	Ordonnance de 1681, premiere Moitié d'Octroi.	Édit d'Août 1781, Dix Sols pour livre de la premiere moitié d'Octroi.	des Droits appartenans au Roi.	général des Droits dûs au Roi, & à la Ville.
tt ß g	tt ß g	tt ß g	tt ß g	tt ß g	tt ß g	tt ß g	tt ß g	tt ß g	tt ß g
», », 6 1/4.	», 3.9.	», 4.3 1/4.	», 2. 1 7/8.	», 1. 6.	», », 9.	», 3.9.	», 1.10 1/2.	».10.» 1/8.	».14.4 1/8
», », 6 1/4.	», 3.9.	», 4.3 1/4.	», 2. 1 7/8.	», 1. 6.	», », 9.	», 3.9.	», 1.10 1/2.	».10.» 1/8.	».14.4 1/8.
», », 3 1/5.	», 2.».	», 2.3 1/5.	», 1. 1 4/5.	», », 9 1/5.	», », 4 4/5.	», 2.».	», 1. ».	», 5.4 1/5.	», 7.7 4/5.
1.16. ».	12. »,».	13.16.».	6.18. ».	4.16. ».	2. 8. ».	12. »,».	6. ». ».	32. 2.».	45.18.9.
». 4. 6.	1.10.».	1.14.6.	».17. 3.	».12. ».	», 6. ».	1.10.».	».15. ».	4. ».3.	5.14.9.
», », 9.	», 5.».	», 5.9.	», 2.10 1/2	», 2. ».	», 1. »,	», 5.»,	», 2. 6.	».13.4 1/2.	».19.1 1/2.
», », 1 4/5.	», 1.».	», 1.1 4/5.	», », 6 9/10	», », 4 4/5.	», », 2 1/5.	», 1.».	», », 6.	», 2.8 1/10	», 3.9 9/10
», 3. 4 1/2.	1. 2.6.	1. 5.10 1/2	».12.11 1/4.	», 9. ».	», 4. 6.	1. 2.6.	».11. 3.	3. ».2 1/4.	4. 6.» 1/4.
», », 6 1/10	», 3.6.	», 4.» 1/10	», 2. » 1/10	», 1. 4 4/5.	», », 8 1/5.	», 3.6.	», 1. 9.	», 9.4 1/10	».13.4 [illegible]
», 3. ».	1. »,».	1. 3.».	».11. 6.	», 8. ».	», 4. ».	1. »,».	».10. ».	2.13.6.	3.16.6.
», 1. 6.	».10.».	».11.6.	», 5. 9.	», 4. ».	», 2. ».	».10.».	», 5. ».	1. 6.9.	1.18.3.
», », 9.	», 5.».	», 5.9.	», 2.10 1/2	», 2. ».	», 1. ».	», 5.».	», 2. 6.	».13 4 1/2.	».19.1 1/2.
», 6. ».	2. »,».	2. 6.».	1. 3. ».	».16. ».	», 8. ».	2. »,».	1. ». ».	5. 7.».	7.13.».
», 6. ».	2. »,».	2. 6.».	1. 3. ».	».16. ».	», 8. ».	2. »,».	1. ». ».	5. 7.».	7.13.».
», », 9.	», 5.».	», 5.9.	», 2.10 1/2	», 2. ».	», 1. ».	», 5.».	», 2. 6.	».13 4 1/2	».19.1 1/2.
», 3. ».	1. »,».	1. 3.».	».11. 6.	», 8. ».	», 4. ».	1. »,».	».10. ».	2.13.6.	3.16.6.
», 1. 6.	».10.».	».11.6.	», 5. 9.	», 4. »	», 2. ».	».10.».	», 5. ».	1. 6.9.	1.18.3.
», », 3 1/5.	», 2.».	», 2.3 1/5	», 1. 1 4/5.	», », 9 1/5.	», », 4 4/5.	», 2.».	», 1. ».	», 5.4 1/5.	», 7.7 4/5.
», 3. ».	1. »,».	1. 3.».	».11. 6.	», 8. ».	», 4. ».	1. »,».	».10. ».	2.13.6.	3.16.6.
», », 4 1/2.	», 2.6.	», 2.10 1/2	», 1. 5 1/4.	», 1. ».	», », 6.	», 2.6.	», 1. 3.	», 6.8 1/4	», 9.6 1/2.
», 1. 6.	».10.».	».11.6.	», 5. 9.	», 4. ».	», 2. ».	».10.».	», 5. ».	1. 6.9.	1.18.3.
», », 9.	», 5.».	», 5.9.	», 2.10 1/2.	», 2. ».	», 1. ».	», 5.».	», 2. 6.	».13 4 1/2.	».19.1 1/2.
», », 1 4/5.	», 1.».	», 1.1 4/5.	», », 6 9/10	», », 4 4/5.	», », 2 1/5.	», 1.».	», », 6.	», 2.8 1/10	», 3.9 9/10
», 1. 6.	».10.».	».11.6.	», 5. 9.	», 4. ».	», 2. ».	».10.».	», 5. ».	1. 6.9.	1.18.3.
», 3. ».	1. »,».	1. 3.».	».11. 6.	», 8. ».	», 4. ».	1. »,».	».10. ».	2.13.6.	3.16.6.
», 2. 3.	».15.».	».17.3.	», 8. 7 1/2	», 6. ».	», 3. ».	».15.».	», 7. 6.	2. ».1 1/2.	2.17.4 1/2.
», », 1 4/5.	», 1.».	», 1.1 4/5.	», », 6 9/10	», », 4 4/5.	», », 2 1/5.	», 1.».	», », 6.	», 2.8 1/10	», 3.9 9/10
», », » 9/10	», ».6.	», ».6 9/10	», », 3 9/20	», », 2 2/5.	», », 1 1/5.	», ».6.	», », 3.	», 1.4 1/20	».1.10 19/20

DÉNOMINATION

DES MARCHANDISES ET DENRÉES

SUJETTES AUX DROITS.

Pour les Draps façon d'Espagne, Hollande & Angleterre, Ratines, Pinchinats, qui se fab & manufacturent dans cette Ville de Caen, par Pierre Massieu, au terme du Privilege accordé Majesté, par Arrêt du Conseil du 24 Septembre 1674, payeront seulement par piece trois livres

OCTROI SUR LA DRAPERIE.

Les Tiretaines, façon de Caen, Condé & autres lieux, étroites, de quarante aunes, au de au dessous à proportion, paieront par piece vingt-cinq sols.............................

Les Tiretaines larges de quarante aunes, au dessus & au dessous, paieront, à proportion par quarante-cinq sols.............................

Les Pinchinats, façon de Caen, & autres Draperies de pareilles Manufactures, paieront par p vingt aunes, au dessus & au dessous à proportion, quarante sols.............................

Les Droguets, tant de laine, que de toutes sortes de Fabriques & Pays, de vingt-deux au dessus & au dessous à proportion, paieront par piece vingt-cinq sols.............................

Les Frocs de Lisieux, paieront par piece vingt sols.............................

Les Sarges d'Ecouché & d'Argentan, de vingt-deux aunes, frisées & non frisées, paieront pa deux livres.............................

Les Sarges de Saint Lo, de vingt-deux aunes, au dessus & au dessous à proportion, paieront pa deux livres cinq sols.............................

Les Draps de Cherbourg & Valognes, de vingt à vingt-deux aunes, paieront par piece trois l

Les Draps de Vire, de douze aunes, paieront par piece vingt sols.............................

Les Frocs de Rouen, de vingt aunes, teints ou blancs, paieront par piece vingt sols.......

Les Sarges d'Aumale, de vingt aunes, paieront par piece une livre.............................

Les Ras de Châlons, de toutes sortes, de vingt à vingt-deux aunes, paieront par piece tren

Les Ras d'Amiens, Brione, Chartres & autres semblables, de vingt à vingt-deux aunes, p par piece quinze sols.............................

Les Draps du Sceau ou Dannetat, de vingt-deux aunes & une aune de large, paieront pa cinq livres.............................

Les Sarges de Berry, de vingt aunes, paieront par piece deux livres.............................

Les Sarges de Falaise, de vingt aunes, paieront par piece deux livres.............................

Les Baguettes & Revêches de Beauvais, Sommiers, & d'autres Fabriques, de vingt aunes, p par piece une livre.............................

Les Ratines d'une aune de large, la piece de quinze aunes, payeront une livre quinze sols..

Les Draps de Hollande, Angleterre, Espagne, & les Draps de Manufactures de France, faits imitation, blancs, teints ou mêlés, de vingt aunes, paieront par piece six livres.............

Les Sarges de Luneftre, Sigouge & autres semblables, de vingt aunes, paieront par piec livres.............................

Les Cotons frisés & unis, nommés Cocs, les Grezeaux teints, paieront par piece une livre..

Les Sarges d'Angleterre & autres Pays étrangers, de vingt à vingt-deux aunes, paieront pa trois livres.............................

Les Pinchinats étrangers & de France, paieront par piece trois livres.............................

Si mieux n'aiment les Marchands en gros & en détail de la Ville & Fauxbourgs de Caen, p l'entrée, pendant tout le cours de l'année, & sans distinction du temps de la Foire, Vingt sols du pesant de toutes sortes de Draperies; laquelle option les Corps & Communautés des Marchands tenus faire quinze jours après l'enregistrement du présent Tarif, au Greffe de l'Hôtel commun de Ville de Caen, à l'effet de laquelle option, celle faite par douze des principaux Marchands ser sante, & assujettira les autres, qui seront tenus de s'y conformer; après lequel temps, ils en d seront déchus.............................

Droits appartenans à la Ville.		TOTAL	DROITS APPARTENANS A LA RÉGIE.					TOTAL	TOTAL
ARRÊT de 1723, 18 deniers sur le Droit principal de l'Octroi.	TARIF de 1719, deuxieme moitié d'Octroi.	des DROITS appartenans à la Ville.	EDIT d'Août 1781, Dix Sols pour livre des Droits appartenans à la Ville.	Lettr. Pat. de 1777, Octrois Munici-paux, ou 4 sols pour livre du Droit principal de l'Octroi.	EDIT d'Août 1781, Dix Sols pour livre des Octrois Munici-paux.	Ordon-nance de 1681, premiere moitié d'Octroi.	EDIT d'Août 1781, Dix Sols pour livre de la premiere moitie d'Octroi.	des DROITS appartenans au Roi.	général des DROITS dûs au Roi & à la Ville.
℔ ß ᵭ	℔ ß ᵭ	℔ ß ᵭ	℔ ß ᵭ	℔ ß ᵭ	℔ ß ᵭ	℔ ß ᵭ	℔ ß ᵭ	℔ ß ᵭ	℔ ß ᵭ
». 4. 6.	1.10.».	1.14.6.	».17. 3.	».12. ».	». 6. ».	1.10.».	».15. ».	4. ».3.	5.14.9.
». 1.10½.	».12.6.	».14.4½.	». 7. 2¼.	». 5. ».	». 2. 6.	».12.6.	». 6. 3.	1.13.5¼.	2. 7.9¼.
». 3. 4½.	1. 2.6.	1. 5.10½.	».12.11¼.	». 9. ».	». 4. 6.	1. 2.6.	».11. 3.	3. ».2¼.	4. 6.»¼.
». 3. ».	1. ».».	1. 3.».	».11. 6.	». 8. ».	». 4. ».	1. ».».	».10. ».	2.13.6.	3.16.6.
». 1.10½.	».12.6.	».14.4½.	». 7. 2¼.	». 5. ».	». 2. 6.	».12.6.	». 6. 3.	1.13.5¼.	2. 7.9¼.
». 1. 6.	».10.».	».11.6.	». 5. 9.	». 4. ».	». 2. ».	».10.».	». 5. ».	1. 6.9.	1.18.3.
». 3. ».	1. ».».	1. 3.».	».11. 6.	». 8. ».	». 4. ».	1. ».».	».10. ».	2.13.6.	3.16.6.
». 3. 4½.	1. 2.6.	1. 5.10½.	».12.11¼.	». 9. ».	». 4. 6.	1. 2.6.	».11. 3.	3. ».2¼.	4. 6.»¼.
». 4. 6.	1.10.».	1.14.6.	».17. 3.	».12. ».	». 6. ».	1.10.».	».15. ».	4. ».3.	5.14.9.
». 1. 6.	».10.».	».11.6.	». 5. 9.	». 4. ».	». 2. ».	».10.».	». 5. ».	1. 6.9.	1.18.3.
». 1. 6.	».10.».	».11.6.	». 5. 9.	». 4. ».	». 2. ».	».10.».	». 5. ».	1. 6.9.	1.18.3.
». 1. 6.	».10.».	».11 6.	». 5. 9.	». 4. ».	». 2. ».	».10.».	». 5. ».	1. 6.9.	1.18.3.
». 2. 3.	».15.».	».17.3.	». 8. 7½.	». 6. ».	». 3. ».	».15.».	». 7. 6.	2. ».1½.	2.17.4½.
». 1. 1½	». 7.6.	». 8.7½.	». 4. 3¼.	». 3. ».	». 1. 6.	». 7.6.	». 3. 9.	1. ».»¼.	1. 8.8¼.
». 7. 6.	2.10.».	2.17.6.	1. 8. 9.	1. ». ».	».10. ».	2.10.».	1. 5. ».	6.13.9.	9.11.3.
». 3. ».	1. ».».	1. 3.».	».11. 6.	». 8. ».	». 4. ».	1. ».».	».10. ».	2.13.6.	3.16.6.
». 3. ».	1. ».».	1. 3.».	».11. 6.	». 8. ».	». 4. ».	1. ».».	».10. ».	2.13 6.	3.16.6.
». 1. 6.	».10.».	».11.6.	». 5. 9.	». 4. ».	». 2. ».	».10.».	». 5. ».	1. 6.9.	1.18.3.
». 2. 7½	».17.6.	1. ».1½.	».10. »¼.	». 7. ».	». 3. 6.	».17.6.	». 8. 9.	2. 6.9¼	3.6.11¼.
». 9. ».	3. ».».	3. 9.».	1.14. 6.	1. 4. ».	».12. ».	3. ».».	1.10. ».	8. ».6.	11. 9.6.
». 3. ».	1. ».».	1. 3.».	».11. 6.	». 8. ».	». 4. ».	1. ».».	».10. ».	2.13.6.	3.16.6.
». 1. 6.	».10.».	».11 6.	». 5. 9.	». 4. ».	». 2. ».	».10.».	». 5. ».	1. 6.9.	1.18.3.
». 4. 6.	1.10.».	1.14.6.	».17. 3.	».12. ».	». 6. ».	1.10.».	».15. ».	4. ».3.	5.14.9.
». 4. 6.	1.10.».	1.14.6.	».17. 3.	».12. ».	». 6. ».	1.10.».	».15. ».	4. ».3.	5.14.9.
». 1. 6.	».10.».	».11.6.	». 5. 9.	». 4. ».	». 2. ».	».10.».	». 5. ».	1. 6.9.	1.18.3.

DÉNOMINATION

DES MARCHANDISES ET DENRÉES,

SUJETTES AUX DROITS.

OCTROI SUR LES DROGUERIES ET ÉPICERIES

DROITS sur ces Denrées, qu'il sera loisible aux Marchands en gros & en détail de p
aux conditions ci-après exprimées.

TARIF.

Pour chaque barique d'Huile d'Olives, contenant 130 pots, & les autres vaisseaux à proporti
Pour les Marchands abonnés pour la même quantité, ci........................
Pour chaque barique d'Huile de Noix, Rabette, de Poisson ou de Lin, pareille contenance, 3
& au dessus à proportion..
Pour les Marchands abonnés, pour la même quantité, ci........................
Pour chaque livre de Sucre, Cassonnade ou Dragées, quatre deniers, ci, pour le cent.....
Pour les Marchands abonnés pour la même quantité........................
Pour chaque barique de Prunes, deux livres, ci........................
Pour chaque barique de Prunes pour les Marchands abonnés........................
Pour chaque Somme de Prunes, vingt sols, ci........................
Pour la même quantité pour les Marchands abonnés........................
Pour chaque cent pesant de Cire blanche ou jaune, vingt sols, ci........................
Pour la même quantité, pour les Marchands abonnés........................
Pour chaque cent pesant de Garance, trente sols, ci........................
Pour les Marchands abonnés pour la même quantité........................
Pour chaque cent d'Alun ou Houblon, cinq sols, ci........................
Pour la même quantité pour les Marchands abonnés........................
Pour chaque cent pesant de Plomb, trente sols, ci........................
Pour la même quantité pour les Marchands abonnés........................
Pour chaque cent pesant de Poivre, deux livres, ci........................
Pour la même quantité pour les Marchands abonnés........................
Pour chaque cent pesant de Cloux de Gérofle, Canelle & Muscade........................
Pour la même quantité pour les Marchands abonnés........................

DROITS D'OCTROI,

Sur les Drogueries & Épiceries ci-dessus, seront payés par les Marchands Droguistes-Ep & autres, ou sur le pied du Tarif, sans aucune diminution portée par la fixation au nouveau étant à la suite de chaque article, pendant tout le cours de l'année, sans distinction du tems Foire, ni exemption, sous prétexte de passe-de-bout, soit pour leur compte ou par commissio ce, à leur choix & option, & sans tirer à conséquence, ni préjudicier au surplus de la franch la Foire; laquelle option sera faite par les Corps & Communauté desdits Marchands, quinzaine l'enregistrement du présent Tarif au Greffe dudit Hôtel de Ville : à l'effet de laquelle option, faite par douze des principaux Marchands sera suffisante, & assujettira les autres qui seront de s'y conformer, après lequel tems en seront déchus.

Les Bois de construction paieront les Droits à l'arrivée dans ladite Ville & Fauxbourgs de C sur le pied de Bois Dolé, comme il est marqué au présent Tarif, à l'exception de ceux qui s destinés pour sortir & embarquer, à la charge qu'ils sortiront dans trois mois.

Les Boissons, Marchandises & Denrées sujettes aux Octrois, qui séjourneront dans la Vi Fauxbourgs de Caen, plus de trois jours francs, quand elles devront sortir par Terre, & plus mois par Eau, paieront les Droits comme si elles y avoient été amenées pour y être vendu consommées.

Les Marchands Voituriers, Maîtres de Navires & autres, seront tenus de représenter à l'arri les Lettres de Voitures & Connoissemens, portant une véritable & certaine destination, des Bois

Droits appartenans à la Ville.		TOTAL	Droits appartenans a la Régie.					TOTAL	TOTAL
Arrêt de 1723, 8 deniers ſur le Droit principal de l'Octroi.	Tarif de 1719, Deuxieme moitié d'Octroi.	des Droits appartenans à la Ville.	Édit d'Août 1781, Dix Sols pour livre des Droits appartenans à la Ville.	Lettr. Pat. de 1777, Octrois Municipaux, ou 4 ſols pour livre du Droit principal de l'Octroi.	Édit d'Août 1781, Dix Sols pour livre des Octrois Municipaux.	Ordonnance de 1681, premiere moitié d'Octroi.	Édit d'Août 1781, Dix Sols pour livre de la premiere Moitié d'Octroi.	des Droits appartenans au Roi.	général des Droits dûs au Roi & à la Ville.
tt ß ₰	tt ß ₰	tt ß ₰	tt ß ₰	tt ß ₰	tt ß ₰	tt ß ₰	tt ß ₰	tt ß ₰	tt ß ₰
7. 6.	2.10. ».	2.17. 6.	1. 8. 9.	1. ». ».	».10. ».	2.10. ».	1. 5. ».	6.13. 9.	9.11. 3.
4. 6.	1.10. ».	1.14. 6.	».17. 3.	».12. ».	». 6. ».	1.10. ».	».15. ».	4. ». 3.	5.14. 9.
2. 3.	».15. ».	».17. 3.	». 8. $7\frac{1}{2}$	». 6. ».	». 3. ».	».15. ».	». 7. 6.	2. ». $1\frac{1}{2}$.	2.17. $4\frac{1}{2}$.
1. 6.	».10. ».	».11. 6.	». 5. 9.	». 4. ».	». 2. ».	».10. ».	». 5. ».	1. 6. 9.	1.18. 3.
2. 6.	».16. 8.	».19. 2.	». 9. 7.	». 6. 8.	». 3. 4.	».16. 8.	». 8. 4.	2. 4. 7.	3. 3. 9.
1. 6.	».10. ».	».11. 6.	». 5. 9.	». 4. ».	». 2. ».	».10. ».	». 5. ».	1. 6. 9.	1.18. 3.
3. ».	1. ». ».	1. 3. ».	».11. 6.	». 8. ».	». 4. ».	1. ». ».	».10. ».	2.13. 6.	3.16. 6.
1. 6.	».10. ».	».11. 6.	». 5. 9.	». 4. ».	». 2. ».	».10. ».	». 5. ».	1. 6. 9.	1.18. 3.
1. 6.	».10. ».	».11. 6.	». 5. 9.	». 4. ».	». 2. ».	».10. ».	». 5. ».	1. 6. 9.	1.18. 3.
1. $1\frac{1}{2}$.	». 7. 6.	». 8. $7\frac{1}{2}$.	». 4. $3\frac{1}{4}$	». 3. ».	». 1. 6.	». 7. 6.	». 3. 9.	1. ». »$\frac{1}{4}$.	1. 8. $8\frac{1}{4}$.
1. 6.	».10. ».	».11. 6.	». 5. 9.	». 4. ».	». 2. ».	».10. ».	». 5. ».	1. 6. 9.	1.18. 3.
1. $1\frac{1}{2}$.	». 7. 6.	». 8. $7\frac{1}{2}$.	». 4. $3\frac{1}{4}$	». 3. ».	». 1. 6.	». 7. 6.	». 3. 9.	1. ». »$\frac{1}{4}$.	1. 8. $8\frac{1}{4}$.
2. 3.	».15. ».	».17. 3.	». 8. $7\frac{1}{2}$.	». 6. ».	». 3. ».	».15. ».	». 7. 6.	2. ». $1\frac{1}{2}$.	2.17. $4\frac{1}{2}$.
1. $1\frac{1}{2}$.	». 7. 6.	». 8. $7\frac{1}{2}$.	». 4 $3\frac{1}{4}$.	». 3. ».	». 1. 6.	». 7. 6.	». 3. 9.	1. ». »$\frac{1}{4}$	1. 8. $8\frac{1}{4}$.
». $4\frac{1}{2}$.	». 2. 6.	». $2.10\frac{1}{2}$	». 1. $5\frac{1}{4}$	». 1. ».	». ». 6.	». 2. 6.	». 1. 3.	». 6. $8\frac{1}{4}$.	». 9. $6\frac{3}{4}$.
». $3\frac{1}{5}$.	». 2. ».	». 2. $3\frac{1}{5}$.	». 1. $1\frac{3}{5}$.	». ». $9\frac{3}{5}$.	». ». $4\frac{4}{5}$.	». 2. ».	». 1. ».	». 5. 4.	». 7. $7\frac{1}{5}$.
2. 3.	».15. ».	».17. 3.	». 8. $7\frac{1}{2}$.	». 6. ».	». 3. ».	».15. ».	». 7. 6.	2. ». $1\frac{1}{2}$.	2.17. $4\frac{1}{2}$.
». $2\frac{1}{4}$.	». 1. 3.	». 1. $5\frac{1}{4}$.	». ». $8\frac{5}{8}$.	». ». 6.	». ». 3.	». 1. 3.	». ». $7\frac{1}{2}$.	». 3. $4\frac{1}{8}$.	». 4. $9\frac{3}{8}$.
3. ».	1. ». ».	1. 3. ».	».11. 6.	». 8. ».	». 4. ».	1. ». ».	».10. ».	2.13. 6.	3.16. 6.
1. $1\frac{1}{2}$.	». 7. 6.	». 8. $7\frac{1}{2}$.	». 4. $3\frac{1}{4}$.	». 3. ».	». 1. 6.	». 7. 6.	». 3. 9.	1. ». »$\frac{1}{4}$.	1. 8. $8\frac{1}{4}$.
7. 6.	2.10. ».	2.17. 6.	1. 8. 9.	1. ». ».	».10. ».	2.10. ».	1. 5. ».	6.13. 9.	9.11. 3.
3. 9.	1. 5. ».	1. 8. 9.	».14. $4\frac{1}{2}$.	».10. ».	». 5. ».	1. 5. ».	».12. 6.	3. $6.10\frac{1}{2}$.	4.15. $7\frac{1}{2}$.

…iſes & Denrées qu'ils feront arriver en cette Ville, à peine de payer les Droits d'icelles ; qui ſe trouvera deſtiné pour ladite Ville & Fauxbourgs, ſera ſujet auxdits Droits.

…rchands & autres ne pourront avoir de Magaſins & Entrepôts d'aucunes Marchandiſes & …ujettes auxdits Droits d'Octroi, plus proche que deux lieues, à compter des extrémités …bourgs de Caen, à peine de confiſcation de celles qui s'y trouveront, & de cent livres …, à l'exception des Magaſins des Boiſſons.

…au ſurplus tous Droits employés au préſent Tarif, payés par tous les Habitans de ladite …Fauxbourgs, & par ceux de la Paroiſſe de Sainte-Paix, préſentement réputée Fauxbourgs, … & non Exempts, Privilégiés & non Privilégiés, Eccléſiaſtiques, Nobles, Officiers, & tous autres …ent quelconques, en exécution de l'Arrêt du Conſeil, du 8 Janvier 1718, à la réſerve des Officiers de la garniſon du Château, en conformité de l'Arrêt rendu pour la Ferme …, & pour la même quantité portée par ledit Arrêt, des Religieux mendians, des Hôpitaux, …els les Religieux de l'Hôpital des Malades, comme faiſant partie dudit Hôpital, fort … & ce, pour leur proviſion ſeulement ; & pour tenir lieu de l'exemption accordée au Maire …e de la Ville de Caen, il lui ſera payée par l'Adjudicataire, une ſomme de 300 livres par ….

…t arrêté au Bureau de la Ville, en la préſence de M. Guynet, Intendant de la Généralité … le 20 Janvier 1719. *Signés*, Guynet, Dumoustier, de Gouville, du Mesnil-

PATRI, DE BERNIERES-VERDUN, DE BAIZE DE BRETTEVILLE, GOGUET DE BRANVI FEBVRE, DUPERREY, LE CHANOINE & BARBEY. *Signé*, RANCHIN : *Et à côté*, Co *Et au dessous est écrit :* Enregistré au Contrôle général des Finances. A Paris, le 20me Ac *Signé*, PERROTIN.

Registré ès Registres de la Cour des Comptes, Aides & Finances de Normandie, les Bureaux & celui desdits Comptes, ce consentant le Procureur Général du Roi, pour être exécuté, aux charg par l'Arrêt de ladite Cour, de cejourd'hui 7 Décembre 1719. Signé, FAUXPOINT.

De l'Imprimerie de LAMESLE, Imprimeur des Fermes du Roi, au Bureau général des A Hôtel de Bretonvilliers, Isle Saint Louis. 1781.

GENÉRALITÉ DE CAEN.

TARIF

DES DROITS DEPENDANTS DE LA RÉGIE GÉNÉRALE, DUS DANS LA DIRECTION D'AVRANCHES.

VILLE D'AVRANCHES.

BOISSONS.

Droits ſur les BOISSONS *à l'entrée & au braſſage, par muid de 244 pots.*

Nature des Droits & Reglements qui les autoriſent.	eau-de-vie & liqueur.	Vin de Liqueur.	Vin ordinaire	Cidre.	Biere.	Poiré.
	l. ſ. d.	l. ſ. d.	l. ſ. d.	l. ſ. d.	l. ſ d.	l. ſ. d.
Ordonn. de 1680, tit. 4, art. 1, anciens & nouveaux 5 ſols.	〃 〃 〃	〃 14. 〃	〃 14. 〃	〃 〃 〃	〃 〃 〃	〃 〃 〃
Id. tit. 24, art. 1, tit. 26, art. 3, tit. 27, art. 6, Subvention.	5. 8. 〃	1. 7. 〃	1. 7. 〃	〃 13. 6	〃 13. 6	〃 6. 9
Déclarations du Roi des 10 Octobre & 31 Décemb. 1689, Jauge-Courtage............	2. 5. 〃	〃 15. 〃	〃 15. 〃	〃 9. 〃	〃 9. 〃	〃 9. 〃
Edit d'Octobre & Arrêt du Conſeil du 29 Décembre 1705, Inſpecteurs...............	1. 10. 〃	〃 10. 〃	〃 10. 〃	〃 5. 〃	〃 5. 〃	〃 2. 6
Lettres-Patentes du 2 Août 1777, Octrois municipaux...	1. 10. 〃	〃 10. 〃	〃 10. 〃	〃 5. 〃	〃 5. 〃	〃 2. 6
Total....	10. 13. 〃	3. 16. 〃	3. 16. 〃	1. 12. 6	1. 12. 6	1. 〃 9
Edit d'Août 1781, 10 ſ. pour l.	5. 6. 6.	1. 18. 〃	1. 18. 〃	〃 16. 3	〃 16. 3	〃 10. 4½
Déclaration du Roi du 3 Janv. 1759, Droits réſervés.....	14. 8. 〃	6. 〃 〃	1. 10. 〃	〃 10. 〃	〃 10. 〃	〃 5. 〃
Edit d'Août 1781, 10 ſ. pour l. modérés à 6 ſ. par déciſion du 29 du même mois......	4. 6. 4⅘	1. 16. 〃	〃 9. 〃	〃 3. 〃	〃 3. 〃	〃 1. 6
Total général....	34. 13. 10⅘	13. 10. 〃	7. 13. 〃	3. 1. 9	3. 1. 9	1. 17. 7½

Ville de PONTORSON.

Nature des Droits & Reglements qui les autorisent.	eau-de-vie & liqueur.	Vin de Liqueur.	Vin ordinaire.	Cidre.	Biere.	Poiré.
	l. f. d.	l. f. d.	l. f. d.	l. f. d.	l. f. d.	l. f. d.
Ordonn. de 1680, tit. 4, art. 1, anciens & nouveaux 5 sols.	// // //	// 14. //	// 14. //	// // //	// // //	// // //
Id. tit. 24, art. 1, tit. 26, art. 3, tit. 27, art. 6, Subvention.	5. 8. //	1. 7. //	1. 7. //	// 13.6.	// 13.6.	// 6.9.
Déclarations du Roi des 10 Octobre & 31 Décemb. 1689, Jauge-Courtage..........	2. 5. //	// 15. //	// 15. //	// 9. //	// 9. //	// 9. //
Edit d'Octobre & Arrêt du Conseil du 29 Décembre 1705, Inspecteurs..............	1.10. //	// 10. //	// 10. //	// 5. //	// 5. //	// 2.6.
Lettres-Patentes du 2 Août 1777, Octrois municipaux...	1.10. //	// 10. //	// 10. //	// 5. //	// 5. //	// 2.6.
Total....	10.13. //	3.16. //	3.16. //	1.12.6.	1.12.6.	1. // 9.
Edit d'Août 1781, 10 f. pour l.	5. 6. 6.	1.18. //	1.18. //	// 16.3.	// 16.3.	// 10.$4\frac{1}{2}$
Déclaration du Roi du 3 Janv. 1759, Droits réservés....	14. 8. //	6. // //	1. 5. //	// 10. //	// 10. //	// 5. //
Edit d'Août 1781, 10 f. pour l. modérés à 6 f. par décision du 29 du même mois......	4. 6. $4\frac{4}{7}$	1.16. //	// 7. 6.	// 3. //	// 3. //	// 1.6.
Total général....	34.13. $10\frac{4}{7}$	13.10. //	7. 6.6.	3. 1.9.	3. 1.9.	1.17.$7\frac{1}{2}$

Bourg de DUCÉ.

Nature des Droits & Reglements qui les autorisent.	eau-de-vie & liqueur.	Vin de Liqueur.	Vin ordinaire.	Cidre.	Biere.	Poiré.
	l. f. d.	l. f. d.	l. f. d.	l. f. d.	l. f. d.	l. f. d.
Ordonn. de 1680, tit. 4, art. 1, anciens & nouveaux 5 sols.	// // //	// 14. //	// 14. //	// // //	// // //	// // //
Id. tit. 24, art. 1, tit. 26, art. 3, tit. 27, art. 6, Subvention.	5. 8. //	1. 7. //	1. 7. //	// 13.6.	// 13.6.	// 6.9.
Déclarations du Roi des 10 Octobre & 31 Décemb. 1689, Jauge-Courtage...........	2. 5. //	// 15. //	// 15. //	// 9. //	// 9. //	// 9. //
Edit d'Octobre & Arrêt du Conseil du 29 Décemb. 1705, Inspecteurs..............	1.10. //	// 10. //	// 10. //	// 5 //	// 5. //	// 2.6.
Total....	9. 3. //	3. 6. //	3. 6. //	1. 7 6	1. 7.6.	// 18.3.
Edit d'Août 1781, 10 f. pour l.	4.11. 6.	1.13. //	1.13. //	// 13.9.	// 13.9.	// 9.$1\frac{1}{2}$
Déclaration du Roi du 3 Janv. 1759, Droits réservés....	14. 8. //	6. // //	1. 5. //	// 10. //	// 10. //	// 5. //
Edit d'Août 1781, 10 f. pour l. modérés à 6 f. par décision du 29 dudit mois.........	4. 6. $4\frac{4}{7}$	1.16. //	// 7. 6.	// 3. //	// 3. //	// 1.6.
Total général....	32. 8. $10\frac{4}{7}$	12.15. //	6.11.6.	2.14.3.	2.14.3.	1.13.$10\frac{1}{2}$

Bourgs de SAINT-JAMES & la HAYE-PENELLE.

Nature des Droits & Reglements qui les autorisent.	eau-de-vie & liqueur.	Vin de Liqueur.	Vin ordinaire.	Cidre.	Biere.	Poiré.
	l. s. d.	l. s. d.	l. s. d.	l. s. d.	l. s. d.	l. s. d.
Ordonn. de 1680, tit. 4, art. 1, anciens & nouveaux 5 sols.	″ ″ ″	″ 14. ″	″ 14. ″	″ ″ ″	″ ″ ″	″ ″ .
Id. tit. 24, art. 1, tit. 26, art. 3, tit. 27, art. 6, Subvention.	5. 8. ″	1. 7. ″	1. 7. ″	″ 13.6.	″ 13.6.	″ 6.9.
Déclarations du Roi des 10 Octobre & 31 Décemb. 1689, Jauge-Courtage..........	2. 5. ″	″ 15. ″	″ 15. ″	″ 9. ″	″ 9. ″	″ 9. ″
Edit d'Octobre & Arrêt du Conseil du 29 Décemb. 1705, Inspecteurs..............	1.10. ″	″ 10. ″	″ 10. ″	″ 5. ″	″ 5. ″	″ 2.6.
Total....	9. 3. ″	3. 6. ″	3. 6. ″	1. 7.6.	1. 7.6.	″ 18 3.
Edit d'Août 1781, 10 s. pour l.	4.11. 6.	1.13. ″	1.13. ″	″ 13.9.	″ 13.9.	″ 9.1½
Déclaration du Roi du 3 Janv. 1759, Droits réservés....	14. 8. ″	6. ″ ″	1. ″ ″	″ 10. ″	″ 10. ″	″ 5. ″
Edit d'Août 1781, 10 s. pour l. modérés à 6 s. par décision du 29 dudit mois........	4. 6. 4½	1.16. ″	″ 6. ″	″ 3. ″	″ 3. ″	″ 1.6.
Total général....	32. 8. 10½	12.15. ″	6. 5. ″	2.14. 3.	2.14. 3.	1.13.10

HAMEAUX ET ECARTS
SUJETS AUX DROITS D'INSPECTEURS
aux Boissons seulement.

Nature des droits & réglements qui les autorisent.	eau-de-vie & liqueur.	Vin de Liqueur.	Vin ordinaire.	Cidre.	Biere.	Poiré.
	l. s. d.	l. s. d.	l. s. d.	l. s. d.	l. s. d.	l. s. d.
Edit d'Octobre & Arrêt du Conseil du 29 Décemb. 1705. Inspecteurs..............	1.10.″	″ 10.″	″ 10.″	″ 5 ″	″ 5 ″	″ 2.6.
Edit d'Août 1781, 10 sols pour livre................	″ 15.″	″ 5.″	″ 5.″	″ 2.6.	″ 2 6.	″ 1 3.
Total. . .	2. 5.″	″ 15.″	″ 15.″	″ 7.6.	″ 7 6.	″ 3 9

OBSERVATION.

Les Nobles sont exempts, pour leur consommation seulement sur les boissons provenantes de leur cru, & les Ecclésiastiques sur celles du cru de leur bénéfice ; les premiers, de la subvention ; les seconds, de la subvention, des nouveaux 5 sols, de la jauge-courtage & des droits réservés, en se conformant aux formalités prescrites par les Reglements.

Droit de 6 liv. 15 sols sur l'Eau-de-vie de vin, par muid de 144 pots.

	l.	s.	d.
Ordonnance de 1680, tit. 26, art. 1er.	6.	15.	″
Edit d'Août 1781, 10 s. pour liv.	3.	7.	6.
Total. . .	10.	2.	6.

Nota. Le droit de 6 liv. 15 s. est dû sur l'eau-de-vie de vin à l'entrée des lieux sujets & à l'arrivée dans les lieux non sujets, lorsqu'il n'est pas justifié qu'il a été acquitté en route, ou aux premiers Bureaux de passage. Edit de Décembre 1686, & Lettres-Patentes du 28 Juin 1722.

L'Eau-de-vie rectifiée & l'esprit de vin sont assujétis par la Déclaration du Roi du 9 Décembre 1687, à payer, sçavoir ; l'eau-de-vie rectifiée le double, l'esprit-de-vin le triple des droits de 6 l. 15 s. & de la subvention, & ces liqueurs payent les autres droits comme l'eau-de-vie simple.

Droits de Contrôle sur la Biere, *par muid de 144 pots.*

	l.	f.	d.
Ordonnance de 1680, titre 27, article 1, ...	1.	10.	//
Edit d'Août 1781, 10 sols pour livre, ...	//	15.	//
Total. . .	2.	5.	//

Nota. Le droit de contrôle sur la Biere est dû dans les Brasseries en tous les lieux où elle est façonnée. Ordonnance ci-dessus citée.

Droits dus à la sortie du Royaume, par muid de 144 pots de vin.

	l.	f.	d.
Ordonnance de 1680, titre 4, article 16, anciens & nouveaux 5 sols.......	//	14	//
Edit d'Août 1781, 10 sols pour livre..............................	//	7	//
Total...	1.	1	//

Nota. Il se perçoit aussi, à la sortie du Royaume, des droits de jauge-courtage sur le vin & l'eau-de-vie, avec les 10 sols pour liv. mais ils ont été réunis à la Ferme Générale.

Droits de Gros, *par muid de 144 pots.*

Par l'Arrêt du Conseil du 13 Mars 1753, le vin destiné pour être consommé dans la Province de Normandie étant exempt des droits de gros au passage, ces droits sont dus lorsqu'il s'enleve de Normandie pour aller à l'Etranger, ou pour passer dans une autre Province. Ils consistent dans le vingtième du prix de la vente, l'augmentation de 16 f. 3 den. & le droit de courtage de 10 sols par muid.

Exemple pour du Vin *vendu 150 liv. le muid.*

	l. f. d.	l. f. d.	l. f. d.
Gros ou vingtième du prix de la vente.	7. 10. //	8. 16. 3.	13. 4. 4½
Augmentation	// 16. 3.		
Courtage	// 10. //		
Edit d'Août 1781, 10 sols pour livre		4. 8. 1½	

Droits dus à la vente & revente des Boissons, dans toute l'étendue de la Direction sous la dénomination de Courtiers-Jaugeurs.

Nature des boissons.	Nature des Droits & Réglements qui les autorisent.	1er. Enlevement. Quotité des Droits.	1er. Enlevement. Total.	2e. Enlevement. Quotité des Droits.	2e. Enlevement. Total.
		liv. f. d.	liv. f. d.	liv. f. d.	liv. f. d.
Eau-de-vie, par barils de 18 à 19 veltes.	Tarif du 16 Juin 1722	// 18.//	1. 7 //	// 9. //	// 13.6.
	Edit d'Août 1781. 10 f. pour liv.	// 9.//		// 4. 6.	
Liqueur, par muid de 144 pots.	Tarif du 16 Juin 1722.........	1.18.//	2.17 //	1. 10 //	2. 5.//
	Edit d'Août 1781. 10 f. pour liv.	// 19.//		// 15 //	
Vin, par muid de 144 pots, ou demi-queue.	Tarif du 16 Juin 1722.	// 9.//	// 13.6.	// 5.//	// 7.6.
	Edit d'Août 1781. 10 f. pour liv.	// 4.6.		// 2.6.	
Cidre, Poiré & Biere par muid de 144 pots.	Tarif du 16 Juin 1722.	// 4.6.	// 6. 9.	// 2.6.	// 3.9.
	Edit d'Août 1781. 10 f. pour liv.	// 2.3.		// 1.3.	

Droits dus à la vente en détail dans toute l'étendue de la Direction, à l'exception de la Ville de PONTORSON, *par muid de* 144 *pots.*

Nature des Droits & Reglements qui les autorifent.	Eau-de-vie à 3 liv. le pot.	Vin à 1 fol la pinte.	Cidre à 6 den. la pinte.	Poiré à 6 den. la pinte.	Biere à 12 fols le pot.
	l. f. d.	l. f. d.	l. f. d.	l. f. d.	l. f. d.
Le quatrième fur l'eau-de-vie eft le tiers du prix de la vente ; Edit de Décemb. 1686.	144. ″ ″	″ ″ ″	″ ″ ″	″ ″ ″	″ ″ ″
Le quatrième fur le Vin, Cidre & Poiré eft réduit au cinquième ; Ordonnance de 1680, tit. 14, art. 1 & 2....	″ ″ ″	3.18. ″	1.18. ″	1.18. .	″ ″ ″
Le quatrième fur la Biere, eft le quart du prix de la vente, avec parifis, fol & fix den. Ordonnance de 1680, tit. 27, art. 6.......	″ ″ ″	″ ″ ″	″ ″ ″	″ ″ ″	29. 1. 3.
Edit d'Août 1681, 10 f. pour liv. modérés à 8 f. par décifion du 29 du même mois......	57.12. ″	1.11. 2 2/5	″ 15. 2 2/5	″ 15. 2 2/5	11.12. 6.
Total ..	201.12. ″	5. 9. 2 2/5	2.13. 2 2/5	2.13. 2 2/5	40.13. 9.
Subvention à la confommation, tit. 26, art. 3 de l'Ordonn. de 1680 pour l'Eau-de-vie ; tit. 23, art. 1 & 2, pour les Vin, Cidre & Poiré, & tit. 27, art. 6, pour la Biere............	5. 8. ″	1. 7. ″	″ 13. 6.	″ 6. 9.	″ 13. 6.
Jauge & Courtage, Déclaration du Roi du 10 Octobre 1689....	2. 5. ″	″ 15. ″	″ 9. ″	″ 9. ″	″ 9. ″
Total...	7.13. ″	2. 2. ″	1. 2. 6.	″ 15. 9.	1. 2. 6.
Edit d'Août 1781, 10 fols pour livre......	3 16. 6.	1. 1. ″	″ 11. 3.	″ 7. 10 1/2	″ 11. 3.
Total de la fubvention, jauge-courtage & dix fols pour livre......	11. 9. 6.	3. 3. ″	1.13. 9.	1. 3. 7 1/2	1.13. 9.
Rapport du quatrième & 8 f. pour liv......	201.12. ″	5. 9. 2 2/5	2.13. 2 2/5	2.13. 2 2/5	40 13. 9.
Total général...	213. 1. 6.	8.12. 2 2/5	4. 6.11 2/5	3.16. 9 [illegible]	42. 7. 6.

Nota. Lorfque le Vin eft vendu plus d'un fol la pinte, les droits de quatrième font augmentés à raifon de 18 f. par chaque fol, & lorfque les cidre & poiré font auffi vendus plus de 6 den. la pinte, ces droits font augmentés à raifon de 6 l. par chaque den. Art. ci-devant cités.

Il eft encore à obferver que le droit de Jauge-Courtage au détail ne fe perçoit dans aucun des lieux où il a été payé à l'entrée.

Droits dus à la vente en détail dans la Ville de Pontorson, *par muid de 144 pots.*

Nature des Droits & Reglements qui les autorisent.	Eau-de-vie à 3 liv. le pot.	Vin à 1 sol la pinte.	Cidre à 6 den. la pinte.	Poiré à 6 den. la pinte.	Biere à 1 sol la pinte.
	l. s. d.	l. s. d.	l. s. d.	l. s. d.	l. s. d.
Quatrième, dont les autorités sont relatées au tableau précédent.	144. ″ ″	″ ″ ″	″ ″ .	″ ″ ″	29. 1. 3
Tarif de 1688, les droits de détail à Pontorson sur les vin, cidre & Poiré consistent dans le parisis, sol & six den. faisant le tiers du quatrième, réduit au cinquième.....	″ ″ ″	″ 19. 2 $\frac{2}{5}$	″ 9. 7 $\frac{1}{5}$	″ 9. 7 $\frac{2}{5}$	″ ″ ″
Edit d'Août 1781, 10 s. pour liv. modérés à 8 s. par décision du 29 dudit mois..................	57. 12. ″	″ 7. 8 $\frac{4}{25}$	″ 3. 10 $\frac{2}{25}$	″ 3. 10 $\frac{2}{25}$	11. 12 6.
Subvention à la consommation. Ordonn. de 1680, tit. 26, art. 1, 2 & 3. tit. 27, art. 6............	5. 8 ″	1. 7. ″	″ 13. 6.	″ 6. 9.	″ 13. 6.
Edit d'Août 1781, 10 s pour l.	2. 14. ″	″ 13. 6.	″ 6. 9.	″ 3. 4 $\frac{1}{2}$	″ 6. 9.
Total général....	209. 14. ″	3. 7. 4 $\frac{14}{25}$	1. 13. 8 [illegible]	1. 3. 6 $\frac{4}{5}$	41. 14. ″

Les droits de détail expliqués dans les Tarifs précédents, sont également dus sur les boissons arrivantes & transportées en bouteilles, & autres vaisseaux au-dessous de 72 pintes, mesure de Paris; Lettres-patentes du 25 Mai 1728, aux exceptions y portées, & qui tombent sur le Vin de liqueur venant en caisse, les Vins de Champagne gris arrivants en paniers de 100 bouteilles, en destination pour la Province, les Vins en paniers de 50 bouteilles en destination pour l'Etranger, & les Vins en bouteilles pour la provision des personnes qui vont aux Eaux de Forges, & de celles qualifiées qui vont passer quelque temps dans leurs terres, le tout en se conformant aux formalités prescrites par lesdites Lettres-patentes.

Les eaux-de-vie transportées en barils au-dessous de 60 pintes, sont aussi assujetties aux droits de détail. Lettres-pat. du 24 Août 1728 : ces droits sont encore dûs par les Bouilleurs & Marchands en gros d'eau-de-vie sur les manquants à leurs charges; déduction faite du 21e pot pour 20 ; Lettres-patentes citées ci-dessus : & les soumissionnaires d'eau-de-vie sont assujettis au paiement du double desdits droits, sur les eaux-de-vie pour lesquelles ils ne rapportent pas dans les trois mois certificat d'arrivée. Lettres-patentes des 7 Juin 1727 & 2 Mars 1728.

DROIT ANNUEL.

		l. s. d.	l. s. d.
Dans les Villes.	Ordonnance de 1680, titre 29, art. 1. annuel.	8. ″ ″	12. ″ ″
	Edit d'Août 1781, 10 sols pour livre......	4. ″ ″	
Dans les autres lieux.	Ordonnance de 1780, tit. 29, art. 1. annuel.	6. 10 ″	9. 15 ″
	Edit d'Août 1781, 10 sols pour livre......	3. 5 ″	

Ce droit est dû par tous les Marchands en gros, Bouilleurs, Brasseurs, Cabaretiers, Taverniers & autres vendants en détail.

Les Detailleurs de biere ne doivent que la moitié de l'annuel. Ordonn. de 1680, tit. 29, art. 7.

BESTIAUX.

Droits sur les Bestiaux à l'entrée & au massacre.

Ville d'AVRANCHES.

Nature des droits & reglements qui les autorisent.	Bœuf ou Vache.	Veau ou Genisse.	Mouton, Brebis ou Chevre.	Porc.	Livre de Viande.
	l. s. d.	l. s. d.	l. s. d.	l. s. d.	l. s. d.
Edit de Février 1704, Inspecteurs.....	2. " "	" 12. "	" 4. "	" " "	" " 2.
Edit d'Août 1781, 10 s. pour livre......	1. " "	" 6. "	" 2. "	" " "	" " 1.
Déclaration du Roi du 3 Janvier 1759, Droits réservés,.................	2. " "	" 13. 4.	" 5. "	" 13. 4.	à proport.
Edit d'Août 1781, 10 sols pour livre, modérés à 6 sols par décision du 29 dudit mois..........................	" 12. "	" 4. "	" 1. 6.	" 4. "	idem
Total général....	5. 12. "	1. 15. 4.	" 12. 6.	" 17. 4.	

Ville de PONTORSON & Bourg de DUCÉ.

Nature des Droits & Réglements qui les autorisent.	Bœuf ou Vache.	Veau ou Genisse.	Mouton, Brebis ou Chèvre.	Porc.	Livre de viande.
	liv. s. d.	liv. s. d.	liv. s. d.	liv. s. d.	liv. s. d.
Edit de Février 1704. Inspecteurs........................	2. " "	" 12. "	" 4. "	" " "	" " 2.
Edit d'Août 1781. 10 s. pour liv...	1. " "	" 6. "	" 2. "	" " "	" " 1.
Déclaration du Roi du 3 Janvier 1759. Droits réservés.........	1. 10. "	" 10. "	" 3. 6.	" 10. "	à proport.
Edit d'Août 1781. 10 s. pour liv. modérés à 6 s. par décision du 29 du même mois................	" 9. "	" 3. "	" 1. " ½	" 3. "	idem.
Total.....	4. 19. "	1. 11. "	" 10. 6½	" 13. "	

Bourgs de SAINT-JAMES & de LA HAYE-PÉNEL.

Nature des Droits & Réglements qui les autorisent.	Bœuf ou Vache.	Veau ou Genisse.	Mouton, Brebis ou Chèvre.	Porc.	Livre de viande.
	liv. s. d.	liv. s. d.	liv. s. d.	liv. s. d.	liv. s. d.
Edit de Février 1704. Inspecteurs........................	2. " "	" 12. "	" 4. "	" " "	" " 2.
Edit d'Août 1781. 10 s. pour liv.	1. " "	" 6. "	" 2. "	" " "	" " 1.
Déclaration du Roi du 3 Janvier 1759. Droits réservés.........	1. " "	" 6. 8.	" 3. "	" 6. 8.	à proport.
Edit d'Août 1781. 10 s. pour liv. modérés à 6 s. par décision du 29 du même mois................	" 6. "	" 2. "	" " 10⅘	" 2. "	idem.
Total.....	4. 6. "	1. 6. 8.	" 9. 10⅘	" 8. 8.	

Droits dûs sur les Bestiaux à l'entrée & au massacre, dans les Bourgs, hameaux & écarts sujets aux droits d'Inspecteurs aux Boucheries seulement, & dans les Campagnes, par les Bouchers, Maîtres & Fils de Maîtres, avant l'abattis, & par tous les autres Bouchers, à la vente hors domicile.

Nature des Droits, & Règlements qui les autorisent.	Bœuf ou Vache.	Veau ou Genisse.	Mouton, Brebis ou Chevre.	Livre de viande.
	l. s. d.	l. s. d.	l. s. d.	l. s. d.
Edit de Février & Arrêt du Conseil, du 19 Août 1704, Inspecteurs	2. " "	" 12. "	" 4. "	" " 2.
Edit d'Août 1781, 10 sols pour liv	1. " "	" 6. "	" 2. "	" " 1.
Total	3. " "	" 18. "	" 6. "	" " 3.

Droits sur les BOIS *&* FOINS, *dans la Ville d'*AVRANCHES.

Nature des droits & règlements qui les autorisent.	Voiture à un Cheval.	Voiture à deux Chev.	Voiture à trois Chev.	Somme de Cheval.	Somme d'Asne.
	l. s. d.	l. s. d.	l. s. d.	l. s. d.	l. s. d.
Déclaration du Roi du 3 Janvier 1759, & Arrêt du Conseil du 13 Sept. 1776, Droits réservés	" 5. "	" 7 6.	"10. "	" 1. "	" " 6.
Edit d'Août 1781, 10 sols pour liv. modérés à 6 sols par décision du 29 dudit mois	" 1 6.	" 2 3	" 3. "	" " $3\frac{1}{5}$	" " $1\frac{1}{5}$
Total	" 6 6	" 9 9.	"13 "	" 1.$3\frac{1}{5}$	" " $7\frac{1}{5}$

Au-dessus de trois Chevaux, chaque Cheval augmente le droit à proportion, & il n'y a de Bois exempts que ceux désignés dans les Lettres-patentes du 4 Août 1778, & qui sont les bourées & fagots sans parements de ronces, épines, puines, &c.

Pied Fourché.

Nature des Droits, & Règlements qui les autorisent.	Cheval ou Jument.	Bœuf ou Vache.	Porc.	Mouton.
	l. s d.	l. s. d.	l. s. d.	l. s. d.
Edit de Mars & Arrêt du Conseil de 1663	" 3. "	" 2. "	" 1. "	" " 6.
Edit d'Août 1781, 10 sols pour livre	" 1. 6.	" 1. "	" " 6.	" " 3.
Total	" 4. 6.	" 3. "	" 1 6.	" " 9.

Nota. Ce droit est dû dans toutes les Foires & Marchés qui se tiennent dans les paroisses dépendantes du Bailliage du COTENTIN & ancien Ressort d'icelui.

Sol pour livre sur le POISSON *de Mer, frais, sec & salé.*

Par Edit de 1583 & autres subséquents, il est dû sur le Poisson de mer venant de l'Etranger ou de Pêche Françoise, lorsque ce dernier n'est pas vendu par le propriétaire, le 20e du prix de la vente, ou sol pour livre, & les 10 sols pour livre de l'Edit d'Août 1781.

Il faut en excepter le Poisson que les Pêcheurs & Mariniers ont eux-mêmes pêché, qu'il leur est permis de vendre ou faire vendre par leurs femmes & enfants, sans être obligés de se servir du ministere des Vendeurs, ni de payer le sol pour livre. Arrêts du Conseil des 31 Mars 1711 portant réglement, & 7 Juin 1763.

Il faut en excepter aussi les morues, harengs & tout poisson salé, que les Marchands, Maîtres de Navires & autres faisant le commerce de la Pêche, ont pêché ou fait pêcher sur des vaisseaux expédiés des Ports de Normandie & Picardie, & qu'ils vendent eux mêmes ou font vendre à leur retour de la pêche par leurs Associés, Matelots & autres gens de l'équipage des vaisseaux qui y ont été employés, lesquels sont pareillement déchargés du sol pour livre, & ce, sans distinction des parts & portions appartenantes à chacun des particuliers intéressés ou employés à ladite pêche ; Arrêt du Conseil & Lettres-Patentes du 5 Décembre 1690, autre Arrêt du Conseil du 31 Mars 1711.

Droits sur les HUILES *à la Fabrication.*

REGLEMENTS.	NATURE DES HUILES.	Principal	10 sols pour liv.	TOTAL
		l. s. d.	l. s. d.	l. s. d.
Déclaration du Roi de 1716. Edit d'Août 1781 pour le doublement des droits & les 10 s. pour liv.	Par livre pesant d'huile de poisson, d'olive, d'amande, de noix & autres fruits..........	// 1. //	// // 6.	// 1.6.
	Par livre pesant d'huile de térébentine, lin, chenevis, rabette, navette & autres graines..	// // 6.	// // 3.	// // 9.
	Par livre pesant d'huile d'essence & autres de plus grande valeur que celles sujettes aux droits d'un sol	// 2. //	// 1. //	// 3. //
	Si le droit principal est de plus de 3 liv. il est payé pour l'acquit	// 5. //	// 2. 6.	// 7.6.
	S'il n'est que de 3 liv. ou d'une moindre somme jusqu'à 20 sols inclusivement, le droit d'acquit est de 2 sols......................	// 2. //	// 1. //	// 3. //

Nota. Le droit d'acquit n'a pas lieu lorsque le droit principal est au-dessous de 20 sols.

Droits sur la MARQUE *d'*OR *& d'*ARGENT.

REGLEMENTS.	Objets sujets aux droits.	Principal	10 sols pour liv.	TOTAL.
		l. s. d.	l. s. d.	l. s. d.
Ordonnance de 1681, tit. 2, art. 1, & Edit de Mai 1723, pour le principal.... Edit d'Août 1781, pour les 10 s. pour l.	Or, par marc.	33.12. //	16.16. //	50. 8. //
	Argent, par marc.	2.16. //	1. 8. //	4. 4. //

*Droits sur l'*AMIDON.

REGLEMENTS.	Amidon à la fabrication par muid de 144 pots.			Amidon & Poudre venant de l'Etranger, par livre pesant.		
	l.	s.	d.	l.	s.	d.
Edit de Février 1771, & Arrêt du Conseil du 10 Décembre 1778, Principal.........	7.	10.	//	//	4.	//
Edit d'Août 1781, 10 sols pour livre......	3.	15.	//	//	2.	//
Total...	11.	5.	//	//	6.	//

Droits sur les CUIRS & PEAUX.

	Objets sujets aux droits.	Cuirs & peaux à la fabrication. Principal.	10 s. p. l.	TOTAL.	Cuirs & peaux à l'exportation. Principal	10 s. p. l.	TOTAL.	Cuirs & peaux à l'impor.
		l. s. d.	l. s. d.	l. s. d.	l. s. d.	l. s. d.	l. s. d.	
Edit d'Août 1759, & Arrêts du Conseil des 28 Juin & 13 Novembre 1763, pour le principal. Edit d'Août 1781, pour les 10 sols pour livre.	Cuirs & peaux de bœufs & vaches à fort & à œuvre ; veaux, moutons, agneaux, chevreaux, porcs & sangliers tannés & apprêtés en toutes sortes d'apprêts, la l. pesant.	„ 2. „	„ 1 „	„ 3. „	. . .	. . .	. . .	10 pour $\frac{0}{0}$ de leur valeur.
	Chevaux, mulets & ânes, la livre pesant..	„ 1. „	„ „ 6	„ 1. 6	. . .	. . .	. . .	
	Cerfs, élans & orignaux, *idem*.......	„ 6. „	„ 3 „	„ 9. „	. . .	. . .	. . .	
	Boucs & Chevres, *id.*	„ 4. „	„ 2 „	„ 6. „	. . .	. . .	. . .	
	Chamois, daims & chevreuils, *idem*....	„ 10. „	„ 5. „	„ 15. „	. . .	. . .	. . .	
	Toutes peaux non dénommées ci-dessus.	10 p^r $\frac{0}{0}$ de leur val.						
	Cuirs de bœufs & vaches en verd, en demi-aprêt, passant à l'Etranger, la piece	„ „ „	„ „ „	„ „ „	6. „ „	3. „ „	9 „ „	
	Peaux de veaux, *id.* la piece...........	„ „ „	„ „ „	„ „ „	1. „ „	„ 10. „	1. 10 „	
	Peaux de moutons, *id.* la piece...........	„ „ „	„ „ „	„ „ „	„ 10. „	„ 5. „	„ 15 „	

Nota. Les deux tiers du principal des droits perçus sur les Cuirs apprêtés, sont remboursés, lorsque lesdits Cuirs passent à l'Etranger, en remplissant les formalités prescrites par les Reglements.

Offices supprimés.

Lieux sujets.	Nature des Offices.	Droits attribués à chaque Office.
Ville d'AVRANCHES.	Mesureurs de Grains, pour un raseau contenant quatorze pots & pinte, mesure de Paris, de froment, seigle, méteil & farine en provenant, & à proportion. Edit de Janvier 1697, cy................................	l. s. d. „ „ 4. $\frac{1}{2}$.

Droits sur les QUITTANCES TIMBRÉES *pour la Régie & pour les Parties étrangères.*

	l.	s.	d.
Ordonn. de 1680, tit. 33 ; Déclar. de 1690 ; Edit de 1748, Déclaration de 1771, & Lettres-patentes de 1780, par quittance de 5 sols & au-dessus..	„	„	10
Edit d'Août 1781, 10 sols pour livre..........................	„	„	5.
Total..	„	1.	3.

Nota. Les frais de timbre pour les congés & expéditions qui ne sont point des quittances de droits, sont dus. Ordonnance de Juillet 1681, titre commun, article 16. Déclar. de 1771, & Lettres-patentes de 1780, art. 10.

OBSERVATION GÉNÉRALE.

Les articles de droits qui, payés séparément, ne forment pas une somme de 6 den. ne doivent pas de sols pour livre.

Dénomination des parties étrangeres à la Régie dont les 10 sols pour livre sont dus au Roi sur le principal des droits.

SAVOIR:

Noms des lieux.	*Dénomination des Droits.*	
Avranches & Pontorson.	Tarif. .... Quatre sols pour livre dudit Tarif..........	appartenant à la Ville.
Avranches, Saint-James & Pontorson.	Droits d'Hôpital.	
Avranches & S.-James.	Droits d'Hôpital.	

A PARIS, chez KNAPEN & Fils, Lib.-Imprim. de la Cour des Aides, au bas du Pont Saint-Michel, 1782.

GÉNÉRALITÉ DE CAEN.

TARIF DES DROITS *DÉPENDANS* DE LA RÉGIE GÉNÉRALE, *DUS DANS LA DIRECTION* DE BAYEUX.

DROITS SUR LES BOISSONS, A L'ENTRÉE ET AU BRASSAGE, par Muid de 144 Pots.

VILLE DE BAYEUX.

NATURE DES DROITS, et Réglemens qui les autorisent.	Eau de-vie & Liqueur.	Vin de Liqueur.	Vin ordinaire.	Cidre.	Poiré.	Biere.
	tt ß ₰	tt ß ₰	tt ß ₰	tt ß ₰	tt ß ₰	tt ß ₰
Ordonnance de 1680, titre 4, article 1er. Anciens & Nouveaux Cinq Sols.......	». ». ».	».14.».	».14.».	». ». ».	». ». ».	». ». ».
Idem, titre 24, art. 1er, titre 26, art. 3, titre 27, art. 6, Subvention.............	5. 8. ».	1. 7.».	1. 7.».	».13. 6.	». 6. 9.	».13. 6.
Déclarations du Roi, des 10 Oct. & 3 Déc. 1689, Jauge & Courtage.......	2. 5. ».	».15.».	».15.».	». 9. ».	». 9. ».	». 9. ».
Edit d'Octobre & Arrêt du Conseil, du 29 Décembre 1705, Inspecteurs.......	1. 10. ».	».10.».	».10.».	». 5. ».	». 2. 6.	». 5. ».
Lettres Patentes du 2 Août 1777, Octrois Municipaux.......................	2. 17. 7$\frac{1}{3}$.	2. 1.1$\frac{3}{5}$.	2. 1.1[illegible]	». 7. 8$\frac{4}{15}$	». 7. 8$\frac{4}{15}$	». 7. 8$\frac{4}{15}$
Total..........	12. ». 7$\frac{1}{3}$.	5. 7.1$\frac{3}{5}$.	5. 7.1$\frac{3}{5}$	1.15. 2$\frac{4}{15}$	1. 5.11$\frac{4}{15}$	1.15. 2$\frac{4}{15}$
Edit d'Août 1781, Dix Sols pour livre..	6. ». 3$\frac{1}{3}$.	2.13.6$\frac{4}{5}$.	2.13.6$\frac{4}{5}$.	».17. 7$\frac{2}{15}$	».12.11$\frac{2}{15}$	».17. 7$\frac{2}{15}$
Déclaration du 3 Janvier 1759, Droits Réservés..........................	14. 8. ».	6. ».».	1.10.».	».10. ».	». 5. ».	».10. ».
Edit d'Août 1781, 10 ß pr tt, modérés à 6 s. par Décision du 29 dudit mois....	4. 6. 4$\frac{4}{5}$.	1.16.».	». 9.».	». 3. ».	». 1. 6.	». 3. ».
TOTAL GÉNÉRAL...	36. 15. 3$\frac{1}{3}$.	15.16.8$\frac{2}{5}$.	9.19.8$\frac{2}{5}$.	3. 5. 9$\frac{6}{15}$	[illegible]. 5. 4[illegible]	3. 5. 9$\frac{6}{15}$

A

BOURG D'ISIGNY.

NATURE DES DROITS, ET RÉGLEMENS QUI LES AUTORISENT.	EAU-DE-VIE, & Liqueur	VIN de Liqueur.	VIN ordinaire.	CIDRE.	POIRÉ.	BIERE.
	tt ß &	tt ß &	tt ß &	tt ß &	tt ß &	tt ß &
Ordonnance de 1680, titre 4, article 1er, Anciens & Nouveaux Cinq Sols.......	». ». ».	».14. ».	».14. ».	». ». ».	». ». ».	». ». ».
Idem, titre 24, art 1er, titre 26, art. 3, titre 27, art. 6, Subvention................	5. 8. ».	1. 7. ».	1. 7. ».	».13. 6.	». 6. 9.	».13. 6.
Déclarations du Roi, des 10 Oct. & 31 Déc. 1689, Jauge & Courtage.	2. 5. ».	».15. ».	».15. ».	». 9. ».	». 9. ».	». 9. ».
Edit d'Octobre & Arrêt du Conseil, du 29 Décembre 1705, Inspecteurs..........	1. 10. ».	».10. ».	».10. ».	». 5. ».	». 2. 6.	». 5. ».
Lettres Patentes du 2 Août 1777, Octrois Municipaux........................	1. 10. ».	».10. ».	».10. ».	». 5. ».	». 2. 6.	». 5. ».
TOTAL........	10. 13. ».	3.16. ».	3.16. ».	1.12. 6.	1. ». 9.	1.12. 6.
Edit d'Août 1781, Dix Sols pour livre..	5. 6. 6.	1.18. ».	1.18. ».	».16. 3.	».10. 4½.	».16. 3.
Déclaration du Roi, du 3 Janvier 1759, Droits Réservés....................	14. 8. ».	6. ». ».	1. 5. ».	».10. ».	». 5. ».	».10. ».
Edit d'Août 1781, 10 ß pr tt, modérés à 6 ß, par Décision du 29 dudit mois..........	4. 6. 4⅘.	1.16. ».	». 7. 6.	». 3. ».	». 1. 6.	». 3. ».
TOTAL GÉNÉRAL...	34. 13. 10⅘.	13.10. ».	7. 6. 6.	3. 1. 9.	1.17. 7½.	3. 1. 9.

BOURGS DE TRÉVIERES ET CAUMONT.

NATURE DES DROITS, ET RÉGLEMENS QUI LES AUTORISENT.	EAU-DE-VIE & Liqueur.	VIN de Liqueur.	VIN ordinaire.	CIDRE.	POIRÉ.	BIERE.
	tt ß &	tt ß &	tt ß &	tt ß &	tt ß &	tt ß &
Ordonnance de 1680, titre 4, article 1er, Anciens & Nouveaux Cinq Sols.......	». ». ».	».14. ».	».14. ».	». ». ».	». ». ».	». ». ».
Idem, titre 24, art. 1er, titre 26, art. 3, titre 27, art. 6, Subvention...............	5. 8. ».	1. 7. ».	1. 7. ».	».13. 6.	». 6. 9.	».13. 6.
Déclarations du Roi, des 10 Oct. & 31 Déc. 1689, Jauge & Courtage.........	2. 5. ».	».15. ».	».15. ».	». 9. ».	». 9. ».	». 9. ».
Edit d'Octobre & Arrêt du Conseil, du 29 Décembre 1705, Inspecteurs..........	1. 10. ».	».10. ».	».10. ».	». 5. ».	». 2. 6.	». 5. ».
TOTAL.......	9. 3. ».	3. 6. ».	3. 6. ».	1. 7. 6.	».18. 3.	1. 7. 6.
Edit d'Août 1781, Dix Sols pour livre..	4. 11. 6.	1.13. ».	1.13. ».	».13. 9.	». 9. 1½.	».13. 9.
Déclaration du Roi, du 3 Janvier 1759, Droits Réservés.....................	14. 8. ».	6. ». ».	1. ». ».	».10. ».	». 5. ».	».10. ».
Edit d'Août 1781, 10 ß pr tt, modérés à 6 ß, par Décision du 29 dudit mois..........	4. 6. 4⅘.	1.16. ».	». 6. ».	». 3. ».	». 1. 6.	». 3. ».
TOTAL GÉNÉRAL...	32. 8. 10⅘.	12.15. ».	6. 5. ».	2.14. 3.	1.13.10½.	2.14. 3.

BOURG DE CORMOLAIN.

NATURE DES DROITS, ET RÉGLEMENS QUI LES AUTORISENT.	EAU-DE-VIE, & Liqueur.	VIN de liqueur.	VIN ordinaire.	CIDRE.	POIRÉ	BIERE.
	₶ ß ₰	₶ ß ₰	₶ ß ₰	₶ ß ₰	₶ ß ₰	₶ ß ₰
Ordonnance de 1680, titre 4, article 1er, Anciens & Nouveaux Cinq Sols.......	». ». ».	».14. ».	».14. ».	». ». ».	». ». ».	». ». ».
Idem, titre 24, art. 1er, titre 26, art. 3, titre 27, art. 6, Subvention...........	5. 8. ».	1. 7. ».	1. 7. ».	».13. 6.	». 6. 9.	».13. 6.
Déclarations des 10 Octobre & 31 Déc. 1689, Jauge & Courtage............	2. 5. ».	».15. ».	».15. ».	». 9. ».	». 9. ».	». 9. ».
Edit d'Octobre & Arrêt du Conseil du 29 Déc. 1705, Inspecteurs.............	1. 10. ».	».10. ».	».10. ».	». 5. ».	». 2. 6.	». 5. ».
TOTAL...........	9. 3. ».	3. 6. ».	3. 6. ».	1. 7. 6.	».18. 3.	1. 7. 6.
Edit d'Août 1781, Dix Sols pour livre.	4. 11. 6.	1.13. ».	1.13. ».	».13. 9.	». 9. 1½.	».13. 9.
TOTAL GÉNÉRAL....	13. 14. 6.	4.19. ».	4.19. ».	2. 1. 3.	. 7. 4½.	2. 1. 3.

OBSERVATION GÉNÉRALE.

Les Nobles sont exempts, pour leur consommation seulement, sur les Boissons provenant de leur crû, & les Ecclésiastiques sur celles du crû de leurs Bénéfices; les premiers, de la Subvention; les seconds de la Subvention, des Nouveaux Cinq Sols, de la Jauge-Courtage & des Droits Réservés, en se conformant aux formalités prescrites par les Réglemens.

DROIT DE 6₶ 15ß SUR L'EAU-DE-VIE DE VIN, par Muid de 144 Pots.

	₶ ß ₰
Ordonnance de 1680, titre 26, article premier..................................	6. 15. ».
Edit d'Août 1781, Dix Sols pour livre..	3. 7. 6.
TOTAL.............	10. 2. 6.

Le Droit de 6₶ 15ß est dû sur l'Eau-de-vie de Vin, à l'Entrée des lieux sujets, & à l'Arrivée dans les lieux non sujets, lorsqu'il n'est pas justifié qu'il a été acquitté en route ou aux premiers Bureaux de passage, Edit de Décembre 1686, Lettres Patentes du 28 Juin 1722.

L'Eau-de-vie rectifiée & l'Esprit-de-Vin sont assujettis, par la Déclaration du Roi, du 9 Décembre 1687, à payer, savoir, l'Eau-de-vie rectifiée, le double, l'Esprit-de-Vin le triple des Droits de 6₶ 15ß & de Subvention; & ces Liqueurs paient les autres Droits comme l'Eau-de-vie simple.

DROIT DE CONTRÔLE SUR LA BIERE, par Muid de 144 Pots.

	₶ ß ₰
Ordonnance de 1680, titre 27, article premier..................................	1. 10. »
Edit d'Août 1781, Dix Sols pour livre..	». 15. ».
TOTAL.............	2. 5. ».

Nota. Le Droit de Contrôle sur la Biere, est dû dans les Brasseries, en tous les lieux où elle se façonne; Ordonnance citée ci-dessus.

DROITS A LA SORTIE DU ROYAUME,

par Muid de Vin, de 144 Pots.

NATURE DES DROITS, ET RÉGLEMENS QUI LES AUTORISENT.	VIN.
	tt ß ₰
Ordonnance de 1680, titre 4, article 16, Anciens & Nouveaux Cinq Sols	». 14. ».
Edit d'Août 1781, Dix Sols pour livre	». 7. ».
TOTAL	1. 1. ».

Nota. Il se perçoit aussi à la sortie du Royaume, des Droits de Jauge & Courtage sur le Vin & l'Eau-de-vie, avec les Dix Sols pour livre; mais ils ont été réunis à la Ferme générale.

DROITS DE GROS.

Par l'Arrêt du Conseil, du 13 Mars 1753, les Vins destinés pour être consommés dans la Province de Normandie, étant exempts des Droits de Gros au passage, ces Droits sont dûs, lorsqu'ils s'enlevent de Normandie, pour aller à l'Etranger, ou dans une autre Province; ils consistent dans le vingtieme du prix de la vente, l'augmentation de 16 ß 3 ₰, le Droit de Courtage de 10 ß par Muid, & les Dix Sols pour livre de l'Edit d'Août 1781.

EXEMPLE, pour du Vin vendu 150 liv. le Muid de 144 Pots.

	tt ß ₰	tt ß ₰	tt ß ₰
Gros ou Vingtieme	7. 10. ».	8. 16. 3. ».	13. 4. 4. ½.
Augmentation	». 16. 3.		
Courtage	». 10. ».		
Edit d'Août 1781, Dix Sols pour livre		4. 8. 1. ½.	

DROITS A LA VENTE ET REVENTE DES BOISSONS,

SOUS LA DÉNOMINATION DE COURTIERS-JAUGEURS,

dans toute l'étendue de la Direction, excepté la Ville de BAYEUX.

BOISSONS.	RÉGLEMENS qui autorisent la perception DES DROITS.	1er ENLÉVEMENT. Quotité de chaque Droit.	1er ENLÉVEMENT. Total par nature de Boissons.	2e ENLÉVEMENT. Quotité de chaque Droit.	2e ENLÉVEMENT. Total par nature de Boissons.
		tt ß ₰	tt ß ₰	tt ß ₰	tt ß ₰
EAU-DE-VIE, par Bail de 28 à 29 Veltes..	Tarif du 16 Juin 1722, Courtiers-Jaugeurs	». 18. ».	1. 7. ».	». 9. ».	». 13. 6.
	Edit d'Août 1781, Dix Sols pr liv.	». 9. ».		». 4. 6.	
LIQUEUR, par Muid de 144 Pots........	Tarif du 16 Juin 1722, Courtiers-Jaugeurs	1. 18. ».	2. 17. ».	1. 10. ».	2. 5. ».
	Edit d'Août 1781, Dix Sols pr liv.	». 19. ».		». 15. ».	
VIN, par Muid de 144 Pots ou demi-queue...	Tarif du 16 Juin 1722, Courtiers-Jaugeurs	». 9. ».	». 13. 6.	». 5. ».	». 7. 6.
	Edit d'Août 1781, Dix Sols pr liv	». 4. 6.		». 2. 6.	
CIDRE, POIRÉ & BIERE, par Md de 144 Pots	Tarif du 16 Juin 1722, Courtiers-Jaugeurs	». 4. 6.	». 6. 9.	». 2. 6.	». 3. 9.
	Edit d'Août 1781, Dix Sols pr liv.	». 2. 3.		». 1. 3.	

DROITS DE COURTIERS-JAUGEURS ET D'OCTROIS,

DUS A LA VENTE ET REVENTE DES BOISSONS, DANS LA VILLE DE BAYEUX.

BOISSONS.	RÉGLEMENS qui autorisent la perception DES DROITS.	1er ENLÉVEMENT. Quotité des Droits.	1er ENLÉVEMENT. TOTAL.	1er ENLÉVEMENT. TOTAL GÉNÉRAL.	2e ENLÉVEMENT. Quotité des Droits.	2e ENLÉVEMENT. TOTAL.	2e ENLÉVEMENT. TOTAL GÉNÉRAL.
		₶ ß ₰	₶ ß ₰	₶ ß ₰	₶ ß ₰	₶ ß ₰	₶ ß ₰
Eau-de-vie, par Baril de 28 à 29 Veltes...	Tarif du 16 Juin 1722, Courtiers-Jaugeurs.	». ». ».	».18. ».	1. 7. ».	». ». ».	». 9. ».	».13. 6.
	Edit d'Août 1781, Dix Sols pr liv.....	». ». ».	». 9. ».		». ». ».	». 4. 6.	
Liqueur, par Muid de 144 Pots......	Tarif du 16 Juin 1722, Courtiers-Jaugeurs.	». ». ».	1.18. ».	2.17. ».	». ». ».	1. 10. ».	2. 5. ».
	Edit d'Août 1781, Dix Sols pr liv....	». ». ».	».19. ».		». ». ».	».15. ».	
Vin, par Muid de 144 Pots, ou ½ queue...	Tarif du 16 Juin 1722, Courtiers-Jaugeurs.	». 9. ».	».13. 6.	».15. 4½.	». 5. ».	». 7. 6.	». 9. 4½.
	Edit d'Août 1781, Dix Sols pr liv....	». 4. 6.			». 2. 6.		
	Ordonnance de 1681, titre 3, art. 1er, 1ere moitié d'Octroi...	». 1. 3.	». 1.10½.		». 1. 3.	». 1.10½.	
	Edit d'Août 1781, Dix Sols pr liv....	». ». 7½.			». ». 7½.		
Cidre, Poiré & Biere, par Muid de 144 Pots.	Tarif du 16 Juin 1722, Courtiers-Jaugeurs.	». 4. 6.	». 6. 9.	». 7. 7⅘.	». 2. 6.	». 3. 9.	». 4. 7⅘.
	Edit d'Août 1781, Dix Sols pr liv...	». 2. 3.			». 1. 3.		
Nota La Biere ne doit pas l'Octroi.	Ordonnance de 1681, titre 3, art. 1er, 1ere moitié d'Octroi...	». ». 7⅕.	». ».10⅘.		». ». 7⅕.	». ».10⅘.	
	Edit d'Août 1781, Dix Sols pr liv....	». ». 3⅗.			». ». 3⅗.		

DROITS DUS A LA VENTE EN DÉTAIL DES BOISSONS,

dans toute l'étendue de la Direction, excepté la Ville de BAYEUX,

par Muid de 144 Pots.

NATURE DES DROITS, ET RÉGLEMENS QUI LES AUTORISENT.	Eau-de-vie, à 3 livres le Pot.	VIN, à 1 sol la Pinte.	CIDRE, à 6 deniers la Pinte.	POIRÉ, à 6 deniers la Pinte.	BIERE, à 12 sols le Pot.
	₶ ß ₰	₶ ß ₰	₶ ß ₰	₶ ß ₰	₶ ß ₰
Le Quatrieme sur l'Eau-de-vie est le tiers du prix de la Vente, Edit de Décembre 1686	144. ». ».	». ». ».	». ». ».	». ». ».	». ». ».
Le 4me sur les Vins, Cidre & Poiré, est réduit au 5me, Ordonn. de 1680, titre 14, article premier & deuxieme	». ». ».	3. 18. ».	1. 18. ».	1. 18. ».	». ». ».
Le Quatrieme sur la Biere est le quart du Prix de la Vente, Parisis, sol & six deniers, Ordonnance de 1680, titre 27, article 6.	». ». ».	». ». ».	». ». ».	». ». ».	29. 1. 3.
Edit d'Août 1781, Dix Sols pour livre, modérés à Huit Sols, par Décision du 29 dudit mois	57. 12. ».	1. 11. $2\frac{2}{5}$.	». 15. $2\frac{2}{5}$.	». 15. $2\frac{2}{5}$.	11. 12. 6.
TOTAL	201. 12. ».	5. 9. $2\frac{2}{5}$.	2. 13. $2\frac{2}{5}$.	2. 13. $2\frac{2}{5}$.	40. 13. 9.
Subvention à la Consommation, Ordonnance de 1680, titre 26, art. 3, pour l'Eau-de-vie, titre 23, art. 1er & 2, pour les Vins, Cidre & Poiré, & titre 27, art. 6, pour la Biere.	5. 8. ».	1. 7. ».	». 13. 6.	». 6. 9.	». 13. 6.
Déclaration du 10 Octobre 1689, Jauge & Courtage	2. 5. ».	». 15. ».	». 9. ».	». 9. ».	». 9. ».
TOTAL	7. 13. ».	2. 2. ».	1. 2. 6.	». 15. 9.	1. 2. 6.
Edit d'Août 1781, Dix Sols pour livre	3. 16. 6.	1. 1. ».	». 11. 3.	». 7. $10\frac{1}{2}$.	». 11. 3.
Total de la Subvention, Jauge & Courtage, & Dix Sols pour livre	11. 9. 6.	3. 3. ».	1. 13. 9.	1. 3. $7\frac{1}{2}$.	1. 13. 9.
Rapport du 4eme & Huit Sols pour livre. ...	201. 12. ».	5. 9. $2\frac{2}{5}$	2. 13. $2\frac{2}{5}$.	2. 13. $2\frac{2}{5}$.	40. 13. 9.
TOTAL GÉNÉRAL ...	213. 1. 6.	8. 12. $2\frac{2}{5}$.	4. 6. $11\frac{2}{5}$.	3. 16. $9\frac{9}{10}$	42. 7. 6.

Nᵃ Lorsque le Vin est vendu plus d'un sol la Pinte, les Droits de Quatrieme sont augmentés, à raison de 3 ₶ 18 ß pour chaque sol; & lorsque les Cidre & Poiré sont aussi vendus plus de 6 ₰ la Pinte, les Droits sont augmentés à raison de 6 ß par chaque denier, Réglemens ci-dessus cités.

Il est encore à observer que les Droits de Jauge & Courtage au Détail, ne se perçoivent dans aucun des lieux où ils sont payés à l'Entrée.

DROITS A LA VENTE EN DÉTAIL DES BOISSONS,

DANS LA *VILLE* DE *BAYEUX*, *par Muid de 144 Pots.*

NATURE DES DROITS, ET RÉGLEMENS QUI LES AUTORISENT.	Eau-de-vie, à 3 livres le Pot.	VIN, à 1 sols la Pinte.	CIDRE, à 6 deniers la Pinte.	POIRÉ, à 6 deniers la Pinte.	BIERRE, à 12 sols le Pot.
	tt ß $	tt ß $	tt ß $	tt ß $	tt ß $
Quatrieme dont les autorités sont relatées au Tableau précédent.	144. ». ».	3. 18. ».	1. 18. ».	1. 18. ».	29. 1. 3.
Edit d'Août 1781, 10 ß p^r tt, modérés à 8 ß, par Décision du 29 dudit mois.	57. 12. ».	1. 11. $2\frac{2}{5}$.	». 15. $2\frac{2}{5}$	». 15. $2\frac{2}{5}$.	11. 12. 6.
TOTAL.	201. 12. ».	5. 9. $2\frac{2}{5}$	2. 13. $2\frac{2}{5}$	2. 13. $2\frac{2}{5}$.	40. 13. 9.
Lettres Patentes du 2 Août 1777, Octrois Municipaux.	». ». ».	». 4. ».	». ». $11\frac{1}{2}$	». ». $11\frac{1}{2}$.	». ». $11\frac{1}{2}$
Ordonnance de 1681, titre 3, art. 1er, premiere moitié d'Octroi.	». ». ».	». 4. $9\frac{3}{5}$	». ». $11\frac{1}{2}$	». ». $11\frac{1}{2}$.	». ». $11\frac{1}{2}$
Subvention à la Consommation, titr. 26, art. 3, de l'Ordonn. de 1680, & Edit de Déc. 1686, pour l'Eau-de-vie; titre 23, art. 1er, pour le Vin, Cidre & Poiré, & titre 27, art. 6, pour la Biere.	5. 8. ».	1. 7. ».	». 13. 6.	». 6. 9.	». 13. 6
TOTAL.	5. 8. ».	1. 15. $9\frac{3}{5}$	». 15. 5.	». 8. 8.	». 15. 5.
Edit d'Août 1781, Dix Sols pour livre.	2. 14. ».	». 17. $10\frac{4}{5}$.	». 7. $8\frac{1}{2}$.	». 4. 4.	». 7. $8\frac{1}{2}$
TOTAL des Octrois Municipaux, premiere moitié d'Octroi, Subvention & Dix Sols pour livre.	8. 2. ».	2. 13. $8\frac{2}{5}$	1. 3. $1\frac{1}{2}$	». 13. ».	1. 3. $1\frac{1}{2}$
Rapport du Quatrieme & Huit Sols pour liv.	201. 12. ».	5. 9. $2\frac{2}{5}$	2. 13. $2\frac{2}{5}$	2. 13. $2\frac{2}{5}$.	40. 13. 9.
TOTAL GENÉRAL.	209. 14. ».	8. 2. $10\frac{4}{5}$	3. 16. 3 [illegible]	3. 6. $2\frac{2}{5}$.	41. 16 $10\frac{1}{2}$

Les Droits de Détail, expliqués dans les Tableaux précédens, sont également dûs sur les Boissons arrivant & transportées en Bouteilles, ou autres vaisseaux, au dessous de soixante-douze Pintes, mesure de Paris, Lettres Patentes du 25 Mai 1728, aux exceptions y portées, & qui tombent sur le Vin de Liqueur venant en Caisses, les Vins de Champagne gris, arrivant en panier de cent Bouteilles, en destination pour la Province; les Vins en paniers de 50 Bouteilles, en destination pour l'Etranger, & les Vins en Bouteilles, pour la provision des Personnes qui vont aux Eaux de Forges, & de celles qualifiées, qui vont passer quelque tems dans leurs Terres; le tout en se conformant aux formalités prescrites par lesdites Lettres Patentes.

Les Eaux-de-vie transportées en Barils au-dessous de soixante Pintes, sont aussi assujetties aux Droits de Détail, Lettres Patentes du 24 Août 1728. Ces Droits sont encore dus par les Bouilleurs & Marchands d'Eau-de-vie en gros, sur les manquans à leur charge, déduction faite du 21e pour 20, Lettres Patentes citées ci-dessus; & les Soumissionnaires d'Eau-de-vie sont assujettis au paiement du double desdits Droits sur les Eaux-de-vie pour lesquelles ils ne rapportent pas dans les trois mois, Certificat d'arrivée; Lettres Patentes des 7 Juin 1727, & 2 Mars 1728.

DROIT ANNUEL.

		tt ß §	tt ß §
Dans les Villes.....	Ordonnance de 1680, titre 29, art. 1er.......	8. ». ».	12. ». ».
	Edit d'Août 1781, Dix Sols pour livre.....	4. ». ».	
Dans les autres Lieux.	Ordonnance de 1680, titre 29, art. 1er........	6. 10. ».	9. 15. ».
	Edit d'Août 1781, Dix Sols pour livre.....	3. 5. ».	

Ce Droit est dû par tous les Marchands en gros, Bouilleurs, Brasseurs, Cabaretiers, Taverniers & autres vendans en detail.

Les Détailleurs de Biere ne doivent que la moitié de l'Annuel, Ordonnance de 1680, titre 29, article 7.

DROITS SUR LES BESTIAUX, A L'ENTRÉE ET AU MASSACRE.

VILLE DE BAYEUX.

NATURE DES DROITS, & Réglemens qui les autorisent.	Bœuf & Vache.	Genisse.	Veau.	Mouton & Brebis.	Chevre.	Porc.	Livre de Viande
	tt ß §	tt ß §	tt ß §	tt ß §	tt ß §	tt ß §	tt ß §
Edit de Février 1704, Inspecteurs.	2. ». ».	».12. ».	».12. ».	». 4. ».	». 4. ».	». ». ».	». ». 2.
Lettres Patentes du 2 Août 1777, Octrois Municipaux..........	».16. ».	». 8. ».	». 2. ».	». 2. ».	». ». ».	». 4. ».	». ». ».
TOTAL.....	2.16. ».	1. ». ».	».14. ».	». 6. ».	». 4. ».	». 4. ».	». ». 2.
Edit d'Août 1781, Dix Sols pour livre..........................	1. 8. ».	».10. ».	». 7. ».	». 3. ».	». 2. ».	». 2. ».	». ». 1.
Déclaration du Roi, du 3 Janvier 1759, Droits Réservés.........	2. ». ».	».13. 4.	».13. 4.	». 5. ».	». 5. ».	».13. 4.	à proport.
Edit d'Août 1781, 10 ß p^r^ tt, modérés à 6 sols, par Décision du 29 dudit mois..................	».12. ».	». 4. ».	». 4. ».	». 1. 6.	». 1. 6.	». 4. ».	*Idem.*
TOTAL GÉNÉRAL...	6.16. ».	2. 7. 4.	1.18. 4.	».15. 6.	».12. 6.	1. 3. 4.	

BOURG D'ISIGNY.

NATURE DES DROITS, ET RÉGLEMENS QUI LES AUTORISENT.	Bœuf & Vache.	Veau & Genisse.	Mouton, Brebis & Chevre.	Porc.	Livre de Viande
	tt ß §	tt ß §	tt ß §	tt ß §	tt ß §
Edit de Février 1704, Inspecteurs.............	2. ». ».	». 12. ».	». 4. ».	». ». ».	». ». 2.
Edit d'Août 1781, Dix Sols pour livre...........	1. ». ».	». 6. ».	». 2. ».	». ». ».	». ». 1.
TOTAL.......	3. ». ».	». 18. ».	». 6. ».	». ». ».	». ». 3.
Déclaration du 3 Janvier 1759, Droits Réservés..	1. 10. ».	». 10. ».	». 3. 6.	». 10. ».	à proport.
Edit d'Août 1781, Dix Sols pour livre, modérés à Six Sols, par Décision du 29 dudit mois......	». 9. ».	». 3. ».	». 1. ».	». 3. ».	*Idem.*
TOTAL GÉNÉRAL......	4. 19. ».	1. 11. ».	». 10. 6.	». 13. ».	

BOURGS DE TREVIERES ET CAUMONT.

NATURE DES DROITS, ET RÉGLEMENS QUI LES AUTORISENT.	Bœuf & Vache.	Veau & Geniſſe.	Mouton, Brebis & Chevre.	Porc.	Livre de Viande
	tt ß ₰	tt ß ₰	tt ß ₰	tt ß ₰	tt ß ₰
Edit de Février 1704, Inſpecteurs	2. ». ».	».12. ».	». 4. ».	». ». ».	». ». 2.
Edit d'Août 1781, Dix Sols pour livre	1. ». ».	». 6. ».	». 2. ».	». ». ».	». ». 1.
TOTAL	3. ». ».	».18. ».	». 6. ».	». ». ».	». ». 3.
Déclaration du 3 Janvier 1759, Droits Réſervés	1. ». ».	». 6. 8.	». 3. ».	». 6. 8.	à proport.
Edit d'Août 1781, Dix Sols pour livre, modérés à Six Sols, par Déciſion du 29 dudit mois	». 6. ».	». 2. ».	». ». 10 4/5.	». 2. ».	*Idem.*
TOTAL GÉNÉRAL	4. 6. ».	1. 6. 8.	». 9. 10 4/5.	». 8. 8.	

***DROITS DUS SUR LES BESTIAUX**, DANS LE BOURG DE CORMOLAIN, à l'Entrée & au Maſſacre; dans les Campagnes, par les Bouchers, Maîtres & fils de Maîtres, avant l'Abattis, & par les autres Bouchers, à la Vente hors domicile.*

NATURE DES DROITS, ET RÉGLEMENS QUI LES AUTORISENT.	Bœuf & Vache.	Veau & Geniſſe.	Mouton, Brebis & Chevre.	Livre de Viande.
	tt ß ₰	tt ß ₰	tt ß ₰	tt ß ₰
Edit de Février 1704, Inſpecteurs	2. ». ».	». 12. ».	». 4. ».	». ». 2.
Edit d'Août 1781, Dix Sols pour livre	1. ». ».	». 6. ».	». 2. ».	». ». 1.
TOTAL	3. ». ».	».18. ».	». 6. ».	». ». 3.

PIED-FOURCHÉ.

NATURE DES DROITS, ET RÉGLEMENS QUI LES AUTORISENT.	Cheval ou Jument.	Bœuf ou Vache.	Porc.	Mouton.
	tt ß ₰	tt ß ₰	tt ß ₰	tt ß ₰
Edit de Mars & Arrêt du Conſeil de 1663	». 3. ».	». 2. ».	». 1. ».	». ». 6.
Edit d'Août 1781, Dix Sols pour livre	». 1. 6.	». 1. ».	». ». 6.	». ». 3.
TOTAL	». 4. 6.	». 3. ».	». 1. 6.	». ». 9.

Nota. Ce Droit eſt dû dans toutes les Foires & Marchés qui ſe tiennent dans les Paroiſſes de l'étendue du Bailliage du Cotentin, ou dépendantes de l'ancien Reſſort d'icelui.

DROITS RÉSERVÉS SUR LES BOIS ET FOINS,

DANS LA VILLE DE BAYEUX.

NATURE DES DROITS, ET RÉGLEMENS QUI LES AUTORISENT.	Voiture à trois Chevaux.	Voiture à deux Chevaux.	Voiture à un Cheval.	Somme de Cheval.	Somme d'Aſne.
	₶ ſ ₫	₶ ſ ₫	₶ ſ ₫	₶ ſ ₫	₶ ſ ₫
Déclaration du Roi, du 3 Janvier 1759, & Arrêt du Conſeil du 13 Septembre 1776…………	».10. ».	». 7. 6.	». 5. ».	». 1. ».	». ». 6.
Edit d'Août 1781, Dix Sols pour livre, modérés à Six Sols, par Déciſion du 29 du même mois..	». 3. ».	». 2. 3.	». 1. 6.	». ». $3\frac{1}{5}$.	». ». $1\frac{4}{5}$.
TOTAL………	».13. ».	». 9. 9.	». 6. 6.	». 1. $3\frac{1}{5}$.	». ». $7\frac{4}{5}$.

Au deſſus de trois Chevaux, chaque Cheval augmente le Droit à proportion, & il n'y a de Bois exempts, que ceux déſignés dans les Lettres Patentes du 4 Août 1778, qui ſont les Bourrées & Fagots ſans paremens, d'Epines, Ronces, Puines, &c.

Nota. Il eſt encore dû ſur les Bois & Foins, les Octrois Municipaux, conſiſtans aux Huit Sols pour livre du principal des Droits du Tarif, & les Dix Sols pour livre deſdits Octrois Municipaux. Renvoyé pour ces Droits au Tarif particulier de la Ville.

SOL POUR LIVRE SUR LE POISSON DE MER,

FRAIS, SEC ET SALÉ.

Par Edit de 1583 & autres Réglemens ſubſéquens, il eſt dû ſur le Poiſſon de mer venant de l'Étranger ou de pêche Françoiſe, lorſque ce dernier n'eſt pas vendu par le Propriétaire, le Vingtieme du prix de la vente, ou Sol pour livre, & les Dix Sols pour livre de l'Edit d'Août 1781.

Il faut en excepter le Poiſſon que les Pêcheurs & Mariniers ont eux-mêmes pêché, qu'il leur eſt permis de vendre ou faire vendre par leurs femmes & enfans, ſans être obligés de ſe ſervir du miniſtere des Vendeurs, ni de payer le Sol pour livre; Arrêt du Conſeil du 31 Mars 1711, portant Réglement, & du 7 Juin 1763.

Il faut en excepter auſſi les Morues, Harengs & tous Poiſſons ſalés, que les Marchands, Maîtres de Navires, & autres, faiſant le commerce de la pêche, ont pêchés, ou fait pêcher ſur des Vaiſſeaux expédiés des Ports de Normandie & Picardie, qu'ils vendent eux-mêmes, ou font vendre, à leur retour de la pêche, par leurs Aſſociés, Matelots & autres gens de l'équipage des Vaiſſeaux qui y ont été employés, leſquels ſont pareillement déchargés du Sol pour livre; & ce, ſans diſtinction des parts & portions appartenantes à chacun des Particuliers intéreſſés ou employés à ladite pêche; Arrêt du Conſeil & Lettres Patentes du 5 Décembre 1690; autre Arrêt, du 31 Mars 1711.

DROITS SUR LES HUILES,
A LA FABRICATION.

RÉGLEMENS.	NATURE DES HUILES.	Principal.	Dix Sols pour livre.	TOTAL.
		tt ß §	tt ß §	tt ß §
Déclaration du Roi, du 21 Mars 1716, Edit du mois d'Août 1781, pour le Doublement des Droits & les Dix Sols pour livre.	Par livre pesant d'Huile de Poisson, d'Olives, d'Amendes, de Noix & autres Fruits........	». 1. ».	». ». 6.	». 1. 6.
	Par livre d'Huile de Térébenthine, Lin, Chenevis, Rabette, Navette & autres Graines.........	». ». 6.	». ». 3.	». ». 9.
	Par livre d'Huile d'Essence, & autres de plus grande valeur que celles sujettes au Droit d'un Sol..................................	». 2. ».	». 1. ».	». 3. ».
	Si le Droit principal est de plus de 3 tt, il est dû pour l'acquit..............................	». 5. ».	». 2. 6.	». 7. 6.
	S'il n'est que de 3 tt, ou d'une moindre somme, jusqu'à vingt sols inclusivement, le Droit d'Acquit est de..............................	». 2. ».	». 1. ».	». 3. ».

Nota. Le Droit d'Acquit n'a pas lieu, lorsque le Droit principal est au-dessous de Vingt Sols.

DROITS SUR LES CUIRS ET PEAUX,
Établis par Edit du mois d'Août 1759, Arrêts du Conseil des 28 Juin & 13 Novembre 1760, sujets aux Dix Sols pour livre de l'Édit d'Août 1781.

OBJETS sujets aux Droits.	Cuirs et Peaux, *à la Fabrication.* Principal.	Cuirs et Peaux, *à la Fabrication.* Dix Sols pour livre.	Cuirs et Peaux, *à la Fabrication.* Total.	Cuirs et Peaux, *à l'Exportation.* Principal.	Cuirs et Peaux, *à l'Exportation.* Dix Sols pour livre.	Cuirs et Peaux, *à l'Exportation.* Total.	Cuirs & Peaux, à l'Importation.
	tt ß §	tt ß §	tt ß §	tt ß §	tt ß §	tt ß §	
Cuirs de Bœufs & Vaches, à fort & à œuvre; Peaux de Veaux, Moutons, Agneaux, Chevreaux, Porcs & Sangliers, tannés & apprêtés en toutes sortes d'apprêts, la livre pesant........	». 2. ».	». 1. ».	». 3. ».	....	....	....	10 p. % de leur valeur.
Chevaux, Mulets, & Asnes, *id.*	». 1. ».	». ». 6.	». 1. 6.	....	....	....	
Cerfs, Elans & Orignaux, *id.*..	». 6. ».	». 3. ».	». 9. ».	....	....	....	
Boucs & Chevres, *idem*........	». 4. ».	». 2. ».	». 6. ».	....	....	....	
Chamois, Dains & Chevreuils, *idem*................	». 10. »	». 5. ».	». 15. ».	....	....	....	
Toutes Peaux non dénommées ci-dessus, dix pour cent de leur valeur....................	*Mémoire.*	....	....	....	....	....	
Cuirs de Bœufs & Vaches, en verd, & en demi-apprêt, passant à l'Etranger, la piece....	....	....	....	6. ». ».	3. ». ».	9. ». ».	
Peaux de Veaux, *idem*, la piece................	....	....	....	1. ». ».	». 10. ».	1. 10. ».	
Peaux de Moutons, *idem*, la piece................	....	....	....	». 10. ».	». 5. ».	». 15. ».	

Les Deux tiers du principal des Droits sur les Cuirs apprêtés, sont remboursés, lorsque les Cuirs passent à l'Etranger, en remplissant les formalités prescrites par les Réglemens.

DROITS SUR LA MARQUE D'OR ET D'ARGENT.

RÉGLEMENS.	OBJETS sujets aux Droits.	PRINCIPAL.	DIX SOLS pour livre.	TOTAL.
		₶ ß ₰	₶ ß ₰	₶ ß ₰
Ordonnance de 1681, tit. 2, art. 1er, & Edit de Mai 1723, pour le Principal.	Or, par marc........	33. 12. ».	16. 16. ».	50. 8. ».
Edit d'Août 1781, pour les Dix Sols pour livre.	Argent, par marc.....	2. 16. ».	1. 8. ».	4. 4. ».

DROITS SUR L'AMIDON.

NATURE DES DROITS, ET RÉGLEMENS QUI LES AUTORISENT.	AMIDON, à la Fabrication, par Muid.	AMIDON, Poudre à poudrer, venant de l'Étranger, par livre pesant.
	₶ ß ₰	₶ ß ₰
Edit de 1771, & Arrêt du Conseil du 10 Décembre 1778......	7. 10. ».	». 4. ».
Edit d'Août 1781, Dix Sols pour livre......................	3. 15. ».	». 2. ».
TOTAL.........	11. 5. ».	». 6. ».

OFFICES SUPPRIMÉS.

Édit de Janvier, & Arrêt du Conseil, du 16 Avril 1697.

NOMS DES LIEUX.	NATURE DES OFFICES.		DROITS attribués à chaque Office.
			₶ ß ₰
VILLE DE BAYEUX ET CAUMONT...	MESUREURS DE GRAINS.	par Sac de Bled............	». 3. ».
		par Sac de menus Grains.....	». 1. 6.

DROITS SUR LES QUITTANCES TIMBRÉES, POUR LA RÉGIE ET POUR LES PARTIES ÉTRANGERES.

	₶ ß ₰
Ordonnance de 1680, titre 33, Déclaration de 1690, Edit de 1748, Déclaration de 1771, & Lettres Patentes de 1780, par Quittance de cinq sols, & au-dessus..	». ». 10.
Edit d'Août 1781, Dix Sols pour livre....................................	». ». 5.
TOTAL...........	». 1. 3.

Nota. Les frais de Timbre pour les Congés & Expéditions qui ne sont point des Quittances de Droits, sont dûs ; Ordonnance de 1681, titre commun, art. 16, Déclaration de 1771, & Lettres Patentes de 1780, article 10.

OBSERVATION GÉNÉRALE.

Les articles de Droits qui, payés féparément, ne forment pas une fomme de 6 deniers, ne doivent pas de Sols pour livre.

Les Octrois Municipaux prorogés par le Tarif annexé aux Lettres Patentes du 2 Août 1777, confiftans aux Huit Sols pour livre du principal des Droits de Tarif, font dûs dans la Ville de Bayeux, fur toutes les Denrées & Marchandifes fujettes auxdits Droits de Tarif, & non dénommés au préfent, ainfi que les Dix Sols pour livre defdits Droits.

Renvoyé pour ces Droits, au Tarif particulier de la Ville.

Il eft encore dû dans la Ville de Bayeux, la premiere moitié d'Octroi fur les Denrées & Marchandifes fujettes auxdits Droits, & non dénommés au préfent Tarif, ainfi que les Dix Sols pour livre defdits Droits d'Octrois.

Renvoyé pour ces Droits, au Tarif particulier de la Ville.

DÉNOMINATION DES PARTIES ÉTRANGERES A LA RÉGIE,

dont les Dix Sols pour livre font dus au Roi.

NOMS DES LIEUX.	DÉNOMINATION DES DROITS.
VILLE DE BAYEUX....	Droits de Tarif, appartenant à la Ville.
	Le Sol pour livre du Tarif, *idem.*
	La Seconde Moitié d'Octroi, *idem.*
	Le Droit des Pauvres, perçu au profit des Hôpitaux.

De l'Imprimerie de LAMESLE, Imprimeur des Fermes du Roi, au Bureau général des Aides, Hôtel de Bretonvilliers, Ifle Saint Louis. 1781.

GÉNÉRALITÉ DE CAEN.

VILLE DE BAYEUX.

TARIF

DES OCTROIS MUNICIPAUX,

DÉPENDANS DE LA RÉGIE GÉNÉRALE, fixés aux Huit Sols pour livre du Principal des Droits de Tarif, autorisés par Arrêt du Conseil du 5 Août 1704, & Lettres Patentes du même jour, registrées en la Cour des Aides de Rouen : lesdits Octrois Municipaux prorogés par les Lettres Patentes du 2 Août 1777, dûs à la Régie, dans la Ville de Bayeux, ensemble les Dix Sols pour livre de l'Édit d'Août 1781, tant desdits Octrois Municipaux, que des Droits appartenans à la Ville.

DÉNOMINATION
DES MARCHANDISES ET DENRÉES
SUJETTES AUX DROITS.

BOISSONS.

Vin.

Pour chaque Muid de Vin, de continence de cent quarante pots, entrant dans la Ville vendu ou consommé, sera payé cinq livres, au-dessus & au-dessous à proportion......

Chaque Muid vendu en détail, dans la Ville & Fauxbourgs, paiera dix sols.........

Et chaque Muid passant de-bout, cinq sols.............. ....

Cidre.

Pour chaque Tonneau de Cidre de six cens pots, entrant ou qui sera brassé dans la Vi être consommé, sera payé quatre livres, au-dessus & au-dessous à proportion..........

Chaque Tonneau vendu en détail, & chaque Tonneau passant de-bout, dix sols.....

Pommes.

Chaque Charretée de Pommes, qui sera enlevée & portée dehors, paiera dix sols......

Et chaque Somme un sol...

Chaque Charretée entrante paiera douze deniers...............................

Et chaque Somme deux deniers...

Eau-de-vie.

Pour chaque Baril d'Eau-de-vie, de continence de trente pots, entrant ou qui sera faç la Ville & Fauxbourgs, sera payé trente sols, au-dessus & au-dessous à proportion.....

BOUCHERIE.

Viande.

Chaque Chair de Bœuf, Vache, Taureau ou Aumeau, vendue en la Boucherie de Fauxbourgs, paiera quarante sols...

Chaque Geniffon ou Genisse, vingt sols.......................................

Chaque Chair de Veau, Moutons ou Brebis, cinq sols...........................

Et pour chaque Porc sera payé dix sols..

Et défenses à tous Habitans & autres d'apporter de la campagne que des Bêtes entiere paieront le droit ci-dessus, à peine de confiscation.

Bœufs, Vaches, &c. PASSANT DE-BOUT

Pour chacun Bœuf, Vache, Taureau ou Aumeau, passant de-bout, sera payé un sol

Chaque Genisse, Geniffon, Veau, Porc, Brebis ou Mouton, paiera six deniers.......

Bœufs, Vaches, Cheval, &c. EXPOSÉS EN VE

Chaque Bœuf, Vache, Taureau, Aumeau, Genisse ou Geniffon, entrant pour être vente, au Marché ou Foire, paiera en sortant deux sols...........................

Chaque Porc gras un sol..

Chaque Veau, Brebis, Mouton ou Porc maigre, six deniers.......................

Et pour chaque Cheval ou Poulain d'un an, sera payé deux sols six deniers...........

TANNERIE.

Cuir de Bœuf et Vache.

Chaque Cuir de Bœuf tanné & apprêté, entrant dans ladite Ville & Fauxbourgs, paiera

Et chaque Cuir de Vache cinq sols.......................................

Chaque Cuir de Bœuf ou Vache à poil, qui sera enlevé de la Ville de Bayeux, paiera deux sols six deniers...

Chaque Cuir de Bœuf ou Vache, qui sera tanné ou apprêté dans ladite Ville, soit pour y sommé ou porté ailleurs, paiera quatre sols...................................

Peaux de Mouton, Veaux, &c.

Chaque douzaine de Peaux de Mouton, Veaux ou Truins tannés, tant dans ladite Ville q paiera cinq sols..

…artenans …lle. Sol pour livre sur le principal du Droit de Tarif.	TOTAL des Droits appartenans à la Ville.	*Droits appartenans à la Régie.* Dix Sols pour livre des Droits appartenans à la Ville.	Octrois Municipaux, ou Huit **Sols** pour livre du Droit de Tarif.	Dix Sols pour livre des Octrois Municipaux.	TOTAL des Droits appartenans à la Régie.	TOTAL des Droits dûs au Roi & à la Ville.
tt ß g	tt ß g	tt ß g	tt ß g	tt ß g	tt ß g	tt ß g
». 5. ».	5. 5. ».	2.12. 6.	2. ». ».	1. ». ».	5.12. 6.	10.17. 6.
». ». 6.	».10. 6.	». 5. 3.	». 4. ».	». 2. ».	».11. 3.	1. 1. 9.
». ». 3.	». 5. 3.	». 2. 7 1/2.	». 2. ».	». 1. ».	». 5. 7 1/2.	».10.10 1/2.
». 4. ».	4. 4. ».	2. 2. ».	1.12. ».	».16. ».	4.10. ».	8.14. ».
». ». 6.	».10. 6.	». 5. 3.	». 4. ».	». 2. ».	».11. 3.	1. 1. 9.
». ». 6.	».10. 6.	». 5. 3.	». 4. ».	». 2. ».	».11. 3.	1. 1. 9.
». ». » 1/5.	». 1. » 1/5.	». ». 6 1/10.	». ». 4 4/5.	». ». 2 2/5.	». 1. 1 1/2.	». 2. 2 1/10.
». ». » 1/5.	». 1. » 1/5.	». ». 6 1/10.	». ». 4 4/5.	». ». 2 2/5.	». 1. 1 1/2.	». 2. 2 1/10.
». ». » 1/10.	». ». 2 1/10.	». ». 1 1/10.	». ». » 4/5.	». ». » 2/5.	». ». 2 1/4.	». ». 4 7/10.
». 1. 6.	1.11. 6.	».15. 9.	».12. ».	». 6. ».	1.13. 9.	3. 5. 3.
». 2. ».	2. 2. ».	1. 1. ».	».16. ».	». 8. ».	2. 5. ».	4. 7. ».
». 1. ».	1. 1. ».	».10. 6.	». 8. ».	». 4. ».	1. 2. 6.	2. 3. 6.
». ». 3.	». 5. 3.	». 2. 7 1/2.	». 2. ».	». 1. ».	». 5. 7 1/2.	».10.10 1/2.
». » 6.	».10. 6.	». 5. 3.	». 4. ».	». 2. ».	».11. 3.	1. 1. 9.
». ». » 1/5.	». 1. » 1/5.	». ». 6 1/10.	». ». 4 4/5.	». ». 2 2/5.	». 1. 1 1/2.	». 2. 2 1/10.
». ». » 1/10.	». ». 6 1/10.	». ». 3 1/10.	». ». 2 2/5.	». ». 1 1/5.	». ». 6 1/4.	». 1. 1 1/10.
1. ». » 1/5.	». 2. 1 1/5.	». 1. » 1/5.	». ». 9 3/5.	». ». 4 4/5.	». 2. 3.	». 4. 4 1/5.
». ». » 3/5.	». 1. » 3/5.	». ». 6 1/10.	». ». 4 4/5.	». ». 2 2/5.	». 1. 1 1/2.	». 2. 2 1/10.
». ». » 3/10.	». ». 6 3/10.	». ». 3 1/10.	». ». 2 2/5.	». ». 1 1/5.	». ». 6 3/4.	». 1. 1 1/10.
». ». 1 1/2.	». 2. 7 1/2.	». 1. 3 1/4.	». 1. ».	». ». 6.	». 2. 9 3/4.	». 5. 5 1/4.
». ». 6.	».10. 6.	». 5. 3.	». 4. ».	». 2. ».	».11. 3.	1. 1. 9.
». ». 3.	». 5. 3.	». 2. 7 1/2.	». 2. ».	». 1. ».	». 5. 7 1/2.	».10.10 1/2.
». ». 1 1/2.	». 2. 7 1/2.	». 1. 3 3/4.	». 1. ».	». ». 6.	». 2. 9 3/4.	». 5. 5 1/4.
». ». 2 2/5.	». 4. 2 2/5.	». 2. 1 1/5.	». 1. 7 1/5.	». ». 9 3/5.	». 4. 6.	». 8. 8 2/5.
». ». 3.	». 5. 3.	». 2. 7 1/2.	». 2. ».	». 1. ».	». 5. 7 1/2.	».10.10 1/2.

DÉNOMINATION

DES MARCHANDISES ET DENRÉ

SUJETTES AUX DROITS.

VACHE D'ANGLETERRE, MAROQUIN, &

Chaque Cuir de Vache d'Angleterre, Maroquin, ou autre de même espece, paiera dix sols..

CUIR FORT ET DE CHEVAL.

Chaque Cuir fort frais ou Baudriers, Massacre de Bayeux ou d'ailleurs, tanné & a chaque Cuir de Cheval, paiera cinq sols..

VEAU TANNÉ.

Chaque Cuir de Veau tanné, apprêté & façonné, tant en gras qu'en maigre, soit dans ailleurs, paiera trois sols..

PEAUX DE RENARDS, MARTRES, &c.

Chaque douzaine de Peaux de Renards, Martres, Loutres, & autres de pareille espe en entrant cinq sols, au-dessus & au-dessous à proportion........................

ORILLONS, TÊTES ET ÉCROTS.

La Charge de Cheval d'Orillons, Têtes & Écrots, paiera dix sols....................

Et par cent pesant quatre sols, au-dessus & au-dessous à proportion....................

TAN.

La Charge de Cheval de Tan paiera deux sols six deniers........................

LAINES.

CHAPEAUX.

Chaque douzaine de Chapeaux de Caudebec, Rouen, Falaise, & autres de pareille esp trente sols..

VIGOGNE, DEMI-VIGOGNE.

Chaque douzaine de Vigogne, demi-Vigogne, & autres de semblable espece, paiera trois livres, au-dessus & au-dessous à proportion..

LAINE DE SÉGOVIE ET DU PAYS.

Chaque cent pesant de Laine de Ségovie, Annelins, & autres Laines fines, paiera en e livres..

Chaque cent pesant de Laine nette du pays, paiera en entrant trente sols..............

Et chaque cent avec le Suin, quinze sols, au-dessus & au-dessous à proportion.......

LAINE DE MASSACRE.

Chaque cent de Laine de Massacre, paiera en entrant ou sortant, vingt sols...........

POIL DE BŒUF, BOULLE, &c.

Chaque cent pesant de Poil de Bœuf, Boulle, Pilles ou Chardon à rembourer, paiera q au-dessus & au-dessous à proportion..

CARDES.

Chaque douzaine de Paires de Cardes paiera en entrant douze sols, au-dessus & au-dess portion..

DRAPERIE.

DRAPS.

La piece de Drap d'Angleterre, Espagne, Hollande, Paris, Abbeville, Caen & aut factures, de vingt à vingt-une aunes, paiera en entrant six livres, au-dessus & au-dessous à p

Chaque piece de Drap, façon de Rouen, Elbœuf, Fescamp & autres de même Manuf vingt à vingt-une aunes, paiera en entrant quatre livres, au-dessus & au-dessous à proportion

Chaque piece de drap de Berry, du Sault, Merbé, Valognes, Cherbourg, Dreux, D autres, de vingt à vingt-une aunes, paiera en entrant trois livres, au-dessus & au-dessous à pr

appartenans à la Ville. Sol pour livre sur le principal du Droit de Tarif.	TOTAL des Droits appartenans à la Ville.	*Droits appartenans à la Régie.* Dix Sols pour livre des Droits appartenans à la Ville.	Octrois Municipaux, ou Huit Sols pour livre du Droit de Tarif.	Dix Sols pour livre des Octrois Municipaux.	TOTAL des Droits appartenans à la Régie.	TOTAL des Droits dûs au Roi & à la Ville.
tt ß ₰	tt ß ₰	tt ß ₰	tt ß ₰	tt ß ₰	tt ß ₰	tt ß ₰
». ». 6.	».10. 6.	». 5. 3.	». 4. ».	». 2. ».	».11. 3.	1. 1. 9.
». ». 3.	». 5. 3.	». 2. 7 1/2.	». 2. ».	». 1. ».	». 5. 7 1/2.	».10.10 1/2.
». ». 1 4/5.	». 3. 1 4/5.	». 1. 6 9/10.	». 1. 2 2/5.	». ». 7 1/5.	». 3. 4 1/2.	». 6. 6 1/10.
». ». 3.	». 5. 3.	». 2. 7 1/2.	». 2. ».	». 1. ».	». 5. 7 1/2.	».10.10 1/2.
». ». 6.	».10. 6.	». 5. 3.	». 4. ».	». 2. ».	».11. 3.	1. 1. 9.
». ». 2 2/5.	». 4. 2 2/5.	». 2. 1 1/5.	». 1. 7 1/5.	». ». 9 1/5.	». 4. 6.	». 8. 8 2/5.
». ». 1 1/2.	». 2. 7 1/2.	». 1. 3 3/4.	». 1. ».	». ». 6.	». 2. 9 3/4.	». 5. 5 1/4.
». 1. 6.	1.11. 6.	».15. 9.	».12. ».	». 6. ».	1.13. 9.	3. 5. 3.
». 3. ».	3. 3. ».	1.11. 6.	1. 4. ».	».12. ».	3. 7. 6.	6.10. 6.
». 3. ».	3. 3. ».	1.11. 6.	1. 4. ».	».12. ».	3. 7. 6.	6.10. 6.
». 1. 6.	1.11. 6.	».15. 9.	».12. ».	». 6. ».	1.13. 9.	3. 5. 3.
». ». 9.	».15. 9.	». 7.10 1/2.	». 6. ».	». 3. ».	».16.10 1/2.	1.12. 7 1/2.
». 1. ».	1. 1. ».	».10. 6.	». 8. ».	». 4. ».	1. 2. 6.	2. 3. 6.
». ». 9.	».15. 9.	». 7.10 1/2.	». 6. ».	». 3. ».	».16.10 1/2.	1.12. 7 1/2.
». ». 7 1/5.	».12. 7 1/5.	». 6. 3 1/5.	». 4. 9 1/5.	». 2. 4 4/5.	».13. 6.	1. 6. 1 1/5.
». 6. ».	6. 6. ».	3. 3. ».	2. 8. ».	1. 4. ».	6.15. ».	13. 1. ».
». 4. ».	4. 4. ».	2. 2. ».	1.12. ».	».16. ».	4.10. ».	8.14. ».
». 3. ».	3. 3. ».	1.11. 6.	1. 4. ».	».12. ».	3. 7. 6.	6.10. 6.

DÉNOMINATION

DES MARCHANDISES ET DENRÉE

SUJETTES AUX DROITS.

DROGUETS, SERGES, &c.

Chaque piece de toutes sortes de Draperies de Laine fine de demi-aune de large, comme d'Elbœuf, Ras de Maroc, Serge de Londres, d'Aulonne, de Rome, du Seigneur d'Asco Châlons, & généralement toute autre sorte semblable & approchante, de vingt à vingt-une au en entrant trente sols, au-dessus & au-dessous à proportion........................

DRAP DE VIRE, RATINES, FROCS, &c.

Toute sorte de grosse Draperie, comme Drap de Vire, R tines, Frocs, Estamets, pet Serge, Sommiers, Baguette & généralement toute sorte semblable, paiera par cent pesant t au-dessus & au-dessous à proportion........................

Et à l'égard des Estamets, Serge & petits Draps qui seront fabriques dans la Ville, de vin une aunes, il sera payé par les Marchands dix sols........................

Et pour les Tiretaines, tant fines que grosses, cinq sols, au-dessus & au-dessous à propo

ÉTAMINES.

La piece d'Étamine du Mans, teinte ou blanche, de vingt-huit à trente aunes, paiera quarante sols, au-dessus & au-dessous à proportion........................

La piece d'Étamine du Lude, Reims, Nogent, à la Royale, & toute autre sorte semblab chante, de dix à douze aunes, paiera en entrant dix sols, au-dessus & au-dessous à proporti

CAMELOT.

Chaque piece de Camelot de deux tiers de large, de toutes sortes de Manufactures, de vi une aunes, paiera en entrant trente sols........................

Et les petits Camelots rayés & les Camelots sur fil, de même aunage, paieront quinze sols & au-dessous à proportion........................

CARAPONS ET BAS DE CHAUSSE

Chaque douzaine de Carapons & Bas de Chausse de Ratine ou Baguette, paiera en entrant au-dessus & au-dessous à proportion........................

MERCERIE.

SOIERIE.

Chaque livre pesant de toutes Manufactures de Soie, comme Damas, Serge, Pout-de-S de Tours, Taffetas d'Angleterre, Lion, Paris, Florence, & généralement toute Etoffe paiera en entrant trois sols........................

Chaque livre de Soie commune, manufacturée en Rubans, Bas de Soie, Cordons, Fran telles, Tresses, Gances, Galons, Crèpes à Chapeaux, & généralement toute autre semblabl chante, paiera en entrant deux sols, au-dessus & au-dessous à proportion........................

OR ET ARGENT.

Chaque livre pesant d'Étoffes, Dentelles, Galons, Cordons, Gances, Boutons, Fil, & vrages d'Or ou d'Argent, paiera en entrant quinze sols........................

Et par chaque livre de faux, cinq sols, au-dessus & au-dessous à proportion........................

FUTAINE, BASINS, BOURACAN BONNETS, LACETS ET BA

Chaque cent pesant de Futaine, Basins, Toile à doubler, Bouracan, Treillis, Bonnets façons, Ceintures Bas de Laine & de Coton, Lacets, Fil, Gans, Boutons, & générale autre menue Mercerie, paiera en entrant quatre livres, au-dessus & au-dessous à proportion

TOILES DE MOUSSELINE, BATISTE DE HOLLANDE,

Chaque piece de Toile de Mousseline fine, Batiste, Hollande, & autres Toiles sem approchantes, de six aunes la piece, paiera en entrant douze sols........................

Et pour la grosse trois sols, au dessus & au dessous à proportion........................

PAPIER OU CARTES.

Le cent pesant de Papier ou Cartes, paiera en entrant dix sols........................

Et pour chaque Sixain de Cartes à jouer un sol six deniers, au dessus & au dessous à pro

[...]ppartenans [...] Ville. Sol pour livre sur le principal du Droit de Tarif.	TOTAL des Droits appartenans à la Ville.	*Droits appartenans à la Régie.* Dix Sols pour livre des Droits appartenans à la Ville.	Octrois Municipaux, ou Huit Sols pour livre du Droit de Tarif.	Dix Sols pour livre des Octrois Municipaux.	TOTAL des Droits appartenans à la Régie.	TOTAL des Droits dûs au Roi & à la Ville.
tt ß ₰	tt ß ₰	tt ß ₰	tt ß ₰	tt ß ₰	tt ß ₰	tt ß ₰
». 1. 6.	1.11. 6.	».15. 9.	».12. ».	». 6. ».	1.13. 9.	3. 5. 3.
». 3. ».	3. 3. ».	1.11. 6.	1. 4. ».	».12. ».	3. 7. 6.	6.10. 6.
». ». 6.	».10. 6.	». 5. 3.	». 4. ».	». 2. ».	».11. 3.	1. 1. 9.
». ». 3.	». 5. 3.	». 2. 7 $\frac{1}{2}$.	». 2. ».	». 1. ».	». 5. 7 $\frac{1}{2}$.	».10.10 $\frac{1}{2}$.
». 2. ».	2. 2. ».	1. 1. ».	».16. ».	». 8. ».	2. 5. ».	4. 7. ».
». ». 6.	».10. 6.	». 5. 3.	». 4. ».	». 2. ».	».11. 3.	1. 1. 9.
». 1. 6.	1.11. 6.	».15. 9.	».12. ».	». 6. ».	1.13. 9.	3. 5. 3.
». ». 9.	».15. 9.	». 7.10 $\frac{1}{2}$.	». 6. ».	». 3. ».	».16.10 $\frac{1}{2}$.	1.12. 7 $\frac{1}{2}$.
». ». 7 $\frac{1}{5}$.	».12. 7 $\frac{1}{5}$.	». 6. 3 $\frac{3}{5}$.	». 4. 9 $\frac{3}{5}$.	». 2. 4 $\frac{4}{5}$.	».13. 6.	1. 6. 1 $\frac{1}{5}$.
». ». 1 $\frac{4}{5}$.	». 3. 1 $\frac{4}{5}$.	». 1. 6 $\frac{9}{10}$.	». 1. 2 $\frac{2}{5}$.	». ». 7 $\frac{1}{5}$.	». 3. 4 $\frac{1}{2}$.	». 6. 6 $\frac{1}{10}$.
». ». 1 $\frac{1}{5}$.	». 2. 1 $\frac{1}{5}$.	». 1. » $\frac{3}{5}$.	». ». 9 $\frac{3}{5}$.	». ». 4 $\frac{4}{5}$.	». 2. 3.	». 4. 4 $\frac{1}{5}$.
». ». 9.	».15. 9.	». 7.10 $\frac{1}{2}$.	». 6. ».	». 3. ».	».16.10 $\frac{1}{2}$.	1.12. 7 $\frac{1}{2}$.
». ». 3.	». 5. 3.	». 2. 7 $\frac{1}{2}$.	». 2. ».	». 1. ».	». 5. 7 $\frac{1}{2}$.	».10.10 $\frac{1}{2}$.
». 4. ».	4. 4. ».	2. 2. ».	1.12. ».	».16. ».	4.10. ».	8.14. ».
». ». 7 $\frac{1}{5}$.	».12. 7 $\frac{1}{5}$.	». 6. 3 $\frac{3}{5}$.	». 4. 9 $\frac{3}{5}$.	». 2. 4 $\frac{4}{5}$.	».13. 6.	1. 6. 1 $\frac{1}{5}$.
». ». 1 $\frac{4}{5}$.	». 3. 1 $\frac{4}{5}$.	». 1. 6 $\frac{9}{10}$.	». 1. 2 $\frac{2}{5}$.	». ». 7 $\frac{1}{5}$.	». 3. 4 $\frac{1}{2}$.	». 6. 6 $\frac{1}{10}$.
». ». 6.	».10. 6.	». 5. 3.	». 4. ».	». 2. ».	».11. 3.	1. 1. 9.
». ». » $\frac{9}{10}$.	». 1. 6 $\frac{9}{10}$.	». ». 9 $\frac{9}{10}$.	». ». 7 $\frac{1}{5}$.	». ». 3 $\frac{3}{5}$.	». 1. 8 $\frac{1}{4}$.	». 3. 3 $\frac{1}{10}$.

DÉNOMINATION

DES MARCHANDISES ET DENRÉES

SUJETTES AUX DROITS.

FERRONNERIE ET DINANDERIE.

Fer et Acier.

Chaque charretée de Fer œuvré & non œuvré, paiera en entrant quatre livres........

Et par charge de cheval, dix sols...

Chaque cent pesant d'Acier de Flandre ou d'Allemagne, paiera en entrant trente sols....

Et par chaque cent d'Acier en quarré, dix sols; au dessus & au dessous à proportion....

Chaque charretée de Fer passant debout, paiera dix sols.........................

Métal, Cloches et Chauderonnerie, &c.

Le Métal, Cloches, Clochettes, & généralement toute autre Chauderonnerie & de mê paiera par chaque cent, en entrant, vingt sols; au dessus & au dessous à proportion.....

Marteaux, Mors de Bride, Clous, &c.

Chaque cent pesant de Marteaux, Tenailles, Pinces, Mors de Bride, Canons, Plaque Vergettes, Étriers, Éperons, Couteaux, Ciseaux, Forces, Scies, Egohines, Limes, (toute autre de semblable espece, paiera en entrant quinze sols.........................

Et par chaque cent de Clous pesant, de toutes Fabriques, cinq sols; au dessus & au proportion...

Marmites, Pots de Fer, Poêles a frire, &

La charge de cheval, de Marmites, Pots de fer, Poêles à frire, Faux, Faucilles, & t semblable & approchante, paiera en entrant quarante sols...........................

Et chaque cent pesant, douze sols..

Lames d'Épées.

Chaque douzaine de Lames d'Épées & Gardes, tant de cuivre que de Fer, paiera douze sols, au dessus & au dessous, à proportion.................................

Feuilles de Fer noir ou blanc.

Chaque douzaine de Feuilles de Fer noir ou blanc, paiera en entrant trois sols, au au dessous à proportion..

Charbon de Terre.

Chaque boisseau de Charbon de Terre, un sol.................................

Trubles, Pelles ferrées et Serrures en B

Chaque douzaine de Trubles & Pelles ferrées, paiera en entrant six sols..............

Et chaque douzaine de Serrures enchâssées en bois, six sols, au dessus & au dessous à p

FIL ET TOILE.

Fil.

Le cent pesant de Fil blanc ou écru, paiera, en entrant dans la Ville, ou au Marché, quin dessus & au dessous à proportion...

Lin.

Le cent pesant de Lin, en pierre ou en masse, paiera dix sols......................

Le cent de Lin raffiné, ou Lanfaye, payera dix-huit sols, au dessus & au dessous à pro

Étoupes.

Le cent de toutes Étoupes paiera sept sols six deniers..........................

Chanvre.

Chaque cent de Chanvre teillé paiera dix sols.................................

Et le Chanvre non teillé paiera, par charge de cheval, deux sols six deniers, au des dessous à proportion..

Toiles, Basins, Serviettes, &c. œuvrés dans la Ville ou hors la Vi

Les Toiles, Basins, Serviettes, Doubliers & Coutils, œuvrés dans la Ville & Fauxbou y être vendus & distribués, paieront, par chacune aune de fine, un sol...............

Et à l'égard de la Grosse, six deniers, lequel Droit sera payé par les Marchands seulen

…partenans Ville.	TOTAL des Droits appartenans à la Ville.	Droits appartenans à la Régie,			TOTAL des Droits appartenans à la Régie.	TOTAL des Droits dûs au Roi & à la Ville.
Sol pour livre sur le principal du Droit de Tarif.		Dix Sols pour livre des Droits appartenans à la Ville.	Octrois Municipaux, ou Huit Sols pour livre du Droit de Tarif.	Dix Sols pour livre des Octrois Municipaux.		
tt ß g	tt ß g	tt ß g	tt ß g	tt ß g	tt ß g	tt ß g
». 4. ».	4. 4. ».	2. 2. ».	1.12. ».	».16. ».	4.10. ».	8.14. ».
». ». 6.	».10. 6.	». 5. 3.	». 4. ».	». 2. ».	».11. 3.	1. 1. 9.
». 1. 6.	1.11. 6.	».15. 9.	».12. ».	». 6. ».	1.13. 9.	3. 5. 3.
». ». 6.	».10. 6.	». 5. 3.	». 4. ».	». 2. ».	».11. 3.	1. 1. 9.
». ». 6.	».10. 6.	». 5. 3.	». 4. ».	». 2. ».	».11. 3.	1. 1. 9.
». 1. ».	1. 1. ».	».10. 6.	». 8. ».	». 4. ».	1. 2. 6.	2. 3. 6.
». ». 9.	».15. 9.	». 7.10 1/2.	». 6. ».	». 3. ».	».16.10 1/2.	1.12. 7 1/2.
». ». 3.	». 5. 3.	». 2. 7 1/2.	». 2. ».	». 1. ».	». 5. 7 1/2.	».10.10 1/2.
». 2. ».	2. 2. ».	1. 1. ».	».16. ».	». 8. ».	2. 5. ».	4. 7. ».
». ». 7 1/5.	».12. 7 1/5.	». 6. 3 1/5.	». 4. 9 1/5.	». 2. 4 4/5.	».13. 6.	1. 6. 1 1/5.
». ». 7 1/5.	».12. 7 1/5.	». 6. 3 1/5.	». 4. 9 1/5.	». 2. 4 4/5.	».13. 6.	1. 6. 1 1/5.
». ». 1 4/5.	». 3. 1 4/5.	». 1. 6 9/10.	». 1. 2 2/5.	». ». 7 1/5.	». 3. 4 1/2.	». 6. 6 1/10.
». ». » 1/5.	». 1. » 1/5.	». ». 6 1/10.	». ». 4 4/5.	». ». 2 2/5.	». 1. 1 1/2.	». 2. 2 1/10.
». ». 3 1/5.	». 6. 3 1/5.	». 3. 1 4/5.	». 2. 4 4/5.	». 1. 2 2/5.	». 6. 9.	».13. » 1/5.
». ». 3 1/5.	». 6. 3 1/5.	». 3. 1 4/5.	». 2. 4 4/5.	». 1. 2 2/5.	». 6. 9.	».13. » 1/5.
». ». 9.	».15. 9.	». 7.10 1/2.	». 6. ».	». 3. ».	».16.10 1/2.	1.12. 7 1/2.
». ». 6.	».10. 6.	». 5. 3.	». 4. ».	». 2. ».	».11. 3.	1. 1. 9.
». ».10 4/5.	».18.10 4/5.	». 9. 5 2/5.	». 7. 2 2/5.	». 3. 7 1/5.	1. ». 3.	1.19. 1 4/5.
». ». 4 1/2.	». 7.10 1/2.	». 3.11 1/4.	». 3. ».	». 1. 6.	». 8. 5 1/4.	».16. 3 3/4.
». ». 6.	».10. 6.	». 5. 3.	». 4. ».	». 2. ».	».11. 3.	1. 1. 9.
». ». 1 1/2.	». 2. 7 1/2.	». 1. 3 1/4.	». 1. ».	». ». 6.	». 2. 9 3/4.	». 5. 5 1/4.
». ». » 1/5.	». 1. » 1/5.	». ». 6 1/10.	». ». 4 4/5.	». ». 2 2/5.	». 1. 1 1/2.	». 2. 2 1/10.

DÉNOMINATION
DES MARCHANDISES ET DENRÉES
SUJETTES AUX DROITS.

l'égard de celles fabriquées hors la Ville & Fauxbourgs, il en sera payé double Droit qu'ils n'ont rien payé à l'Entrée, sur le Fil..

BOIS.

Bois Merrein ou Dolé.

La Charretée de Bois Merrain & Bois Do é paiera, en entrant dans la Ville & Fauxbourgs, t
Et par charge de Cheval, trois sols..

Bois a Bruler.

Chaque Charretée de Bois à brûler paiera dix sols..
Et la Charge de Cheval, un sol..

Charbon.

Chaque Charretée de Charbon paiera en entrant seize sols..
Et chaque Charge de Cheval, quatre sols..
Et pour la Charretée passant de-bout, cinq sols..

Sabots, Pelles, Boisseaux, &c.

La Charge de Cheval, de Sabots, Jattes, Pelles, Fûts, Sceau, Seilles, Boisseaux, A autres menus Ouvrages de bois, paiera dix sols..

Cercles.

Chaque Douzaine de Cercles à Tonne paiera trois sols..
Chaque Douzaine à Tonneau, un sol..
Chaque Douzaine à Pipe, six deniers..
Chaque Douzaine à Baril ou Tine, trois deniers..

Paniers d'Osier, Vans, &c.

La Charge de Cheval, de Paniers d'osier ou bois, Berceaux, Vans, Hottes, Vanne beilles, & autres Ouvrages semblables & approchans, paiera en entrant, dix sols........

Beurre

Le Cent de Beurre frais ou salé, entrant dans la Ville & Fauxbourgs, pour y être ven sommé, paiera dix sols, au-dessus & au-dessous à proportion..
Et par charge de Cheval passant de-bout, deux sols six deniers..

Suif, Graisse et Sain.

Le Cent de Suif, Graisse ou Sain provenant des Bêtes massacrées dans la Ville & Fa paiera dix sols, qui seront payés par l'Acheteur, attendu que la Bête a payé..
Et celui qui entrera dans la Ville & Fauxbourgs, paiera vingt sols, au-dessus & au proportion..

Gibier ou Volaiile

Chaque Charge de Cheval, de Gibier ou Volaille, enlevé de la Ville pour porter deh cinq sols..
Et pour le Passe-de-bout, deux sols six deniers..

Poissonnerie.

Le Millier de Hareng blanc ou sauret, Anguille salée ou le Baril, paiera en entrant, q au-dessus & au-dessous à proportion..
Le Cent de Morue vertes ou séches, de soixante-six Poignées le Cent, & le Saumon sa en entrant trois livres, au-dessus & au-dessous à proportion..
Chaque Charge de Poisson frais, entrant dans la Ville, pour y être vendu ou porté deho cinq sols..

Droguerie et Épicerie.

Chaque Charge de Cheval, de toutes sortes de Droguerie & Épicerie, paiera en entrant, tro
Et par Charretée, vingt livres, au-dessus & au-dessous à proportion..

Cire et Miel.

Chaque Livre de Cire blanche ou jaune, en entrant, paiera trois deniers..
Et chaque Pot de Miel, un sol..

…ppartenans …a Ville. Sol pour livre sur le principal du Droit de Tarif.	TOTAL des Droits appartenans à la Ville.	Droits appartenans à la Régie. Dix Sols pour livre des Droits appartenans à la Ville.	Octrois Municipaux, ou Huit Sols pour livre du Droit de Tarif.	Dix Sols pour livre des Octrois Municipaux.	TOTAL des Droits appartenans à la Régie.	TOTAL des Droits dûs au Roi & à la Ville.
tt ß g	tt ß g	tt ß g	tt ß g	tt ß g	tt ß g	tt ß g
». ». » 1/10.	». ». 6 1/40.	». ». 3 1/20.	». ». 2 2/5.	». ». 1 1/5.	». ». 6 1/4.	». 1. 1 1/20.
». 1. 6.	1.11. 6.	».15. 9.	».12. ».	». 6. ».	1.13. 9.	3. 5. 3.
». ». 1 4/5.	». 3. 1 4/5.	». 1. 6 9/10.	». 1. 2 2/5.	». ». 7 1/5.	». 3. 4 1/2.	». 6. 6 1/10.
» ». 6.	».10. 6.	». 5. 3.	». 4. ».	». 2. ».	».11. 3.	1. 1. 9.
». ». » 3/5.	». 1. » 3/5.	». ». 6 3/10.	». ». 4 4/5.	». ». 2 2/5.	». 1. 1 1/2.	». 2. 2 1/10.
». ». 9 3/5.	».16. 9 3/5.	». 8. 4 4/5.	». 6. 4 4/5.	». 3. 2 2/5.	».18. ».	1.14. 9 3/5.
». ». 2 2/5.	». 4. 2 2/5.	». 2. 1 1/5.	». 1. 7 1/5.	». ». 9 3/5.	». 4. 6.	». 8. 8 2/5.
». ». 3.	». 5. 3.	». 2. 7 1/2.	». 2. ».	». 1. ».	». 5. 7 1/2.	».10.10 1/2.
». ». 6.	».10. 6.	». 5. 3.	». 4. ».	». 2. ».	».11. 3.	1. 1. 9.
». ». 1 4/5.	». 3. 1 4/5.	». 1. 6 9/10.	». 1. 2 2/5.	». ». 7 1/5.	». 3. 4 1/2.	». 6. 6 3/10.
». ». » 3/5.	». 1. » 3/5.	». ». 6 3/10.	». ». 4 4/5.	». ». 2 2/5.	». 1. 1 1/2.	». 2. 2 1/10.
». ». » 3/10.	». ». 6 3/10.	». ». 3 3/20.	». ». 2 2/5.	». ». 1 1/5.	». ». 6 3/4.	». 1. 1 1/20.
». ». » 3/20.	». ». 3 3/20.	». ». 1 23/40.	». ». 1 1/5.	». ». » 3/5.	». ». 3 3/8.	». ». 6 21/40.
». ». 6.	».10. 6.	». 5. 3.	». 4. ».	». 2. ».	».11. 3.	1. 1. 9.
». ». 6.	».10. 6.	». 5. 3.	». 4. ».	». 2. ».	».11. 3.	1. 1. 9.
». ». 1 1/2.	». 2. 7 1/2.	». 1. 3 3/4.	». 1. ».	». ». 6.	». 2. 9 3/4.	». 5. 5 1/4.
». ». 6.	».10. 6.	». 5. 3.	». 4. ».	». 2. ».	».11. 3.	1. 1. 9.
». 1. ».	1. 1. ».	».10. 6.	». 8. ».	». 4. ».	1. 2. 6.	2. 3. 6.
». ». 3.	». 5. 3.	». 2. 7 1/2.	». 2. ».	». 1. ».	». 5. 7 1/2.	».10.10 1/2.
». ». 1 1/2	». 2. 7 1/2.	». 1. 3 3/4.	». 1. ».	». ». 6.	». 2. 9 3/4.	». 5. 5 1/4.
». ». 9.	».15. 9.	». 7.10 1/2.	». 6. ».	». 3. ».	».16.10 1/2.	1.12. 7 1/2.
». 3. ».	3. 3. ».	1.11. 6.	1. 4. ».	».12. ».	3. 7. 6.	6.10. 6.
». ». 3.	». 5. 3.	». 2. 7 1/2.	». 2. ».	». 1. ».	». 5. 7 1/2.	».10.10 1/2.
». 3. ».	3. 3. ».	1.11. 6.	1. 4. ».	».12. ».	3. 7. 6.	6.10. 6.
1. ». ».	21. ». ».	10.10. ».	8. ». ».	4. ». ».	22.10. ».	43.10. ».
». ». » 3/20.	». ». 3 3/20.	». ». 1 23/40.	». ». 1 1/5.	». ». » 3/5.	». ». 3 3/8.	». ». 6 21/40.
». ». » 3/5.	». 1. » 3/5.	». ». 6 3/10.	». ». 4 4/5.	». ». 2 2/5.	». 1. 1 1/2.	». 2. 2 1/10.

DÉNOMINATION
DES MARCHANDISES ET DENRÉES
SUJETTES AUX DROITS.

HUILE.

Chaque Pot d'Huile de Poiſſon, Lin, Rabette, Chenevis, & toute autre ſervant à br peindre, paiera, en entrant ou ſortant, ſix deniers..............................

BALEINE.

Le Cent peſant de Baleine longue ou courte, plate ou quarrée, paiera en entrant, tre au-deſſus & au-deſſous à proportion..

PLUMES.

Le Cent de Livres de Plumes d'Oie paiera en entrant, trente ſols....................
Et celle de Chapon, dix ſols, au-deſſus & au-deſſous à proportion.................

ÉTAMIERS.

ÉTAIN.

Chaque Cent de Livres d'Étain fin ou commun, œuvré ou non œuvré, paiera en entrant, tr

PLOMB.

Chaque Cent de Plomb en ſaumon ou plat, paiera quinze ſols, au-deſſus & au-deſſous à pr

VERRERIE.

BOUTEILLES ET VERRES.

Le Cent de Bouteilles vergées & autres, & le Cent de Verres fins, paiera en entrant, dix
Et le Cent de gros verres, cinq ſols, au-deſſus & au-deſſous à proportion............

VERRE A VITRE.

Chaque Panier de Verre à vitrer, de vingt-quatre Plats, paiera vingt ſols, au-deſſus & a à proportion..

FAYANCERIE.

Chaque Charge de Cheval, de toutes ſortes de Fayancerie, paiera vingt ſols..........
Et par chaque Panier, dix ſols...

POTERIE DE TERRE.

Chaque Charge de Cheval, de toutes ſortes de Poterie de Terre, paiera, en entrant, c au-deſſus & au-deſſous à proportion..

MAÇONNERIE.

CARREAU.

La Charretée de Carreau paiera, en entrant dans la Ville & Fauxbourgs, cinq ſols.....

CHAUX.

La Charge de Cheval, de Chaux, paiera un ſol.......................................

BRIQUES ET ARDOISE.

La Charge de Cheval, de Briques & Ardoiſes, paiera un ſol, au-deſſus & au-deſſous à pr

FOIN.

Chaque Charretée de Foin paiera, en entrant dans la Ville & Fauxbourgs, dix ſols....
Et chaque Charge de Cheval, un ſol...

PAILLE.

La Charretée de Paille paiera cinq ſols...
Et la Charge de Cheval ſix deniers..

Nota. Les Octrois Municipaux & les Dix ſols pour livre deſdits Droits, énoncés au préſe & claſſés dans les différens Textes du Tarif général des Aides, ſont ici pour mémoire.

appartenans ... a Ville.	TOTAL des Droits appartenans à la Ville.	*Droits appartenans à la Régie.*			TOTAL des Droits appartenans à la Régie.	TOTAL des Droits dûs au Roi & à la Ville.
Sol pour livre sur le principal du Droit de Tarif.		Dix Sols pour livre des Droits appartenans à la Ville.	Octrois Municipaux, ou Huit Sols pour livre du Droit de Tarif.	Dix Sols pour livre des Octrois Municipaux.		
tt ß δ	tt ß δ	tt ß δ	tt ß δ	tt ß δ	tt ß δ	tt ß δ
». ». » 1/10.	». ». 6 1/10.	». ». 3 3/20.	». ». 2 2/5.	». ». 1 1/5	». ». 6 1/4.	». 1. 1 1/10.
». 1. 6.	1.11. 6.	».15. 9.	».12. ».	». 6. ».	1.13. 9.	3. 5. 3.
». 1. 6.	1.11. 6.	».15. 9.	».12. ».	». 6. ».	1.13. 9.	3. 5. 3.
». ». 6.	».10. 6.	». 5. 3.	». 4. ».	». 2. ».	».11. 3.	1. 1. 9.
». 1. 6.	1.11. 6.	».15. 9.	».12. ».	». 6. ».	1.13. 9.	3. 5. 3.
». ». 9.	».15. 9.	». 7.10 1/2.	». 6. ».	». 3. ».	».16.10 1/2.	1.12. 7 1/2.
». » 6.	».10. 6.	». 5. 3.	». 4. ».	». 2. ».	».11. 3.	1. 1. 9.
». ». 3.	». 5. 3.	». 2. 7 1/2.	». 2. ».	». 1. ».	». 5. 7 1/2.	».10.10 1/2.
». 1. ».	1. 1. ».	».10. 6.	». 8. ».	». 4. ».	1. 2. 6.	2. 3. 6.
». 1. »	1. 1. ».	».10. 6.	». 8. ».	». 4. ».	1. 2. 6.	2. 3. 6.
». ». 6.	».10. 6.	». 5. 3.	». 4. ».	». 2. ».	».11. 3.	1. 1. 9.
». ». 3.	». 5. 3.	». 2. 7 1/2.	». 2. ».	». 1. ».	». 5. 7 1/2.	».10.10 1/2.
». ». 3.	». 5. 3.	». 2. 7 1/2.	». 2. ».	». 1. ».	». 5. 7 1/2.	».10.10 1/2.
». ». » 3/5.	». 1. » 3/5.	». ». 6 3/10.	». ». 4 4/5.	». ». 2 2/5.	». 1. 1 1/2.	». 2. 2 1/10.
». ». » 3/5.	». 1. » 3/5.	». ». 6 3/10.	». ». 4 4/5.	». ». 2 2/5.	». 1. 1 1/2.	». 2. 2 1/10.
». ». 6.	».10. 6.	». 5. 3.	». 4. ».	». 2. ».	».11. 3.	1. 1. 9.
». ». » 3/5.	». 1. » 3/5.	». ». 6 3/10.	». ». 4 4/5.	». ». 2 2/5.	». 1. 1 1/2.	». 2. 2 1/10.
». ». 3.	». 5. 3.	». 2. 7 1/2.	». 2. ».	». 1. ».	». 5. 7 1/2.	».10.10 1/2.
». ». » 1/10.	». ». 6 1/10.	». ». 3 1/10.	». ». 2 2/5.	». ». 1 1/5.	». ». 6 1/4.	». 1. 1 1/10.

OCTR

TARIF DES DROITS D'OCTROI, autorisés par Arrêt du Conseil du sur lesquels la Régie a à percevoir la premiere moitié d'Octroi, & les Dix sols p à la Ville.

DÉNOMINATION

DES MARCHANDISES ET DENRÉES

SUJETTES AUX DROITS.

VIN, CIDRE, POIRÉ.

Chaque Queue de Vin, vendue en détail par les Habitans de la Ville, paiera seize sols

Chaque Tonneau de Cidre ou Poiré, vendue en détail, paiera huit sols, sans aucune exc

Chaque Pipe ou Queue de Vin, vendue en gros, paiera cinq sols.....................

Chaque Pipe de Cidre ou Poiré, vendue en gros, aux confins & limites dudit Bayeux, pa sols six deniers.....................

Chaque Tonneau de Cidre ou Poiré, vendu en gros, paiera cinq sols.....................

TAN.

Chaque Somme de Tan entrante, paiera cinq deniers.....................

POMMES.

Chaque Somme de Pommes entrante, y compris le Droit de Mesurage, paiera un sol six d

POISSON.

Chaque Somme de Poisson entrante, paiera cinq deniers.....................

BEURRE, SUIF, GRAISSE.

Chaque cent de Beurre, Suif & Graisse, qui se vend dans la Ville & Fauxbourgs, & Marché, paiera deux sols.....................

LAINE OU PEAUX.

Chaque cent de Laine ou Peaux paiera cinq sols.....................

BESTIAUX.

Chaque Bête entrante pour être vendue, paiera cinq deniers, pourvu que la vente monte à

TUILE.

Chaque cent de Tuile, acheté dans la Ville & Fauxbourgs, paiera deux sols quatre den

Nota. Les Droits de premiere moitié d'Octroi, & les Dix sols pour livre desdits Droits au présent Tableau, & classés dans les différens Textes du Tarif général des Aides, sont mémoire.

V I L L E.

s ſur les Boiſſons, Beſtiaux, Denrées & Marchandiſes, dans la Ville de Bayeux, &
d'Août 1781, tant de la premiere moitié d'Octroi, que de la deuxieme, appartenante

r l oi.	Deuxieme moitié d'Octroi, appartenant à la Ville.	*Droits appartenans à la Régie.* Dix Sols pour livre de la deuxieme moitié d'Octroi.	Ordonnance de 1681, premiere moitié d'Octroi.	Dix Sols pour livre de la premiere moitié d'Octroi.	TOTAL des Droits appartenans à la Régie.	TOTAL des Droits dûs au Roi & à la Ville.
g	tt ß g	tt ß g	tt ß g	tt ß g	tt ß g	tt ß g
	». 8. ».	». 4. ».	». 8. ».	». 4. ».	».16. ».	1. 4. ».
	». 4. ».	». 2. ».	». 4. ».	». 2. ».	». 8. ».	».12. ».
	». 2. 6.	». 1. 3.	». 2. 6.	». 1. 3.	». 5. ».	». 7. 6.
	». 1. 3.	». ». 7 ½.	». 1. 3.	». ». 7 ½.	». 2. 6.	». 3. 9.
	». 2. 6.	». 1. 3.	». 2. 6.	». 1. 3.	». 5. ».	». 7. 6.
	». ». 2 ½.	». ». 1 ¼.	». ». 2 ½.	». ». 1 ¼.	». ». 5.	». ». 7 ½.
	». ». 9.	». ». 4 ½.	». ». 9.	». ». 4 ½.	». 1. 6.	». 2. 3.
	». ». 2 ½.	». ». 1 ¼.	». ». 2 ½.	». ». 1 ¼.	». ». 5.	». ». 7 ½.
	». 1. ».	». ». 6.	». 1. ».	». ». 6.	». 2. ».	». 3. ».
	». 2. 6.	». 1. 3.	». 2. 6.	». 1. 3.	». 5. ».	». 7. 6.
	». ». 2 ½.	». ». 1 ¼.	». ». 2 ½.	». ». 1 ¼.	». ». 5.	». ». 7 ½.
	». 1. 2.	». ». 7.	». 1. 2.	». ». 7.	». 2. 4.	». 3. 6.

imerie de Lamesle, Imprimeur des Fermes du Roi, au Bureau général des Aides,
Hôtel de Bretonvilliers, Iſle Saint Louis. 1781.

GÉNÉRALITÉ DE CAEN.

TARIF DES DROITS *DÉPENDANS* DE LA RÉGIE GÉNÉRALE, *DUS DANS LA DIRECTION* DE CARENTAN.

DROITS SUR LES BOISSONS, A L'ENTRÉE ET AU BRASSAGE, par Muid de 144 Pots.

VILLE DE CARENTAN.

NATURE DES DROITS, ET REGLEMENS QUI LES AUTORISENT.	EAU-DE-VIE & Liqueur.	VIN de Liqueur.	VIN ordinaire.	CIDRE.	POIRÉ.	BIERE.
	tt ß ♂	tt ß ♂	tt ß ♂	tt ß ♂	tt ß ♂	tt ß ♂
Ordonnance de 1680, titre 4, article 1er, Anciens & Nouveaux Cinq Sols.......	». ». ».	».14. ».	».14. ».	». ». ».	». ». ».	». ». ».
Idem, titre 24, art 1er, titre 26, art. 3, titre 27, art. 6, Subvention...............	5. 8. ».	1. 7. ».	1. 7. ».	».13. 6.	». 6. 9.	».13. 6.
Déclarations du Roi, des 10 Oct. & 31 Déc. 1689, Jauge & Courtage.	2. 5. ».	».15. ».	».15. ».	». 9. ».	». 9. ».	». 9. ».
Edit d'Octobre & Arrêt du Conseil du 29 Décembre 1705, Inspecteurs..........	1. 10. ».	».10. ».	».10. ».	». 5. ».	». 2. 6.	». 5. ».
Lettres Patentes du 2 Août 1777, Octrois Municipaux......................	1. 10. ».	».10. ».	».10. ».	». 5. ».	». 2. 6.	». 5. ».
TOTAL...........	10. 13. ».	3.16. ».	3.16. ».	1.12. 6.	1. ». 9.	1.12. 6.
Edit d'Août 1781, Dix Sols pour livre..	5. 6. 6.	1.18. ».	1.18. ».	».16. 3.	».10. $4\frac{1}{2}$.	».16. 3.
Déclaration du Roi, du 3 Janvier 1759, Droits Réservés....................	14. 8. ».	6. ». ».	1.10. ».	».10. ».	». 5. ».	».10. ».
Edit d'Août 1781, 10 ß p^r tt, modérés à 6 ß p^r tt, par Décision du 29 dudit mois.	4. 6. $4\frac{4}{5}$	1.16. ».	». 9. ».	». 3. ».	». 1. 6.	». 3. ».
TOTAL GÉNÉRAL....	34. 13. $10\frac{4}{5}$.	13.10. ».	7.13. ».	3. 1. 9.	1.17. $7\frac{1}{2}$.	3. 1. 9.

BOURGS DE PERRIERS ET LA HAYE-DUPUIS.

NATURE DES DROITS, ET REGLEMENS QUI LES AUTORISENT.	EAU DE-VIE & Liqueur.	VIN de Liqueur.	VIN ordinaire.	CIDRE.	POIRÉ.	BIERE.
	tt ß ꝗ	tt ß ꝗ	tt ß ꝗ	tt ß ꝗ	tt ß ꝗ	tt ß ꝗ
Ordonnance de 1680, titre 4, article 1er, Anciens & Nouveaux Cinq Sols.	». ». ».	».14.».	».14. ».	». ». ».	». ». ».	». ». ».
Idem, titre 24, art. 1er, titre 26, art. 3, titre 27, art. 6, Subvention.	5. 8. ».	1. 7.».	1. 7. ».	».13. 6.	». 6. 9.	».13. 6.
Déclarations du Roi, des 10 Oct. & 31 Déc. 1689, Jauge & Courtage.	2. 5. ».	».15.».	».15. ».	». 9. ».	». 9. ».	». 9. ».
Edit d'Octobre & Arrêt du Conseil, du 29 Décembre 1705, Inspecteurs.	1. 10. ».	».10.».	».10. ».	». 5. ».	». 2. 6.	». 5. ».
TOTAL.	9. 3. ».	3. 6.».	3. 6. ».	1. 7. 6.	».18. 3.	1. 7. 6.
Edit d'Août 1781, Dix Sols pour livre.	4 11. 6.	1.13.».	1.13. ».	».13. 9.	». 9. 1½.	».13. 9.
Déclaration du Roi, du 3 Janv. 1759, Droits Réservés.	14. 8. ».	6. ».».	1. 5. ».	».10. ».	». 5. ».	».10. ».
Edit d'Août 1781, 10 ß pr tt, modérés à 6 f. par Décision du 29 dudit mois.	4. 6. 4⁴⁄₅	1.16.».	». 7. 6.	». 3. ».	». 1. 6.	». 3. ».
TOTAL GÉNÉRAL.	32. 8. 10⁴⁄₅.	12.15.».	6.11. 6.	2.14. 3.	1.13.10½.	2.14. 3.

BOURG DE SAINTE MERE-ÉGLISE.

NATURE DES DROITS, ET RÉGLEMENS QUI LES AUTORISENT.	EAU-DE-VIE, & Liqueur.	VIN de Liqueur.	VIN ordinaire.	CIDRE.	POIRÉ.	BIERE.
	tt ß ꝗ	tt ß ꝗ	tt ß ꝗ	tt ß ꝗ	tt ß ꝗ	tt ß ꝗ
Edit d'Octobre & Arrêt du Conseil, du 29 Décembre 1705, Inspecteurs.	1. 10. ».	».10. ».	».10. ».	». 5. ».	». 2. 6.	». 5. ».
Edit d'Août 1781, Dix Sols pour livre.	». 15. ».	». 5. ».	». 5. ».	». 2. 6.	». 1. 3.	». 2. 6.
TOTAL.	2. 5. ».	».15. ».	».15. ».	». 7. 6.	». 3. 9.	». 7. 6.
Déclaration du Roi, du 3 Janv. 1759, Droits Réservés.	14. 8. ».	6. ». ».	1. 5. ».	».10. ».	». 5. ».	».10. ».
Edit d'Août 1781, 10 ß pr tt, modérés à 6 ß, par Décision du 29 dudit mois.	4. 6. 4⁴⁄₅.	1.16. ».	». 7. 6.	». 3. ».	». 1. 6.	». 3. ».
TOTAL GÉNÉRAL.	20. 19. 4⁴⁄₅.	8.11. ».	2. 7. 6.	1. ». 6.	».10. 3.	1. ». 6.

BOURGS DE PONT-L'ABBÉ ET LESSAY.

NATURE DES DROITS, ET RÉGLEMENS QUI LES AUTORISENT.	EAU-DE-VIE & Liqueur.	VIN.	CIDRE.	POIRÉ.	BIERE.
	tt ß ₰	tt ß ₰	tt ß ₰	tt ß ₰	tt ß ₰
Ordonnance de 1680, titre 4, article 1er, Anciens & Nouveaux Cinq Sols....................	». ». ».	».14. ».	». ». ».	». ». ».	». ». ».
Idem, titre 24, art. 1er, titre 26, art. 3, titre 27, art. 6, Subvention............................	5. 8. ».	1. 7. ».	».13. 6.	». 6. 9.	».13. 6.
Déclarations du Roi, des 10 Oct. & 31 Déc. 1689, Jauge & Courtage............................	2. 5. ».	».15. ».	». 9. ».	». 9. ».	». 9. ».
Edit d'Octobre & Arrêt du Conseil, du 29 Décemb. 1705, Inspecteurs............................	1. 10. ».	».10. ».	». 5. ».	». 2. 6.	». 5. ».
TOTAL..............	9. 3. ».	3. 6. ».	1. 7. 6.	».18. 3.	1. 7. 6.
Edit d'Août 1781, Dix Sols pour livre..........	4. 11. 6.	1.13. ».	».13. 9.	». 9. 1½.	».13. 9.
TOTAL GÉNÉRAL...	13. 14. 6.	4.19. ».	2. 1. 3.	1. 7. 4½.	2. 1. 3.

BOURGS DE SAINT CÔME, SAINTE MARIE-DU-MONT ET PRÉTOT.

NATURE DES DROITS, ET RÉGLEMENS QUI LES AUTORISENT.	EAU-DE-VIE, & Liqueur.	VIN.	CIDRE.	POIRÉ	BIERE.
	tt ß ₰	tt ß ₰	tt ß ₰	tt ß ₰	tt ß ₰
Edit d'Octobre & Arrêt du Conseil du 29 Décemb. 1705, Inspecteurs..........................	1. 10. ».	».10. ».	». 5. ».	». 2. 6.	». 5. ».
Edit d'Août 1781, Dix Sols pour livre.........	». 15. ».	». 5. ».	». 2. 6.	». 1. 3.	». 2. 6.
TOTAL..................	2. 5. ».	».15. ».	». 7. 6	». 3. 9.	». 7. 6.

OBSERVATION GENERALE.

Les Nobles sont exempts, pour leur consommation seulement, sur les Boissons provenant de leur crû, & les Ecclésiastiques sur celles du crû de leurs Bénéfices; les premiers, de la Subvention; les seconds, de la Subvention, des Nouveaux Cinq Sols, de la Jauge-Courtage & des Droits Réservés, en se conformant aux formalités prescrites par les Réglemens.

DROIT DE 6tt 15ß SUR L'EAU-DE-VIE DE VIN, par Muid de 144 Pots.

	tt ß ₰
Ordonnance de 1680, titre 26, article premier..............................	6. 15. ».
Edit d'Août 1781, Dix Sols pour livre....................................	3. 7. 6.
TOTAL..............	10. 2. 6.

Le Droit de 6tt 15ß est dû sur l'Eau-de-vie de Vin, à l'Entrée des lieux sujets, & à l'Arrivée, dans les lieux non sujets, lorsqu'il n'est pas justifié qu'il a été acquitté en route ou aux premiers Bureaux de passage, Edit de Décembre 1686, Lettres Patentes du 28 Juin 1722.

L'Eau-de-vie rectifiée & l'Esprit-de-Vin sont assujettis, par la Déclaration du Roi, du 9 Décembre 1687, à payer, savoir, l'Eau-de-vie rectifiée, le double, l'Esprit-de-Vin, le triple des Droits de 6tt 15ß & de Subvention; & ces Liqueurs paient les autres Droits comme l'Eau-de-vie simple.

DROIT DE CONTRÔLE SUR LA BIERE,
par Muid de 144 Pots.

	tt	ß	𝔡
Ordonnance de 1680, titre 27, article premier....................................	1.	10.	»
Edit d'Août 1781, Dix Sols pour livre....................................	».	15.	».
TOTAL..............	2.	5.	».

Nota. Le Droit de Contrôle sur la Biere, est dû dans les Brasseries, en tous les lieux où elle se façonne; Ordonnance citée ci-dessus.

DROITS A LA SORTIE DU ROYAUME,
par Muid de Vin, de 144 Pots.

NATURE DES DROITS, ET RÉGLEMENS QUI LES AUTORISENT.	VIN.		
	tt	ß	𝔡
Ordonnance de 1680, titre 4, article 16, Anciens & Nouveaux Cinq Sols	».	14.	».
Edit d'Août 1781, Dix Sols pour livre....................................	».	7.	».
TOTAL............	1.	1.	».

Nota. Il se perçoit aussi à la sortie du Royaume, des Droits de Jauge & Courtage sur le Vin & l'Eau-de-vie, avec les Dix Sols pour livre; mais ils ont été réunis à la Ferme générale.

DROITS DE GROS.

Par l'Arrêt du Conseil, du 13 Mars 1753, les Vins destinés pour être consommés dans la Province de Normandie, étant exempts des Droits de Gros au passage, ces Droits sont dûs, lorsqu'ils s'enlevent de Normandie, pour aller à l'Etranger, ou dans une autre Province; ils consistent dans le vingtieme du prix de la vente, l'augmentation de 16 ß 3 𝔡, le Droit de Courtage de 10 ß par Muid, & les Dix Sols pour livre de l'Edit d'Août 1781.

EXEMPLE, pour du Vin vendu 150 liv. le Muid de 144 Pots.

	tt	ß	𝔡	tt	ß	𝔡		tt	ß	𝔡
Gros ou Vingtieme..............................	7.	10.	».	8.	16.	3. ».		13.	4.	4. ½.
Augmentation..............................	».	16.	3.							
Courtage..............................	».	10.	».							
Edit d'Août 1781, Dix Sols pour livre..............................				4.	8.	1. ½.				

DROITS A LA VENTE ET REVENTE DES BOISSONS,
SOUS LA DÉNOMINATION DE COURTIERS-JAUGEURS,
dans toute l'étendue de la Direction.

BOISSONS.	RÉGLEMENS qui autorisent la perception DES DROITS.	1er ENLEVEMENT. Quotité de chaque Droit.	1er ENLEVEMENT. Total par nature de Boissons.	2e ENLEVEMENT. Quotité de chaque Droit.	2e ENLEVEMENT. Total par nature de Boissons.
		₶ ß ₰	₶ ß ₰	₶ ß ₰	₶ ß ₰
EAU-DE-VIE, par Baril de 28 à 29 Veltes..	Tarif du 16 Juin 1722, Courtiers-Jaugeurs....................	». 18. ».	1. 7. ».	». 9. ».	». 13. 6.
	Edit d'Août 1781, Dix Sols pr liv.	». 9. ».		». 4. 6.	
LIQUEUR, par Muid de 144 Pots........	Tarif du 16 Juin 1722, Courtiers-Jaugeurs....................	1. 18. ».	2. 17. ».	1. 10. ».	2. 5. ».
	Edit d'Août 1781, Dix Sols pr liv.	». 19. ».		». 15. ».	
VIN, par Muid de 144 Pots ou demi-queue...	Tarif du 16 Juin 1722, Courtiers-Jaugeurs....................	». 9. ».	». 13. 6.	». 5. ».	». 7. 6.
	Edit d'Août 1781, Dix Sols pr liv.	». 4. 6.		». 2. 6.	
CIDRE, POIRÉ & BIERE, par Md de 144 Pots	Tarif du 16 Juin 1722, Courtiers-Jaugeurs....................	». 4. 6.	». 6. 9.	». 2. 6.	». 3. 9.
	Edit d'Août 1781, Dix Sols pr liv.	». 2. 3.		». 1. 3.	

DROITS DUS A LA VENTE EN DÉTAIL DES BOISSONS, DANS TOUTE L'ÉTENDUE DE LA DIRECTION, *par Muid de 144 Pots.*

NATURE DES DROITS, ET RÉGLEMENS QUI LES AUTORISENT.	Eau-de-vie, à 3 livres le Pot.	VIN, à 1 sol la Pinte.	CIDRE, à 6 deniers la Pinte.	POIRÉ, à 6 deniers la Pinte.	BIERE, à 12 sols le Pot.
	₶ ß ₰	₶ ß ₰	₶ ß ₰	₶ ß ₰	₶ ß ₰
Le Quatrieme sur l'Eau-de-vie est le tiers du prix de la Vente, Edit de Décembre 1686	144. ». ».	». ». ».	». ». ».	». ». ».	». ». ».
Le 4me sur les Vins, Cidre & Poiré, est réduit au 5me, Ordonn. de 1680, titre 14, article premier & deuxieme	». ». ».	3. 18. ».	1. 18. ».	1. 18. ».	». ». ».
Le Quatrieme sur la Biere est le quart du Prix de la Vente, Parisis, sol & six deniers, Ordonnance de 1680, titre 27, article 6.	». ». ».	». ». ».	». ». ».	». ». ».	29. 1. 3.
Edit d'Août 1781, Dix Sols pour livre, modérés à Huit Sols, par Décision du 29 dudit mois	57. 12. ».	1. 11. 2⅗.	». 15. 2⅗.	». 15. 2⅗.	11. 12. 6.
TOTAL	201. 12. ».	5. 9. 2⅗.	2. 13. 2⅗.	2. 13. 2⅗.	40. 13. 9.
Subvention à la Consommation, Ordonnance de 1680, titre 26, art. 3, pour l'Eau-de-vie, titre 23, art. 1er & 2, pour les Vins, Cidre & Poiré, & titre 27, art. 6, pour la Biere.	5. 8. ».	1. 7. ».	». 13. 6.	». 6. 9.	». 13. 6.
Déclaration du 10 Octobre 1689, Jauge & Courtage	2. 5. ».	». 15. ».	». 9. ».	». 9. ».	». 9. ».
TOTAL	7. 13. ».	2. 2. ».	1. 2. 6.	». 15. 9.	1. 2. 6.
Edit d'Août 1781, Dix Sols pour livre	3. 16. 6.	1. 1. ».	». 11. 3.	». 7. 10½.	». 11. 3.
Total de la Subvention, Jauge & Courtage, & Dix Sols pour livre	11. 9. 6.	3. 3. ».	1. 13. 9.	1. 3. 7½.	1. 13. 9.
Rapport du 4ème & Huit Sols pour livre	201. 12. ».	5. 9. 2⅗	2. 13. 2⅗.	2. 13. 2⅗.	40. 13. 9.
TOTAL GÉNÉRAL	213. 1. 6.	8. 12. 2⅗.	4. 6. 11⅗.	3. 16. 9$\frac{9}{10}$	42. 7. 6.

Nª Lorsque le Vin est vendu plus d'un sol la Pinte, les Droits de Quatrieme sont augmentés, à raison de 3 ₶ 18 ß pour chaque sol; & lorsque les Cidre & Poiré sont aussi vendus plus de 6 ₰ la Pinte, les Droits sont augmentés à raison de 6 ß par chaque denier, Réglemens ci-dessus cités.
Il est encore à observer que les Droits de Jauge & Courtage au Détail, ne se perçoivent dans aucun des lieux où ils sont payés à l'Entrée.

Les Droits de Détail, expliqués dans les Tableaux précédens, sont également dûs sur les Boissons arrivant & transportées en Bouteilles, ou autres vaisseaux, au dessous de soixante-douze Pintes, mesure de Paris, Lettres Patentes du 25 Mai 1728, aux exceptions y portées, & qui tombent sur le Vin de Liqueur venant en Caisses, les Vins de Champagne gris, arrivant en paniers de cent Bouteilles, en destination pour la Province; les Vins en paniers de 50 Bouteilles, en destination pour l'Etranger, & les Vins en Bouteilles, pour la provision des Personnes qui vont aux Eaux de Forges, & de celles qualifiées, qui vont passer quelque tems dans leurs Terres; le tout en se conformant aux formalités prescrites par lesdites Lettres Patentes.

Les Eaux-de-vie transportées en Barils au-dessous de soixante Pintes, sont aussi assujetties aux Droits de Détail, Lettres Patentes du 24 Août 1728. Ces Droits sont encore dus par les Bouilleurs & Marchands d'Eau-de-vie en gros, sur les manquans à leur charge, déduction faite du 21e pour 20, Lettres Patentes citées ci-dessus; & les Soumissionnaires d'Eau-de-vie sont assujettis au paiement du double desdits Droits, sur les Eaux-de-vie pour lesquelles ils ne rapportent pas, dans les trois mois, Certificat d'arrivée; Lettres Patentes des 7 Juin 1727, & 2 Mars 1728.

DROIT ANNUEL.

		tt ß ♃	tt ß ♃
Dans les Villes.....	Ordonnance de 1680, titre 29, art. 1er.......	8. ». ».	12. ». ».
	Edit d'Août 1781, Dix Sols pour livre.....	4. ». ».	
Dans les autres Lieux.	Ordonnance de 1680, titre 29, art. 1er........	6. 10. ».	9. 15. ».
	Edit d'Août 1781, Dix Sols pour livre.....	3. 5. ».	

Ce Droit est dû par tous les Marchands en gros, Bouilleurs, Brasseurs, Cabaretiers, Taverniers & autres vendans en detail.

Les Détailleurs de Biere ne doivent que la moitié de l'Annuel, Ordonnance de 1680, titre 29, article 7.

DROITS SUR LES BESTIAUX, A L'ENTRÉE ET AU MASSACRE.

VILLE DE CARENTAN.

NATURE DES DROITS, ET RÉGLEMENS QUI LES AUTORISENT.	Bœuf & Vache.	Veau & Genisse.	Mouton, Brebis & Chevre.	Porc.	Livre de Viande.
	tt ß ♃	tt ß ♃	tt ß ♃	tt ß ♃	tt ß ♃
Edit de Février 1704, Inspecteurs...............	2. ». ».	».12. ».	». 4. ».	». ». ».	». ». 2.
Edit d'Août 1781, Dix Sols pour livre..........	1. ». ».	». 6. ».	». 2. ».	». ». ».	». ». 1.
TOTAL...............	3. ». ».	».18. ».	». 6. ».	». ». ».	». ». 3.
Déclaration du Roi, du 3 Janvier 1759, Droits Réservés............................	2. ». ».	».13. 4.	». 5. ».	».13. 4.	à proport.
Edit d'Août 1781, Dix Sols pour livre, modérés à Six Sols, par Décision du 29 dudit mois.......	»..12 ».	». 4. ».	». 1. 6.	». 4. ».	Idem.
TOTAL GÉNÉRAL.......	5.12. ».	1.15. 4.	». 12. 6.	».17. 4.	

BOURGS DE PERRIERS, LA HAYE-DUPUIS ET SAINTE-MERE-ÉGLISE.

NATURE DES DROITS, ET RÉGLEMENS QUI LES AUTORISENT.	Bœuf & Vache.	Veau & Genisse.	Mouton, Brebis & Chevre.	Porc.	Livre de Viande.
	tt ß ♃	tt ß ♃	tt ß ♃	tt ß ♃	tt ß ♃
Edit de Février 1704, Inspecteurs...............	2. ». ».	».12. ».	». 4. ».	». ». ».	». ». 2.
Edit d'Août 1781, Dix Sols pour livre..........	1. ». ».	». 6. ».	». 2. ».	». ». ».	». ». 1.
TOTAL...............	3. ». ».	».18. ».	». 6. ».	». ». ».	». ». 3.
Déclaration du Roi, du 3 Janvier, & Lettres Patentes du 22 Avril 1759, Droits Réservés.......	1.10. ».	».10. ».	». 3. 6.	».10. ».	à proport.
Edit d'Août 1781, Dix Sols pour livre, modérés à Six sols, par Décision du 29 dudit mois.......	». 9. ».	». 3. ».	». 1. »$\frac{1}{2}$.	». 3. ».	Idem.
TOTAL GÉNERAL........	4.19. ».	1.11. ».	». 10. 6$\frac{1}{2}$.	».13. ».	

DROITS DUS SUR LES BESTIAUX, DANS LES BOURGS DE SAINT CÔME, SAINTE-MARIE, PONT-L'ABBÉ, PRÉTOT & LESSAY, *à l'Entrée & au Massacre ; dans les Campagnes, par les bouchers, Maîtres & fils de Maîtres, avant l'Abattis, & par tous les autres Bouchers, à la vente hors domicile.*

NATURE DES DROITS, ET RÉGLEMENS QUI LES AUTORISENT.	Bœuf & Vache.	Veau & Genisse.	Mouton, Brebis & Chevre.	Livre de Viande.
	tt ß ₰	tt ß ₰	tt ß ₰	tt ß ₰
Edit de Février 1704, Inspecteurs........................	2. ». ».	». 12. ».	». 4. ».	». ». 2.
Edit d'Août 1781, Dix Sols pour livre..................	1. ». ».	». 6. ».	». 2. ».	». ». 1.
TOTAL....................	3. ». ».	». 18. ».	». 6. ».	». ». 3.

PIED-FOURCHÉ.

NATURE DES DROITS, ET RÉGLEMENS QUI LES AUTORISENT.	Cheval ou Jument.	Bœuf ou Vache.	Porc.	Mouton.
	tt ß ₰	tt ß ₰	tt ß ₰	tt ß ₰
Edit de Mars & Arrêt du Conseil de 1663..............	». 3. ».	». 2. ».	». 1. ».	». ». 6.
Edit d'Août 1781, Dix Sols pour livre..................	». 1. 6.	». 1. ».	». ». 6.	». ». 3.
TOTAL..................	». 4. 6.	». 3. ».	». 1. 6.	». ». 9.

Nota. Ce Droit est dû dans toutes les Foires & Marchés qui se tiennent dans les Paroisses de l'étendue du Bailliage du Cotentin, ou dépendantes de l'ancien Ressort d'icelui.

DROITS RÉSERVÉS SUR LES BOIS ET FOINS, DANS LA VILLE DE CARENTAN.

NATURE DES DROITS, ET RÉGLEMENS QUI LES AUTORISENT.	Voiture à trois Chevaux.	Voiture à deux Chevaux.	Voiture à un Cheval.	Somme de Cheval.	Somme d'Asne.
	tt ß ₰	tt ß ₰	tt ß ₰	tt ß ₰	tt ß ₰
Déclaration du Roi, du 3 Janvier 1759, & Arrêt du Conseil du 13 Septembre 1776............	».10. ».	». 7. 6.	». 5. ».	». 1. ».	». ». 6.
Edit d'Août 1781, Dix Sols pour livre, modérés à Six Sols, par Décision du 29 du même mois..	». 3. ».	». 2. 3.	». 1. 6.	». ». 3 1/5.	». ». 1 4/5.
TOTAL..........	».13. ».	». 9. 9.	». 6. 6.	». 1. 3 1/5.	». ». 7 4/5.

Au dessus de trois Chevaux, chaque Cheval augmente le Droit à proportion, & il n'y a de Bois exempts, que ceux désignés dans les Lettres Patentes du 4 Août 1778, qui sont les Bourrées & Fagots sans paremens, d'Epines, Ronces, Puines, &c.

SOL POUR LIVRE SUR LE POISSON DE MER, FRAIS, SEC ET SALÉ.

Par Edit de 1583 & autres Réglemens subséquens, il est dû sur le Poisson de mer venant de l'Étranger ou de pêche Françoise, lorsque ce dernier n'est pas vendu par le Propriétaire, le Vingtieme du prix de la vente, ou Sol pour livre, & les Dix Sols pour livre de l'Edit d'Août 1781.

Il faut en excepter le Poisson que les Pêcheurs & Mariniers ont eux-mêmes pêché, qu'il leur est permis de vendre ou faire vendre par leurs femmes & enfans, sans être obligés de se servir du ministere des Vendeurs, ni de payer le Sol pour livre; Arrêt du Conseil du 31 Mars 1711, portant Réglement, & du 7 Juin 1763.

Il faut en excepter aussi les Morues, Harengs & tous Poissons salés, que les Marchands, Maîtres de Navires, & autres, faisant le commerce de la pêche, ont pêchés, ou fait pêcher sur des Vaisseaux expédiés des Ports de Normandie & Picardie, qu'ils vendent eux-mêmes, ou font vendre, à leur retour de la pêche, par leurs Associés, Matelots & autres gens de l'équipage des Vaisseaux qui y ont été employés, lesquels sont pareillement déchargés du Sol pour livre; & ce, sans distinction des parts & portions appartenantes à chacun des Particuliers intéressés ou employés à ladite pêche; Arrêt du Conseil & Lettres Patentes du 5 Décembre 1690; autre Arrêt, du 31 Mars 1711.

DROITS SUR LES HUILES, A LA FABRICATION.

RÉGLEMENS.	NATURE DES HUILES.	Principal.	Dix Sols pour livre.	TOTAL.
		₶ ß ₰	₶ ß ₰	₶ ß ₰
Déclaration du Roi, du 21 Mars 1716, Edit du mois d'Août 1781, pour le Doublement des Droits & les Dix Sols pour livre.	Par livre pesant d'Huile de Poisson, d'Olives, d'Amendes, de Noix & autres Fruits........	». 1. ».	». ». 6.	». 1. 6.
	Par livre d'Huile de Térébenthine, Lin, Chenevis, Rabette, Navette & autres Graines.........	». ». 6.	». ». 3.	». ». 9.
	Par livre d'Huile d'Essence, & autres de plus grande valeur que celles sujettes au Droit d'un Sol................................	». 2. ».	». 1. ».	». 3. ».
	Si le Droit principal est de plus de 3 ₶, il est dû pour l'acquit..........................	». 5. ».	». 2. 6.	». 7. 6.
	S'il n'est que de 3 ₶, ou d'une moindre somme, jusqu'à vingt sols inclusivement, le Droit d'Acquit est de..............................	». 2. ».	». 1. ».	». 3. ».

Nota. Le Droit d'Acquit n'a pas lieu, lorsque le Droit principal est au dessous de Vingt Sols.

DROITS SUR LES CUIRS ET PEAUX,

Établis par Edit du mois d'Août 1759, Arrêts du Conseil des 28 Juin & 13 Novembre 1760, sujets aux Dix Sols pour livre de l'Édit d'Août 1781.

OBJETS sujets aux Droits.	Cuirs et Peaux, à la Fabrication. Principal.	Dix Sols pour livre.	Total.	Cuirs et Peaux, à l'Exportation. Principal.	Dix Sols pour livre.	Total.	Cuirs & Peaux, à l'Importation.
	tt ß ₰	tt ß ₰	tt ß ₰	tt ß ₰	tt ß ₰	tt ß ₰	
Cuirs de Bœufs & Vaches, à fort & à œuvre; Peaux de Veaux, Moutons, Agneaux, Chevreaux, Porcs & Sangliers, tannés & apprêtés en toutes sortes d'apprêts, la livre pesant........	». 2. ».	». 1. ».	». 3. ».	....	....	....	10 p^r % de leur valeur.
Chevaux, Mulets, & Asnes, *id.*	». 1. ».	». ». 6.	». 1. 6.	....	....	....	
Cerfs, Elans & Orignaux, *id.*.	». 6. ».	». 3. ».	». 9. ».	....	....	....	
Boucs & Chevres, *idem*.......	». 4. ».	». 2. ».	». 6. ».	....	....	....	
Chamois, Dains & Chevreuils, *idem*...............	». 10. ».	». 5. ».	». 15. ».	....	....	....	
Toutes Peaux non dénommées ci-dessus, dix pour cent de leur valeur....................	*Mémoire.*	....	....	....	....	....	
Cuirs de Bœufs & Vaches, en verd, & en demi-apprêt, passant à l'Etranger, la piece....	....	....	....	6. ». ».	3. ». ».	9. ». ».	
Peaux de Veaux, *idem*, la piece.....................	....	....	....	1. ». ».	». 10. ».	1. 10. ».	
Peaux de Moutons, *idem*, la piece.....................	....	....	....	». 10. ».	». 5. ».	». 15. ».	

Les Deux tiers du principal des Droits sur les Cuirs apprêtés, sont remboursés, lorsque les Cuirs passent à l'Etranger, en remplissant les formalités prescrites par les Réglemens.

DROITS SUR LA MARQUE D'OR ET D'ARGENT.

RÉGLEMENS.	OBJETS sujets aux Droits.	Principal.	Dix Sols pour livre.	Total.
		tt ß ₰	tt ß ₰	tt ß ₰
Ordonnance de 1681, tit. 2, art. 1er, & Edit de Mai 1723, pour le Principal.	Or, par marc........	33. 12. ».	16. 16. ».	50. 8. ».
Édit d'Août 1781, pour les Dix Sols pour livre.	Argent, par marc.....	2. 16. ».	1. 8. ».	4. 4. ».

DROITS SUR L'AMIDON.

NATURE DES DROITS, ET RÉGLEMENS QUI LES AUTORISENT.	AMIDON, à la Fabrication, par Muid.	AMIDON, Poudre à poudrer, venant de l'Étranger, par livre pesant.
	tt ß §	tt ß §
Edit de 1771, & Arrêt du Conseil du 10 Décembre 1778......	7. 10. ».	». 4. ».
Edit d'Août 1781, Dix Sols pour livre......................	3. 15. ».	». 2. ».
TOTAL.........	11. 5. ».	». 6. ».

OFFICES SUPPRIMÉS,

Édit de Janvier, & Arrêt du Conseil, du 16 Avril 1697.

NOMS DES LIEUX.	NATURE DES OFFICES.		DROITS attribués à chaque Office.
			tt ß §
CARENTAN & PONT-L'ABBÉ.	MESUREURS DE GRAINS.	Par Boisseau de Froment Bled, Seigle & Méteil, pesant 18 livres 5 onces, & le Sac 280 livres.........	». ». 2.
		Les autres Grains à raison d'un den. le Boisseau.....	». ». 1.

DROITS SUR LES QUITTANCES TIMBREES,

POUR LA RÉGIE ET POUR LES PARTIES ÉTRANGERES.

	tt ß §
Ordonnance de 1680, titre 33, Déclaration de 1690, Edit de 1748, Déclaration de 1771, & Lettres Patentes de 1780, par Quittance de cinq sols, & au-dessus..	». ». 10.
Edit d'Août 1781, Dix Sols pour livre....................................	». ». 5.
TOTAL............	». 1. 3.

Nota. Les frais de Timbre pour les Congés & Expéditions qui ne sont point des Quittances de Droits, sont dûs; Ordonnance de 1681, titre commun, art. 16, Déclaration de 1771, & Lettres Patentes de 1780, article 10.

OBSERVATION GÉNÉRALE.

Les articles de Droits qui, payés séparément, ne forment pas une somme de 6 deniers, ne doivent pas de Sols pour livre.

VILLE DE CARENTAN.

TARIF DES DROITS D'OCTROIS,

Autorisés par Lettres Patentes du 25 Janvier 1633, & 5 Mars 1652, regiſtrées en la Cour des Aides de Normandie, le 7 Juin ſuivant, y compris l'augmentation deſdits Droits, par moitié, auſſi autoriſés par la Déclaration du 23 Janvier 1719, & regiſtrée à la Cour des Aides le 15 Février ſuivant, dûs ſur les Boiſſons, Beſtiaux, Denrées & Marchandiſes, ſur leſquels la Régie a à percevoir la Premiere Moitié d'Octroi, & les Dix Sols pour livre de l'Édit d'Août 1781, tant de la Premiere Moitié d'Octroi, que de la Seconde moitié appartenante à la Ville.

DÉNOMINATION des Denrées et Marchandises ſujettes aux Droits.	Droit principal de l'Octroi, y compris l'augmentation.	Deuxieme moitié d'Octroi appartenante à la Ville.	*Droits appartenans à la Régie.* Dix Sols pour livre de la deuxieme moitié d'Octroi.	Ordonnance de 1681, premiere moitié d'Octroi.	Dix Sols pour livre de la premiere moitié d'Octroi.	TOTAL des Droits appartenans à la Régie.	TOTAL des Droits dûs au Roi & à la Ville.
	tt ß ₰	tt ß ₰	tt ß ₰	tt ß ₰	tt ß ₰	tt ß ₰	tt ß ₰
Sur chacun Muid de Vin vendu en gros ou détail, ou paſſant par ladite Ville; combien que Vente n'en ſoit faite en icelle, Dix Sols.	».15. ».	». 7. 6.	». 3. 9.	». 7. 6.	». 3. 9.	».15. ».	1. 2. 6.
Sur chacun Tonneau de Cidre vendu en gros ou détail, ou qui ſera chargé ſur les Ports, Quais & Havres, compris les Ponts Douvres & Pont de la Chauſſée de Saint Hilaire, contigus de ladite Ville, ou paſſant pardeſſous, Dix Sols..	».15. ».	». 7. 6.	». 3. 9.	». 7. 6.	». 3. 9.	».15. ».	1. 2. 6.
Sur chacun Bœuf, Vache, ou Aumaille, ayant paſſé un an, vendu en gros, ou en détail, en ladite Ville, Un Sol..................	». 1. 6.	». ». 9.	». ». $4\frac{1}{2}$.	». ». 9.	». ». $4\frac{1}{2}$.	». 1. 6.	». 2. 3.
Sur chaque Cheval ou Jument, vendus en ladite Ville, Deux Sols ſix deniers.....................	». 3. 9.	». $1.10\frac{1}{2}$.	». ».$11\frac{1}{4}$.	». $1.10\frac{1}{2}$.	». ».$11\frac{1}{4}$.	». 3. 9.	». 5. $7\frac{1}{2}$.
Sur chaque Porc ou Truie, non compris les Cochons de lait, vendus en gros ou détail, en ladite Ville, Six deniers.............	». ». 9.	». ». $4\frac{1}{2}$.	». ». $2\frac{1}{4}$.	». ». $4\frac{1}{2}$.	». ». $2\frac{1}{4}$.	». ». 9.	». 1. $1\frac{1}{2}$.
Sur chacune Bête à laine, vendue en gros, ou détail, en ladite Ville, Trois Deniers...........	». ». $4\frac{1}{2}$.	». ». $2\frac{1}{4}$.	». ». $1\frac{1}{8}$.	». ». $2\frac{1}{4}$.	». ». $1\frac{1}{8}$.	». ». $4\frac{1}{2}$.	». ». $6\frac{1}{4}$.
Sur chacun cent de Beurre, Suif, ou Graiſſe, vendus en ladite Ville, ou chargés ſur les Ports & Havres, pour tranſporter ailleurs, Deux Sols.........................	». 3. ».	». 1. 6.	». ». 9.	». 1. 6.	». ». 9.	». 3. ».	». 4. 6.
Sur chacun Cuir de Bœuf, Vache ou Aumaille, ſoit en poil ou en tan, vendu en ladite Ville, ou déchargé ſur les Quais, Un Sol.....	». 1. 6.	». ». 9.	«. ». $4\frac{1}{2}$.	». ». 9.	». ». $4\frac{1}{2}$.	». 1. 6.	». 2. 3.
Sur chacun Tonneau de Poiré, Biere ou Cidre de Vitaille, Cinq ſ.	». 7. 6.	». 3. 9.	». $1.10\frac{1}{2}$.	». 3. 9.	». $1.10\frac{1}{2}$.	». 7. 6.	».11. 3.
Sur le Cent de Toiſons de Laine, en ſus & au-deſſous, à l'équipollent, vendu ou déchargé ſur les Quais de ladite Ville, Huit Sols..........	».12. ».	». 6. ».	». ». 3.	». 6. ».	». 3. ».	».12. ».	».18. ».
Sur le Cent de Laine nette, & au deſſous, à l'équipollent, vendu en ladite Ville, ou déchargé ſur les Quais, Sept Sols ſix deniers.....	».11. 3.	». 5. $7\frac{1}{2}$.	». 2. $9\frac{1}{4}$.	». 5. $7\frac{1}{2}$.	». 2. $9\frac{1}{4}$.	».11. 3.	».16.$10\frac{1}{2}$.

DÉNOMINATION DES DENRÉES ET MARCHANDISES sujettes aux Droits.	DROIT principal de l'Octroi, y compris l'augmentation.	Deuxieme moitié d'Octroi, appartenante à la Ville.	*Droits appartenans à la Régie.*			TOTAL des DROITS appartenans à la Régie.	TOTAL des DROITS dûs au Roi & à la Ville.
			Dix Sols pour livre de la deuxieme moitié d'Octroi.	Ordonnance de 1681, premiere moitié d'Octroi.	Dix Sols pour livre de la premiere moitié d'Octroi.		
	tt ß ∂	tt ß ∂	tt ß ∂	tt ß ∂	tt ß ∂	tt ß ∂	tt ß ∂
Sur le Cent de Plume, & au dessous, à l'équipollent, Quinze Sols	1. 2. 6.	».11. 3.	». 5. $7\frac{1}{2}$.	».11. 3.	». 5. $7\frac{1}{2}$	1. 2. 6.	1.13. 9.
Sur chaque Douzaine de Peaux de Mouton, ou Veau, Un Sol....	». 1. 6.	». ». 9.	». ». $4\frac{1}{2}$.	». ». 9.	». ». $4\frac{1}{2}$.	». 1. 6.	». 2. 3.
Sur le Millier de Fer déchargé sur les Quais, encore que Vente n'en soit faite en ladite Ville, ou passant sous lesdits Ponts, Vingt s.	1.10. ».	».15. ».	». 7. 6.	».15. ».	». 7. 6.	.10. ».	2. 5. ».
Sur chacun Cent de Baril de Charbon, & au dessous, à l'équipollent, Quinze Sols................	1. 2. 6	».11. 3.	». 5. $7\frac{1}{2}$.	».11. 3.	». 5. $7\frac{1}{2}$	1. 2. 6.	1.13. 9.
Sur le Ballot d'Acier, Deux sols.	». 3. ».	». 1. 6.	». ». 9.	». 1. 6.	». ». 9.	». 3. ».	». 4. 6.
Sur le Cent de Cire, & au dessous, à l'équipollent, Douze sols.	».18. ».	». 9. ».	». 4. 6.	». 9. ».	». 4. 6.	».18. ».	1. 7. ».
Sur le Cent de Chanvre, & au dessous, à l'équipollent, vendu ou déchargé sur les Quais, Deux sols.	». 3. ».	». 1. 6.	». ». 9.	». 1. 6.	». ». 9.	». 3. ».	». 4. 6.
Sur chacun Baril de Harengs blancs ou secs, Deux Sols......	». 3. ».	». 1. 6.	». ». 9.	». 1. 6.	». ». 9.	». 3. ».	». 4. 6.
Sur chacun Cent de Morue, vert ou sec, & au dessous, à l'équipollent, vendu ou déchargé sur le Quai, Cinq sols..............	». 7. 6.	». 3. 9.	». 1.10$\frac{1}{2}$.	». 3. 9.	». 1.10$\frac{1}{2}$.	». 7. 6.	».11. 3.
Sur le Millier de vieux Drapeaux, & au dessous, à l'équipollent, chargé sur les Quais, ou passant sous lesdits Ponts, Quinze sols............	1. 2. 6.	».11. 3.	». 5. $7\frac{1}{2}$.	».11. 3.	». 5. $7\frac{1}{2}$.	1. 2. 6.	1.13. 9.
Sur chacune Meule de Moulin, ou Cent de Carreaux, Une livre..	1.10. ».	».15. ».	». 7. 6.	».15. ».	». 7. 6.	1.10. ».	2. 5. ».
Sur chacun Mout de Platre, Un sol huit deniers...............	». 2. 6.	». 1. 3.	». ». $7\frac{1}{2}$.	». 1. 3.	». ». $7\frac{1}{2}$.	». 2. 6.	». 3. 9.
Sur chacune Somme de Sel, & au dessous, à l'équipollent, Six den.	». ». 9.	». ». $4\frac{1}{2}$.	». ». $2\frac{1}{4}$.	». ». $4\frac{1}{2}$.	». ». $2\frac{1}{4}$.	». ». 9.	». 1. $1\frac{1}{2}$.
Sur chacun Millier d'Anguilles, vendu en gros & en détail, Trois s.	». 4. 6.	». 2. 3.	». 1. $1\frac{1}{2}$.	». 2. 3.	». 1. $1\frac{1}{2}$.	». 4. 6.	». 6. 9.
Sur chacune Navée de Foin, Bûches, ou Fagots, Cinq sols...	». 7. 6.	». 3. 9.	». 1.10$\frac{1}{2}$.	». 3. 9.	». 1.10$\frac{1}{2}$.	». 7. 6.	».11. 3.
Sur chacune Somme de Poisson frais, Un sol huit deniers.......	». 2. 6.	». 1. 3.	». ». $7\frac{1}{2}$.	». 1. 3.	». ». $7\frac{1}{2}$.	». 2. 6.	». 3. 9.
Sur chacune somme de Poterie, Un Sol......................	». 1. 6.	». ». 9.	». ». $4\frac{1}{2}$.	». ». 9.	». ». $4\frac{1}{2}$.	». 1. 6.	». 2. 3.
Sur chacun Baril de Bray, Deux Sols.......................	». 3. ».	». 1. 6.	». ». 9.	». 1. 6.	». ». 9.	». 3. ».	». 4. 6.
Sur le Cent de Poix-résine, Deux Sols	». 3. ».	». 1. 6.	». ». 9.	». 1. 6.	». ». 9.	». 3. ».	». 4. 6.
Sur le Cent de Liege, & au dessous, à l'équipollent, Dix Sols..	».15. ».	». 7. 6.	». 3. 9.	». 7. 6.	». 3. 9.	».15. ».	1. 2. 6.
Sur chaque Douzaine de Pots de Fer, déchargée sur les Quais, & au dessous, à l'équipollent, Trois Sols.......................	». 4. 6.	». 2. 3.	». 1. $1\frac{1}{2}$	». 2. 3.	». 1. $1\frac{1}{2}$.	». 4. 6.	». 6. 9.
Sur chacun Saumon de Plomb, Un Sol......................	». 1. 6.	». ». 9.	». ». $4\frac{1}{2}$.	». 9. ».	». ». $4\frac{1}{2}$	». 1. 6.	». 2. 3.
Sur le Millier d'Ardoises, dé-							

DÉNOMINATION DES DENRÉES ET MARCHANDISES sujettes aux Droits.	DROIT principal de l'Octroi, y compris l'augmentation.	Deuxieme moitié d'Octroi, appartenante à la Ville.	Droits appartenans à la Régie.			TOTAL des DROITS appartenans à la Régie.	TOTAL des DROITS dûs au Roi, & à la Ville.
			Dix Sols pour livre de la deuxieme Moitié d'Octroi.	Ordonnance de 1681, premiere Moitié d'Octroi.	Dix Sols pour livre de la premiere Moitié d'Octroi.		
	₶ ß ₰	₶ ß ₰	₶ ß ₰	₶ ß ₰	₶ ß ₰	₶ ß ₰	₶ ß ₰
chargé sur les Quais, Pont Douvre, Pont de la Chaussée, & passant par dessous iceux, Six Deniers......	». ». 9.	». ». 4½.	». ». 2¼.	». ». 4½.	». ». 2¼.	». ». 9.	». 1. 1½.
Sur le Cent d'Étain, & au dessous, à l'équipollent, Un Sol huit deniers.	». 2. 6.	». 1. 3.	». ». 7½.	». 1. 3.	». ». 7½.	». 2. 6.	». 3. 9.
Sur le Cent d'Aisserie, Soliveaux & Chassis, & au dessous, à l'équipollent, déchargé sur les Quais, tant de la Ville, que Ponts susdits, Trois Sols....................	». 4. 6.	». 2. 3.	». 1. 1½.	». 2. 3.	». 1. 1½.	». 4. 6.	». 6. 9.
Sur le Millier de Lattes, ou Pallet, & au dessous, à l'équipollent, Un Sol.................	». 1. 6.	». ». 9.	». ». 4½.	». «. 9.	». ». 4½.	». 1. 6.	». 2. 3.
Sur chaque Douzaine de Bouteilles de verre, ou terre, Douze Deniers........................	». 1. 6.	«. ». 9.	». ». 4½.	». ». 9.	». ». 4½.	». 1. 6.	». 2. 3.
Sur chaque Douzaine de Soufflets & Lanternes, Trois Sols....	». 4. 6.	». 2. 3.	». 1. 1½.	». 2. 3.	». 1. 1½.	». 4. 6.	». 6. 9.
Sur chaque Couple de Rouets & Nouelles, Douze Deniers.......	». 1. 6.	». ». 9.	». ». 4½.	». ». 9.	». ». 4½.	». 1. 6.	». 2. 3.
Sur chaque Douzaine de Paquets de Cercles, Deux Sols.........	». 3. ».	». 1. 6.	». ». 9.	». 1. 6.	». ». 9.	». 3. ».	». 4. 6.
Sur chaque Somme de Chaux, vendue en ladite Ville, ou déchargée sur les Quais, Un Sol......	». 1. 6.	». ». 9.	». ». 4½.	». ». 9.	». ». 4½.	». 1. 6.	». 2. 3.
Sur chaque douzaine de Feutres, ou Chapeaux, Deux Sols........	». 3. ».	». 1. 6.	». ». 9.	». 1. 6.	». ». 9.	». 3. ».	». 4. 6.
Sur chaque Piece de Drap, Serge, ou Rézeau, contenant dix aunes, & au dessous, à l'équipollent, Deux Sols six deniers.................	». 3. 9.	». 1 10½.	». ».11¼.	[illegible].1.10[illegible]	». ».11¼.	[illegible] 3. 9.	». 5. 7½.
Sur chaque Somme de Frise revêche, contenant dix aunes, & au dessous, à l'équipollent, Un Sol..	». 1. 6.	». ». 9.	». ». 4½.	». ». 9.	». ». 4½.	». 1. 6.	». 2. 3.
Sur chaque Piece de Toile, contenant dix aunes, & au dessous, à l'équipollent, Un Sol.........	». 1. 6.	». ». 9.	». ». 4½.	». ». 9.	». ». 4½.	». 1. 6.	». 2. 3.
Sur chaque Cent de Boisseaux de Pommes, chargés sur lesdits Quais, ou passant sous lesdits Ponts Douvres & de la Chaussée, pour transporter ailleurs, Cinq Sols.......	». 7. 6.	». 3. 9.	». 1.10½.	». 3. 9.	». 1.10½.	». 7. 6.	».11. 3.
Sur chacune Somme de Planchons, ou Pavés, débités dans ladite Ville, ou porté ailleurs, Quatre Deniers................	». ». 6.	». ». 3.	». ». 1½.	». ». 3.	». ». 1½.	». ». 6.	». ». 9.
Sur chacune Charrette de Tangue, pour ladite Ville & Fauxbourgs, Trois Deniers................	». ». 4½.	». ». 2¼.	». ». 1⅛.	». ». 2¼.	». ». 1⅛.	». ». 4½.	». ». 6¾.
Sur chaque Somme de Tan, vendue, ou passant par ladite Ville & Fauxbourgs, hors que Vente n'en soit faite, Douze Deniers..	». 1. 6.	». ». 9.	». ». 4½.	». ». 9.	». ». 4½.	». 1. 6.	». 2. 3.

DÉNOMINATION DES PARTIES ÉTRANGERES A LA RÉGIE, dont les Dix Sols pour livre sont dus au Roi, sur le principal des Droits.

NOMS DES LIEUX.	DÉNOMINATION DES DROITS.
CARENTAN............	Deuxieme moitié d'Octroi dont le Tarif est ci-dessus.
	Droit d'Hôpital.
PERRIERS............	Droit d'Hôpital.

De l'Imprimerie de LAMESLE, Imprimeur des Fermes du Roi, au Bureau général des Aides, Hôtel de Bretonvilliers, Isle Saint Louis. 1781.

GÉNÉRALITÉ DE CAEN.

TARIF DES DROITS

DÉPENDANS

DE LA RÉGIE GÉNÉRALE,

DUS DANS LA DIRECTION

DE CHERBOURG.

DROITS SUR LES BOISSONS, A L'ENTRÉE ET AU BRASSAGE, par Muid de 144 Pots.

VILLE DE CHERBOURG.

NATURE DES DROITS, ET RÉGLEMENS QUI LES AUTORISENT.	EAU-DE-VIE, & Liqueur.	VIN de Liqueur.	VIN ordinaire.	CIDRE.	POIRÉ.	BIERE.
	tt ß ₰	tt ß ₰	tt ß ₰	tt ß ₰	tt ß ₰	tt ß ₰
Ordonnance de 1680, titre 4, article 1er, Anciens & Nouveaux Cinq Sols.......	». ». ».	».14. ».	».14. ».	». ». ».	». ». ».	». ». ».
Idem, titre 24, art. 1er, titre 26, art. 3, titre 27, art. 6, Subvention................	5. 8. ».	1. 7. ».	1. 7. ».	».13. 6.	». 6. 9.	».13. 6.
Déclarations du Roi, des 10 Oct. & 31 Déc. 1689, Jauge & Courtage.........	2. 5. ».	».15. ».	».15. ».	». 9. ».	». 9. ».	». 9. ».
Edit d'Octobre & Arrêt du Conseil, du 29 Décembre 1705, Inspecteurs..........	1. 10. ».	».10. ».	».10. ».	». 5. ».	». 2. 6.	». 5. ».
Lettres Patentes du 2 Août 1777, Octrois Municipaux........................	1. 10. ».	».10. ».	».10. ».	». 5. ».	». 2. 6.	». 5. ».
TOTAL........	10. 13. ».	3.16. ».	3.16. ».	1.12. 6.	1. ». 9.	1.12. 6.
Edit d'Août 1781, Dix Sols pour livre..	5. 6. 6.	1.18. ».	1.18. ».	».16. 3.	».10. $4\frac{1}{2}$.	».16. 3.
Déclaration du Roi, du 3 Janvier 1759, Droits Réservés.....................	14. 8. ».	6. ». ».	1. 5. ».	».10. ».	». 5. ».	».10. ».
Edit d'Août 1781, 10 ß p[r] tt, modérés à 6 ß, par Décision du 29 dudit mois..........	4. 6. $4\frac{4}{5}$.	1.16. ».	». 7. 6.	». 3. ».	». 1. 6.	». 3. ».
TOTAL GÉNÉRAL...	34. 13. $10\frac{4}{5}$.	13.10. ».	7. 6. 6.	3. 1. 9.	1.17. $7\frac{1}{2}$.	3. 1. 9.

BOURGS DE BRIQUEBEC ET SAINT PIERRE.

NATURE DES DROITS, ET RÉGLEMENS QUI LES AUTORISENT.	EAU-DE-VIE & Liqueur.	VIN de Liqueur.	VIN ordinaire.	CIDRE.	POIRÉ.	BIERE.
	tt ß §	tt ß §	tt ß §	tt ß §	tt ß §	tt ß §
Ordonnance de 1680, titre 4, article 1er, Anciens & Nouveaux Cinq Sols.......	». ». ».	».14. ».	».14. ».	». ». ».	». ». ».	». ». ».
Idem, titre 24, art. 1er, titre 26, art. 3, titre 27, art. 6, Subvention..............	5. 8. ».	1. 7. ».	1. 7. ».	».13. 6.	». 6. 9.	».13. 6.
Déclarations du Roi, des 10 Oct. & 31 Déc. 1689, Jauge & Courtage.........	2. 5. ».	».15. ».	».15. ».	». 9. ».	». 9. ».	». 9. ».
Edit d'Octobre & Arrêt du Conseil, du 29 Décembre 1705, Inspecteurs..........	1. 10. ».	».10. ».	».10. ».	». 5. ».	». 2. 6.	». 5. ».
TOTAL.......	9. 3. ».	3. 6. ».	3. 6. ».	1. 7. 6.	».18. 3.	1. 7. 6.
Edit d'Août 1781, Dix Sols pour livre..	4. 11. 6.	1.13. ».	1.13. ».	».13. 9.	». 9. 1½.	».13. 9.
Déclaration du Roi, du 3 Janvier 1759, Droits Réservés........................	14. 8. ».	6. ». ».	1. 5. ».	».10. ».	». 5. ».	».10. ».
Edit d'Août 1781, 10 ß pr tt, modérés à 6 ß, par Décision du 29 dudit mois..........	4. 6. 4⅘.	1.16. ».	». 7. 6.	». 3. ».	». 1. 6.	». 3. ».
TOTAL GÉNÉRAL...	32. 8. 10⅘.	12.15. ».	6.11. 6.	2.14. 3.	1.13.10½.	2.14. 3.

BOURG DES PIEUX.

NATURE DES DROITS, ET RÉGLEMENS QUI LES AUTORISENT.	EAU DE-VIE & Liqueur.	VIN de Liqueur.	VIN ordinaire.	CIDRE.	POIRÉ.	BIERE.
	tt ß §	tt ß §	tt ß §	tt ß §	tt ß §	tt ß §
Ordonnance de 1680, titre 4, article 1er, Anciens & Nouveaux Cinq Sols.......	». ». ».	».14. ».	».14. ».	». ». ».	». ». ».	». ». ».
Idem, titre 24, art. 1er, titre 26, art. 3, titre 27, art. 6, Subvention..............	5. 8. ».	1. 7. ».	1. 7. ».	».13. 6.	». 6. 9.	».13. 6.
Déclarations du Roi, des 10 Oct. & 31 Déc. 1689, Jauge & Courtage........	2. 5. ».	».15. ».	».15. ».	». 9. ».	». 9. ».	». 9. ».
Edit d'Octobre & Arrêt du Conseil, du 29 Décembre 1705, Inspecteurs.......	1. 10. ».	».10. ».	».10. ».	». 5. ».	». 2. 6.	». 5. ».
TOTAL..........	9. 3. ».	3. 6. ».	3. 6. ».	1. 7. 6.	».18. 3.	1. 7. 6.
Edit d'Août 1781, Dix Sols pour livre..	4. 11. 6.	1.13. ».	1.13. ».	».13. 9.	». 9. 1½.	».13. 9.
Déclaration du 3 Janvier 1759, Droits Réservés............................	14. 8. ».	6. ». ».	1. ». ».	».10. ».	». 5. ».	».10. ».
Edit d'Août 1781, 10 ß pr tt, modérés à 6 ß. par Décision du 29 dudit mois....	4. 6. 4⅘.	1.16. ».	». 6. ».	». 3. ».	». 1. 6.	». 3. ».
TOTAL GÉNÉRAL...	32. 8. 10⅘.	12.15. ».	6. 5. ».	2.14. 3.	1.13.10½.	2.14. 3.

OBSERVATION GENÉRALE.

Les Nobles sont exempts, pour leur consommation seulement, sur les Boissons provenant de leur crû, & les Ecclésiastiques sur celles du crû de leurs Bénéfices; les premiers, de la Subvention; les seconds de la Subvention, des Nouveaux Cinq Sols, de la Jauge-Courtage & des Droits Réservés, en se conformant aux formalités prescrites par les Réglemens.

DROIT DE 6 tt 15 ß SUR L'EAU-DE-VIE DE VIN, *par Muid de 144 Pots.*

	tt	ß	₰
Ordonnance de 1680, titre 26, article premier	6.	15.	».
Edit d'Août 1781, Dix Sols pour livre	3.	7.	6.
TOTAL	10.	2.	6.

Le Droit de 6 tt 15 ß est dû sur l'Eau-de-vie de Vin, à l'Entrée des lieux sujets, & à l'Arrivée dans les lieux non sujets, lorsqu'il n'est pas justifié qu'il a été acquitté en route ou aux premiers Bureaux de passage, Edit de Décembre 1686, Lettres Patentes du 28 Juin 1722.

L'Eau-de-vie rectifiée & l'Esprit-de-Vin sont assujettis, par la Déclaration du Roi, du 9 Décembre 1687, à payer, savoir, l'Eau-de-vie rectifiée, le double, l'Esprit-de-Vin le triple des Droits de 6 tt 15 ß & de Subvention; & ces Liqueurs paient les autres Droits comme l'Eau-de-vie simple.

DROIT DE CONTRÔLE SUR LA BIERE, *par Muid de 144 Pots.*

	tt	ß	₰
Ordonnance de 1680, titre 27, article premier	1.	10.	»
Edit d'Août 1781, Dix Sols pour livre	».	15.	».
TOTAL	2.	5.	».

Nota. Le Droit de Contrôle sur la Biere, est dû dans les Brasseries, en tous les lieux où elle se façonne; Ordonnance citée ci-dessus.

DROITS A LA SORTIE DU ROYAUME, *par Muid de Vin, de 144 Pots.*

NATURE DES DROITS, ET RÉGLEMENS QUI LES AUTORISENT.	VIN. tt	ß	₰
Ordonnance de 1680, titre 4, article 16, Anciens & Nouveaux Cinq Sols	».	14.	».
Edit d'Août 1781, Dix Sols pour livre	».	7.	».
TOTAL	1.	1.	».

Nota. Il se perçoit aussi à la sortie du Royaume, des Droits de Jauge & Courtage sur le Vin & l'Eau-de-vie, avec les Dix Sols pour livre; mais ils ont été réunis à la Ferme générale.

DROITS DE GROS.

Par l'Arrêt du Conſeil, du 13 Mars 1753, les Vins deſtinés pour être conſommés dans la Province de Normandie, étant exempts des Droits de Gros au paſſage, ces Droits ſont dûs, lorſqu'ils s'enlevent de Normandie, pour aller à l'Étranger, ou dans une autre Province ; ils conſiſtent dans le vingtieme du prix de la vente, l'augmentation de 16 ß 3 ₰, le Droit de Courtage de 10 ß par Muid, & les Dix Sols pour livre de l'Edit d'Août 1781.

EXEMPLE, pour du Vin vendu 150 liv. le Muid de 144 Pots.

	tt ß ₰	tt ß ₰	tt ß ₰
Gros ou Vingtieme........................	7. 10. ».	8. 16. 3. ».	13. 4. 4. ½.
Augmentation............................	». 16. 3.		
Courtage................................	». 10. ».		
Edit d'Août 1781, Dix Sols pour livre..........		4. 8. 1. ½.	

DROITS A LA VENTE ET REVENTE DES BOISSONS,

SOUS LA DÉNOMINATION DE COURTIERS-JAUGEURS,

dans toute l'étendue de la Direction.

BOISSONS.	RÉGLEMENS qui autoriſent la perception DES DROITS.	1er ENLÉVEMENT. Quotité de chaque Droit.	1er ENLÉVEMENT. Total par nature de Boiſſons.	2e ENLÉVEMENT. Quotité de chaque Droit.	2e ENLÉVEMENT. Total par nature de Boiſſons.
		tt ß ₰	tt ſ ₰	tt ß ₰	tt ß ₰
EAU-DE-VIE, par Baril de 28 à 29 Veltes..	Tarif du 16 Juin 1722, Courtiers-Jaugeurs....................	». 18. ».	1. 7. ».	». 9. ».	». 13. 6.
	Edit d'Août 1781, Dix Sols pr liv.	». 9. ».		». 4. 6.	
LIQUEUR, par Muid de 144 Pots........	Tarif du 16 Juin 1722, Courtiers-Jaugeurs....................	1. 18. ».	2. 17. ».	1. 10. ».	2. 5. ».
	Edit d'Août 1781, Dix Sols pr liv.	». 19. ».		». 15. ».	
VIN, par Muid de 144 Pots ou demi-queue...	Tarif du 16 Juin 1722, Courtiers-Jaugeurs....................	». 9. ».	». 13. 6.	». 5. ».	». 7. 6.
	Edit d'Août 1781, Dix Sols pr liv.	». 4. 6.		». 2. 6.	
CIDRE, POIRÉ & BIERE, par Md de 144 Pots	Tarif du 16 Juin 1722, Courtiers-Jaugeurs....................	». 4. 6.	». 6. 9.	». 2. 6.	». 3. 9.
	Edit d'Août 1781, Dix Sols pr liv.	». 2. 3.		». 1. 3.	

DROITS DUS A LA VENTE EN DÉTAIL DES BOISSONS,

dans toute l'étendue de la Direction, excepté la Ville de CHERBOURG,

par Muid de 144 Pots.

NATURE DES DROITS, ET RÈGLEMENS QUI LES AUTORISENT.	Eau-de-vie, à 3 livres le Pot.	VIN, à 1 sol la Pinte.	CIDRE, à 6 deniers la Pinte.	POIRÉ, à 6 deniers la Pinte.	BIERE, à 12 sols le Pot.
	tt ß ₰	tt ß ₰	tt ß ₰	tt ß ₰	tt ß ₰
Le Quatrieme de l'Eau-de-vie est le tiers du Prix de la Vente, Edit de Décembre [illegible]	144. ». ».	». ». ».	». ». ».	». ». ».	». ». ».
Le Quatrieme sur les Vins, Cidre & Poiré, est réduit au 5me, Ordonn. de 1680, titre 14, article premier & deuxieme	». ». ».	3. 18. ».	1. 18. ».	1. 18. ».	». ». ».
Le Quatrieme sur la Biere est le quart du Prix de la Vente, Parisis, sol & six deniers, Ordonnance de 1680, titre 27, article 6.	». ». ».	». ». ».	». ». ».	». ». ».	29. 1. 3.
Edit d'Août 1781, Dix Sols pour livre, modérés à Huit Sols, par Décision du 29 dudit mois	57. 12. ».	1. 11. 2 $\frac{1}{7}$.	». 15. 2 $\frac{1}{7}$.	». 15. 2 $\frac{1}{7}$.	11. 12. 6.
TOTAL	201. 12. ».	5. 9. 2 $\frac{1}{7}$.	2. 13. 2 $\frac{1}{7}$.	2. 13. 2 $\frac{1}{7}$.	40. 13. 9.
Subvention à la Consommation, Ordonnance de 1680, titre 26, art. 3, pour l'Eau-de-vie, titre 23, art. 1er & 2, pour les Vins, Cidre & Poiré, & titre 27, art. 6, pour la Biere.	5. 8. ».	1. 7. ».	». 13. 6.	». 6. 9.	». 13. 6.
Déclaration du 10 Octobre 1689, Jauge & Courtage	2. 5. ».	». 15. ».	». 9. ».	». 9. ».	». 9. ».
TOTAL	7. 13. ».	2. 2. ».	1. 2. 6.	». 15. 9.	1. 2. 6.
Edit d'Août 1781, Dix Sols pour livre	3. 16. 6.	1. 1. ».	». 11. 3.	». 7. 10 $\frac{1}{2}$.	». 11. 3.
Total de la Subvention, Jauge & Courtage, & Dix Sols pour livre	11. 9. 6.	3. 3. ».	1. 13. 9.	1. 3. 7 $\frac{1}{2}$.	1. 13. 9.
Rapport du 4eme & Huit Sols pour livre	201. 12. ».	5. 9. 2. $\frac{1}{7}$	2. 13. 2 $\frac{1}{7}$.	2. 13. 2 $\frac{1}{7}$.	40. 13. 9.
TOTAL GÉNÉRAL	213. 1. 6.	8. 12. 2 $\frac{1}{7}$.	4. 6. 11 $\frac{1}{7}$.	3. 16. 9 $\frac{9}{14}$.	42. 7. 6.

N. Lorsque le Vin eſt vendu plus d'un ſol la Pinte, les Droits de Quatrieme ſont augmentés, à raiſon de 3 tt 18 ß pour chaque ſol ; & lorſque les Cidre & Poiré ſont auſſi vendus plus de 6 $\mathcal{S}$ la Pinte, les Droits ſont augmentés à raiſon de 6 ß par chaque denier, Réglemens ci-deſſus cités.

Il eſt encore à obſerver que les Droits de Jauge & Courtage au Détail, ne ſe perçoivent dans aucun des lieux où ils ſont payés à l'Entrée.

DROITS A LA VENTE EN DÉTAIL DES BOISSONS,

DANS LA VILLE DE CHERBOURG,

par Muid de 144 Pots.

NATURE DES DROITS, ET RÉGLEMENS QUI LES AUTORISENT.	Eau-de-vie, à 3 livres le Pot.	VIN, à 1 ſol la Pinte.	CIDRE, à 6 deniers la Pinte.	POIRÉ, à 6 deniers la Pinte.	BIERE, à 12 ſols le Pot.
	tt ß $\mathcal{S}$	tt ß $\mathcal{S}$	tt ß $\mathcal{S}$	tt ß $\mathcal{S}$	tt ß $\mathcal{S}$
Quatrieme dont les autorités ſont relatées au Tableau précédent........................	144. ». ».	». ». ».	». ». ».	». ». ».	29. 1. 3.
Tarif de 1688 : les Droits de Détail, à Cherbourg, ſur le Vin, Cidre & Poiré, conſiſtent dans le Pariſis, Sol & Six deniers, faiſant le tiers du quatrieme réduit au cinquieme........................	». ». ».	». 19. $2\frac{2}{5}$	». 9. $7\frac{1}{5}$.	». 9. $7\frac{1}{5}$.	». ». ».
Edit d'Août 1781, Dix Sols pour livre, modérés à Huit Sols, par Déciſion du 29 dudit mois........................	57. 12. ».	». 7. $8\frac{4}{25}$.	». 3. $10\frac{2}{25}$	». 3. $10\frac{2}{25}$	11. 12. 6.
Subvention à la Conſommation, Ordonnance de 1680, titre 26, art. 3, pour l'Eau-de-vie ; titre 23, article 1er & 2, pour le Vin, Cidre & Poiré, & titre 27, article 6, pour la Biere........................	5. 8. ».	1. 7. ».	». 13. 6.	». 6. 9.	». 13. 6.
Edit d'Août 1781, Dix Sols pour livre.....	2. 14. »	». 13. 6.	». 6. 9.	». 3. $4\frac{1}{2}$.	». 6. 9.
TOTAL GÉNÉRAL.....	209. 14. ».	3. 7. $4\frac{14}{25}$	1. 13. $8\frac{[illegible]}{25}$	1. 3. $6\frac{4}{5}$.	41. 14. ».

Les Droits de Détail, expliqués dans les Tableaux précédens, ſont également dûs ſur les Boiſſons arrivant & tranſportées en Bouteilles, ou autres vaiſſeaux, au deſſous de ſoixante-douze Pintes, meſure de Paris, Lettres Patentes du 25 Mai 1728, aux exceptions y portées, & qui tombent ſur le Vin de Liqueur venant en Caiſſes, les Vins de Champagne gris, arrivant en panier de cent Bouteilles, en deſtination pour la Province ; les Vins en paniers de 50 Bouteilles, en deſtination pour l'Etranger, & les Vins en Bouteilles, pour la proviſion des Perſonnes qui vont aux Eaux de Forges, & de celles qualifiées, qui vont paſſer quelque tems dans leurs Terres ; le tout en ſe conformant aux formalités preſcrites par leſdites Lettres Patentes.

Les Eaux-de-vie tranſportées en Barils au-deſſous de ſoixante Pintes, ſont auſſi aſſujetties aux Droits de Détail, Lettres Patentes du 24 Août 1728. Ces Droits ſont encore dus par les Bouilleurs & Marchands d'Eau-de-vie en gros, ſur les manquans à leur charge, déduction faite du 21e pour 20, Lettres Patentes citées ci-deſſus ; & les Soumiſſionnaires d'Eau-de-vie ſont aſſujettis au paiement du double deſdits Droits ſur les Eaux-de-vie pour leſquelles ils ne rapportent pas dans les trois mois, Certificat d'arrivée ; Lettres Patentes des 7 Juin 1727, & 2 Mars 1728.

DROIT ANNUEL.

		₶ ß ₰	₶ ß ₰
Dans les Villes.....	Ordonnance de 1680, titre 29, art. 1er.......	8. ». ».	12. ». ».
	Edit d'Août 1781, Dix Sols pour livre.....	4. ». ».	
Dans les autres Lieux.	Ordonnance de 1680, titre 29, art. 1er........	6. 10. ».	9. 15. ».
	Edit d'Août 1781, Dix Sols pour livre.....	3. 5. ».	

Ce Droit est dû par tous les Marchands en gros, Bouilleurs, Brasseurs, Cabaretiers, Taverniers & autres vendans en detail.

Les Détailleurs de Biere ne doivent que la moitié de l'Annuel, Ordonnance de 1680, titre 29, article 7.

DROITS SUR LES BESTIAUX, A L'ENTRÉE ET AU MASSACRE.

VILLE DE CHERBOURG,

ET BOURGS DE BRIQUEBEC ET SAINT PIERRE.

NATURE DES DROITS, ET RÉGLEMENS QUI LES AUTORISENT.	Bœuf & Vache.	Veau & Genisse.	Mouton, Brebis & Chevre.	Porc.	Livre de Viande.
	₶ ß ₰	₶ ß ₰	₶ ß ₰	₶ ß ₰	₶ ß ₰
Edit de Février 1704, Inspecteurs............	2. ». ».	». 12. ».	». 4. ».	». ». ».	». ». 2.
Edit d'Août 1781, Dix Sols pour livre...........	1. ». ».	». 6. ».	». 2. ».	». ». ».	». ». 1.
TOTAL........	3. ». ».	». 18. ».	». 6. ».	». ». ».	». ». 3.
Déclaration du 3 Janvier 1759, Droits Réservés..	1. 10. ».	». 10. ».	». 3. 6.	». 10. ».	à proport.
Edit d'Août 1781, Dix Sols pour livre, modérés à Six Sols, par Décision du 29 dudit mois......	». 9. ».	». 3. ».	». 1. »$\frac{3}{5}$.	». 3. ».	*Idem.*
TOTAL GÉNÉRAL......	4. 19. ».	1. 11. ».	». 10. 6$\frac{3}{5}$.	». 13. ».	

BOURG DES PIEUX.

NATURE DES DROITS, ET RÉGLEMENS QUI LES AUTORISENT.	Bœuf & Vache.	Veau & Genisse.	Mouton, Brebis & Chevre.	Porc.	Livre de Viande
	₶ ß ₰	₶ ß ₰	₶ ß ₰	₶ ß ₰	₶ ß ₰
Edit de Février 1704, Inspecteurs...............	2. ». ».	». 12. ».	». 4. ».	». ». ».	». ». 2.
Edit d'Août 1781, Dix Sols pour livre..........	1. ». ».	». 6. ».	». 2. ».	». ». ».	». ». 1.
TOTAL..............	3. ». ».	». 18. ».	». 6. ».	». ». ».	». ». 3.
Déclaration du 3 Janvier 1759, Droits Réservés...	1. ». ».	». 6. 8.	». 3. ».	». 6. 8.	à proport.
Edit d'Août 1781, Dix Sols pour livre, modérés à Six Sols, par Décision du 29 dudit mois.......	». 6. ».	». 2. ».	». ». 10$\frac{4}{5}$.	». 2. ».	*Idem.*
TOTAL GÉNÉRAL.......	4. 6. ».	1. 6. 8.	». 9. 10$\frac{4}{5}$.	». 8. 8.	

DROITS DUS SUR LES BESTIAUX, DANS LES CAMPAGNES, par les Bouchers, Maîtres & fils de Maîtres, avant l'Abattis, & par tous les autres Bouchers, à la Vente hors domicile.

NATURE DES DROITS, ET RÉGLEMENS QUI LES AUTORISENT.	Bœuf & Vache.	Veau & Geniſſe.	Mouton, Brebis & Chevre.	Livre de Viande.
	tt ß ɖ	tt ß ɖ	tt ß ɖ	tt ß ɖ
Edit de Février 1704, Inſpecteurs	2. ». ».	». 12. ».	». 4. ».	». ». 2.
Edit d'Août 1781, Dix Sols pour livre	1. ». ».	». 6. ».	». 2. ».	». ». 1.
TOTAL	3. ». ».	». 18. ».	». 6. ».	». ». 3.

PIED-FOURCHÉ.

NATURE DES DROITS, ET RÉGLEMENS QUI LES AUTORISENT.	Cheval ou Jument.	Bœuf ou Vache.	Porc.	Mouton.
	tt ß ɖ	tt ß ɖ	tt ß ɖ	tt ß ɖ
Edit de Mars & Arrêt du Conſeil de 1663	». 3. ».	». 2. ».	». 1. ».	». ». 6.
Edit d'Août 1781, Dix Sols pour livre	». 1. 6.	». 1. ».	». ». 6.	». ». 3.
TOTAL	». 4. 6.	». 3. ».	». 1. 6.	». ». 9.

Nota. Ce Droit eſt dû dans toutes les Foires & Marchés qui ſe tiennent dans les Paroiſſes de l'étendue du Bailliage du Cotentin, ou dépendantes de l'ancien Reſſort d'icelui.

SOL POUR LIVRE SUR LE POISSON DE MER,

FRAIS, SEC ET SALÉ.

Par Edit de 1533 & autres Réglemens ſubſéquens, il eſt dû ſur le Poiſſon de mer venant de l'Étranger ou de pêche Françoiſe, lorſque ce dernier n'eſt pas vendu par le Propriétaire, le Vingtieme du prix de la vente, ou Sol pour livre, & les Dix Sols pour livre de l'Edit d'Août 1781.

Il faut en excepter le Poiſſon que les Pêcheurs & Mariniers ont eux-mêmes pêché, qu'il leur eſt permis de vendre ou faire vendre par leurs femmes & enfans, ſans être obligés de ſe ſervir du miniſtere des Vendeurs, ni de payer le Sol pour livre; Arrêt du Conſeil du 31 Mars 1711, portant Réglement, & du 7 Juin 1763.

Il faut en excepter auſſi les Morues, Harengs & tous Poiſſons ſalés, que les Marchands, Maîtres de Navires, & autres, faiſant le commerce de la pêche, ont pêchés, ou fait pêcher ſur des Vaiſſeaux expédiés des Ports de Normandie & Picardie, qu'ils vendent eux-mêmes, ou font vendre, à leur retour de la pêche, par leurs Aſſociés, Matelots & autres gens de l'équipage des Vaiſſeaux qui y ont été employés, leſquels font pareillement déchargés du Sol pour livre; & ce, ſans diſtinction des parts & portions appartenantes à chacun des Particuliers intéreſſés ou employés à ladite pêche; Arrêt du Conſeil & Lettres Patentes du 5 Décembre 1690; autre Arrêt, du 31 Mars 1711.

DROITS SUR LES HUILES,
A LA FABRICATION.

RÉGLEMENS.	NATURE DES HUILES.	Principal.	Dix Sols pour livre.	TOTAL.
		₶ ß ₰	₶ ß ₰	₶ ß ₰
Déclaration du Roi, du 21 Mars 1716, Édit du mois d'Août 1781, pour le Doublement des Droits & les Dix Sols pour livre.	Par livre pesant d'Huile de Poisson, d'Olives, d'Amendes, de Noix & autres Fruits........	». 1. ».	». ». 6.	». 1. 6.
	Par livre d'Huile de Térébenthine, Lin, Chenevis, Rabette, Navette & autres Graines.........	». ». 6.	». ». 3.	». ». 9.
	Par livre d'Huile d'Essence, & autres de plus grande valeur que celles sujettes au Droit d'un Sol..............................	». 2. ».	». 1. ».	». 3. ».
	Si le Droit principal est de plus de 3 ₶, il est dû pour l'acquit..........................	». 5. ».	». 2. 6.	». 7. 6.
	S'il n'est que de 3 ₶, ou d'une moindre somme, jusqu'à vingt sols inclusivement, le Droit d'Acquit est de..............................	». 2. ».	». 1. ».	». 3. ».

Nota. Le Droit d'Acquit n'a pas lieu, lorsque le Droit principal est au-dessous de Vingt Sols.

DROITS SUR LES CUIRS ET PEAUX,

Établis par Edit du mois d'Août 1759, Arrêts du Conseil des 28 Juin & 13 Novembre 1760, sujets aux Dix Sols pour livre de l'Édit d'Août 1781.

OBJETS SUJETS AUX DROITS.	CUIRS ET PEAUX, *à la Fabrication.*			CUIRS ET PEAUX, *à l'Exportation.*			CUIRS & Peaux, à l'Importation.
	Principal.	Dix Sols pour livre.	TOTAL.	Principal.	Dix Sols pour livre.	TOTAL.	
	₶ ß ₰	₶ ß ₰	₶ ß ₰	₶ ß ₰	₶ ß ₰	₶ ß ₰	
Cuirs de Bœufs & Vaches, à fort & à œuvre; Peaux de Veaux, Moutons, Agneaux, Chevreaux, Porcs & Sangliers, tannés & apprêtés en toutes sortes d'apprêts, la livre pesant........	». 2. ».	». 1. ».	». 3. ».	....	....	....	10 p.% de leur valeur.
Chevaux, Mulets, & Asnes, *id.*	». 1. ».	». ». 6.	». 1. 6.	....	....	....	
Cerfs, Elans & Orignaux, *id.*.	». 6. ».	». 3. ».	». 9. ».	....	....	....	
Boucs & Chevres, *idem*.......	». 4. ».	». 2. ».	». 6. ».	....	....	....	
Chamois, Dains & Chevreuils, *idem*..............	». 10. ».	». 5. ».	». 15. ».	....	....	....	
Toutes Peaux non dénommées ci-dessus, dix pour cent de leur valeur..............	*Mémoire.*	....	....	....	....	....	
Cuirs de Bœufs & Vaches, en verd, & en demi-apprêt, passant à l'Etranger, la piece....	....		....	6. ». ».	3. ». ».	9. ». ».	
Peaux de Veaux, *idem*, la piece........................	....	....	....	1. ». ».	». 10. ».	1. 10. ».	
Peaux de Moutons, *idem*, la piece........................	....	....	....	». 10. ».	». 5. ».	». 15. ».	

Les Deux tiers du principal des Droits sur les Cuirs apprêtés, sont remboursés, lorsque les Cuirs passent à l'Etranger, en remplissant les formalités prescrites par les Réglemens.

DROITS SUR LA MARQUE D'OR ET D'ARGENT.

RÉGLEMENS.	OBJETS sujets aux Droits.	PRINCIPAL.	DIX SOLS pour livre.	TOTAL.
		₶ ß ₰	₶ ß ₰	₶ ß ₰
Ordonnance de 1681, tit. 2, art. 1er, & Edit de Mai 1723, pour le Principal.	Or, par marc........	33. 12. ».	16. 16. ».	50. 8. ».
Edit d'Août 1781, pour les Dix Sols pour livre.	Argent, par marc.....	2. 16. ».	1. 8. ».	4. 4. ».

DROITS SUR L'AMIDON.

NATURE DES DROITS, ET RÉGLEMENS QUI LES AUTORISENT.	AMIDON, à la Fabrication, par Muid.	AMIDON, Poudre à poudrer, venant de l'Étranger, par livre pesant.
	₶ ß ₰	₶ ß ₰
Edit de 1771, & Arrêt du Conseil du 10 Décembre 1778......	7. 10. ».	». 4. ».
Edit d'Août 1781, Dix Sols pour livre......................	3. 15. ».	». 2. ».
TOTAL.........	11. 5. ».	». 6. ».

OFFICES SUPPRIMÉS,

Édit de Janvier, & Arrêt du Conseil, du 16 Avril 1697.

NOMS DES LIEUX.	NATURE DES OFFICES.		DROITS attribués à chaque Office.
			₶ ß ₰
S. PIERRE-EGLISE.. BRIQUEBEC..... LES PIEUX.....	MESUREURS DE GRAINS.	Par Boisseau de Bled, Seigle ou Farine, Mesure de Paris..................	». ». 2.
		Par Boisseau des autres Grains.................	». ». 1.

DROITS SUR LES QUITTANCES TIMBRÉES,

POUR LA RÉGIE ET POUR LES PARTIES ÉTRANGERES.

	tt	ß	§
Ordonnance de 1680, titre 33, Déclaration de 1690, Edit de 1748, Déclaration de 1771, & Lettres Patentes de 1780, par Quittance de cinq sols, & au-dessus..	».	».	10.
Edit d'Août 1781, Dix Sols pour livre....................................	».	».	5.
TOTAL............	».	1.	3.

Nota. Les frais de Timbre pour les Congés & Expéditions qui ne sont point des Quittances de Droits, sont dûs; Ordonnance de 1681, titre commun, art. 16, Déclaration de 1771, & Lettres Patentes de 1780, article 10.

OBSERVATION GÉNÉRALE.

Les articles de Droits qui, payés séparément, ne forment pas une somme de 6 deniers, ne doivent pas de Sols pour livre.

DÉNOMINATION DES PARTIES ÉTRANGERES A LA RÉGIE,

dont les Dix Sols pour livre sont dus au Roi, sur le principal des Droits.

NOMS DES LIEUX.	DÉNOMINATION DES DROITS.
Cherbourg.................	Droits d'Hôpitaux.
Dans toute la Direction.....	Langeyage des Porcs.
Cherbourg.................	Réformateurs des Poids & Mesures.

De l'Imprimerie de LAMESLE, Imprimeur des Fermes du Roi, au Bureau général des Aides, Hôtel de Bretonvilliers, Isle Saint Louis. 1781.

GÉNÉRALITÉ DE CAEN.

TARIF DES DROITS DÉPENDANS DE LA RÉGIE GÉNÉRALE, *DUS DANS LA DIRECTION* DE COUTANCES.

DROITS SUR LES BOISSONS, A L'ENTRÉE ET AU BRASSAGE, par Muid de 144 Pots.

VILLE DE COUTANCES.

NATURE DES DROITS, ET RÉGLEMENS QUI LES AUTORISENT.	EAU-DE-VIE, & Liqueur.	VIN de Liqueur.	VIN ordinaire.	CIDRE.	POIRÉ.	BIERE.
	tt ß ₰	tt ß ₰	tt ß ₰	tt ß ₰	tt ß ₰	tt ß ₰
Ordonnance de 1680, titre 4, article 1er, Anciens & Nouveaux Cinq Sols.	». ». ».	».14. ».	».14. ».	». ». ».	». ». ».	». ». ».
Idem, titre 24, art. 1er, titre 26, art. 3, titre 27, art. 6, Subvention.	5. 8. ».	1. 7. ».	1. 7. ».	».13. 6.	». 6. 9.	».13. 6.
Déclarations des 10 Octobre & 31 Déc. 1689, Jauge & Courtage.	2. 5. ».	».15. ».	».15. ».	». 9. ».	». 9. ».	». 9. ».
Edit d'Octobre & Arrêt du Conseil du 29 Déc. 1705, Inspecteurs.	1.10. ».	».10. ».	».10. ».	». 5. ».	». 2. 6.	». 5. ».
Lettres Patentes du 2 Août 1777, Octrois Municipaux.	4. 6. 4 $\frac{4}{5}$	».18. ».	».18. ».	». 2. 4 $\frac{4}{5}$	». 1. 5 $\frac{3}{5}$	». 1. 5 $\frac{2}{5}$
TOTAL.	13. 9. 4 $\frac{4}{5}$	4. 4. ».	4. 4. ».	1. 9.10 $\frac{4}{5}$	».19. 8 $\frac{3}{5}$	1. 8.11 $\frac{2}{5}$
Edit d'Août 1781, Dix Sols pour livre.	6.14. 8 $\frac{2}{5}$	2. 2. ».	2. 2. ».	».14.11 $\frac{2}{5}$	». 9.10 $\frac{3}{10}$	».14. 5 $\frac{7}{10}$
Déclaration du Roi, du 3 Janvier 1759, Droits Réservés.	14. 8. ».	6. ». ».	1.10. ».	».10. ».	». 5. ».	».10. ».
Edit d'Août 1781, Dix Sols pour livre, modérés, à Six Sols, par Décision du 29 dudit mois.	4. 6. 4 $\frac{4}{5}$	1.16. ».	». 9. ».	». 3. ».	». 1. 6.	». 3. ».
TOTAL GÉNÉRAL.	38.18. 6.	14. 2. ».	8. 5. ».	2.17.10 $\frac{1}{5}$	1.16. » $\frac{9}{10}$	2.16. 5 $\frac{1}{10}$

VILLE DE GRANDVILLE.

NATURE DES DROITS, et Réglemens qui les autorisent.	Eau-de-vie & Liqueur.	Vin de Liqueur.	Vin ordinaire.	Cidre.	Poiré.	Biere.
	tt ß g	tt ß g	tt ß g	tt ß g	tt ß g	tt ß g
Ordonnance de 1680, titre 4, article 1er, Anciens & Nouveaux Cinq Sols	». ». ».	».14. ».	».14. ».	». ». ».	». ». ».	». ». ».
Idem, titre 24, art 1er, titre 26, art. 3, titre 27, art. 6, Subvention	5. 8. ».	1. 7. ».	1. 7. ».	».13. 6.	». 6. 9.	».13. 6.
Déclarations du Roi, des 10 Oct. & 31 Déc. 1689, Jauge & Courtage	2. 5. ».	».15. ».	».15. ».	». 9. ».	». 9. ».	». 9. ».
Edit d'Octobre & Arrêt du Conseil du 29 Décembre 1705, Inspecteurs	1. 10. ».	».10. ».	».10. ».	». 5. ».	». 2. 6.	». 5. ».
Lettres Patentes du 2 Août 1777, Octrois Municipaux	1. 10. ».	».10. ».	».10. ».	». 5. ».	». 2. 6.	». 5. ».
Total	10. 13. ».	3.16. ».	3.16. ».	1.12. 6.	1. ». 9.	1.12. 6.
Edit d'Août 1781, Dix Sols pour livre	5. 6. 6.	1.18. ».	1.18. ».	».16. 3.	».10. $4\frac{1}{2}$.	».16. 3.
Déclaration du Roi, du 3 Janvier 1759, Droits Réservés	14. 8. ».	6. ». ».	1. 5. ».	».10. ».	». 5. ».	».10. ».
Edit d'Août 1781, 10 ß pr tt, modérés à 6 ß pr tt, par Décision du 29 dudit mois	4. 6. $4\frac{4}{5}$.	1.16. ».	». 7. 6.	». 3. ».	». 1. 6.	». 3. ».
TOTAL GÉNÉRAL	34. 13. $10\frac{4}{5}$.	13.10. ».	7. 6. 6.	3. 1. 9.	1.17. $7\frac{1}{2}$.	3. 1. 9

BOURG DE GAVRAY.

NATURE DES DROITS, et Réglemens qui les autorisent.	Eau de-vie & Liqueur.	Vin de Liqueur.	Vin ordinaire.	Cidre.	Poiré.	Biere.
	tt ß g	tt ß g	tt ß g	tt ß g	tt ß g	tt ß g
Ordonnance de 1680, titre 4, article 1er, Anciens & Nouveaux Cinq Sols	». ». ».	».14. ».	».14. ».	». ». ».	». ». ».	». ». ».
Idem, titre 24, art. 1er, titre 26, art. 3, titre 27, art. 6, Subvention	5. 8. ».	1. 7. ».	1. 7. ».	».13. 6.	». 6. 9.	».13. 6.
Déclarations du Roi, des 10 Oct. & 31 Déc. 1689, Jauge & Courtage	2. 5. ».	».15. ».	».15. ».	». 9. ».	». 9. ».	». 9. ».
Edit d'Octobre & Arrêt du Conseil, du 29 Décembre 1705, Inspecteurs	1. 10. ».	».10. ».	».10. ».	». 5. ».	». 2. 6.	». 5. ».
Total	9. 3. ».	3. 6. ».	3. 6. ».	1. 7. 6.	».18. 3.	1. 7. 6.
Edit d'Août 1781, Dix Sols pour livre	4.11. 6.	1.13. ».	1.13. ».	».13. 9.	». 9. $1\frac{1}{2}$.	».13. 9.
Déclaration du Roi, du 3 Janv. 1759, Droits Réservés	14. 8. ».	6. ». ».	1. 5. ».	».10. ».	». 5. ».	».10. ».
Edit d'Août 1781, 10 ß pr tt, modérés à 6 s. par Décision du 29 dudit mois	4. 6. $4\frac{4}{5}$.	1.16. ».	». 7. 6.	». 3. ».	». 1. 6.	». 3. ».
TOTAL GÉNÉRAL	32. 8. $10\frac{4}{5}$.	12.15. ».	6.11. 6.	2.14. 3.	1.13. $10\frac{1}{2}$.	2.14. 3.

BOURGS DE MARIGNY, CÉRISY ET CÉRENCES.

NATURE DES DROITS, ET RÉGLEMENS QUI LES AUTORISENT.	EAU-DE-VIE & Liqueur.	VIN de Liqueur.	VIN ordinaire.	CIDRE.	POIRÉ.	BIERE.
	tt ß ₰	tt ß ₰	tt ß ₰	tt ß ₰	tt ß ₰	tt ß ₰
Ordonnance de 1680, titre 4, article 1er, Anciens & Nouveaux Cinq Sols.......	». ». ».	».14. ».	».14. ».	». ». ».	». ». ».	». ». ».
Idem, titre 24, art. 1er, titre 26, art. 3, titre 27, art. 6, Subvention...............	5. 8. ».	1. 7. ».	1. 7. ».	».13. 6.	». 6. 9.	».13. 6.
Déclarations du Roi, des 10 Oct. & 31 Déc. 1689, Jauge & Courtage.........	2. 5. ».	».15. ».	».15. ».	». 9. ».	». 9. ».	». 9. ».
Edit d'Octobre & Arrêt du Conseil, du 29 Décembre 1705, Inspecteurs..........	1. 10. ».	».10. ».	».10. ».	». 5. ».	». 2. 6.	». 5. ».
TOTAL.......	9. 3. ».	3. 6. ».	3. 6. ».	1. 7. 6.	».18. 3.	1. 7. 6.
Edit d'Août 1781, Dix Sols pour livre..	4. 11. 6.	1.13. ».	1.13. ».	».13. 9.	». 9. $1\frac{1}{2}$.	».13. 9.
Déclaration du Roi, du 3 Janvier 1759, Droits Réservés.....................	14. 8. ».	6. ». ».	1. ». ».	».10. ».	». 5. ».	».10. ».
Edit d'Août 1781, 10 ß pr tt, modérés à 6 ß, par Décision du 29 dudit mois..........	4. 6. $4\frac{4}{5}$.	1.16. ».	». 6. ».	». 3. ».	». 1. 6.	». 3. ».
TOTAL GÉNÉRAL...	32. 8. $10\frac{4}{5}$.	12.15. ».	6. 5. ».	2.14. 3.	1.13.$10\frac{1}{2}$.	2.14. 3.

BOURG DE BRÉHAL.

NATURE DES DROITS, ET RÉGLEMENS QUI LES AUTORISENT.	EAU-DE-VIE, & Liqueur.	VIN de Liqueur.	VIN ordinaire.	CIDRE.	POIRÉ.	BIERE.
	tt ß ₰	tt ß ₰	tt ß ₰	tt ß ₰	tt ß ₰	tt ß ₰
Edit d'Octobre & Arrêt du Conseil, du 29 Décembre 1705, Inspecteurs..........	1. 10. ».	».10. ».	».10. ».	». 5. ».	». 2. 6.	». 5. ».
Edit d'Août 1781, Dix Sols pour livre..	». 15. ».	». 5. ».	». 5. ».	». 2. 6.	». 1. 3.	». 2. 6.
TOTAL........	2. 5. ».	».15. ».	».15. ».	». 7. 6.	». 3. 9.	». 7. 6.
Lettres Patentes du 22 Avril 1759, Droits Réservés..........................	14. 8. ».	6. ». ».	1. 5. ».	».10. ».	». 5. ».	».10. ».
Edit d'Août 1781, 10 ß pr tt, modérés à 6 ß, par Décision du 29 dudit mois..........	4. 6. $4\frac{4}{5}$.	1.16. ».	». 7. 6.	». 3. ».	». 1. 6.	». 3. ».
TOTAL GÉNÉRAL...	20. 19. $4\frac{4}{5}$.	8.11. ».	2. 7. 6.	1. ». 6.	».10. 3.	1. ». 6.

BOURG DE HAMBY.

NATURE DES DROITS, [ET RÈG]LEMENS QUI LES AUTORISENT.	EAU-DE-VIE, & Liqueur.	VIN de liqueur.	VIN ordinaire.	CIDRE.	POIRÉ.	BIERE.
	℔ ß ₰	℔ ß ₰	℔ ß ₰	℔ ß ₰	℔ ß ₰	℔ ß ₰
Edit d'Octobre & Arrêt du Conseil du 29 Déc. 1705, Inspecteurs	1. 10. ».	».10. ».	».10. ».	». 5. ».	». 2. 6.	». 5. ».
Edit d'Août 1781, Dix Sols pour livre.	». 15. ».	». 5. ».	». 5. ».	». 2. 6.	». 1. 3.	». 2. 6.
TOTAL	2. 5. ».	».15. ».	».15. ».	». 7. 6.	». 3. 9.	». 7. 6.
Lettres Patentes du 22 Avril 1759, Droits Réservés	14. 8. ».	6. ». ».	1. ». ».	».10. ».	». 5. ».	».10. ».
Edit d'Août 1781, Dix Sols pour livre, modérés à Six Sols, par Décision du 29 dudit mois	4. 6. 4⁴⁄₅.	1.16. ».	». 6. ».	». 3. »	». 1. 6.	». 3. ».
TOTAL GÉNÉRAL	20. 19. 4⁴⁄₅.	8.11. ».	2. 1. ».	1. ». 6.	».10. 3.	1. ». 6.

OBSERVATION GÉNÉRALE.

Les Nobles sont exempts, pour leur consommation seulement, sur les Boissons provenant de leur crû, & les Ecclésiastiques sur celles du crû de leurs Bénéfices; les premiers, de la Subvention; les seconds de la Subvention, des Nouveaux Cinq Sols, de la Jauge-Courtage & des Droits Réservés, en se conformant aux formalités prescrites par les Réglemens.

DROIT DE 6 ℔ 15 ß SUR L'EAU-DE-VIE DE VIN,
par Muid de 144 Pots.

	℔ ß ₰
Ordonnance de 1680, titre 26, article premier	6. 15. ».
Edit d'Août 1781, Dix Sols pour livre	3. 7. 6.
TOTAL	10. 2. 6.

Le Droit de 6 ℔ 15 ß est dû sur l'Eau-de-vie de Vin, à l'Entrée des lieux sujets, & à l'Arrivée, dans les lieux non sujets, lorsqu'il n'est pas justifié qu'il a été acquitté en route ou aux premiers Bureaux de passage, Edit de Décembre 1686, Lettres Patentes du 28 Juin 1722.

L'Eau-de-vie rectifiée & l'Esprit-de-Vin sont assujettis, par la Déclaration du Roi, du 9 Décembre 1687, à payer, savoir, l'Eau-de-vie rectifiée, le double, l'Esprit-de-Vin, le triple des Droits de 6 ℔ 15 ß & de Subvention; & ces Liqueurs paient les autres Droits comme l'Eau-de-vie simple.

DROIT DE CONTRÔLE SUR LA BIERE,
par Muid de 144 Pots.

	℔ ß ₰
Ordonnance de 1680, titre 27, article premier	1. 10. »
Edit d'Août 1781, Dix Sols pour livre	». 15. ».
TOTAL	2. 5. ».

Nota. Le Droit de Contrôle sur la Biere, est dû dans les Brasseries, en tous les lieux où elle se façonne; Ordonnance citée ci-dessus.

DROITS A LA SORTIE DU ROYAUME,

par Muid de Vin, de 144 Pots.

NATURE DES DROITS, et Réglemens qui les autorisent.	VIN.
	tt ß §
Ordonnance de 1680, titre 4, article 16, Anciens & Nouveaux Cinq Sols	». 14. ».
Edit d'Août 1781, Dix Sols pour livre	». 7. ».
TOTAL	1. 1. ».

Nota. Il se perçoit aussi à la sortie du Royaume, des Droits de Jauge & Courtage sur le Vin & l'Eau-de-vie, avec les Dix Sols pour livre; mais ils ont été réunis à la Ferme générale.

DROITS DE GROS.

Par l'Arrêt du Conseil, du 13 Mars 1753, les Vins destinés pour être consommés dans la Province de Normandie, étant exempts des Droits de Gros au passage, ces Droits sont dûs, lorsqu'ils s'enlevent de Normandie, pour aller à l'Etranger, ou dans une autre Province; ils consistent dans le vingtieme du prix de la vente, l'augmentation de 16 ß 3 §, le Droit de Courtage de 10 ß par Muid, & les Dix Sols pour livre de l'Edit d'Août 1781.

EXEMPLE, pour du Vin vendu 150 liv. le Muid de 144 Pots.

	tt ß §	tt ß §	tt ß §
Gros ou Vingtieme	7. 10. ».	8. 16. 3. ».	13. 4. 4. ½.
Augmentation	». 16. 3.		
Courtage	». 10. ».		
Edit d'Août 1781, Dix Sols pour livre		4. 8. 1. ½.	

DROITS A LA VENTE ET REVENTE DES BOISSONS,

SOUS LA DÉNOMINATION DE COURTIERS-JAUGEURS,

dans toute l'étendue de la Direction.

BOISSONS.	RÉGLEMENS qui autorisent la perception des Droits.	1er Enlevement. Quotité de chaque Droit.	1er Enlevement. Total par nature de Boissons.	2e Enlevement. Quotité de chaque Droit.	2e Enlevement. Total par nature de Boissons.
		tt ß §	tt ß §	tt ß §	tt ß §
Eau-de-vie, par Baril de 28 à 29 Veltes..	Tarif du 16 Juin 1722, Courtiers-Jaugeurs	». 18. ».	1. 7. ».	». 9. ».	». 13. 6.
	Edit d'Août 1781, Dix Sols pr liv.	». 9. ».		». 4. 6.	
Liqueur, par Muid de 144 Pots........	Tarif du 16 Juin 1722, Courtiers-Jaugeurs	1. 18. ».	2. 17. ».	1. 10. ».	2. 5. ».
	Edit d'Août 1781, Dix Sols pr liv.	». 19. ».		». 15. ».	
Vin, par Muid de 144 Pots ou demi-queue...	Tarif du 16 Juin 1722, Courtiers-Jaugeurs	». 9. ».	». 13. 6.	». 5. ».	». 7. 6.
	Edit d'Août 1781, Dix Sols pr liv.	». 4. 6.		». 2. 6.	
Cidre, Poiré & Biere, par Md de 144 Pots	Tarif du 16 Juin 1722, Courtiers-Jaugeurs	». 4. 6.	». 6. 9.	». 2. 6.	». 3. 9.
	Edit d'Août 1781, Dix Sols pr liv.	». 2. 3.		». 1. 3.	

DROITS DUS A LA VENTE EN DÉTAIL DES BOISSONS,

dans toute l'étendue de la Direction, excepté GRANDVILLE,

par Muid de 144 Pots.

NATURE DES DROITS, ET RÉGLEMENS QUI LES AUTORISENT.	Eau-de-vie, à 3 livres le Pot.	VIN, à 1 sol la Pinte.	CIDRE, à 6 deniers la Pinte.	POIRÉ, à 6 deniers la Pinte.	BIERE, à 12 sols le Pot.
	tt ß ₰	tt ß ₰	tt ß ₰	tt ß ₰	tt ß ₰
Le Quatrieme sur l'Eau-de-vie est le tiers du prix de la Vente, Edit de Décembre 1686..........................	144. ». ».	». ». ».	». ». ».	». ». ».	». ». ».
Le 4me sur les Vins, Cidre & Poiré, est réduit au 5me, Ordonn. de 1680, titre 14, article premier & deuxieme...........	». ». ».	3. 18. ».	1. 18. ».	1. 18. ».	». ». ».
Le Quatrieme sur la Biere est le quart du Prix de la Vente, Parisis, sol & six deniers, Ordonnance de 1680, titre 27, article 6.	». ». ».	». ». ».	». ». ».	». ». ».	29. 1. 3.
Edit d'Août 1781, Dix Sols pour livre, modérés à Huit Sols, par Décision du 29 dudit mois..........................	57. 12. ».	1. 11. $2\frac{2}{5}$.	». 15. $2\frac{2}{5}$.	». 15. $2\frac{2}{5}$.	11. 12. 6.
TOTAL.......	201. 12. ».	5. 9. $2\frac{2}{5}$.	2. 13. $2\frac{2}{5}$.	2. 13. $2\frac{2}{5}$.	40. 13. 9.
Subvention à la Consommation, Ordonnance de 1680, titre 26, art. 3, pour l'Eau-de-vie, titre 23, art. 1er & 2, pour les Vins, Cidre & Poiré, & titre 27, art. 6, pour la Biere.	5. 8. ».	1. 7. ».	». 13. 6.	». 6. 9.	». 13. 6.
Déclaration du 10 Octobre 1689, Jauge & Courtage..............................	2. 5. ».	». 15. ».	». [illegible] ».	». 9. ».	». 9. ».
TOTAL.......	7. 13. ».	2. 2. ».	1. 2. 6.	». 15. 9.	1. 2. 6.
Edit d'Août 1781, Dix Sols pour livre....	3. 16. 6.	1. 1. ».	». 11. 3.	». 7. $10\frac{1}{2}$.	». 11. 3.
Total de la Subvention, Jauge & Courtage, & Dix Sols pour livre..................	11. 9. 6.	3. 3. ».	1. 13. 9.	1. 3. $7\frac{1}{2}$.	1. 13. 9.
Rapport du 4eme & Huit Sols pour livre. ...	201. 12. ».	5. 9. $2\frac{2}{5}$	2. 13. $2\frac{2}{5}$.	2. 13. $2\frac{2}{5}$.	40. 13. 9.
TOTAL GÉNÉRAL...	213. 1. 6.	8. 12. $2\frac{2}{5}$.	4. 6. $11\frac{1}{5}$.	3. 16. $9\frac{9}{10}$	42. 7. 6.

Nª Lorsque le Vin est vendu plus d'un sol la Pinte, les Droits de Quatrieme sont augmentés, à raison de 3 tt 18 ß pour chaque sol; & lorsque les Cidre & Poiré sont aussi vendus plus de 6 ₰ la Pinte, les Droits sont augmentés à raison de 6 ß par chaque denier, Réglemens ci-dessus cités.

Il est encore à observer que les Droits de Jauge & Courtage au Détail, ne se perçoivent dans aucun des lieux où ils sont payés à l'Entrée.

DROITS A LA VENTE EN DÉTAIL DES BOISSONS,

DANS LA VILLE DE GRANDVILLE,

par Muid de 144 Pots.

NATURE DES DROITS, ET RÉGLEMENS QUI LES AUTORISENT.	Eau-de-vie, à 3 livres le Pot.	VIN, à 1 sol la Pinte.	CIDRE, à 6 deniers la Pinte.	POIRÉ, à 6 deniers la Pinte.	BIERE, à 12 sols le Pot.
	₶ ß ₰	₶ ß ₰	₶ ß ₰	₶ ß ₰	₶ ß ₰
Quatrieme dont les autorités sont relatées au Tableau précédent........................	144. ». ».	». ». ».	». ». ».	». ». ».	29. 1. 3.
Tarif de 1688 : les Droits de Détail, à Grandville, sur les Vin, Cidre & Poiré, consistent dans le Parisis, Sol & Six deniers, faisant le tiers du quatrieme réduit au cinquieme........................	». ». ».	». 19. $2\frac{2}{5}$.	». 9. $7\frac{1}{5}$	». 9. $7\frac{1}{5}$.	». ». ».
Edit d'Août 1781, Dix Sols pour livre, modérés à Huit Sols, par Décision du 29 dudit mois........................	57. 12. ».	». 7. $8\frac{4}{25}$	». 3. $10\frac{2}{25}$	». 3. $10\frac{2}{25}$	11. 12. 6.
Subvention à la Consommation, Ordonnance de 1680, titre 26, art. 3, pour l'Eau-de-vie; titre 23, article 1er & 2, pour le Vin, Cidre & Poiré, & titre 27, article 6, pour la Biere........................	5. 8. ».	1. 7. ».	». 13. 6.	». 6. 9.	». 13. 6.
Edit d'Août 1781, Dix Sols pour livre.....	2. 14. ».	». 13. 6.	». 6. 9.	». 3. $4\frac{1}{2}$.	». 6. 9.
TOTAL GENÉRAL.....	209. 14. ».	3. 7. $4\frac{14}{25}$	1. 13. $8\frac{7}{25}$	1. 3. $6\frac{4}{5}$.	41. 14. ».

Les Droits de Détail, expliqués dans les Tableaux précédens, sont également dûs sur les Boissons arrivant & transportées en Bouteilles, ou autres vaisseaux, au dessous de soixante-douze Pintes, mesure de Paris, Lettres Patentes du 25 Mai 1728, aux exceptions y portées, & qui tombent sur le Vin de Liqueur venant en Caisses, les Vins de Champagne gris, arrivant en panier de cent Bouteilles, en destination pour la Province; les Vins en paniers de 50 Bouteilles, en destination pour l'Etranger, & les Vins en Bouteilles, pour la provision des Personnes qui vont aux Eaux de Forges, & de celles qualifiées, qui vont passer quelque tems dans leurs Terres; le tout en se conformant aux formalités prescrites par lesdites Lettres Patentes.

Les Eaux-de-vie transportées en Barils au-dessous de soixante Pintes, sont aussi assujetties aux Droits de Détail, Lettres Patentes du 24 Août 1728. Ces Droits sont encore dus par les Bouilleurs & Marchands d'Eau-de-vie en gros, sur les manquans à leur charge, déduction faite du 21e pour 20, Lettres Patentes citées ci-dessus; & les Soumissionnaires d'Eau-de-vie sont assujettis au paiement du double desdits Droits, sur les Eaux-de-vie pour lesquelles ils ne rapportent pas, dans les trois mois, Certificat d'arrivée; Lettres Patentes des 7 Juin 1727, & 2 Mars 1728.

DROIT ANNUEL.

		tt	ß	ꝗ	tt	ß	ꝗ
Dans les Villes.....	Ordonnance de 1680, titre 29, art. 1er.......	8.	».	».	12.	».	».
	Edit d'Août 1781, Dix Sols pour livre.....	4.	».	».			
Dans les autres Lieux.	Ordonnance de 1680, titre 29, art. 1er........	6.	10.	».	9.	15.	».
	Edit d'Août 1781, Dix Sols pour livre.....	3.	5.	».			

Ce Droit eſt dû par tous les Marchands en gros, Bouilleurs, Braſſeurs, Cabaretiers, Taverniers & autres vendans en detail.

Les Détailleurs de Biere ne doivent que la moitié de l'Annuel, Ordonnance de 1680, titre 29, article 7.

DROITS SUR LES BESTIAUX, A L'ENTRÉE ET AU MASSACRE.

VILLE DE COUTANCES.

NATURE DES DROITS, ET RÉGLEMENS QUI LES AUTORISENT.	Bœuf & Vache.	Veau & Geniſſe.	Mouton, Brebis & Chevre.	Porc.	Livre de Viande.
	tt ß ꝗ	tt ß ꝗ	tt ß ꝗ	tt ß ꝗ	tt ß ꝗ
Edit de Février 1704, Inſpecteurs............	2. ». ».	». 12. ».	». 4. ».	». ». ».	». ». 2.
Edit d'Août 1781, Dix Sols pour livre..........	1. ». ».	». 6. ».	». 2. ».	». ». ».	». ». 1.
TOTAL........	3. ». ».	». 18. ».	». 6. ».	». ». ».	». ». 3.
Déclaration du 3 Janvier 1759, Droits Réſervés..	2. ». ».	». 13. 4.	». 5. ».	». 13. 4.	à proport.
Edit d'Août 1781, Dix Sols pour livre, modérés à Six Sols, par Déciſion du 29 dudit mois......	». 12. ».	». 4. ».	». 1. 6.	». 4. ».	*Idem.*
TOTAL GÉNÉRAL.....	5. 12. ».	1. 15. 4.	». 12. 6.	». 17. 4.	

VILLE DE GRANDVILLE,

ET BOURGS DE GAVRAY ET BRÉHAL.

NATURE DES DROITS, ET REGLEMENS QUI LES AUTORISENT.	Bœuf & Vache.	Veau & Geniſſe.	Mouton, Brebis & Chevre.	Porc.	Livre de Viande.
	tt ß ꝗ	tt ß ꝗ	tt ß ꝗ	tt ß ꝗ	tt ß ꝗ
Edit de Février 1704, Inſpecteurs................	2. ». ».	».12. ».	». 4. ».	». ». ».	». ». 2.
Edit d'Août 1781, Dix Sols pour livre..........	1. ». ».	». 6. ».	». 2. ».	». ». ».	». ». 1.
TOTAL................	3. ». ».	».18. ».	». 6. ».	». ». ».	». ». 3.
Déclaration du Roi, du 3 Janvier, & Lettres Patentes du 22 Avril 1759, Droits Réſervés.......	1.10. ».	».10. ».	». 3. 6.	».10. ».	à proport.
Edit d'Août 1781, Dix Sols pour livre, modérés a Six ſols, par Déciſion du 29 dudit mois.......	». 9. ».	». 3. ».	». 1. »$\frac{1}{3}$	». 3. ».	*Idem.*
TOTAL GÉNERAL........	4.19. ».	1.11. ».	». 10. 6$\frac{1}{3}$.	».13. ».	

Bourgs de Marigny, Cérisy, Cérences et Hamby.

NATURE DES DROITS, ET RÉGLEMENS QUI LES AUTORISENT.	Bœuf & Vache.	Veau & Genisse.	Mouton, Brebis & Chevre.	Porc.	Livre de Viande.
	tt ß ₰	tt ß ₰	tt ß ₰	tt ß ₰	tt ß ₰
Edit de Février 1704, Inspecteurs..................	2. ». ».	».12. ».	». 4. ».	». ». ».	». ». 2.
Edit d'Août 1781, Dix Sols pour livre..........	1. ». ».	». 6. ».	». 2. ».	». ». ».	». ». 1.
TOTAL..............	3. ». ».	».18. ».	». 6. ».	». ». ».	». ». 3.
Déclaration du Roi, du 3 Janvier, & Lettres Patentes du 22 Avril 1759, Droits Réservés............	1. ». ».	». 6. 8.	». 3. ».	». 6. 8.	à proport.
Edit d'Août 1781, Dix Sols pour livre, modérés à Six Sols, par Décision du 29 dudit mois.......	». 6. ».	». 2. ».	». ». $10\frac{4}{5}$.	». 2. ».	*Idem.*
TOTAL GÉNÉRAL.......	4. 6. ».	1. 6. 8.	». 9. $10\frac{4}{5}$.	». 8. 8.	

Droits dus sur les bestiaux, dans les campagnes,

par les Bouchers, Maîtres & fils de Maîtres, avant l'Abattis, & par tous les autres Bouchers, à la vente hors domicile.

NATURE DES DROITS, ET RÉGLEMENS QUI LES AUTORISENT.	Bœuf & Vache.	Veau & Genisse.	Mouton, Brebis & Chevre.	Livre de Viande.
	tt ß ₰	tt ß ₰	tt ß ₰	tt ß ₰
Edit de Février 1704, Inspecteurs.......................	2. ». ».	». 12. ».	». 4. ».	». ». 2.
Edit d'Août 1781, Dix Sols pour livre....................	1. ». ».	». 6. ».	». 2. ».	». ». 1.
TOTAL....................	3. ». ».	». 18. ».	». 6. ».	». ». 3.

Pied-fourché.

NATURE DES DROITS, ET RÉGLEMENS QUI LES AUTORISENT.	Cheval ou Jument.	Bœuf ou Vache.	Porc.	Mouton.
	tt ß ₰	tt ß ₰	tt ß ₰	tt ß ₰
Edit de Mars & Arrêt du Conseil de 1663.................	». 3. ».	». 2. ».	». 1. ».	». ». 6.
Edit d'Août 1781, Dix Sols pour livre....................	». 1. 6.	». 1. ».	». ». 6.	». ». 3.
TOTAL..................	». 4. 6.	». 3. ».	». 1. 6.	». ». 9.

Nota. Ce Droit est dû dans toutes les Foires & Marchés qui se tiennent dans les Paroisses de l'étendue du Bailliage du Cotentin, ou dépendantes de l'ancien Ressort d'icelui.

DROITS RÉSERVÉS SUR LES BOIS ET FOINS,

DANS LA VILLE DE COUTANCES.

NATURE DES DROITS, ET RÉGLEMENS QUI LES AUTORISENT.	Voiture à trois Chevaux.	Voiture à deux Chevaux.	Voiture à un Cheval.	Somme de Cheval.	Somme d'Asne.
	tt ß ₰	tt ß ₰	tt ß ₰	tt ß ₰	tt ß ₰
Déclaration du Roi, du 3 Janvier 1759, & Arrêt du Conseil du 13 Septembre 1776..........	». 10. ».	». 7. 6.	». 5. ».	». 1. ».	». ». 6.
Edit d'Août 1781, Dix Sols pour livre, modérés à Six Sols, par Décision du 29 du même mois..	». 3. ».	». 2. 3.	». 1. 6.	». ». $3\frac{1}{5}$.	». ». $1\frac{4}{5}$.
TOTAL.........	». 13. ».	». 9. 9.	». 6. 6.	». 1. $3\frac{1}{5}$.	». ». $7\frac{4}{5}$.

Au dessus de trois Chevaux, chaque Cheval augmente le Droit à proportion, & il n'y a de Bois exempts, que ceux désignés dans les Lettres Patentes du 4 Août 1778, qui sont les Bourrées & Fagots sans paremens, d'Epines, Ronces, Puines, &c.

Nota. Il est encore dû, dans la Ville de Coutances, sur les Bestiaux, les Bois & Foins, les Octrois Municipaux, consistans aux Quatre Sols pour livre du principal des Droits de Tarif, & les Dix Sols pour livre desdits Octrois Municipaux.

Renvoyé pour ces Droits, au Tarif particulier de la Ville.

SOL POUR LIVRE SUR LE POISSON DE MER,

FRAIS, SEC ET SALÉ.

Par Edit de 1583 & autres Réglemens subséquens, il est dû sur le Poisson de mer venant de l'Étranger ou de pêche Françoise, lorsque ce dernier n'est pas vendu par le Propriétaire, le Vingtieme du prix de la vente, ou Sol pour livre, & les Dix Sols pour livre de l'Edit d'Août 1781.

Il faut en excepter le Poisson que les Pêcheurs & Mariniers ont eux-mêmes pêché, qu'il leur est permis de vendre ou faire vendre par leurs femmes & enfans, sans être obligés de se servir du ministere des Vendeurs, ni de payer le Sol pour livre; Arrêt du Conseil du 31 Mars 1711, portant Réglement, & du 7 Juin 1763.

Il faut en excepter aussi les Morues, Harengs & tous Poissons salés, que les Marchands, Maîtres de Navires, & autres, faisant le commerce de la pêche, ont pêchés, ou fait pêcher sur des Vaisseaux expédiés des Ports de Normandie & Picardie, qu'ils vendent eux-mêmes, ou font vendre, à leur retour de la pêche, par leurs Associés, Matelots & autres gens de l'équipage des Vaisseaux qui y ont été employés, lesquels sont pareillement déchargés du Sol pour livre; & ce, sans distinction des parts & portions appartenantes à chacun des Particuliers intéressés ou employés à ladite pêche; Arrêt du Conseil & Lettres Patentes du 5 Décembre 1690; autre Arrêt, du 31 Mars 1711.

DROITS SUR LES HUILES, A LA FABRICATION.

RÉGLEMENS.	NATURE DES HUILES.	Principal.	Dix Sols pour livre.	TOTAL.
		tt ß ₰	tt ß ₰	tt ß ₰
Déclaration du Roi, du 21 Mars 1716, Edit du mois d'Août 1781, pour le Doublement des Droits & les Dix Sols pour livre.	Par livre pesant d'Huile de Poisson, d'Olives, d'Amendes, de Noix & autres Fruits........	». 1. ».	». ». 6.	». 1. 6.
	Par livre d'Huile de Térébenthine, Lin, Chenevis, Rabette, Navette & autres Graines........	». ». 6.	». ». 3.	». ». 9.
	Par livre d'Huile d'Essence, & autres de plus grande valeur que celles sujettes au Droit d'un Sol..............................	». 2. ».	». 1. ».	». 3. ».
	Si le Droit principal est de plus de 3 tt, il est dû pour l'acquit..............................	». 5. ».	». 2. 6.	». 7. 6.
	S'il n'est que de 3 tt, ou d'une moindre somme, jusqu'à vingt sols inclusivement, le Droit d'Acquit est de..............................	». 2. ».	». 1. ».	». 3. ».

Nota. Le Droit d'Acquit n'a pas lieu, lorsque le Droit principal est au-dessous de Vingt Sols.

DROITS SUR LES CUIRS ET PEAUX,

Établis par Edit du mois d'Août 1759, Arrêts du Conseil des 28 Juin & 13 Novembre 1760, sujets aux Dix Sols pour livre de l'Édit d'Août 1781.

OBJETS SUJETS AUX DROITS.	*Cuirs et Peaux, à la Fabrication.*			*Cuirs et Peaux, à l'Exportation.*			Cuirs & Peaux, à l'Importation.
	Principal.	Dix Sols pour livre.	TOTAL.	Principal.	Dix Sols pour livre.	TOTAL.	
	tt ß ₰	tt ß ₰	tt ß ₰	tt ß ₰	tt ß ₰	tt ß ₰	
Cuirs de Bœufs & Vaches, à fort & à œuvre; Peaux de Veaux, Moutons, Agneaux, Chevreaux, Porcs & Sangliers, tannés & apprêtés en toutes sortes d'apprêts, la livre pesant........	». 2. ».	». 1. ».	». 3. ».	....	....	....	10 pr % de leur valeur.
Chevaux, Mulets, & Asnes, *id.*	». 1. ».	». ». 6.	». 1. 6.	....	....	....	
Cerfs, Elans & Orignaux, *id.*	». 6. ».	». 3. ».	». 9. ».	....	....	....	
Boucs & Chevres, *idem*.......	». 4. ».	». 2. ».	». 6. ».	....	....	....	
Chamois, Dains & Chevreuils, *idem*...............	». 10. ».	». 5. ».	». 15. ».	....	....	....	
Toutes Peaux non dénommées ci-dessus, dix pour cent de leur valeur..................	*Mémoire*	....	....	....	....	....	
Cuirs de Bœufs & Vaches, en verd, & en demi-apprêt, passant à l'Etranger, la piece....	....		....	6. ». ».	3. ». ».	9. ». ».	
Peaux de Veaux, *idem*, la piece..................	....	....	....	1. ». ».	». 10. ».	1. 10. ».	
Peaux de Moutons, *idem*, la piece..................	....	....	....	». 10. ».	». 5. ».	». 15. ».	

Les Deux [illegible] principal des Droits sur les Cuirs apprêtés, sont remboursés, lorsque les Cuirs passent à l'[illegible], en remplissant les formalités prescrites par les Réglemens.

DROITS SUR LA MARQUE D'OR ET D'ARGENT.

RÉGLEMENS.	OBJETS sujets aux Droits.	PRINCIPAL.	DIX SOLS pour livre.	TOTAL.
		tt ß g	tt ß g	tt ß g
Ordonnance de 1681, tit. 2, art. 1er, & Edit de Mai 1723, pour le Principal.	Or, par marc........	33. 12. ».	16. 16. ».	50. 8. ».
Édit d'Août 1781, pour les Dix Sols pour livre.	Argent, par marc.....	2. 16. ».	1. 8. ».	4. 4. ».

DROITS SUR L'AMIDON.

NATURE DES DROITS, ET RÉGLEMENS QUI LES AUTORISENT.	AMIDON, à la Fabrication, par Muid.	AMIDON, Poudre à poudrer, venant de l'Étranger, par livre pesant.
	tt ß g	tt ß g
Edit de 1771, & Arrêt du Conseil du 10 Décembre 1778......	7. 10. ».	». 4. ».
Edit d'Août 1781, Dix Sols pour livre......................	3. 15. ».	». 2. ».
TOTAL.........	11. 5. ».	». 6. ».

OFFICES SUPPRIMÉS,

Édit de Janvier, & Arrêt du Conseil, du 16 Avril 1697.

NOMS DES LIEUX.	NATURE DES OFFICES.		DROITS attribués à chaque Office.
			tt ß g
COUTANCES... GRANDVILLE.. GAVRAY......	*MESUREURS DE GRAINS.*	Par Sac de Froment, de 250 livre pesant, faisant cinq Boisseaux, Mesure de Coutances.................	». 2. 3.
		Sacs d'Orge, Avoine & Sarrasin, de même Mesure...	». 1. 3.

DROITS SUR LES QUITTANCES TIMBRÉES,

POUR LA RÉGIE ET POUR LES PARTIES ÉTRANGERES.

	tt	ß	§
Ordonnance de 1680, titre 33, Déclaration de 1690, Edit de 1748, Déclaration de 1771, & Lettres Patentes de 1780, par Quittance de cinq sols, & au-dessus..	».	».	10.
Edit d'Août 1781, Dix Sols pour livre....................................	».	».	5.
TOTAL............	».	1.	3.

Nota. Les frais de Timbre pour les Congés & Expéditions qui ne sont point des Quittances de Droits, sont dûs ; Ordonnance de 1681, titre commun, art. 16, Déclaration de 1771, & Lettres Patentes de 1780, article 10.

OBSERVATION GÉNÉRALE.

Les articles de Droits qui, payés séparément, ne forment pas une somme de 6 deniers, ne doivent pas de Sols pour livre.

OCTROIS MUNICIPAUX.

Les Octrois Municipaux, prorogés par les Lettres Patentes de 1777, consistans aux Quatre Sols pour livre du principal des Droits de Tarif de la ville de Coutances, sont dûs au Roi, avec les Dix Sols pour livre, indépendamment des Droits classés dans les différens textes du Tarif ci-dessus, sur les Boissons, Bestiaux, Denrées & Marchandises dénommées au Tarif particulier de ces Droits, imprimé séparément, & auquel renvoyé.

DÉNOMINATION DES PARTIES ÉTRANGERES A LA RÉGIE,

dont les Dix Sols pour livre sont dus au Roi, sur le principal des Droits.

NOMS DES LIEUX.	DÉNOMINATION DES DROITS.	
COUTANCES............	Tarif..................	Appartenans à la Ville.
	Sols pour livre..........	
	Droit d'Hôpital...	
GRANDVILLE.........	Droit d'Hôpital.	

De l'Imprimerie de LAMESLE, Imprimeur des Fermes du Roi, au Bureau général des Aides, Hôtel de Bretonvilliers, Isle Saint Louis. 1781.

GÉNÉRALITÉ DE CAEN.

VILLE DE COUTANCES.

TARIF

DES

DROITS MUNICIPAUX,

DÉPENDANS de la Régie Générale, fixés aux quatre sols pour livre du principal des Droits de Tarif, autorisés par Arrêts du Conseil des 21 Juillet 1660, 30 Avril 1765, & Lettres-Patentes du 31 Décembre 1766, régistrées en la Cour des Aides de Rouen, le 28 Mars 1767. Lesdits Octrois Municipaux prorogés par les Lettres-Patentes du 2 Août 1777, dûs à la Régie, dans la ville de Coutances; ensemble les dix sols pour livre de l'Edit d'Août 1781, tant desdits Octrois Municipaux, que des Droits appartenans à la Ville.

A PARIS,

De l'Imprimerie de Cl. SIMON, Imprimeur de LL. AA. SS. Messeigneurs le Prince de Condé, le Duc de Bourbon, & de Monseigneur l'Archevêque de Paris.

1782.

DÉNOMINATION
DES DENRÉES ET MARCHANDISES
SUJETTES AUX DROITS.

ARTICLE PREMIER.

TOILE. SUR les Toiles, Basins, Coutils, Serviettes & Doubliers & autres Ouvrages de Tisserans, en Fil, Laine, Coton & autres matieres fabriquées & apportées pour le compte des Bourgeois, Habitans, Marchands & autres non privilégiés, sera payé en entrant pour chaque aulne six deniers, ci.........

BASIN, COUTILS, SERVIETTES & DOUBLIERS. II. A l'égard des mêmes Ouvrages qui seront fabriqués par les Tisserans de la Ville & Fauxbourgs de Coutances, pour leur compte & pour celui de tous les autres qui ne seront privilégiés dans ladite Ville, même des Draps & autres Etoffes qui seroient fabriquées en ladite Ville, sera payé le même droit de six deniers par aulne, & seront les Tisserans tenus de faire déclaration au Bureau établi pour la recette des Droits du Tarif, de la quantité des Ouvrages qu'ils fabriqueront, pour en être le Droit payé après l'Ouvrage fini, qu'ils rapporteront audit Bureau pour être marqué, ci.........

III. LES Marchands, Bourgeois & Habitans de ladite Ville & Fauxbourgs de Coutances qui font commerce des Marchandises énoncées aux deux précédens articles, préparent chez eux les chaînes & les envoyent aux Tisserans de la campagne pour les faire fabriquer, seront tenus d'en faire leur déclaration audit Bureau, d'y représenter leurs chaînes pour être marquées & d'en payer le Droit; & en ce faisant, il ne sera dû aucun Droit lorsque lesdits Ouvrages fabriqués à la Campagne entreront dans la Ville.

IV. LES trois articles ci-dessus seront exécutés à peine de confiscation des Marchandises & de cinquante livres d'amende contre les contrevenans, par chaque contravention.

MERCERIE. V. SUR chaque charge de Mercerie mêlée, du poids de 200 livres, entrant dans ladite Ville & Fauxbourgs de Coutances, soit pour l'usage des Habitans non privilégiés, ou pour y être vendue & débitée, compris les Toiles de Hollande, Batistes, Toiles de Laval & de Bretagne, les Mousselines étrangeres, Toiles peintes & Indiennes, Draperies, Velours, Satin, Damas, Taffetas & toutes autres Etoffes de Laine ou de Soie qui sont achetées aux Foires ou venant de dehors, sera payée 12 livres, sauf à augmenter ou diminuer à proportion du plus ou du moins du poids, ci.........

FRISE, FROC ET BURE. VI. QUE sur chaque piece de Frise, Froc, Bure de Vire sera levé dix sols, ci.........

Et les demies pieces à proportion, la piece estimée à 20 aulnes.

BAS DE LAINE. VII. QUE sur chaque charge de Bas de Laine passant par ladite Ville, & non débitée en icelle, sera payé deux sols, ci.........

CASTALOGNE. VIII. QUE sur chaque Couverture ou Castalogne de Laine, grande ou petite, sera payé six sols, ci.........

DROITS APPARTENANS A LA VILLE.						TOTAL DES DROITS apparte-nans à la VILLE.			DROITS APPARTENANS A LA RÉGIE.									TOTAL DES DROITS apparte-nans à la RÉGIE.			TOTAL DES DROITS DUS AU ROI & à la VILLE.		
Principal du Droit de Tarif.			Sols pour livre du Tarif.						Dix sols p. l. des Droits appartenans à la Ville.			Octrois municipaux, ou 4 ſ. p. liv. du Droit de Tarif.			Dix sols pour livre des Octrois municipaux.								
l.	ſ.	d.	l.	ſ.	d.	l.	ſ.	d.	l.	ſ.	d.	l.	ſ.	d.	l.	ſ.	d.	l.	ſ.	d.	l.	ſ.	d.
″	″	6.	″	″	″ $\frac{3}{10}$	″	″	6 $\frac{3}{10}$	″	″	3 $\frac{3}{20}$	″	″	1 $\frac{1}{5}$	″	″	″ $\frac{3}{5}$	″	″	4 $\frac{19}{20}$	″	″	11 $\frac{1}{4}$
″	″	6.	″	″	″ $\frac{3}{10}$	″	″	6 $\frac{3}{10}$	″	″	3 $\frac{3}{20}$	″	″	1 $\frac{1}{5}$	″	″	″ $\frac{3}{5}$	″	″	4 $\frac{19}{20}$	″	″	11 $\frac{1}{4}$
12.	″	″	″	12.	″	12.	12.	″	6.	6.	″	2.	8.	″	1.	4.	″	9.	18.	″	22.	10.	″
″	10.	″	″	″	6.	″	10.	6.	″	5.	3.	″	2.	″	″	1.	″	″	8.	3.	″	18.	9.
″	2.	″	″	″	1 $\frac{1}{5}$	″	2.	1 $\frac{1}{5}$	″	1.	″ $\frac{3}{5}$	″	″	4 $\frac{4}{5}$	″	″	2 $\frac{2}{5}$	″	1.	7 $\frac{4}{5}$	″	3.	9.
″	6	″	″	″	3 $\frac{3}{5}$	″	6.	3 $\frac{3}{5}$	″	3.	1 $\frac{4}{5}$	″	1.	2 $\frac{2}{5}$	″	″	7 $\frac{1}{5}$	″	4.	11 $\frac{2}{5}$	″	11.	3.

DÉNOMINATION

DES DENRÉES ET MARCHANDISES

SUJETTES AUX DROITS.

COLPORTERIE. IX. LES Colporteurs, Marchands Forains & autres qui apportent des Marchandises de l'espece & qualité portées en l'article V. pour les vendre & débiter en ladite Ville & Fauxbourgs de Coutances, viendront, en entrant dans ladite Ville, au Bureau dudit Tarif, pour y être leurs Marchandises pésées, & en faire leur déclaration avant qu'ils puissent ouvrir leurs panniers & malles, lors de laquelle Déclaration ils paieront 30 sols pour chaque charge desdites Marchandises, à raison de 200 livres pesant, le plus ou le moins à proportion, pour avoir la facilité de vendre, ci.... ....

Et avant que de sortir de ladite Ville, ils rapporteront au Bureau ce qui leur restera desdites Marchandises, pour être pesé & être par eux payé par supplément à raison de 12 livres la charge, ainsi qu'il est porté audit article V. de ce qu'ils auront vendu de leurs Marchandises au-delà de 25 livres pesant pour ceux qui auront entré une charge entiere & à proportion pour ce qu'ils auront entré plus ou moins, de sorte que la somme qu'ils auront payée en entrant leur sera déduite sur ce qu'ils se trouveront devoir pour ce qu'ils auront vendu, sans néanmoins qu'ils puissent répéter la somme par eux payée en entrant s'ils n'ont rien vendu ou peu de chose; il leur sera donné un billet de sortie, après quoi ils ne pourront rester dans la Ville & Fauxbourgs d'icelle, ni y faire ouverture de leurs malles, panniers, bannetons & paquets, s'ils ne font une nouvelle déclaration & ne paient un nouveau droit, le tout à peine de confiscation de leurs Marchandises, & de 200 livres d'amende.

COLPORTERIE. X. A l'égard des Marchands Forains qui viennent aux Foires qui se tiennent en ladite ville de Coutances, ils ne paieront que 30 s. par chaque charge de Marchandises qu'ils exposeront au lieu où se tiennent lesdites Foires, sans qu'ils puissent les exposer ailleurs, laquelle charge est estimée du poids de 200 livres, le plus ou le moins à proportion, & ne feront obligés de rapporter leurs Marchandises au Bureau pour être pesées & suppléer au Droit, duquel supplément ils demeurent déchargés; mais après le tems de la Foire fini, ils feront tenus d'enlever leurs Marchandises, sans qu'ils puissent en vendre ni en laisser dans la Ville & Fauxbourgs, sous les mêmes peines de confiscation & de 200 livres d'amende, ci.......... ....

ÉPICERIE. XI. SUR chaque charge d'Epiceries, Confitures séches ou liquides, Bougie, Cire, Miel, comme aussi sur chaque charge de drogueries servant, soit à la composition des Médecines, soit aux peintures ou teintures, de quelque espece que soient lesdites Epiceries ou Drogueries, & à quel que usage qu'elles puissent être destinées, ensemble sur chaque charge de Coton filé ou non filé, sera payé en entrant dans ladite Ville cinq liv. ci....

Et les demies charges & paquets paieront à proportion, suivant leur poids, à raison de 200 liv. pesant, à quoi chaque charge est estimée.

BALEINE. XII. QUE sur chaque cent de Baleine sera payé une livre dix sols, ci... ....

BOIS D'INDE. XIII. SUR chaque cent pesant de Bois d'Inde, de Brésil & de tout autre Bois croissant hors du Royaume, servant à la teinture, soit qu'il soit en estoc haché ou moulu, sera payé vingt sols, ci................ ....

SAVON. XIV. QUE sur chaque cent de Savon sera payé vingt sols, ci........ ....

	DROITS APPARTENANS A LA VILLE.		TOTAL DES DROITS apparte-nans à la VILLE.	DROITS APPARTENANS A LA RÉGIE.			TOTAL DES DROITS apparte-nans à la RÉGIE.	TOTAL DES DROITS DUS AU ROI & à la VILLE.
	Principal du Droit de Tarif.	Sols pour livre du Tarif.		Dix ſols p. l. des Droits appartenans à la Ville.	Octrois municipaux, ou 4 ſ. p. liv. du Droit de Tarif.	Dix ſols pour livre des Octrois municipaux.		
	l. ſ. d.	l. ſ. d.	l. ſ. d.	l. ſ. d.	l. ſ. d.	l. ſ. d.	l. ſ. d.	l. ſ. d.
....	1. 10. ″	″ 1. 6.	1. 11. 6.	″ 15. 9.	″ 6. ″	″ 3. ″	1. 4. 9.	2. 16. 3.
....	1. 10. ″	″ 1. 6.	1. 11. 6.	″ 15. 9.	″ 6. ″	″ 3. ″	1. 4. 9.	2. 16. 3.
....	5. ″ ″	″ 5. ″	5. 5. ″	2. 12. 6.	1. ″ ″	″ 10. ″	4. 2. 6.	9. 7. 6.
....	1. 10. ″	″ 1. 6.	1. 11. 6.	″ 15. 9.	″ 6. ″	″ 3. ″	1. 4. 9.	2. 16. 3.
....	1. ″ ″	″ 1. ″	1. 1. ″	″ 10. 6.	″ 4. ″	″ 2. ″	″ 16. 6.	1. 17. 6.
....	1. ″ ″	″ 1. ″	1. 1. ″	″ 10. 6.	″ 4. ″	″ 2. ″	″ 16. 6.	1. 17. 6.

DÉNOMINATION

DES DENRÉES ET MARCHANDISES

SUJETTES AUX DROITS.

RAISINE.	XV. QUE sur chaque cent de Raisine, Arquenson, Bray, Encens, sera payé dix sols, ci..
PÉTUN.	XVI. QUE sur chaque livre de Pétun sera payé six deniers, ci........
HUILE.	XVII. SUR chaque barique d'Huile d'Olive & de Poisson & de toutes especes d'Huiles fabriquées ou entrant dans ladite Ville sera payé trois livres, ci.................................. Les barils à proportion; & seront tenus les Habitans faisant des Huiles dans ladite Ville, de faire déclaration de ce qu'ils en feront, & souffrir l'exercice des Commis, sous peine de confiscation & de cinquante livres d'amende; bien entendu que l'Huile de Lin faite en ladite Ville & Fauxbourgs ne sera sujette à aucuns Droits, attendu que la graine de Lin aura payé le Droit, ainsi qu'il est fixé en l'article LXVII ci-après.
AMIDON, RAISIN, PRUNEAUX.	XVIII. QUE sur chaque charge d'Amidon, Raisin de passe & autres Pruneaux, sera payé deux livres dix sols, ci........................ Ladite charge estimée à 200 livres & les paquets à proportion.
AMANDES ET NOIX.	XIX. SUR chaque charge d'Amande & de Noix, entrant dans leurs Coques, sera payé une livre, ci................................ Les Amandes & Noix écallées paieront comme les Epiceries, suivant qu'il est porté en l'article XXI.
QUINCAILLERIES.	XX. SUR chaque cent de Quincaillerie entrant dans ladite ville de Coutances, soit pour les Bourgeois ou pour les Marchands qui en font commerce & en débitent, sera payé deux livres, ci....................
ÉPÉES.	XXI. QUE sur chaque douzaine de Lames & Gardes d'Épée, sera payé une livre, ci..
MAROQUIN.	XXII. QUE sur chaque livre de Cuir maroquin ou roussin, sera payé un sol, ci..
GROS CUIR verd ou sec.	XXIII. QUE sur chaque gros Cuir fort, verd ou sec, apporté de dehors ou du pays vendu ou distribué en ladite Ville, sera pris & levé dix sols, ci..
CUIR DE PARIS OU HONGRIE.	XXIV. QUE sur chaque Cuir de Paris ou Hongrie à l'usage de Scelle, sera payé vingt sols, ci..
EMPEIGNE.	XXV. SUR chaque Cuir de Vache ou Genisson verd, ou sec, ou empeigne, sera payé cinq sols, ci....................................
PEAU DE VEAU.	XXVI. QUE sur chaque douzaine de Peaux de Veau tanné ou non, sera levé cinq sols, ci..
PEAU DE POURCEAU.	XXVII. QUE sur chaque Peau de Pourceau sera levé six den., ci...
PEAU DE MOUTON.	XXVIII. SUR chaque Peau de Mouton ou Agneau chargé de laine, entrant ou sortant de ladite Ville, sera payé six deniers, ci............

	DROITS APPARTENANS A LA VILLE.		TOTAL DES DROITS appartenans à la VILLE.	DROITS APPARTENANS A LA RÉGIE.			TOTAL DES DROITS appartenans à la RÉGIE.	TOTAL DES DROITS DUS AU ROI & à la VILLE.
	Principal du Droit de Tarif.	Sols pour livre du Tarif.		Dix sols p. l. des Droits appartenans à la Ville.	Octrois municipaux, ou 4 s. p. liv. du Droit de Tarif.	Dix sols pour livre des Octrois municipaux.		
	l. s. d.	l. s. d.	l. s. d.	l. s. d.	l. s. d.	l. s. d.	l. s. d.	l. s. d.
....	″ 10. ″	″ ″ 6.	″ 10. 6.	″ 5. 3.	″ 2. ″	″ 1. ″	″ 8. 3.	″ 18. 9.
....	″ ″ 6.	″ ″ ″ 3/10	″ ″ 6 3/10	″ ″ 3 3/20	″ ″ 1 1/5	″ ″ ″ 3/5	″ ″ 4 19/20	″ ″ 11 1/4
....	3. ″ ″	″ 3. ″	3. 3. ″	1. 11. 6.	″ 12. ″	″ 6. ″	2. 9. 6.	5. 12. 6.
....	2. 10. ″	″ 2. 6.	2. 12. 6.	1. 6. 3.	″ 10. ″	″ 5. ″	2. 1. 3.	4. 13. 9.
....	1. ″ ″	″ 1. ″	1. 1. ″	″ 10. 6.	″ 4. ″	″ 2. ″	″ 16. 6.	1. 17. 6.
....	2. ″ ″	″ 2. ″	2. 2. ″	1. 1. ″	″ 8. ″	″ 4. ″	1. 13. ″	3. 15. ″
....	1. ″ ″	″ 1. ″	1. 1. ″	″ 10. 6.	″ 4. ″	″ 2. ″	″ 16. 6.	1. 17. 6.
....	″ 1. ″	″ ″ ″ 3/5	″ 1. ″ 3/5	″ ″ 6 3/10	″ ″ 2 2/5	″ ″ 1 1/5	″ ″ 9 9/10	″ 1. 10 1/2
....	″ 10. ″	″ ″ 6.	″ 10. 6.	″ 5. 3.	″ 2. ″	″ 1. ″	″ 8. 3.	″ 18. 9.
....	1. ″ ″	″ 1. ″	1. 1.	″ 10. 6.	″ 4. ″	″ 2. ″	″ 16. 6.	1. 17. 6.
....	″ 5. ″	″ ″ 3.	″ 5. 3.	″ 2. 7 1/2	″ 1. ″	″ ″ 6.	″ 4. 1 1/2	″ 9. 4 1/2
....	″ 5. ″	″ ″ 3.	″ 5. 3.	″ 2. 7 1/2	″ 1. ″	″ ″ 6.	″ 4. 1 1/2	″ 9. 4 1/2
....	″ ″ 6.	″ ″ ″ 3/10	″ ″ 6 3/10	″ ″ 3 3/20	″ ″ 1 1/5	″ ″ ″ 3/5	″ ″ 4 19/20	″ ″ 11 1/4
....	″ ″ 6.	″ ″ ″ 3/10	″ ″ 6 3/10	″ ″ 3 3/20	″ ″ 1 1/5	″ ″ ″ 3/5	″ ″ 4 19/20	″ ″ 11 1/4

DÉNOMINATION
DES DENRÉES ET MARCHANDISES
SUJETTES AUX DROITS.

Le même Droit de six deniers sera perçu sur les Peaux de Mouton, Brebis ou Agneaux qui entreront manufacturés.

XXIX. Sur la Peau non apprêtée ou simplement dépouillée de sa laine, ne sera payé que deux deniers, ci.............................

PARCHEMIN. XXX. Sur chaque douzaine de Peaux de Parchemin ou de Vélin entrant dans ladite Ville, sera payé deux sols, ci.....................

ÉTAIN. XXXI. Sur la Vaisselle d'Etain neuve, ayant le lustre de l'Ouvrier, apportée dans ladite Ville, ensemble sur le vieil Etain apporté dans ladite Ville, pour y être fondu & mis en œuvre, & sur l'Etain en lingot ou saumon entrant dans ladite Ville, sera payé trois livres du cent, ci......

Le plus ou le moins à proportion.

PLOMB. XXXII. Que sur chaque cent de Plomb entrant dans ladite Ville, sera levé dix sols, ci..

ACIER. XXXIII. Que sur chaque baril d'Acier pesant cent livres, sera payé & levé une livre dix sols, ci......................................

Et celui qui pesera moins, à l'équipolent.

CHAUX. XXXIV. Que sur chaque charge de Chaux sera payé un sols, ci....

ARDOISE. XXXV. Que sur chaque millier d'Ardoise sera payé cinq sols, ci...

FER. XXXVI. Que sur chaque cent de Fer, sera payé dix sols, ci........

CLOU. XXXVII. Que sur chaque cent de Clou grand & petit, savoir, pesant cent livres, sera levé sur ledit cent pesant, cinq sols, ci...............

FAGOTS FRANCS. XXXVIII. Que sur chaque cent de Fagots de franc bois sera payé 10 s. ci..

Et à l'égard des Bois croissant sur les fonds en Bourgeoisie, les Propriétaires seront tenus avant que de les enlever, d'en faire leur déclaration & d'en payer les Droits, à peine de confiscation & de 50 liv. d'amende.

FAGOTS DE GENÊT. XXXIX. Que sur chaque cent de Fagots de Vigne, Genêt, Lourdage & Bourraye sera levé quatre sols, ci...........................

Et à l'égard des Bois croissant sur les fonds en Bourgeosie, les Propriétaires seront tenus avant que de les enlever, d'en faire leur déclaration & d'en payer le Droit, à peine de confiscation & de 50 liv. d'amende.

CHARGE DE BOIS. XL. Que sur chaque charge de gros Bois ou somme de cheval, sera payé quatre deniers, ci...

XLI. Et à l'égard des Bois croissant sur les fonds en Bourgeoisie, les Propriétaires seront tenus, avant que de les enlever, d'en faire leur déclaration & d'en payer le Droit, à peine de confiscation & de cinquante livres d'amende.

CHARRETÉE DE BOIS. Et sur chaque Chartée sera levé trois sols, ci.......................

CHARBON DE TERRE. XLII. Que sur chaque charge ou baril de Charbon de terre sera payé 5 s. ci.

POTTERIE DE TERRE. XLIII. Que sur chaque charge de Poterie de terre il sera payé 8 s. ci...

DROITS APPARTENANS A LA VILLE. Principal du Droit de Tarif.	Sols pour livre du Tarif.	TOTAL DES DROITS appartenans à la VILLE.	DROITS APPARTENANS A LA RÉGIE. Dix sols p. l. des Droits appartenans à la Ville.	Octrois municipaux, ou 4 s. p. liv. du Droit de Tarif.	Dix sols pour livre des Octrois municipaux.	TOTAL DES DROITS appartenans à la REGIE.	TOTAL DES DROITS DUS AU ROI & à la VILLE.
l. s. d	l. s. d.	l. s. d.	l. s. d.	l. s. d	l. s. d.	l. s. d.	l. s. d.
″ ″ 2.	″ ″ ″ 1/10	″ ″ 2 1/10	″ ″ 1 1/10	″ ″ ″ 2/5	″ ″ ″ 1/5	″ ″ 1 13/20	″ ″ 3 1/4
″ 2. ″	″ ″ 1 1/5	″ 2. 1 1/5	″ 1. ″ 3/5	″ ″ 4 4/5	″ ″ 2 2/5	″ 1. 7 4/5	″ 3. 9
3. ″ ″	″ 3. ″	3. 3. ″	1. 11. 6.	″ 12. ″	″ 6. ″	2. 9. 6.	5. 12. 6.
″ 10. ″	″ ″ 6.	″ 10. 6.	″ 5. 3.	″ 2. ″	″ 1. ″	″ 8. 3.	″ 18. 9.
1. 10. ″	″ 1. 6.	1. 11. 6.	″ 15. 9.	″ 6. ″	″ 3. ″	1. 4. 9.	2. 16. 3.
″ 1. ″	″ ″ ″ 3/5	″ 1. ″ 3/5	″ ″ 6 3/10	″ ″ 2 2/5	″ ″ 1 1/5	″ ″ 9 9/10	″ 1. 10 1/2
″ 5. ″	″ ″ 3.	″ 5. 3.	″ 2. 7 1/2	″ 1. ″	″ ″ 6.	″ 4. 1 1/2	″ 9. 4 1/2
″ 10. ″	″ ″ 6.	″ 10. 6.	″ 5. 3.	″ 2. ″	″ 1. ″	″ 8, 3.	″ 18. 9.
″ 5. ″	″ ″ 3.	″ 5. 3.	″ 2. 7 1/2	″ 1. ″	″ ″ 6.	″ 4. 1 1/2	″ 9. 4 1/2
″ 10. ″	″ ″ 6.	″ 10. 6.	″ 5. 3.	″ 2. ″	″ 1. ″	″ 8. 3.	″ 18. 9.
″ 4. ″	″ ″ 2 2/5	″ 4. 2 2/5	″ 2. 1 1/5	″ ″ 9 3/5	″ ″ 4 4/5	″ 3. 3 1/5	″ 7. 6.
″ ″ 4.	″ ″ ″ 1/5	″ ″ 4 1/5	″ ″ 2 1/10	″ ″ ″ 4/5	″ ″ ″ 2/5	″ ″ 3 1/10	″ ″ 7 1/2
″ 3. ″	″ ″ 1 4/5	″ 3. 1 4/5	″ 1. 6 9/10	″ ″ 7 1/5	″ ″ 3 3/5	″ 2. 5 7/10	″ 5. 7 1/2
″ 5. ″	″ ″ 3.	″ 5. 3.	″ 2. 7 1/2	″ 1. ″	″ ″ 6.	″ 4. 1 1/2	″ 9. 4 1/2
″ 8. ″	″ ″ 4 4/5	″ 8. 4 4/5	″ 4. 2 2/5	″ 1. 7 1/5	″ ″ 9 3/5	″ 6. 7 1/5	″ 15. ″

DÉNOMINATION

DES DENRÉES ET MARCHANDISES

SUJETTES AUX DROITS.

CHOUX A POMMES.	XLIV. QUE ſur chaque charge de Panais ou Porreaux, Navets, Oignons, Choux à pommes & Cholets entrant dans ladite Ville pour y être vendus, ſera payé quatre ſols, ci................................ Le plus ou le moins à proportion.	....
POMMES.	XLV. QUE ſur chaque charge de Pommes vendues au Marché, entrant ou preſſurées en ladite Ville, ou ſortant d'icelle, ſera payé 2 ſ. 6 d. ci.. Et à l'égard des Pommes provenues ſur les fonds de la Bourgeoiſie, appartenant à des non-privilégies, les Propriétaires ne pourront les enlever ſans appeller l'Adjudicataire des Droits du Tarif pour y être préſent, ſi faire le veut, & en percevoir le Droit.	....
CIDRE.	XLVI. SUR chaque tonneau de Cidre, de quelque continence qu'il ſoit, pourvu qu'il n'excede pas ſept cents pots, ſera payé deux livres, ci...	....
CIDRE.	XLVII. SUR chaque botte qui n'excédera pas quatre cents cinquante pots ſera payé une livre dix ſols, ci..............................	....
CIDRE.	XLVIII. SUR chaque pipe qui n'excédera pas trois cents cinquante pots ſera payé une livre, ci................................	....
CIDRE.	XLIX. SUR chaque barique ſera payé dix ſols, ci............... Les barils à proportion.	....
VIN.	L. QUE ſur chaque tonneau de Vin clairet & blanc ſera payé 15 l., ci.. Les barils, poinçons & charges en bouteilles à proportion.	....
POIRÉ.	LI. SUR chaque botte de Poiré qui n'excédera pas 400 pots ſera payé 1 l. ci. Les autres futailles plus ou moins grandes, à proportion.	....
BIERE.	LII. SUR chaque botte de Bierre ſera levé pareil Droit d'une livre, ci.. Les autres futailles à proportion.	....
CERCLE.	LIII. QUE ſur chaque botte de Cercles à relier bottes ou tonneaux ſera payé un ſols trois deniers, ci..............................	....
CERCLE.	Et ſur chaque botte à relier barils & bariques ſera levé ſix deniers, ci...	....
CERCLE.	LIV. SUR chaque douzaine de Cercles à relier les grandes tonnes ſera payé cinq ſols, ci..............................	....
	Et pour les Cercles à relier les petites tonnes ſera levé 2 ſ. 6 d., ci.....	....
EAU-DE-VIE.	LV. SUR chaque pot d'Eau-de-vie entrant dans la Ville ou y étant faite, ſoit pour le compte des Bourgeois, & pour y être vendue en gros ou en détail, ſera payé trois ſols, ci..............................	....
CHEVAL.	LVI. QUE ſur chaque Cheval ou Jument vendue au Marché ou Foire de ladite Ville ſera pris le droit de vente cinq ſols, ci...............	....

	DROITS APPARTENANS A LA VILLE.		TOTAL DES DROITS apparte-nans à la VILLE.	DROITS APPARTENANS A LA RÉGIE.			TOTAL DES DROITS apparte-nans à la RÉGIE.	TOTAL DES DROITS DUS AU ROI & à la VILLE.
	Principal du Droit de Tarif.	Sols pour livre du Tarif.		Dix sols p. l. des Droits appartenans à la Ville.	Octrois municipaux, ou 4 s. p. liv. du Droit de Tarif.	Dix sols pour livre des Octrois municipaux.		
	l. s. d.	l. s. d.	l. s. d.	l. s. d.	l. s. d.	l. s. d.	l. s. d.	l. s. d.
....	″ 4. ″	″ ″ 2 2/5	″ 4. 2 2/5	″ 2. 1 1/5	″ ″ 9 3/5	″ ″ 4 4/5	″ 3. 3 3/5	″ 7. 6.
....	″ 2. 6.	″ ″ 1 1/2	″ 2. 7 1/2	″ 1. 3 3/4	″ ″ 6.	″ ″ 3.	″ 2. ″ 3/4	″ 4. 8 1/4
....	2. ″ ″	″ 2. ″	2. 2. ″	1. 1. ″	″ 8. ″	″ 4. ″	1. 13. ″	3. 15. ″
....	1. 10. ″	″ 1. 6.	1. 11. 6.	″ 15. 9.	″ 6. ″	″ 3. ″	1. 4. 9.	2. 16. 3.
....	1. ″ ″	″ 1. ″	1. 1. ″	″ 10. 6.	″ 4. ″	″ 2. ″	″ 16. 6.	1. 17. 6.
....	″ 10. ″	″ ″ 6.	″ 10. 6.	″ 5. 3.	″ 2. ″	″ 1. ″	″ 8. 3.	″ 18. 9.
....	15. ″ ″	″ 15. ″	15. 15. ″	7. 17. 6.	3. ″ ″	1. 10. ″	12. 7. 6.	28. 2. 6.
....	1. ″ ″	″ 1. ″	1. 1. ″	″ 10. 6.	″ 4. ″	″ 2. ″	″ 16. 6.	1. 17. 6.
....	1. ″ ″	″ 1. ″	1. 1. ″	″ 10. 6.	″ 4. ″	″ 2. ″	″ 16. 6.	1. 17. 6
....	″ 1. 3.	″ ″ ″ 3/4	″ 1. 3 3/4	″ ″ 7 7/8	″ ″ 3.	″ ″ 1 1/2	″ 1. ″ 3/8	″ 2. 4 1/8
....	″ ″ 6.	″ ″ ″ 3/10	″ ″ 6 3/10	″ ″ 3 3/20	″ ″ 1 1/5	″ ″ ″ 3/5	″ ″ 4 19/20	″ ″ 11 1/4
....	″ 5. ″	″ ″ 3.	″ 5. 3.	″ 2. 7 1/2	″ 1. ″	″ ″ 6.	″ 4. 1 1/2	″ 9. 4 1/2
....	″ 2. 6.	″ ″ 1 1/2	″ 2. 7 1/2	″ 1. 3 3/4	″ ″ 6.	″ ″ 3.	″ 2. ″ 3/4	″ 4. 8 1/4
....	″ 3. ″	″ ″ 1 4/5	″ 3. 1 4/5	″ 1. 6 9/10	″ ″ 7 1/5	″ ″ 3 3/5	″ 2. 5 7/10	″ 5. 7 1/2
....	″ 5. ″	″ ″ 3.	″ 5. 3.	″ 2. 7 1/2	″ 1. ″	″ ″ 6.	″ 4. 1 1/2	″ 9. 4 1/2

DÉNOMINATION

DES DENRÉES ET MARCHANDISES

SUJETTES AUX DROITS.

BŒUF. LVII. Que sur chaque Bœuf ou Vache au-dessus de deux ans, vendus au Marché ou Foire, sera pris cinq sols, ci..........................

BÊTE AUMAILLE. LVIII. Que sur chaque Bête aumaille au-dessus de deux ans vendue au Marché ordinaire sera payé deux sols six deniers, ci................

MOUTON. LIX. Sur chaque Mouton, Brebis & Agneau vendus auxdits Marchés & Foire, sera payé un sols, ci.......................................

Et l'Agneau qui suit sa mere avant le jour S. Jean ne sera sujet à aucun Droit. L'Adjudicataire ne percevra les jours de marchés ordinaires les Droits portés aux Articles XLVIII & XLIX de l'ancienne Pancarte qui forment les Articles LVIII & LIX de la nouvelle, que sur les bêtes vendues audit Marché. Les Marchands qui n'auront point vendu seront tenus de prendre un billet de relevé qui leur sera délivré par l'Adjudicaire à trois heures en hiver & à cinq heures en été. Et à l'égard des jours des foires les Droits seront dûs sur toutes les bêtes qui y seront exposées vendues ou non vendues.

CHAIR DE BŒUF. LX. Sur chaque Bœuf au Vache au-dessus de deux ans massacrées par les Bouchers de la Ville sera payé dix sols, ci......................

CHAIR DE GENISSON. LXI. Sur chaque Genisson au-dessous de deux ans massacré comme ci-dessus sera payé cinq sols, ci....................................

CHAIR DE VEAU ET MOUTON. LXII. Sur chaque Veau, Brebis, Mouton, Agneau & Cabrit massacrés comme dessus, sera payé deux sols, ci.......................

LXIII. Sera payé aux Bureaux établis aux portes de la Ville pareils Droits pour les Bêtes massacrées qui seront apportées de dehors en ladite Ville & à proportion de la partie de la Bête qui sera apportée.

LXIV. Les Bouchers & autres qui massacrent en ladite Ville seront tenus de faire déclaration au Bureau général du Tarif, des Bêtes qu'ils voudront massacrer & de payer les Droits, ainsi que de souffrir la visite des Commis de l'Adjudicataire pour la vérification de leur déclaration.

LXV. Seront aussi tenus lesdits Bouchers de payer les Droits des Cuirs & Peaux des Bêtes qu'ils massacreront, suivant qu'ils sont réglés par les Articles XXIII. XXV. XXVI. XXVII & XXVIII ci-dessus, en même-tems ils payeront les Droits des Bêtes par eux massacrées, & à ce moyen pourront disposer des Cuirs & Peaux, sans qu'il en soit dû de nouveau Droit.

LXVI. L'Adjudicataire du Tarif fera apposer des marques, tant sur les Chairs des Bêtes massacrées que sur les Peaux, pour preuve de l'acquit des Droits qui auront été payés.

LAINE. LXVII. Que sur chaque cent de Laine ou Toison blanche & nette entrant en ladite Ville, sera payé trois livres, ci......................

Et avec son cid, sera payé une livre dix sols, ci...................
Plus ou moins à l'equipollent du poids.

	DROITS APPARTENANS A LA VILLE. Principal du Droit de Tarif.	DROITS APPARTENANS A LA VILLE. Sols pour livre du Tarif.	TOTAL DES DROITS appartenans à la VILLE.	DROITS APPARTENANS A LA RÉGIE. Dix sols p. l. des Droits appartenans à la Ville.	DROITS APPARTENANS A LA RÉGIE. Octrois municipaux, ou 4 s. p. liv. du Droit de Tarif.	DROITS APPARTENANS A LA RÉGIE. Dix sols pour livre des Octrois municipaux.	TOTAL DES DROITS appartenans à la RÉGIE.	TOTAL DES DROITS DUS AU ROI & à la VILLE.
	l. s. d.	l. s. d.	l. s. d.	l. s. d.	l. s. d.	l. s. d.	l. s. d.	l. s. d
....	″ 5. ″	″ ″ 3.	″ 5. 3.	″ 2. 7 1/2	″ 1. ″	″ ″ 6.	″ 4. 1 1/2	″ 9. 4 1/2
....	″ 2. 6.	″ ″ 1 1/2	″ 2. 7 1/2	″ 1. 3 3/4	″ ″ 6.	″ ″ 3.	″ 2. ″ 1/4	″ 4. 8 1/4
....	″ 1. ″	″ ″ ″ 3/5	″ 1. ″ 3/[illegible]	″ ″ 6 3/10	″ ″ 2 2/5	″ ″ 1 1/5	″ ″ 9 9/10	″ 1. 10 1/2
....	″ 10. ″	″ ″ 6.	″ 10. 6.	″ 5. 3.	″ 2. ″	″ 1. ″	″ 8. 3.	″ 18. 9.
....	″ 5. ″	″ ″ 3.	″ 5. 3.	″ 2. 7 1/2	″ 1. ″	″ ″ 6.	″ 4. 1 1/2	″ 9. 4 1/2
....	″ 2. ″	″ ″ 1 1/5	″ 2. 1 1/5	″ 1. ″ 3/5	″ ″ 4 4/5	″ ″ 2 2/5	″ 1 7 4/5	″ 3. 9.
....	3. ″ ″	″ 3. ″	3. 3. ″	1. 11. 6.	″ 12. ″	″ 6. ″	2. 9. 6.	5. 12. 6.
....	1. 10. ″	″ 1. 6.	1. 11. 6.	″ 15. 9.	″ 6. ″	″ 3. ″	1. 4. 9.	2. 16. 3.

DÉNOMINATION

DES DENRÉES ET MARCHANDISES

SUJETTES AUX DROITS.

LAINE D'ESPAGNE.	LXVIII. QUE sur chaque cent de Laine d'Espagne ou d'Angleterre sera payé trois livres dix sols, ci..	
POURCEAU.	LXIX. SUR chaque Pourceau ou Truie entrant dans la Ville, soit pour y être vendu aux Foires & Marchés, ou pour y être massacré, sera payé au Bureau des portes cinq sols, ci..	
POURCEAUX.	LXX. LE même Droit sera payé & à proportion pour les Chairs desdits Pourceaux ou Truies qui entreront dans la Ville ayant été massacrés à la campagne.	
MOLUE.	LXXI. SUR chaque cent en nombre de Molue ou Poisson verd entrant dans ladite Ville, soit pour la provision des Habitans non privilégiés ou pour y être vendu en gros ou en détail, ou qui sera posé vingt-quatre heures en icelle, sera payé trois livres, ci..	
MOLUE SÉCHE.	LXXII. SUR chaque cent en nombre de Poisson ou Molue séche entrant enladite Ville, comme il est dit en l'Article précédent, sera payé 1 liv., ci..	
	LXXIII. ET à proportion pour le plus ou le moins du Poisson verd ou sec.	
HARENG.	LXXIV. SUR chaque baril de Hareng salé verd ou sec sera payé 1 l. 10 s. ci.. Les demi-barils, quarteaux & autres divisions à proportion.	
BEURE.	LXXV. SUR chaque cent de Beure frais ou salé en entrant dans ladite Ville pour y être vendu, soit aux Foires ou Marchés, soit par les Marchands qui en vendent en gros ou en détail, sera payé dix sols, ci........ Et les Bourgeois & Habitans qui en font entrer pour leur provision ne seront sujets audit Droit.	
VOLAILLE.	LXXVI. QUE sur chaque charge de Volaille, Lapins & Gibiers sortant de ladite Ville, sera payé deux livres, ci........................ Non compris ceux qui seront envoyés par les Officiers, Bourgeois ou Habitans de ladite Ville, dont les Voituriers feront regiftre.	
GRAINE DE LIN.	LXXVII. QUE sur chaque sac ou baril de Graine de Lin posé vingt-quatre heures en ladite Ville vendu en gros ou en détail sera payé 1 l. ci....	
ESSERIE.	LXXVIII. QUE sur chaque cent d'Esserie ou Rouix sera payé 1 l. ci... Et sur une moindre quantité, pris à proportion de ce qui se leve sur le cent.	
SABOTS.	LXXIX. QUE sur chaque charge de Sabots, Trubles, Panneaux, Bats ou autres Manufactures de bois, sera payé six sols, ci............	
POELERIE.	LXXX. QUE sur chaque charge de Poëlerie, féronnerie ou Chaudronnerie entrée en ladite Ville ou posée vingt-quatre heures en icelle, ou étallée aux Foires ou Marchés, sera payé une livre dix sols, ci........	
FIL DE LANFAIS.	LXXXI. SUR chaque livre de Fil de lanfais entrant dans la Ville pour les Habitans, ou qui sera exposé en vente aux Foires & Marchés, sera payé 6 d., ci..	

DROITS APPARTENANS A LA VILLE.		TOTAL DES DROITS apparte-nans à la VILLE.	DROITS APPARTENANS A LA RÉGIE.			TOTAL DES DROITS apparte-nans à la REGIE.	TOTAL DES DROITS DUS AU ROI & à la VILLE.
Principal du Droit de Tarif.	Sols pour livre du Tarif.		Dix ſols p. l. des Droits appartenans à la Ville.	Octrois municipaux, ou 4 ſ. p. liv. du Droit de Tarif.	Dix ſols pour livre des Octrois municipaux.		
l. ſ. d.	l. ſ. d.	l. ſ. d.	l. ſ. d.	l. ſ. d.	l. ſ. d.	l. ſ. d.	l. ſ. d.
3. 10. ″	″ 3. 6.	3. 13. 6.	1. 16. 9.	″ 14. ″	″ 7. ″	2. 17. 9.	6. 11. 3.
″ 5. ″	″ ″ 3.	″ 5. 3.	″ 2. 7$\frac{1}{2}$	″ 1. ″	″ ″ 6.	″ 4. 1$\frac{1}{2}$	″ 9. 4$\frac{1}{2}$
3. ″ ″	″ 3. ″	3. 3. ″	1. 11. 6.	″ 12. ″	″ 6. ″	2. 9. 6.	5. 12. 6.
1. ″ ″	″ 1. ″	1. 1. ″	″ 10. 6.	″ 4. ″	″ 2. ″	″ 16. 6.	1. 17. 6.
1. 10. ″	″ 1. 6.	1. 11. 6.	″ 15. 9.	″ 6. ″	″ 3. ″	1. 4. 9.	2. 16. 3.
″ 10. ″	″ ″ 6.	″ 10. 6.	″ 5. 3.	″ 2. ″	″ 1. ″	″ 8. 3.	″ 18. 9.
2. ″ ″	″ 2. ″	2. 2. ″	1. 1. ″	″ 8. ″	″ 4. ″	1. 13. ″	3. 15. ″
1. ″ ″	″ 1. ″	1. 1. ″	″ 10. 6.	″ 4. ″	″ 2. ″	″ 16. 6.	1. 17. 6.
1. ″ ″	″ 1. ″	1. 1. ″	″ 10. 6.	″ 4. ″	″ 2. ″	″ 16. 6.	1. 17. 6.
″ 6. ″	″ ″ 3$\frac{3}{5}$	″ 6. 3$\frac{3}{5}$	″ 3. 1$\frac{4}{5}$	″ 1. 2$\frac{2}{5}$	″ ″ 7$\frac{1}{5}$	″ 4. 11$\frac{2}{5}$	″ 11. 3.
1. 10. ″	″ 1. 6.	1. 11. 6.	″ 15. 9.	″ 6. ″	″ 3. ″	1. 4. 9.	2. 16. 3.
″ ″ 6.	″ ″ ″ $\frac{3}{10}$	″ ″ 6$\frac{3}{10}$	″ ″ 3$\frac{3}{20}$	″ ″ 1$\frac{1}{5}$	″ ″ ″ $\frac{3}{5}$	″ ″ 4$\frac{19}{20}$	″ ″ 11$\frac{1}{4}$

DÉNOMINATION
DES DENRÉES ET MARCHANDISES
SUJETTES AUX DROITS.

Fil d'Étoupes. LXXXII. Sur chaque livre de Fil d'Etoupes entrant dans ladite Ville pour les Habitans, ou qui sera exposé en vente aux Foires & Marchés, sera payé trois deniers, ci.............................. ....

LXXXIII. Les Bourgeois & Marchands qui envoyent leurs Fils à la campagne pour blanchir, en feront déclaration au Bureau, au moyen de quoi ils ne payeront rien lorsqu'ils feront rentrer leursdits Fils.

LXXXIV. Les Habitans qui envoyent leur Filasse à filer à la campagne ne payeront rien pour le Fil qui leur en sera rapporté, pourvu qu'ils aient fait déclaration au Bureau de la quantité de Filasse qu'ils auront envoyée à la campagne, en rapportant toutes fois le bulletin qui leur aura été donné contenant ladite quantité de Filasse.

Sucre. LXXXV. Que sur chaque livre de Sucre sera payé six deniers, ci.... ....

Foin. LXXXVI. Que sur chaque cent de Foin sera payé dix sols, ci...... ....

A l'égard des Foins qui procédent des fonds situés en Bourgeoisie, les Propriétaires ne pourront les enlever sans appeller l'Adjudicataire ou ses Commis pour en percevoir le Droit.

Suif ou Graisse. LXXXVII. Que sur chaque cent d'Oings, Suif ou Graisse apporté de dehors, sera payé deux livres, ci.............................. ....

LXXXVIII. Les Bourgeois & Habitans qui auront des maisons hors la Bourgeoisie à la distance de cent toises des maisons qu'ils occupent dans la Bourgeoisie payeront le Droit de Tarif des marchandises & denrées qu'ils reposteront dans lesdites maisons hors Bourgeoisie & qu'ils consommeront, de la même maniere qu'ils les payeroient, s'ils les faisoient entrer dans les maisons qu'ils occupent en Bourgeoisie; à l'effet de quoi ils seront tenus d'en faire déclaration au Bureau en les reportant dans lesdites maisons hors Bourgeoisie, à peine de confiscation & de cinquante livres d'amende.

IXC. Les Marchands, Bourgeois & Habitans de la Ville, ne pourront faire entrer en icelle les Vins, Cidres, Eau-de-vie & autres marchandises qu'ils pourront avoir acheté en détail des Cabaretiers & Marchands vendant en détail établis aux écarts & hors ladite Ville: sans en payer les Droits de Tarif proportionnellement à la quantité qu'ils en feront entrer à peine de confiscation & de cinquante livres d'amende.

XC. Les Marchands, Bourgeois & Habitans de la Ville ne pourront mettre leurs marchandises & denrées en entrepôt ou en magasin hors ladite Ville ou dans la Banlieue d'icelle, sans en faire préalablement déclaration au Bureau du Tarif, pour en être les Droits payés à l'exception des marchandises & denrées qu'ils justifieront avoir été par eux vendues aux personnes privilégiées & à tous autres qui ne feront pas sujets aux Droits de Tarif, à peine de cinquante livres d'amende & de confiscation.

XCI. La Banlieue de la Ville demeurera fixée à deux milles quatre cents toises de l'Eglise Cathédrale de ladite Ville, par tout où lesdites deux milles

	DROITS APPARTENANS A LA VILLE.						TOTAL DES DROITS apparte-nans à la VILLE.			DROITS APPARTENANS A LA RÉGIE.									TOTAL DES DROITS apparte-nans à la RÉGIE.			TOTAL DES DROITS DUS AU ROI & à la VILLE.		
	Principal du Droit de Tarif.			Sols pour livre du Tarif.						Dix sols p. l. des Droits appartenans à la Ville.			Octrois municipaux, ou 4 s. p. liv. du Droit de Tarif.			Dix sols pour livre des Octrois municipaux.								
	l.	s.	d.	l.	s.	d.	l.	s.	d.	l.	s.	d.	l.	s.	d.	l.	s.	d.	l.	s.	d.	l.	s.	d.
....	″	″	3.	″	″	″ $\frac{3}{20}$	″	″	3 $\frac{3}{20}$	″	″	1 $\frac{23}{40}$	″	″	″ $\frac{3}{5}$	″	″	″ $\frac{3}{20}$	″	″	2 $\frac{19}{40}$	″	″	5 $\frac{25}{40}$
....	″	″	6.	″	″	″ $\frac{3}{10}$	″	″	6 $\frac{3}{10}$	″	″	3 $\frac{3}{10}$	″	″	1 $\frac{1}{5}$	″	″	″ $\frac{3}{5}$	″	″	4 $\frac{19}{20}$	″	″	11 $\frac{1}{4}$
....	″	10.	″	″	″	6.	″	10.	6.	″	5.	3.	″	2.	″	″	1.	″	″	8.	3.	″	18.	9.
....	2.	″	″	″	2.	″	2.	2.	″	1.	1.	″	″	8.	″	″	4.	″	1.	13.	″	3.	15.	″

DÉNOMINATION

DES DENRÉES ET MARCHANDISES

SUJETTES AUX DROITS.

quatre cents toiſes s'etendront, & ſera bornée dans les grands & principaux chemins aboutiſſans à ladite Ville par un Procès-verbal qui en ſera dreſſé par les Maire & Echevins.

XCII. Tous Marchands & autres perſonnes de quelque condition qu'elles ſoient qui apportent des marchandiſes & denrées de l'eſpece de celles qui ſont ordinairement vendues aux Marchés & Foires de ladite Ville, ne pourront les vendre, débiter & livrer à qui que ce ſoit dans l'étendue de ladite Banlieue ; mais ſeront obligés de les apporter auxdites Foires & Marchés pour y être expoſées, vendues & débitées à peine de deux cents livres d'amende. Pourront néanmoins ceux qui demeureront dans l'étendue de ladite Banlieue vendre chez eux leurs beſtiaux, denrées & marchandiſes & ne ſeront ſujets à l'amende ci-deſſus prononcée, que dans le cas où ils auroient ſouffert qu'on entrepoſât chez eux leſdites marchandiſes, denrées & beſtiaux.

XCIII. Il en ſera uſé de la même maniere pour les beſtiaux de toute eſpece, leſquels ne pourront être vendus ni livrés dans l'étendue de ladite Banlieue, ni même dans les rues de ladite Ville ; mais ſeront vendus & livrés aux Foires & Marchés à peine de confiſcation & de deux cents livres d'amende contre le Vendeur & l'Acheteur ſolidairement.

XCIV. Les Marchands, Fabricans, Artiſans & ceux qui auront des maiſons à la campagne à la diſtance de cent toiſes de celles qu'ils habitent dans la Bourgeoiſie & tous ceux qui auront des magaſins ou qui entrent des marchandiſes en entrepôt dans l'étendue de la Banlieue ſeront tenus de ſouffrir les viſites & exercices des Commis de l'Adjudicataire, tant pour la vérification des déclarations qu'ils auront dû paſſer conformément à ce qui eſt preſcrit dans les Articles précédens, que pour conſtater les fraudes qui pourront être commiſes au préjudice des Droits du Tarif.

XCV. Dans tous les cas où il y aura fraude commiſe au préjudice des Droits du Tarif & de l'ordre preſcrit pour la perception, l'amende & la confiſcation ſeront encourues de plein droit, quoique ces peines ne ſoient pas expreſſément à chaque Article.

XCVI. L'Adjudicatoire du Tarif ſera tenu d'avoir un regiſtre cotté & paraphé pour recevoir les déclarations ci-deſſus ordonnées dans les Articles de la préſente Pancarte.

Nota. Les Octrois Municipaux & les dix ſols pour livre deſdits Droits énoncés au préſent Tarif, & claſſés dans les différens textes du Tarif général des Aides, ſont ici pour mémoire.

GÉNÉRALITÉ DE CAEN.

TARIF DES DROITS

Dépendans de la Régie Générale,

DUS DANS LA DIRECTION DE MORTAIN.

Droits dûs sur les Boissons à l'entrée & au brassage, par muid de 144 pots.

VILLE DE MORTAIN.

NATURE DES DROITS, & Réglem. qui les autorisent.	Eau-de-vie & Liqueur.	Vin de Liqueur.	Vin ordinaire	Cidre.	Biere.	Poiré.
	l. s. d.	l. s. d.	l. s. d.	l. s. d.	l. s. d.	l. s. d.
Ordonnance de 1680, tit. [illegible] art. 1. Anciens & nouveaux 5 sols	″ ″ ″	″ 14. ″	″ 14. ″	″ ″ ″	″ ″ ″	″ ″ ″
Idem, tit. 24 art. 1. tit. [illegible] art. 3. tit. 27 art. 6. Subvention	5. 8. ″	1. 7. ″	1. 7. ″	″ 13. 6.	″ 13. 6.	″ 6. 9.
Déclarations du Roi des [illegible] Octobre & 31 Décembre [illegible]. Jauge-Courtage	2. 5. ″	″ 15. ″	″ 15. ″	″ 9. ″	″ 9. ″	″ 9. ″
Edit d'Octobre & Arrêt du Conseil du 29 Décembre 1705. Inspecteurs	1. 10. ″	″ 10. ″	″ 10. ″	″ 5. ″	″ 5. ″	″ 2. 6.
Lettres-Patentes du 2 Août 17[illegible]7. [illegible]	1. 10. ″	″ 10. ″	″ 10. ″	″ 5. ″	″ 5. ″	″ 2. 6.
Total	10. 13. ″	3. 10. ″	3. 16. ″	1. 12. 6.	1. 12. 6.	1. ″ 9.
Edit d'A[illegible] 17[illegible] [illegible] s. p. l.	5. 6. 6.	1. 18. ″	1. 18. ″	″ 16. 3.	″ 16. 3.	″ 10. 4½
Déclaration du Roi du [illegible] [illegible] 1779. Droits réservés	[illegible]4. 8. ″	6. ″ ″	1. 10. ″	″ 10. ″	″ 10. ″	″ 5. ″
Edit d'Août 1781. 10 s. p. l. [illegible] à 8 l. [illegible] addition [illegible] dudit [illegible]	4. 6. 4⅘	1. 16. ″	″ 9. ″	″ 3. ″	″ 3. ″	″ 1. 6.
Total général	[illegible] 13. 10[illegible]	13. 10. ″	7. 1. [illegible]	3. 1. 9.	3. 1. 9.	1. 17. 7½

BOURG DE TINCHEBRAY.

NATURE DES DROITS. & Réglem. qui les autorisent.	Eau-de-vie & liqueur.	Vin de Liqueur.	Vin ordinaire	Cidre.	Biere.	Poiré.
	l. s. d.	l. s. d.	l. s. d.	l. s. d.	l. s. d.	l. s. d.
Ordonnance de 1680, tit. 4 art. 1. Anciens & nouveaux cinq sols.	〃 〃 〃	〃 14. 〃	〃 14. 〃	〃 〃 〃	〃 〃 〃	〃 〃 〃
Idem, tit. 24 art. 1. tit. 26 art. 3. tit. 27 art. 6. Subvention	5. 8. 〃	1. 7. 〃	1. 7. 〃	〃 13. 6.	〃 13. 6.	〃 6. 9.
Déclarations du Roi des 10 Octobre & 31 Décembre 1689. Jauge-Courtage.	2. 5. 〃	〃 15. 〃	〃 15. 〃	〃 9. 〃	〃 9. 〃	〃 9. 〃
Edit d'Octobre & Arrêt du Conseil du 29 Décembre 1705. Inspecteurs.	1. 10. 〃	〃 10. 〃	〃 10. 〃	〃 5. 〃	〃 5. 〃	〃 2. 6.
Lettres-Patentes du 2 Août 1777. Octrois municipaux.	1. 10. 〃	〃 10. 〃	〃 10. 〃	〃 5. 〃	〃 5. 〃	〃 2. 6.
Total.	10. 13. 〃	3. 16. 〃	3. 10. 〃	1. 12. 6.	1. 12. 6.	1. 〃 9.
Edit d'Août 1781 10 s. p. l.	5. 6. 6.	1. 18. 〃	1. 18. 〃	〃 16. 3.	〃 16. 3.	〃 10. 4½
Déclaration du Roi du 3 Janvier 1759. Droits réservés.	14. 8. 〃	6. 〃 〃	1. 〃 〃	〃 10. 〃	〃 10. 〃	〃 5. 〃
Edit d'Août 1781. 10 s. p. l. modérés à 6 s. par décision du 29 dudit mois.	4. 6. 4¼	1. 16. 〃	〃 6. 〃	〃 3. 〃	〃 3. 〃	〃 1. 6.
Total général.	34. 13. 10¼	13. 10. 〃	7. 〃 〃	3. 1. 9.	3. 1. 9.	1. 17. 7½

BOURG DE SAINT HILAIRE.

NATURE DES DROITS, & Réglem. qui les autorisent.	Eau-de-vie & Liqueur.	Vin de Liqueur.	Vin ordinaire	Cidre.	Biere.	Poiré.
	l. s. d.	l. s. d.	l. s. d.	l. s. d.	l. s. d.	l. s. d.
Ordonnance de 1680, tit. 4 art. 1. Anciens & nouveaux 5 sols.	〃 〃 〃	〃 14. 〃	〃 14. 〃	〃 〃 〃	〃 〃 〃	〃 〃 〃
Idem. Tit. 24. art. 1. tit. 26. art. 3. tit. 27. art. 6. Subvention	5. 8. 〃	1. 7. 〃	1. 7. 〃	〃 13. 6.	〃 13. 6.	〃 6. 9.
Déclarations du Roi des 10 Octobre & 31 Décembre 1689. Jauge-Courtage.	2. 5. 〃	〃 15. 〃	〃 15. 〃	〃 9. 〃	〃 9. 〃	〃 9. 〃
Edit d'Octobre & Arrêt du Conseil du 29 Décembre 1705. Inspecteurs.	1. 10. 〃	〃 10. 〃	〃 10. 〃	〃 5. 〃	〃 5. 〃	〃 2. 6.
Total.	9. 3. 〃	3. 6. 〃	3. 6. 〃	1. 7. 6.	1. 7. 6.	〃 18. 3.
Edit d'Août 1781. 10 s. p. l.	4. 11. 6.	1. 13. 〃	1. 13. 〃	〃 13. 9.	〃 13. 9.	〃 9. 1½
Déclaration du Roi du 3 Janvier 1759. Droits réservés.	14. 8. 〃	6. 〃 〃	1. 5. 〃	〃 10. 〃	〃 10. 〃	〃 5. 〃
Edit d'Août 1781. 10 s. p. l. modérés à 6 s. par décision du 29 du même mois.	4. 6. 4¼	1. 16. 〃	〃 7. 6.	〃 3. 〃	〃 3. 〃	〃 1. 6.
Total général.	32. 8. 10¼	12. 15. 〃	6. 11. 6.	2. 14. 3.	2. 14. 3.	1. 13. 10½

BOURG DE FLERS.

NATURE DES DROITS, & Réglem. qui les autorifent.	Eau-de-vie & Liqueur.	Vin de liqueur.	Vin ordinaire	Cidre	Biere.	Poiré.
	l. f. d.	l. f. d.	l. f. d.	l. f. d.	l. f. d.	l. f. d.
Ordonnance de 1680. tit. 4. art. 1. Anciens & nouveaux 5 fols	// // //	// 14. //	// 14. //	// // //	// // //	// // //
Idem. tit. 24. art. 1. tit. 26. art. 3. tit. 27. art. 6. fubvention	5. 8. //	1. 7. //	1. 7. //	// 13. 6.	// 13. 6.	// 6. 9.
Déclarations du Roi des 10 Octobre & 31 Décembre 1689. Jauge-Courtage	2. 5. //	// 15. //	// 15. //	// 9. //	// 9. //	// 9. //
Edit d'Octobre & Arrêt du Confeil du 29 Décembre 1705. Infpecteurs	1. 10. //	// 10. //	// 10. //	// 5. //	// 5. //	// 2. 6.
Total	9. 3. //	3. 6. //	3. 6. //	1. 7. 6.	1. 7. 6.	// [illegible]. 3.
Edit d'Août 1781. 10 f. p. l.	4. 11. 6.	1. 13. //	1. 13. //	// 13. 9.	// 13. 9.	// 9. [illegible]
Déclaration du Roi du 3 Janvier 1759. Droits réfervés.	14. 8. //	6. // //	1. // //	// 10. //	// 10. //	// 5. //
Edit d'Août 1781. 10 f. p. l. modérés à 6 f. par décifion du 29 dudit mois	4. 6. 4$\frac{4}{5}$	1. 16. //	// 6. //	// 3. //	// 3. //	// 1. 6.
Total général	32. 8. 10$\frac{3}{5}$	12. 15. //	6. 5. //	2. 14. 3.	[illegible] 14. 3.	1. [illegible]

BOURG DE BARENTON.

NATURE DES DROITS, & Réglem. qui les autorifent.	Eau-de-vie & Liqueur.	Vin de Liqueur.	Vin ordinaire	Cidre.	Biere.	Poiré.
	l. f. d.	l. f. d.	l. f. d.	l. f. d.	l. f. d.	l. f. d.
Edit d'Octobre & Arrêt du Confeil du 29 Décembre 1705. Infpecteurs	1. 10. //	// 10. //	// 10. //	// 5. //	// 5. //	// 2. 6.
Edit d'Août 1781. 10 f. p. l.	// 15. //	// 5. //	// 5. //	// 2. 6.	// 2. 6.	// 1. [illegible]
Total	2. 5. //	// 15. //	// 15. //	// 7. 6.	// 7. 6.	// 3. [illegible]
Lettres - Patentes du 22 Avril 1759. Droits réfervés.	14. 8. //	6. // //	1. // //	// 10. //	// 10. //	// 5. //
Edit d'Août 1781. 10 f. p. l. modérés à 6 f. par décifion du 29 dudit mois	4. 6. 4$\frac{4}{5}$	1. 16. //	// 6. //	// 3. //	// 3. //	// 1. 6.
Total général	20. 19. 4$\frac{4}{5}$	8. 11. //	2. 1. //	1. // 6.	1. // [illegible]	[illegible]

BOURGS DE BRESSEY, CUVES, TEILLEUL ET MESSÉ.

NATURE DES DROITS, & Réglemens qui les autorisent.	Eau-de-vie & Liqueur.	Vin ordinaire & Vin de liqueur.	Cidre.	Biere.	Poiré.
	l. f. d.	l. f. d.	l. f. d.	l. f. d.	l. f. d.
Ordonnance de 1680, tit. 4. art. 1. Anciens & nouveaux cinq sols.	" " "	" 14. "	" " "	" " "	" " "
Idem. Tit. 24. art. 1. tit. 26. art. 3. tit. 27. art. 6. Subvention	5. 8. "	1. 7. "	" 13. 6.	" 13. 6.	" 6. 9.
Déclarations du Roi des 10 Octobre & 31 Décembre 1689. Jauge-Courtage.	2. 5. "	" 15. "	" 9. "	" 9. "	" 9. "
Édit d'Octobre & Arrêt du Conseil du 29 Décembre 1705. Inspecteurs...	1. 10. "	" 10. "	" 5. "	" 5. "	" 2. 6.
Total.	9. 3. "	3. 6. "	1. 7. 6.	1. 7. 6.	" 18. 3.
Édit d'Août 1781. Dix sols pour livre.	4. 11. 6.	1. 13. "	" 13. 9.	" 13. 9.	" 9. 1½
Total général.	13. 14. 6.	4. 19. "	2. 1. 3.	2. 1. 3.	1. 7. 4½

BOURGS DE JUVIGNY ET SAINT POIX.

NATURE DES DROITS, & Réglemens qui les autorisent.	Eau-de-vie & Liqueur.	Vin ordinaire & Vin de liqueur.	Cidre.	Biere.	Poiré.
	l. f. d.	l. f. d.	l. f. d	l. f. d.	l. f. d
Édit d'Octobre & Arrêt du Conseil du 29 Décembre 1705. Inspecteurs....	1. 10. "	" 10. "	" 5. "	" 5. "	" 2. 6.
Édit d'Août 1781. Dix sols pour livre.	" 15. "	" 5. "	" 2. 6.	" 2. 6.	" 1. 3.
Total.	2. 5. "	" 15. "	" 7. 6.	" 7. 6.	" 3. 9.

OBSERVATION.

Les Nobles sont exempts, pour leur consommation seulement, sur les Boissons provenant de leur cru, & les Ecclésiastiques sur celles du cru de leurs bénéfices, les premiers, de la subvention, les seconds, de la subvention, des nouveaux 5 sols, de la Jauge-Courtage & des droits réservés, en se conformant aux formalités prescrites par les Réglemens.

Droit de 6 l. 15 f. sur l'Eau-de-Vie de Vin, par muid de 144 pots.

Ordonnance de 1680. tit. 26. art. premier.	6 l. 15 f. " d.
Édit d'Août 1781. Dix sols pour livre	3. 7. 6.
Total	10. 2. 6.

Nota. Le droit de 6 l. 15 f. est dû sur l'Eau-de-vie de Vin à l'entrée des lieux sujets, & à l'arrivée dans les lieux non sujets, lorsqu'il n'est pas justifié qu'il a été acquitté en route, ou aux premiers Bureaux de passage. Édit de Décembre 1686, & Lettres Patentes du 28 Juin 1722.

L'Eau-de-vie rectifiée & L'Esprit-de-vin sont assujettis par la Déclaration du Roi du 9 Déc. 1687, à payer, sçavoir : l'Eau-de-vie rectifiée, le double, & l'Esprit-de-vin le triple des droits de 6 l. 15 f. & de la Subvention, & ces Liqueurs paient les autres droits comme l'Eau-de-vie simple.

Droit de CONTRÔLE *sur la* BIERE, *par muid de 144 pots.*

	l.	f.	d.
Ordonnance de 1680. tit. 27. art. premier	1	10	〃
Edit d'Août 1781. Dix fols pour livre.	〃	15.	〃
Total	2.	5.	〃

Le droit de Contrôle fur la Biere eft dû dans les Brafferies en tous les lieux où elle eft façonnée, Ordonnance ci-deffus citée.

Droits dûs à la fortie du Royaume, fur le VIN, *par muid de 144 pots.*

	l.	f.	d.
Ordonnance de 1680, tit. 4. art. 16 Anciens & nouveaux 5 fols.	〃	14	〃
Édit d'Août 1781, 10 fols pour livre	〃	7.	〃
Total	1.	1.	〃

Nota. Il fe perçoit à la fortie du Royaume, des droits de Jauge-Courtage fur le vin & l'eau-de-vie, avec les dix fols pour livre; mais ils ont été réunis à la ferme générale.

Droits de GROS, *par muid de 144 pots.*

Par l'Arrêt du Confeil du 13 Mars 1753, le vin deftiné pour être confommé dans la Province de Normandie étant exempt des droits de gros au paffage, ces droits font dûs lorfqu'il s'enleve de Normandie pour aller à l'Etranger, ou dans une autre Province: ils confiftent dans le vingtiéme du prix de la vente, l'augmentation de 16 f. 3 d. & le droit de courtage de 10 f. par muid.

Exemple pour du vin vendu 150 liv. le muid.

			l. f. d.	l. f. d.
Gros ou vingtiéme.	7. 10. 〃	}		
Augmentation.	〃 16. 3.	}	8. 16. 3.	}
Courtage	〃 10. 〃	}		13. 4. 4½
Edit d'Août 1781, 10 fols pour livre			4. 8. 1½	}

Droits dûs à la vente & revente des Boissons *dans les Paroisses de l'étendue de la Direction dépendantes de la Généralité de* CAEN, *sous la dénomination de* Courtiers - Jaugeurs.

Boissons.	Nature des droits, & Réglemens qui les autorisent.	Ier. Enlevement. Quotité des droits.	Ier. Enlevement. Total.	IIe. Enlevement. Quotité des droits.	IIe. Enlevement. Total.
		l. s. d.	l. s. d.	l. s. d.	l. s. d.
Eau-de-vie par baril de 28 à 29 veltes.	Tarif du 16 Juin 1722. Courtiers-Jaugeurs	// 18. //	1. 7. //	// 9. //	// 13. 6.
	Edit d'août 1781, dix sols pour livre	// 9. //		// 4. 6.	
Liqueur par muid de 144 pots.	Tarif du 16 Juin 1722. Courtiers-Jaugeurs	1. 18. //	2. 17. //	1. 10. //	2. 5. //
	Edit d'août 1781, 10 sols pour livre	// 19. //		// 15. //	
Vin par muid de 144 p., ou demi-queue.	Tarif du 16 Juin 1722. Courtiers-Jaugeurs	// 9. //	// 13. 6.	// 5. //	// 7. 6.
	Edit d'août 1781, 10 sols pour livre	// 4. 6.		// 2. 6.	
Cidre, Poiré & Biere par muid de 144 pots.	Tarif du 16 Juin 1722. Courtiers-Jaugeurs	// 4. 6.	// 6. 9.	// 2. 6.	// 3. 9.
	Edit d'août 1781, 10 sols pour livre	// 2. 3.		// 1. 3.	

Droits dûs à la vente & revente des Boissons, *dans les Paroisses de l'étendue de la Direction dépendantes de la Généralite* D'ALENÇON, *sous la dénomination de* Courtiers - Jaugeurs.

Boissons.	Nature des droits, & Réglemens qui les autorisent.	Ier. Enlévement. Quotité des droits.	Ier. Enlévement. Total.	IIe. Enlévement. Quotité des droits.	IIe. Enlévement. Total.
		l. s. d.	l. s. d.	l. s. d.	l. s. d.
Eau-de-vie par baril de 28 à 29 veltes.	Tarif du 16 Octobre 1696. Courtiers-Jaugeurs	// 18. //	1. 7. //	// 10. //	// 15. //
	Edit d'août 1781, 10 sols pour livre	// 9. //		// 5. //	
Liqueur par muid de 144 pots.	Tarif du 16 Octobre 1696. Courtiers-Jaugeurs	1. 18. //	2. 17. //	1. 10. //	2. 5. //
	Edit d'août 1781, 10 sols pour livre	// 19. //		// 15. //	
Vin par muid de 144 p., ou demi-queue.	Tarif du 16 Octobre 1696. Courtiers-Jaugeurs	// 9. //	// 13. 6.	// 5. //	// 7. 6.
	Edit d'août 1781, 10 sols pour livre	// 4. 6.		// 2. 6.	
Cidre, Biere & Poiré par muid de 144 pots.	Tarif du 16 Octobre 1696. Courtiers-Jaugeurs	// 4. 6.	// 6. 9.	// 2. 6.	// 3. 9.
	Edit d'août 1781, 10 sols pour livre	// 2. 3.		// 1. 3.	

Droits dûs à la vente en détail des BOISSONS, *par muid de 144 pots, dans toute l'étendue de la Direction.*

NATURE DES DROITS, & Réglemens qui les autorifent.	Eau-de-vie à 3 l. le pot.	Vin à 1 f. la pinte.	Cidre à 6 den. la pinte.	Poiré à 6 den. la pinte.	Biere à 12 fols le pot.
	l. f. d.	l. f. d.	l. f. d.	l. f. d.	l. f. d.
Le quatriéme fur l'eau-de-vie eft le tiers du prix de la vente. Édit de Décembre 1686, ci	144. ″ ″	″ ″ ″	″ ″ ″	″ ″ ″	″ ″ ″
Le quatriéme fur les vin, cidre & poiré, eft réduit au cinquiéme. Ordonnance de 1680, tit. 14 art. 1 & 2...	″ ″ ″	3. 18. ″	1. 18. ″	1. 18. ″	″ ″ ″
Le quatriéme fur la biere, eft le quart du prix de la vente, avec parifis, fol & fix deniers. Ordonnance de 1680. tit. 27. art. 6, ci........	....	....	....	....	29. 1. 3.
Edit d'Août 1781, 10 fols pour livre modérés à 8 fols, par décifion du 29 dudit mois........	57. 12. ″	1. 11. $2\frac{2}{5}$	″ 15. $2\frac{2}{5}$	″ 15. $2\frac{2}{5}$	11. 12. 6.
Total........	[illegible]. 12. ″	5. 9. $2\frac{2}{5}$	2. 13. $2\frac{2}{5}$	2. 13. $2\frac{2}{5}$	40. 13. 9.
Subvention à la confommation, tit. 26 art. 3 de l'Ordonnance de 1680. pour l'eau-de-vie, tit. 23 art. 1. & 2. pour les vins, cidre & poiré, & tit. 27 art. 6 pour la biere........	5. 8. ″	1. 7. ″	″ 13. 6.	″ 6. 9.	″ 13. 6.
Déclaration du Roi du 10 Octobre 1689. Jauge-Courtage........	2. 5. ″	″ 15. ″	″ 9. ″	″ 9. ″	″ 9. ″
Total........	7. 13. ″	2. 2. ″	1. 2. 6.	″ 15. 9.	1. 2. 6.
Edit d'Août 1781. 10 fols pour livre.	3. 16. 6	1. 1. ″	″ 11. 3.	″ 7. $10\frac{1}{2}$	″ 11. 3.
Total de la Subvention, Jauge-Courtage & 10 fols pour livre........	11. 9. 6	3. 3. ″	1. 13. 9.	1. 3. $7\frac{1}{2}$	1. 13. 9.
Rapport du quatriéme & 8 f. p. l....	201. 12. ″	5. 9. $2\frac{2}{5}$	2. 13. $2\frac{2}{5}$	2. 13. $2\frac{2}{5}$	40. 13. 9.
Total général...	213. 1. 6	8. 12. $2\frac{2}{5}$	4. 6. $11\frac{2}{5}$	3. 16. $9\frac{9}{10}$	42. 7. 6.

Nota. Lorfque le vin eft vendu plus d'un fol la pinte, les droits de quatriéme font augmentés à raifon de 3 l. 18 f. pour chaque fol; & lorfque les cidre & poiré font auffi vendus plus de fix deniers la pinte, ces droits font augmentés à raifon de 6 d. par chaque denier. Articles ci-deffus cités.

Il eft encore à obferver que le droit de Jauge-Courtage au détail, ne fe perçoit dans aucun des lieux où il a été payé à l'entrée.

Les droits de détail expliqués dans le tarif ci-deffus, font également dûs, fur les boiffons arrivant & tranfportées en bouteilles & autres vaiffaux au-deffous de 72 pintes, mefure de Paris. Lettres-Patentes du 25 Mai 1728, aux exceptions y portées, & qui tombent fur le vin de liqueur venant en caiffes, les vins de Champagne gris arrivant en paniers de cent Bouteilles, en deftination pour la province. Les vins en paniers de cinquante bouteilles en deftination pour l'Etranger, & les vins en bouteilles pour la provifion des perfonnes qui vont aux eaux de Forges, & de celles qualifiées qui vont paffer quelques tems dans leurs terres : le tout en obfervant les formalités prefcrites par lefdites Lettres-Patentes.

Les eaux-de-vie tranfportées en barils au-deffous de foixante pintes, font auffi affujetties aux droits de détail. Lettres-patentes du 24 Août 1728; Ces droits font encore dûs par les Bouilleurs & Marchands en gros d'eau-de-vie, fur les manquants à leurs charges, déduction faite du vingt-uniéme pour vingt. Lettres-Patentes citées ci-deffus.

& les ſoumiſſionnaires d'eau-de-vie ſont aſſujettis au paiement du double des droits ſur les eaux-de-vie, pour leſquelles ils ne rapportent pas, dans les trois mois certificats d'arrivée. Lettres-Patentes des 7 Juin 1727 & 2 Mars 1728.

DROIT ANNUEL.

Dans les Villes.... { Ordonnance de 1680. tit. 29. art. 1..... 8 l. // ſ. // d. / Edit d'Août 1781, 10 ſols pour livre.. 4 // // } 12 l. // ſ. // d.

Dans les autres lieux.......... { Ordonnance de 1680. tit. 29. art. 1..... 6. 10. // / Edit d'Août 1781, 10 ſols pour livre.. 3. 5. // } 9. 15. //

Ce droit eſt dû par tous les Marchands en gros, Bouilleurs, Braſſeurs, Cabaretiers, Taverniers & autres vendans en détail.

Les Détailleurs de Biere ne doivent que la moitié de l'Annuel. Ordonnance de 1680, tit. 29 art. 7.

Droits ſur les BESTIAUX *à l'entrée & au maſſacre.*

VILLE DE MORTAIN.

NATURE DES DROITS, & Réglemens qui les autoriſent.	Bœuf & Vache.	Veau & Geniſſe.	Mouton Brebis & Chevre.	Porc.	Livre de viande.
	l. ſ. d.	l. ſ. d.	l. ſ. d.	l. ſ. d.	l. ſ. d.
Édit de Février 1704. Inſpecteurs....	2. // //	// 12. //	// 4. //	// // //	// // 2.
Édit d'Août 1781, 10 ſ. p. livre.....	1. // //	// 6. //	// 2. //	// // //	// // 1.
Déclaration du Roi du 3 Janv. 1759. Droits réſervés....................	2. // //	// 13. 4.	// 5. //	// 13. 4.	à proportion
Édit d'Août 1781, 10 ſ. pour livre modérés à 6 ſ. par déciſion du 29 dud. mois	// 12. //	// 4. //	// 1. 6.	// 4. //	*idem.*
Total..........	5. 12. //	1. 15. 4.	// 12. 6.	// 17. [illegible]	

BOURG DE SAINT HILAIRE.

NATURE DES DROITS, & Réglemens qui les autoriſent.	Bœuf & Vache.	Veau & Geniſſe.	Mouton, Brebis & Chevre.	Porc.	Livre de viande.
	l. ſ. d.	l. ſ. d.	l. ſ. d.	l. ſ. d.	l. ſ. d.
Édit de Février 1704. Inſpecteurs....	2. // //	// 12. //	// 4. //	....	// // 2.
Édit d'Août 1781, 10 ſ. p. livre.....	1. // //	// 6. //	// 2. //	....	// // 1.
Déclaration du Roi du 3 Janv. 1759. Droits réſervés....................	1. 10. //	// 10. //	// 3. 6.	// 10. //	à proportion
Édit d'Août 1781, 10 ſ. pour livre modérés à 6 ſ. par déciſion du 29 dud. mois	// 9. //	// 3. //	// 1. // $\frac{3}{5}$	// 3. //	*idem.*
Total..........	4. 19. //	1. 11. //	// 10. 6 $\frac{3}{5}$	// 13. //	

BOURGS DE TINCHEBRAY ET FLERS.

Barenton

NATURE DES DROITS, & Réglemens qui les autorifent.	Bœuf & Vache.	Veau & Geniffe.	Mouton, Brebis & Chevre.	Porc.	Livre de viande.
	l. f. d.	l. f. d.	l. f. d.	l. f. d.	l. f. d.
Édit de Février 1704. Infpecteurs....	2. 〃 〃	〃 12. 〃	〃 4. 〃	....	〃 〃 2.
Edit d'Août 1781, 10 f. pour livre....	1. 〃 〃	〃 6. 〃	〃 2. 〃	....	〃 〃 1.
Déclaration du Roi du 3 Janv. 1759. Droits réfervés et lett. pat. du 22 avril 1759	1. 〃 〃	〃 6. 8.	〃 3. 〃	〃 6. 8.	à proportion
Édit d'Août 1781, dix f. pour livre modérés à 6 f. par décifion du 29 dud. mois	〃 6. 〃	〃 2. 〃	〃 〃 1[illegible]	〃 2. 〃	*idem.*
Total..........	4. 6. 〃	1. 6. 8.	〃 9. 1[illegible]	〃 8. 8.	

Droits dûs fur les BESTIAUX,

Dans les BOURGS DE JUVIGNY, SAINT POIX, BRESSEY, CUVES, TEILLEUL ET MESSÉ, *A l'entrée & au maffacre ; dans les Campagnes, par les Bouchers-Maîtres & Fils de Maîtres, avant l'abbatis, & par tous les autres Bouchers, à la vente hors domicile.*

Nature des Droits, & Réglemens qui les autorifent.	Bœuf ou Vache.	Veau ou Genifle.	Mouton, Brebis & Chevre.	Livre de viande
	l. f. d.	l. f. d.	l. f. d.	l. f. d.
Édit de Février 1704. Infpecteurs.............	2. 〃 〃	〃 12. 〃	〃 4. 〃	〃 〃 2.
Édit d'Août 1781, 10 fols pour livre...........	1. 〃 〃	〃 6. 〃	〃 2. 〃	〃 〃 1.
Total.........	3. 〃 〃	〃 18. 〃	〃 6. 〃	〃 〃 3.

Droits dûs fur les BOIS & FOIN, *dans la ville de* MORTAIN.

NATURE DES DROITS, & Réglemens qui les autorifent.	Voiture à un Cheval.	Voiture à deux Chevaux	Voiture à trois Chevaux	Somme de Cheval.	Somme d'Ane.
Déclaration du Roi du 3 Janvier 1759 & Arrêt du Confeil du 13 Sept. 1776.	l. f. d.	l. f. d.	l. f. d.	l. f. d.	l. f. d.
Droits réfervés........................	〃 5. 〃	〃 7. 6.	〃 10. 〃	〃 1. 〃	〃 〃 6.
Édit d'Août 1781, 10 fols pour livre modérés à 6 fols, par décifion du 29 dudit mois........................	〃 1. 6.	〃 2. 3.	〃 3. 〃	〃 〃 3¾.	〃 〃 1½.
Total.......	〃 6. [illegible]	〃 [illegible]	〃 1[illegible] 〃	〃 1. 3¾.	〃 〃 7½.

Au-deffus de trois Chevaux, chaque Cheval augmente le droit à proportion ;
[illegible] bois exempts, que ceux défignés dans les Lettres-patentes du
[illegible] font les bourrées & fagots fans paremens, de ronces, épines.

Sol pour livre sur le POISSON *de mer frais, sec & salé.*

Par Edit de 1583 & autres subséquens, il est dû sur le Poisson de mer venant de l'Etranger, ou de pêche Françoise, lorsque ce dernier n'est pas vendu par le propriétaire, le vingtiéme du prix de la vente ou sol pour livre, & les 10 sols pour livre de l'Edit d'Août 1781.

Il faut en excepter le Poisson que les Pêcheurs & Mariniers ont eux-mêmes pêché, qu'il leur est permis de vendre ou faire vendre par leurs femmes & enfans, sans être obligés de se servir du ministere des Vendeurs, ni de payer le sol pour livre. Arrêts du Conseil des 31 Mars 1711, portant Réglement, & 7 Juin 1763.

Il faut en excepter aussi les Morues, Harengs & tout Poisson salé, que les Marchands, Maîtres de Navires & autres, faisant le commerce de la Pêche, ont pêché ou fait pêcher sur des Vaisseaux expédiés des ports de Normandie & Picardie, & qu'ils vendent eux-mêmes ou font vendre à leur retour de la pêche, par leurs Associés, Matelots ou autres Gens de l'Equipage des Vaisseaux qui y ont été employés, lesquels sont pareillement déchargés du sol pour livre, & ce, sans distinction des parts & portions appartenantes à chacun des particuliers intéressés ou employés à ladite pêche. Arrêt du Conseil & Lettres-Patentes du 5 Décembre 1690. Autre Arrêt du Conseil du 31 Mars 1711.

Droits sur les HUILES *à la fabrication.*

REGLEMENS.	NATURE DES HUILES.	Principal	10 f. pour livre.	Total.
		l. f. d.	l. f. d.	l. f. d.
Déclaration du Roi de 1716. Edit du Roi du mois d'Août 1781, pour le doublement & les 10 sols pour livre.	Par livre pesant d'huile de poisson, d'olive, d'amende, de noix & autres fruits	" 1. "	" " 6.	" 1. 6.
	Par livre d'huile de thérébentine, lin, chenevis, rabette, navette, & autres graines	" " 6.	" " 3.	" " 9.
	Par livre d'huile d'essence, & autres de plus grande valeur que celles sujettes au droit d'un sol	" 2. "	" 1. "	" 3. "
	Si le droit principal est de plus de 3 liv. il est payé pour l'acquit	" 5. "	" 2. 6.	" 7. 6.
	S'il n'est que de 3 liv., & de moindre somme jusqu'à 20 sols inclusivement, ce droit d'acquit est de	" 2. "	" 1. "	" 3. "

Nota. Le droit d'acquit n'a pas lieu, lorsque le droit principal est au-dessous de vingt sols.

Droits sur les CUIRS *&* PEAUX*, établis par Edit du mois d'Août 1759, Arrêts du Conseil des 28 Juin & 13 Novembre 1760, sujets aux dix sols pour livre de l'Edit d'Août 1781.*

OBJETS SUJETS AUX DROITS.	CUIRS ET PEAUX, à la fabrication. Principal.	10 f. pour l.	Total.	CUIRS ET PEAUX à l'exportation. Principal	10 f. p. l.	Total.	Cuirs & Peaux à l'importation.
Sur les Cuirs & Peaux de Bœufs, & Vaches à fort & à œuvre, Veaux, Moutons, Agneaux, Chevreaux, Porcs & Sangliers tannés & aprêtés, en toutes fortes d'aprêt, la livre pesant	l. f. d. // 2. //	l. f. d. // 1. //	l. f. d. // 3. //	......	......	......	10 p. % de leur val. & 10 f. p. l.
Chevaux, Mulets, Anes, *idem*	// 1. //	// // 6.	// 1. 6.	......	......	......	
Cerfs, Elans, Orignaux, *idem*	// 6. //	// 3. //	// 9. //	......	......	......	
Boucs & Chevres, *idem.*	// 4. //	// 2. //	// 6. //	......	......	......	
Chamois, Dains & Chevreuils, *idem*	// 10. //	// 5. //	// 15. //	......	......	......	
Toutes Peaux non dénommées ci-dessus	......	......	......	......	......	......	*idem.*
Cuirs de Bœufs & Vaches en verd, en demi-aprêt, passant à l'étranger, la piéce	......	......	......	l. f. d. 6. // //	l. f. d. 3. // //	l. f. d. 9. // //	......
Peau de Veaux *idem.* la piéce	......	......	......	1. // //	// 10. //	1. 10. //	......
Peaux de Moutons *idem.* la piéce	......	......	......	// 10. //	// 5. //	// 15. //	......

Nota. Les deux tiers du principal des droits perçus sur les Cuirs aprêtés, sont remboursés, lorsque lesdits Cuirs passent à l'Etranger, en remplissant les formalités prescrites par les Réglemens.

Droits sur la MARQUE D'OR *&* D'ARGENT.

RÉGLEMENS.	OBJETS SUJETS AUX DROITS.	Principal	10 f. p. l.	Total.
Ordonnance de 1681. tit. 2. art. 1. & Edit de Mai 1723, pour le principal.	Or, par marc	l. f. d. 33. 12. //	l. f. d. 16. 16. //	l. f. d. 50. 8. //
Edit d'Août 1781, pour les 10 f. pour livre.	Argent, par marc	2. 16. //	1. 8. //	4. 4. //

Droits ſur l'AMIDON.

RÉGLEMENS.	Amidon à la fabrication, par muid de 144 pots.	Amidon & Poudre venant de l'étranger, par livre peſant.
Edit de 1771, & Arrêt du Conſeil du 10 Décembre 1778.	7 l. 10 ſ. ״ d.	״ l. 4 ſ. ״ d.
Edit d'Août 1781, dix ſols pour livre.	3. 15. ״	״ 2. ״
Total.	11. 5. ״	״ 6. ״

Droits ſur le TIMBRE DES QUITTANCES pour la Régie & pour les parties Etrangeres.

Ordonnance de 1680, tit. 33. Déclaration de 1690. Edit de 1748. Déclaration de 1771, & Lettres-Patentes de 1780. Par quittance de 3 ſ. & au-deſſus.	״ l. ״ ſ. 10 d.
Édit d'Août 1781, 10 ſ. pour livre.	״ ״ 5.
Total.	״ 1. 3.

Note. Les frais de Timbre pour les Congés & Expéditions, qui ne ſont point des quittances de droits, ſont dûs. Ordonnance de Juillet 1781, tit. commun art. 16. Déclaration de 1771 & Lettres-Patentes de 1780. art. 10.

OBSERVATION GÉNÉRALE.

Tous les articles de droits qui, payés ſéparément, ne forment pas une ſomme de ſix deniers, ne doivent pas de ſols pour livre.

De l'Imprimerie de P. M. DELAGUETTE, rue de la Vieille - Draperie. 1782.

GÉNÉRALITÉ DE CAEN.

TARIF DES DROITS DÉPENDANS DE LA RÉGIE GÉNÉRALE, DUS DANS LA DIRECTION DE SAINT LO.

DROITS SUR LES BOISSONS, A L'ENTRÉE ET AU BRASSAGE, par Muid de 144 Pots.

VILLE DE SAINT LO.

NATURE DES DROITS, ET RÉGLEMENS QUI LES AUTORISENT.	EAU DE-VIE & Liqueur.	VIN de Liqueur.	VIN ordinaire.	CIDRE.	POIRÉ.	BIERE.
	₶ ß ₰	₶ ß ₰	₶ ß ₰	₶ ß ₰	₶ ß ₰	₶ ß ₰
Ordonnance de 1680, titre 4, article 1er, Anciens & Nouveaux Cinq Sols	». ». ».	».14. ».	».14. ».	». ». ».	». ». ».	». ». ».
Idem, titre 24, art. 1er, titre 26, art. 3, titre 27, art. 6, Subvention	5. 8. ».	1. 7. ».	1. 7. ».	».13. 6.	». 6. 9.	».13. 6.
Déclarations du Roi, des 10 Oct. & 3 Déc. 1689, Jauge & Courtage	2. 5. ».	».15. ».	».15. ».	». 9. ».	». 9. ».	». 9. ».
Edit d'Octobre & Arrêt du Conseil, du 29 Décembre 1705, Inspecteurs	1. 10. ».	».10. ».	».10. ».	». 5. ».	». 2. 6.	». 5. ».
Lettres Patentes du 2 Août 1777, Octrois Municipaux	7. 4. ».	7. 4. ».	3.12. ».	». 8. ».	». 8. ».	1.10. ».
Ordonnance de 1681, titre 3, article 1er, premiere moitié d'Octroi	». ». ».	». ». ».	». ». ».	». ». ».	». ». ».	». 1. 1.⅓
TOTAL	16. 7. ».	10.10. ».	6.18. ».	1.15. 6.	1. 6. 3.	2.18. 7.⅓
Edit d'Août 1781, Dix Sols pour livre	8. 3. 6.	5. 5. ».	3. 9. ».	».17. 9.	».13. 1½	1. 9. 3.⅔
Déclaration du 3 Janvier 1759, Droits Réservés	14. 8. ».	6. ». ».	1.10. ».	».10. ».	». 5. ».	».10. ».
Edit d'Août 1781, 10 ß p. ₶, modérés à 6 s. par Décision du 29 dudit mois	4. 6. 4⅘	1.16. ».	». 9. ».	». 3. ».	». 1. 6.	». 3. ».
TOTAL GÉNÉRAL	43. 4. 10⅘.	23.11. ».	12. 6. ».	3. 6. 3.	2. 5.10½.	5. ». 11.

A

BOURG DE THORIGNY.

NATURE DES DROITS, ET RÉGLEMENS QUI LES AUTORISENT.	EAU-DE-VIE, & Liqueur.	VIN de Liqueur.	VIN ordinaire.	CIDRE.	POIRÉ.	BIERE.
	tt ß ₰	tt ß ₰	tt ß ₰	tt ß ₰	tt ß ₰	tt ß ₰
Ordonnance de 1680, titre 4, article 1er, Anciens & Nouveaux Cinq Sols.......	». ». ».	».14. ».	».14. ».	». ». ».	». ». ».	». ». ».
Idem, titre 24, art 1er, titre 26, art. 3, titre 27, art. 6, Subvention................	5. 8. ».	1. 7. ».	1. 7. ».	».13. 6.	». 6. 9.	».13. 6.
Déclarations du Roi, des 10 Oct. & 31 Déc. 1689, Jauge & Courtage.	2. 5. ».	».15. ».	».15. ».	». 9. ».	». 9. ».	». 9. ».
Edit d'Octobre & Arrêt du Conseil, du 29 Décembre 1705, Inspecteurs..........	1. 10. ».	».10. ».	».10. ».	». 5. ».	». 2. 6.	». 5. ».
TOTAL........	9. 3. ».	3. 6. ».	3. 6. ».	1. 7. 6.	».18. 3.	1. 7. 6.
Edit d'Août 1781, Dix Sols pour livre..	4. 11. 6.	1.13. ».	1.13. ».	».13. 9.	». 9. 1½.	».13. 9.
Déclaration du Roi, du 3 Janvier 1759, Droits Réservés..................	14. 8. ».	6. ». ».	1. 5. ».	».10. ».	». 5. ».	».10. ».
Edit d'Août 1781, 10 ß p^r tt, modérés à 6 ß, par Décision du 29 dudit mois..........	4. 6. 4⅘.	1.16. ».	». 7. 6.	». 3. ».	». 1. 6.	». 3. ».
TOTAL GÉNÉRAL...	32. 8. 10⅘.	12.15. ».	6.11. 6.	2.14. 3.	1.13.10½.	2.14. 3.

BOURGS DE TESSY ET CÉRISY.

NATURE DES DROITS, ET RÉGLEMENS QUI LES AUTORISENT.	EAU-DE-VIE & Liqueur.	VIN de Liqueur.	VIN ordinaire.	CIDRE.	POIRÉ.	BIERE.
	tt ß ₰	tt ß ₰	tt ß ₰	tt ß ₰	tt ß ₰	tt ß ₰
Ordonnance de 1680, titre 4, article 1er, Anciens & Nouveaux Cinq Sols.......	». ». ».	».14. ».	».14. ».	». ». ».	». ». ».	». ». ».
Idem, titre 24, art. 1er, titre 26, art. 3, titre 27, art. 6, Subvention...............	5. 8. ».	1. 7. ».	1. 7. ».	».13. 6.	». 6. 9.	».13. 6.
Déclarations du Roi, des 10 Oct. & 31 Déc. 1689, Jauge & Courtage.........	2. 5. ».	».15. ».	».15. ».	». 9. ».	». 9. ».	». 9. ».
Edit d'Octobre & Arrêt du Conseil, du 29 Décembre 1705, Inspecteurs..........	1. 10. ».	».10. ».	».10. ».	». 5. ».	». 2. 6.	». 5. ».
TOTAL.......	9. 3. ».	3. 6. ».	3. 6. ».	1. 7. 6.	».18. 3.	1. 7. 6.
Edit d'Août 1781, Dix Sols pour livre..	4. 11. 6.	1.13. ».	1.13. ».	».13. 9.	». 9. 1½.	».13. 9.
Déclaration du Roi, du 3 Janvier 1759, Droits Réservés..................	14. 8. ».	6. ». ».	1. ». ».	».10. ».	». 5. ».	».10. ».
Edit d'Août 1781, 10 ß p^r tt, modérés à 6 ß, par Décision du 29 dudit mois..........	4. 6. 4⅘.	1.16. ».	». 6. ».	». 3. ».	». 1. 6.	». 3. ».
TOTAL GÉNÉRAL...	32. 8. 10⅘.	12.15. ».	6. 5. ».	2.14. 3.	1.13.10½.	2.14. 3.

OBSERVATION GÉNÉRALE.

Les Nobles font exempts, pour leur consommation seulement, sur les Boissons provenant de leur crû, & les Ecclésiastiques sur celles du crû de leurs Bénéfices; les premiers, de la Subvention; les seconds de la Subvention, des Nouveaux Cinq Sols, de la Jauge-Courtage & des Droits Réservés, en se conformant aux formalités prescrites par les Réglemens.

DROIT DE 6tt 15ß SUR L'EAU-DE-VIE DE VIN,
par Muid de 144 Pots.

	tt	ß	9
Ordonnance de 1680, titre 26, article premier..........................	6.	15.	».
Edit d'Août 1781, Dix Sols pour livre..........................	3.	7.	6.
TOTAL..............	10.	2.	6.

Le Droit de 6tt 15ß est dû sur l'Eau-de-vie de Vin, à l'Entrée des lieux sujets, & à l'Arrivée dans lieux non sujets, lorsqu'il n'est pas justifié qu'il a été acquitté en route ou aux premiers Bureaux de passage, Edit de Décembre 1686, Lettres Patentes du 28 Juin 1722.

L'Eau-de-vie rectifiée & l'Esprit-de-Vin sont assujettis, par la Déclaration du Roi, du 9 Décembre 1687, à payer, savoir, l'Eau-de-vie rectifiée, le double, l'Esprit-de-Vin le triple des Droits de 6tt 15ß & de Subvention; & ces Liqueurs paient les autres Droits comme l'Eau-de-vie simple.

DROIT DE CONTRÔLE SUR LA BIERE,
par Muid de 144 Pots.

	tt	ß	9
Ordonnance de 1680, titre 27, article premier..........................	1.	10.	».
Edit d'Août 1781, Dix Sols pour livre..........................	».	15.	».
TOTAL..............	2.	5.	».

Nota. Le Droit de Contrôle sur la Biere, est dû dans les Brasseries en tous les lieux où elle se façonne; Ordonnance citée ci-dessus.

DROITS A LA SORTIE DU ROYAUME,
par Muid de Vin, de 144 Pots.

NATURE DES DROITS, ET RÉGLEMENS QUI LES AUTORISENT.	VIN.		
	tt	ß	9
Ordonnance de 1680, titre 4, article 16, Anciens & Nouveaux Cinq Sols	».	14.	».
Edit d'Août 1781, Dix Sols pour livre..........................	».	7.	».
TOTAL...........	1.	1.	».

Nota. Il se perçoit aussi à la sortie du Royaume, des Droits de Jauge & Courtage sur le Vin & l'Eau-de-vie, avec les Dix Sols pour livre; mais ils ont été réunis à la Ferme générale.

DROITS DE GROS.

Par l'Arrêt du Conseil, du 13 Mars 1753, les Vins destinés pour être consommés dans la Province de Normandie, étant exempts des Droits de Gros au passage, ces Droits sont dûs lorsqu'ils s'enlevent de Normandie pour aller à l'Etranger, ou dans une autre Province; ils consistent dans le vingtieme du prix de la vente, l'augmentation de 16 ß 3 ₰, le Droit de Courtage de 10 ß par Muid, & les Dix Sols pour livre de l'Edit d'Août 1781.

EXEMPLE, pour du Vin vendu 150 liv. le Muid de 144 Pots.

	tt ß ₰	tt ß ₰	tt ß ₰
Gros ou Vingtieme	7. 10. ».	8. 16. 3. ».	13. 4. 4. ½.
Augmentation	». 16. 3.		
Courtage	». 10. ».		
Edit d'Août 1781, Dix Sols pour livre		4. 8. 1. ½.	

DROITS A LA VENTE ET REVENTE DES BOISSONS,

SOUS LA DÉNOMINATION DE COURTIERS-JAUGEURS,

dans toute l'étendue de la Direction, excepté la Ville de SAINT LO.

BOISSONS.	RÉGLEMENS qui autorisent la perception DES DROITS.	1er ENLÉVEMENT. Quotité de chaque Droit.	1er ENLÉVEMENT. Total par nature de Boissons.	2e ENLÉVEMENT. Quotité de chaque Droit.	2e ENLÉVEMENT. Total par nature de Boissons.
		tt ß ₰	tt ß ₰	tt ß ₰	tt ß ₰
Eau-de-vie, par Baril de 28 à 29 Veltes.	Tarif de 1722, Courtiers-Jaugeurs	». 18. ».	1. 7. ».	». 9. ».	». 13. 6.
	Edit d'Août 1781, Dix Sols p^r liv.	». 9. ».		». 4. 6.	
Liqueur, par Muid de 144 Pots.	Tarif de 1722, Courtiers-Jaugeurs	1. 18. ».	2. 17. ».	1. 10. ».	2. 5. ».
	Edit d'Août 1781, Dix Sols p^r liv.	». 19. ».		». 15. ».	
Vin, par Muid de 144 Pots ou demi-q.	Tarif de 1722, Courtiers-Jaugeurs	». 9. ».	». 13. 6.	». 5. ».	». 7. 6.
	Edit d'Août 1781, Dix Sols p^r liv.	». 4. 6.		». 2. 6.	
Cidre, Poiré & Biere, par Muid de 144 Pots.	Tarif de 1722, Courtiers-Jaugeurs	». 4. 6.	». 6. 9.	». 2. 6.	». 3. 9.
	Edit d'Août 1781, Dix Sols p^r liv.	». 2. 3.		». 1. 3.	

DROITS DE COURTIERS-JAUGEURS,

DUS A LA VENTE ET REVENTE DES BOISSONS, DANS LA VILLE DE S. LO.

BOISSONS.	RÉGLEMENS qui autorisent la perception DES DROITS.	1er ENLÈVEMENT.			2e ENLÈVEMENT.		
		Quotité des Droits.	TOTAL.	TOTAL GÉNÉRAL.	Quotité des Droits.	TOTAL.	TOTAL GÉNÉRAL.
		tt ß ₰	tt ß ₰	tt ß ₰	tt ß ₰	tt ß ₰	tt ß ₰
Eau-de-vie, par Baril de 28 à 29 Veltes...	Tarif du 16 Juin 1722, Courtiers-Jaugeurs.	». ». ».	».18. ».	1. 7. ».	». ». ».	». 9. ».	».13. 6.
	Edit d'Août 1781, Dix Sols pr liv.....	». ». ».	». 9. ».		». ». ».	». 4. 6.	
Liqueur, par Muid de 144 Pots.......	Tarif du 16 Juin 1722, Courtiers-Jaugeurs.	». ». ».	1.18. ».	2.17. ».	». ». ».	1.10. ».	2. 5. ».
	Edit d'Août 1781, Dix Sols pr liv....	». ». ».	».19. ».		». ». ».	».15. ».	
Vin, par Muid de 144 Pots, ou ½ queue..	Tarif du 16 Juin 1722, Courtiers-Jaugeurs.	». 9. ».	».13. 6.	1. 1. ».	». 5. ».	». 7. 6.	».15. ».
	Edit d'Août 1781, Dix Sols pr liv....	». 4. 6.			». 2. 6.		
	Ordonnance de 1681, titre 3, art. 1er, 1ère moitié d'Octroi...	». 5. ».	». 7. 6.		». 5. ».	». 7. 6.	
	Edit d'Août 1781, Dix Sols pr liv....	». 2. 6.			». 2. 6.		
Cidre, Poiré & Biere, par Muid de 144.	Tarif du 16 Juin 1722, Courtiers-Jaugeurs.	». 4. 6.	». 6. 9.	». 8. ».	». 2. 6.	». 3. 9.	». 5. ».
	Edit d'Août 1781, Dix Sols pr liv...	». 2. 3.			». 1. 3.		
Nota. La Biere ne doit pas l'Octroi.	Ordonnance de 1681, titre 3, art. 1er, 1ère moitié d'Octroi...	». ».10.	». 1. 3.		». ».10.	». 1. 3.	
	Edit d'Août 1781, Dix Sols pr liv....	». ». 5.			». ». 5.		

DROITS DUS A LA VENTE EN DÉTAIL DES BOISSONS,

dans toute l'étendue de la Direction, excepté la Ville de SAINT LO,

par Muid de 144 Pots.

NATURE DES DROITS, ET RÉGLEMENS QUI LES AUTORISENT.	Eau-de-vie, à 3 livres le Pot.	VIN, à 1 sol la Pinte.	CIDRE, à 6 deniers la Pinte.	POIRÉ, à 6 deniers la Pinte.	BIERE, à 12 sols le Pot.
	tt ß ₰	tt ß ₰	tt ß ₰	tt ß ₰	tt ß ₰
Le Quatrieme sur l'Eau-de-vie est le tiers du prix de la Vente, Edit de Décembre 1686	144. ». ».	». ». ».	». ». ».	». ». ».	». ». ».
Le 4me sur les Vins, Cidre & Poiré, est réduit au 5me, Ordonn. de 1680, titre 14, article premier & deuxieme	». ». ».	3. 18. ».	1. 18. ».	1. 18. ».	». ». ».
Le Quatrieme sur la Biere est le quart du Prix de la Vente, Parisis, sol & six deniers, Ordonnance de 1680, titre 27, article 6.	». ». ».	». ». ».	». ». ».	». ». ».	29. 1. 3.
Edit d'Août 1781, Dix Sols pour livre, modérés à Huit Sols, par Décision du 29 dudit mois	57. 12. ».	1. 11. $2\frac{2}{5}$.	». 15. $2\frac{2}{5}$.	». 15. $2\frac{2}{5}$.	11. 12. 6.
TOTAL	201. 12. ».	5. 9. $2\frac{2}{5}$.	2. 13. $2\frac{2}{5}$.	2. 13. $2\frac{2}{5}$.	40. 13. 9.
Subvention à la Consommation, Ordonnance de 1680, titre 26, art. 3, pour l'Eau-de-vie, titre 23, art. 1er & 2, pour les Vins, Cidre & Poiré, & titre 27, art. 6, pour la Biere.	5. 8. ».	1. 7. ».	». 13. 6.	». 6. 9.	». 13. 6.
Déclaration du 10 Octobre 1689, Jauge & Courtage	2. 5. ».	». 15. ».	». 9. ».	». 9. ».	». 9. ».
TOTAL	7. 13. ».	2. 2. ».	1. 2. 6.	». 15. 9.	1. 2. 6.
Edit d'Août 1781, Dix Sols pour livre	3. 16. 6.	1. 1. ».	». 11. 3.	». 7. $10\frac{1}{2}$.	». 11. 3.
Total de la Subvention, Jauge & Courtage, & Dix Sols pour livre	11. 9. 6.	3. 3. ».	1. 13. 9.	1. 3. $7\frac{1}{2}$.	1. 13. 9.
Rapport du 4eme & Huit Sols pour livre	201. 12. ».	5. 9. $2\frac{2}{5}$	2. 13. $2\frac{2}{5}$.	2. 13. $2\frac{2}{5}$.	40. 13. 9.
TOTAL GÉNÉRAL	213. 1. 6.	8. 12. $2\frac{2}{5}$.	4. 6. $11\frac{2}{5}$.	3. 16. $9\frac{9}{10}$	42. 7. 6.

N.ᵃ Lorsque le Vin est vendu plus d'un sol la Pinte, les Droits de Quatrieme sont augmentés, à raison de 3 tt 18 ß pour chaque sol; & lorsque les Cidre & Poiré sont aussi vendus plus de 6 ₰ la Pinte, les Droits sont augmentés à raison de 6 ß par chaque denier, Réglemens ci-dessus cités.

Il est encore à observer que les Droits de Jauge & Courtage au Détail, ne se perçoivent dans aucun des lieux où ils sont payés à l'Entrée.

DROITS A LA VENTE EN DÉTAIL DES BOISSONS,

DANS LA VILLE DE SAINT LO, par Muid de 144 Pots.

NATURE DES DROITS, ET RÉGLEMENS QUI LES AUTORISENT.	Eau-de-vie, à 3 livres le Pot.	VIN, à 1 sols la Pinte.	CIDRE, à 6 deniers la Pinte.	POIRÉ, à 6 deniers la Pinte.	BIERE, à 12 sols le Pot.
	tt ß $\mathfrak{g}$	tt ß $\mathfrak{g}$	tt ß $\mathfrak{g}$	tt ß $\mathfrak{g}$	tt ß $\mathfrak{g}$
Quatrieme dont les autorités sont relatées au Tableau précédent....................	144. ». ».	3. 18. ».	1. 18. ».	1. 18. ».	29. 1. 3.
Edit d'Août 1781, 10 ß p^{r} tt, modérés à 8 ß, par Décision du 29 dudit mois..........	57. 12. ».	1. 11. 2$\frac{2}{5}$	». 15. 2$\frac{2}{5}$	». 15. 2$\frac{2}{5}$	11. 12. 6.
TOTAL........	201. 12. ».	5. 9. 2$\frac{2}{5}$	2. 13. 2$\frac{2}{5}$.	2. 13. 2$\frac{2}{5}$	40. 13. 9.
Ordonnance de 1681, titre 3, art. 1er, premiere moitié d'Octroi..................	». ». ».	». 10. ».	». 1. 8.	». 1. 8.	». ». ».
Ordonn. de 1680, titre 23, art. 1er, titre 26, art. 3, titre 27, art. 6, Subvention à la Consommation...........................	5. 8. ».	1. 7. ».	». 13. 6.	». 6. 9.	». 13. 6.
TOTAL...........	5. 8. ».	1. 17. ».	». 15. 2.	». 8. 5.	». 13. 6.
Edit d'Août 1781, Dix Sols pour livre.....	2. 14. ».	». 18. 6.	». 7. 7.	». 4. 2$\frac{1}{4}$	». 6. 9.
TOTAL...........	8. 2. ».	2. 15. 6.	1. 2. 9.	». 12. 7$\frac{1}{2}$	1. ». 3.
Rapport du Quatrieme & Huit Sols pour liv.	201. 12. ».	5. 9. 2$\frac{2}{5}$	2. 13. 2$\frac{2}{5}$	2. 13. 2$\frac{2}{5}$	40. 13. 9.
TOTAL GENÉRAL.....	209. 14. ».	8. 4. 8$\frac{2}{5}$	3. 15. 11$\frac{2}{5}$	3. 5. 9$\frac{9}{10}$	41. 14. ».

Les Droits de Détail, expliqués dans les Tableaux précédens, sont également dûs sur les Boissons arrivant & transportées en Bouteilles, ou autres vaisseaux, au dessous de soixante-douze Pintes, mesure de Paris, Lettres Patentes du 25 Mai 1728, aux exceptions y portées, & qui tombent sur le Vin de Liqueur venant en Caisses, les Vins de Champagne gris, arrivant en panier de cent Bouteilles, en destination pour la Province; les Vins en paniers de 50 Bouteilles, en destination pour l'Etranger, & les Vins en Bouteilles pour la provision des Personnes qui vont aux Eaux de Forges, & de celles qualifiées qui vont passer quelque tems dans leurs Terres; le tout en se conformant aux formalités prescrites par lesdites Lettres Patentes.

Les Eaux-de-vie transportées en Barils au-dessous de soixante Pintes, sont aussi assujetties aux Droits de Détail, Lettres Patentes du 24 Août 1728. Ces Droits sont encore dus par les Bouilleurs & Marchands d'Eau-de-vie en gros, sur les manquans à leur charge, déduction faite du 21e pour 20, Lettres Patentes citées ci-dessus; & les Soumissionnaires d'Eau-de-vie sont assujettis au paiement du double desdits Droits sur les Eaux-de-vie pour lesquelles ils ne rapportent pas dans les trois mois, Certificat d'arrivée; Lettres Patentes des 7 Juin 1727, & 2 Mars 1728.

DROIT ANNUEL.

		tt ß $\mathfrak{g}$	tt ß $\mathfrak{g}$
Dans les Villes.....	Ordonnance de 1680, titre 29, art. 1er.......	8. ». ».	12. ». ».
	Edit d'Août 1781, Dix Sols pour livre.....	4. ». ».	
Dans les autres Lieux.	Ordonnance de 1680, titre 29, art. 1er........	6. 10. ».	9. 15. ».
	Edit d'Août 1781, Dix Sols pour livre.....	3. 5. ».	

Ce Droit est dû par tous les Marchands en gros, Bouilleurs, Brasseurs, Cabaretiers, Taverniers & autres vendans en detail.

Les Détailleurs de Biere ne doivent que la moitié de l'Annuel, Ordonnance de 1680, titre 29, article 7.

DROITS SUR LES BESTIAUX, A L'ENTRÉE ET AU MASSACRE.

VILLE DE SAINT LO.

NATURE DES DROITS, & Réglemens qui les autorisent.	Bœuf & Vache.	Veau & Genisse.	Mouton & Brebis.	Chevre.	Agneau.	Porc.	Livre de Viande
	tt ß ₰	tt ß ₰	tt ß ₰	tt ß ₰	tt ß ₰	tt ß ₰	tt ß ₰
Edit de Février 1704, Inspecteurs.	2. ». ».	».12. ».	». 4. ».	». 4. ».	». ». ».	». ». ».	». ». 2.
Ordonn. de 1681, titre 3, art. 1er, premiere moitié d'Octroi......	». ».10.	». ».10.	». ». ».	». ». ».	». ». ».	». ». 5.	». ». ».
Lettres Patentes du 2 Août 1777, Octrois Municipaux..........	».18. ».	». 2. 1 $\frac{1}{5}$.	». 1. 7 $\frac{4}{5}$.	». ». ».	». 1. 7 $\frac{4}{5}$.	». 5. 1 $\frac{1}{5}$.	». ». 1 $\frac{4}{5}$.
TOTAL.....	2.18.10.	».14.11 $\frac{1}{5}$.	». 5. 7 $\frac{4}{5}$.	». 4. ».	». 1. 7 $\frac{4}{5}$.	». 5. 6 $\frac{1}{5}$.	». ». 3 $\frac{4}{5}$.
Edit d'Août 1781, Dix Sols pour livre..........................	1. 9. 5.	». 7. 5 $\frac{1}{5}$.	». 2. 9 $\frac{9}{10}$	». 2. ».	». ». 9 $\frac{9}{10}$	». 2. 9 $\frac{1}{10}$	». ». 1 $\frac{9}{10}$
Déclaration du Roi, du 3 Janvier 1759, Droits Réservés.........	2. ». ».	».13. 4.	». 5. ».	». 5. ».	». ». ».	».13. 4.	à proport.
Edit d'Août 1781, 10 ß p' tt, modérés à 6 sols, par Décision du 29 dudit mois..................	».12. ».	». 4. ».	». 1. 6.	». 1. 6.	». ». ».	». 4. ».	*Idem.*
TOTAL GÉNÉRAL...	7. ». 3.	1.19. 8 $\frac{4}{5}$.	» 14.11 $\frac{7}{10}$	».12. 6.	». 2. 5 $\frac{7}{10}$	1. 5. 7 $\frac{1}{10}$	

BOURG DE THORIGNY.

NATURE DES DROITS, ET RÉGLEMENS QUI LES AUTORISENT.	Bœuf & Vache.	Veau & Genisse.	Mouton, Brebis & Chevre.	Porc.	Livre de Viande.
	tt ß ₰	tt ß ₰	tt ß ₰	tt ß ₰	tt ß ₰
Edit de Février 1704, Inspecteurs............	2. ». ».	».12. ».	». 4. ».	». ». ».	». ». 2.
Edit d'Août 1781, Dix Sols pour livre..........	1. ». ».	». 6. ».	». 2. ».	». ». ».	». ». 1.
TOTAL........	3. ». ».	».18. ».	». 6. ».	». ». ».	». ». 3.
Déclaration du 3 Janvier 1759, Droits Réservés..	1.10. ».	».10. ».	». 3. 6.	».10. ».	à proport.
Edit d'Août 1781, Dix Sols pour livre, modérés à Six Sols, par Décision du 29 dudit mois......	». 9. ».	». 3. ».	». 1. » $\frac{1}{5}$.	». 3. ».	*Idem.*
TOTAL GÉNÉRAL......	4.19. ».	1.11. ».	».10. 6 $\frac{1}{5}$.	».13. ».	

BOURGS DE TESSY ET CÉRISY.

NATURE DES DROITS, ET RÉGLEMENS QUI LES AUTORISENT.	Bœuf & Vache.	Veau & Genisse.	Mouton, Brebis & Chevre.	Porc.	Livre de Viande
	tt ß ₰	tt ß ₰	tt ß ₰	tt ß ₰	tt ß ₰
Edit de Février 1704, Inspecteurs...............	2. ». ».	».12. ».	». 4. ».	». ». ».	». ». 2.
Edit d'Août 1781, Dix Sols pour livre..........	1. ». ».	». 6. ».	». 2. ».	». ». ».	». ». 1.
TOTAL..............	3. ». ».	».18. ».	». 6. ».	». ». ».	». ». 3.
Déclaration du 3 Janvier 1759, Droits Réservés...	1. ». ».	». 6. 8.	». 3. ».	». 6. 8.	à proport.
Edit d'Août 1781, Dix Sols pour livre, modérés à Six Sols, par Décision du 29 dudit mois.......	». 6. ».	». 2. ».	». ».10 $\frac{4}{5}$.	». 2. ».	*Idem.*
TOTAL GÉNÉRAL......	4. 6. ».	1. 6. 8.	». 9.10 $\frac{4}{5}$.	». 8. 8.	

DROITS DUS SUR LES BESTIAUX, DANS LES CAMPAGNES, *par les Bouchers, Maîtres & fils de Maîtres, avant l'Abattis, & par les autres Bouchers, à la Vente hors domicile.*

NATURE DES DROITS, ET RÉGLEMENS QUI LES AUTORISENT.	Bœuf & Vache.	Veau & Genisse.	Mouton, Brebis & Chevre.	Livre de Viande.
	₶ ß ₰	₶ ß ₰	₶ ß ₰	₶ ß ₰
Edit de Février 1704, Inspecteurs........................	2. ». ».	». 12. ».	». 4. ».	». ». 2.
Edit d'Août 1781, Dix Sols pour livre...................	1. ». ».	». 6. ».	». 2. ».	». ». 1.
TOTAL.....................	3. ». ».	». 18. ».	». 6. ».	». ». 3.

P I E D - F O U R C H É.

NATURE DES DROITS, ET RÉGLEMENS QUI LES AUTORISENT.	Cheval ou Jument.	Bœuf ou Vache.	Porc.	Mouton.
	₶ ß ₰	₶ ß ₰	₶ ß ₰	₶ ß ₰
Edit de Mars & Arrêt du Conseil de 1663..............	». 3. ».	». 2. ».	». 1. ».	». ». 6.
Edit d'Août 1781, Dix Sols pour livre....................	». 1. 6.	». 1. ».	». ». 6.	». ». 3.
TOTAL..................	». 4. 6.	». 3. ».	». 1. 6.	». ». 9.

Nota. Ce Droit est dû dans toutes les Foires & Marchés qui se tiennent dans les Paroisses de l'étendue du Bailliage du Cotentin, ou dépendantes de l'ancien Ressort d'icelui.

DROITS RÉSERVÉS SUR LES BOIS ET FOINS,

DANS LA VILLE DE SAINT LO.

NATURE DES DROITS, ET RÉGLEMENS QUI LES AUTORISENT.	Voiture à trois Chevaux.	Voiture à deux Chevaux.	Voiture à un Cheval.	Somme de Cheval.	Somme d'Asne.
	₶ ß ₰	₶ ß ₰	₶ ß ₰	₶ ß ₰	₶ ß ₰
Déclaration du Roi, du 3 Janvier 1759, & Arrêt du Conseil du 13 Septembre 1776............	». 10. ».	». 7. 6.	». 5. ».	». 1. ».	». ». 6.
Edit d'Août 1781, Dix Sols pour livre, modéré à Six Sols, par Décision du 29 du même mois..	». 3. ».	». 2. 3.	». 1. 6.	». ». $3\frac{1}{5}$.	». ». $1\frac{4}{5}$.
TOTAL..........	». 13. ».	». 9. 9.	». 6. 6.	». 1. $3\frac{1}{5}$.	». ». $7\frac{4}{5}$.

Au dessus de trois Chevaux, chaque Cheval augmente le Droit à proportion, & il n'y a de Bois exempts, que ceux désignés dans les Lettres Patentes du 4 Août 1778, qui sont les Bourrées & Fagots sans paremens, d'Epines, Ronces, Puines, &c.

SOL POUR LIVRE SUR LE POISSON DE MER,

FRAIS, SEC ET SALÉ.

Par Edit de 1583 & autres Réglemens subséquens, il est dû sur le Poisson de mer venant de l'Étranger ou de pêche Françoise, lorsque ce dernier n'est pas vendu par le Propriétaire, le Vingtieme du prix de la vente, ou Sol pour livre, & les Dix Sols pour livre de l'Edit d'Août 1781.

Il faut en excepter le Poisson que les Pêcheurs & Mariniers ont eux-mêmes pêché, qu'il leur est permis de vendre ou faire vendre par leurs femmes & enfans, sans être obligés de se servir du ministere des Vendeurs, ni de payer le Sol pour livre; Arrêt du Conseil du 31 Mars 1711, portant Réglement, & du 7 Juin 1763.

Il faut en excepter aussi les Morues, Harengs & tous Poissons salés, que les Marchands, Maîtres de Navires, & autres, faisant le commerce de la pêche, ont pêchés, ou fait pêcher sur des Vaisseaux expédiés des Ports de Normandie & Picardie, qu'ils vendent eux-mêmes, ou font vendre, à leur retour de la pêche, par leurs Associés, Matelots & autres gens de l'équipage des Vaisseaux qui y ont été employés, lesquels sont pareillement déchargés du Sol pour livre; & ce, sans distinction des parts & portions appartenantes à chacun des Particuliers intéressés ou employés à ladite pêche; Arrêt du Conseil & Lettres Patentes du 5 Décembre 1690; autre Arrêt, du 31 Mars 1711.

DROITS SUR LES HUILES,

A LA FABRICATION.

RÉGLEMENS.	NATURE DES HUILES.	Principal.	Dix Sols pour livre.	TOTAL.
Déclaration du Roi, du 21 Mars 1716, Edit du mois d'Août 1781, pour le Doublement des Droits & les Dix Sols pour livre.		tt ß ₰	tt ß ₰	tt ß ₰
	Par livre pesant d'Huile de Poisson, d'Olives, d'Amendes, de Noix & autres Fruits........	». 1. ».	». ». 6.	». 1. 6.
	Par livre d'Huile de Térébenthine, Lin, Chenevis, Rabette, Navette & autres Graines.........	». ». 6.	». ». 3.	». ». 9.
	Par livre d'Huile d'Essence, & autres de plus grande valeur que celles sujettes au Droit d'un Sol..........	». 2. ».	». 1. ».	». 3. ».
	Si le Droit principal est de plus de 3 tt, il est dû pour l'acquit..........	». 5. ».	». 2. 6.	». 7. 6.
	S'il n'est que de 3 tt, ou d'une moindre somme, jusqu'à vingt sols inclusivement, le Droit d'Acquit est de..........	». 2. ».	». 1. ».	». 3. ».

Nota. Le Droit d'Acquit n'a pas lieu, lorsque le Droit principal est au-dessous de Vingt Sols.

DROITS SUR LES CUIRS ET PEAUX,

établis par Edit du mois d'Août 1759, Arrêts du Conseil des 28 Juin & 13 Novembre 1760, sujets aux Dix Sols pour livre de l'Édit d'Août 1781.

OBJETS sujets aux Droits.	Cuirs et Peaux, à la Fabrication.			Cuirs et Peaux, à l'Exportation.			Cuirs & Peaux, à l'Importation.
	Principal.	Dix Sols pour livre.	Total.	Principal.	Dix Sols pour livre.	Total.	
	tt ß ꝗ	tt ß ꝗ	tt ß ꝗ	tt ß ꝗ	tt ß ꝗ	tt ß ꝗ	
Cuirs de Bœufs & Vaches, à fort & à œuvre; Peaux de Veaux, Moutons, Agneaux, Chevreaux, Porcs & Sangliers, tannés & apprêtés en toutes sortes d'apprêts, la livre pesant........	». 2. ».	». 1. ».	». 3. ».	....	....	....	10 pr % de leur valeur.
Chevaux, Mulets, & Asnes, *id.*	». 1. ».	». ». 6.	». 1. 6.	....	....	....	
Cerfs, Elans & Orignaux, *id.*.	». 6. ».	». 3. ».	». 9. ».	....	....	....	
Boucs & Chevres, *idem*.......	». 4. ».	». 2. ».	». 6. ».	....	....	....	
Chamois, Dains & Chevreuils, *idem*...............	». 10. ».	». 5. ».	». 15. ».	....	....	....	
Toutes Peaux non dénommées ci-dessus, dix pour cent de leur valeur.....................	*Mémoire.*	....	....	....	....	....	
Cuirs de Bœufs & Vaches, en verd, & en demi-apprêt, passant à l'Etranger, la piece....	....	....	....	6. ». ».	3. ». ».	9. ». ».	
Peaux de Veaux, *idem*, la piece..................	....	....	....	1. ». ».	». 10. ».	1. 10. ».	
Peaux de Moutons, *idem*, la piece..................	....	....	....	». 10. ».	». 5. ».	». 15. ».	

Les Deux tiers du principal des Droits sur les Cuirs apprêtés, sont remboursés lorsque les Cuirs passent à l'Etranger, en remplissant les formalités prescrites par les Réglemens.

DROITS SUR LA MARQUE D'OR ET D'ARGENT.

RÉGLEMENS.	OBJETS sujets aux Droits.	Principal.	Dix Sols pour livre.	Total.
		tt ß ꝗ	tt ß ꝗ	tt ß ꝗ
Ordonnance de 1681, tit. 2, art. 1er, & Edit de Mai 1723, pour le Principal.	Or, par marc........	33. 12. ».	16. 16. ».	50. 8. ».
Edit d'Août 1781, pour les Dix Sols pour livre.	Argent, par marc.....	2. 16. ».	1. 8. ».	4. 4. ».

DROITS SUR L'AMIDON.

NATURE DES DROITS, ET RÉGLEMENS QUI LES AUTORISENT.	AMIDON, à la Fabrication, par Muid.	AMIDON, Poudre à poudrer, venant de l'Étranger, par livre pesant.
	₶ ß ₰	₶ ß ₰
Edit de 1771, & Arrêt du Conseil du 10 Décembre 1778......	7. 10. ».	». 4. ».
Edit d'Août 1781, Dix Sols pour livre......................	3. 15. ».	». 2. ».
TOTAL.........	11. 5. ».	». 6. ».

OFFICES SUPPRIMÉS.

NOMS DES LIEUX.	NATURE DES OFFICES.	DROITS attribués à chaque Office.
SAINT LO.	Mesureurs de Grains..................................	
THORIGNY....	*Idem*..	
TESSY..........	*Idem*..	
CERISY........	*Idem*..	
CANISY........	*Idem*..	

DROITS SUR LES QUITTANCES TIMBRÉES,

POUR LA RÉGIE ET POUR LES PARTIES ÉTRANGERES.

	₶ ß ₰
Ordonnance de 1680, titre 33, Déclaration de 1690, Edit de 1748, Déclaration de 1771, & Lettres Patentes de 1780, par Quittance de cinq sols, & au-dessus..	». ». 10.
Edit d'Août 1781, Dix Sols pour livre..	». ». 5.
TOTAL............	». 1. 3.

Nota. Les frais de Timbre pour les Congés & Expéditions qui ne sont point des Quittances de Droits, sont dûs; Ordonnance de 1681, titre commun, art. 16, Déclaration de 1771 & Lettres Patentes de 1780, article 10.

OBSERVATION GÉNÉRALE.

Les articles de Droits qui, payés séparément, ne forment pas une somme de 6 deniers, ne doivent pas de Sols pour livre.

OCTROIS MUNICIPAUX,

prorogés par la Déclaration du Roi, du deux Août 1777.

EXTRAIT du Tarif de la Ville de Saint Lo, autorisé par Arrêt du Conseil & Lettres Patentes des 1, Février & 19 Avril 1780, enregistrées à la Cour des Aides, le 11 Mai suivant, contenant la dénomination des Droits de Tarif dûs sur les Boissons & Bestiaux, & sur lesquels Droits de Tarif la Régie a à percevoir les Octrois Municipaux, à raison de Six Sols pour livre du Principal des Droits de Tarif, & les Dix Sols pour livre, tant du Principal desdits Droits de Tarif, que desdits Octrois Municipaux.

OBJETS SUJETS AUX DROITS.	PRINCIPAL du Droit de Tarif.	DROITS APPARTENANS A LA RÉGIE.			
		Dix Sols pour livre du Principal des Droits de Tarif.	OCTROIS Municipaux, ou 6 Sols pou. livre du Droit principal de Tarif.	Dix Sols pour livre les Octrois Municipaux.	TOTAL.
	tt ß ძ	tt ß ძ	tt ß ძ	tt ß ძ	tt ß ძ
Chaque Tonneau de Cidre ou de Poiré, gros ou petit, de la contenance de 650 pots, entrant ou brassé dans la Ville, Fauxbourgs & Bourgeoisie, payera Six livres, plus ou moins, à proportion, ci..........	6. ». ».	3. ».».	1. 16. ».	». 18. ».	5.14.».
Sur chaque Muid d'Eau-de-vie & Liqueur de toute espece, sera perçu, comme dessus, vingt-quatre livres, plus ou moins, à proportion, ci..........	24. ». ».	12. ».».	7. 4. ».	3. 12. ».	22.16.».
Sur chaque Muid de Vin de Liqueur sera perçu, comme dessus, Vingt-quatre livres, plus ou moins, à proportion, ci..........................	24. ». ».	12. ».».	7. 4. ».	3. 12. ».	22.16.».
Sur chaque Muid de Vins ordinaires, soit de Bourgogne, Champagne, ou autres Vins François, sera perçu, comme dessus, Douze livres, plus ou moins, à proportion, ci..........................	12. ». ».	6. ».».	3. 12. ».	1. 16. ».	11. 8.».
Sur chaque Muid de Biere, sera perçu, comme dessus, cinq livres, plus ou moins, à proportion, &c. ci..	5. ». ».	2.10.».	1. 10. ».	». 15. ».	4.15.».
Sur chaque Bœuf ou Vache qui seront massacrés dans l'étendue de ladite Bourgeoisie, ou qui y entreront, sera payé Trois livres, ci..................	3. ». ».	1.10.».	». 18. ».	». 9.».	2.17.».
Sur chaque Veau mâle ou femelle, qui sera massacré dans l'étendue de ladite Bourgeoisie, ou y entrera massacré, Sept sols, ci..................	». 7. ».	». 3.6.	». 2. 1 1/5.	». 1. » 3/5.	». 6.7 4/5
Sur chaque Mouton ou Agneau mâle ou femelle, qui sera massacré dans l'étendue de ladite Bourgeoisie, ou y entrera massacré, Cinq sols six deniers, ci...	». 5. 6.	». 2.9.	». 1.7 4/5.	». ». 9 9/10	». 5.2 7/10
Sur chaque Porc mâle ou femelle (non compris les Cochons de lait, qui se vendent à la poche), qui sera massacré dans l'étendue de la Bourgeoisie, ou qui y entrera massacré, Dix-sept sols, ci..............	».17. ».	». 8.6.	». 5. 1 1/5.	». 2. 6 3/5.	».16.1 4/5.
Sur la partie de Bœuf ou Vache, de Veau, de Mouton, Brebis, Agneau & Porc, qui entreront dans ladite Bourgeoisie, il sera payé Six deniers pour livre, ci..	». ». 6.	». ».3.	». ». 1 4/5.	». ». » 9/10	». ».5 7/10

Nota. Les Octrois Municipaux & les Dix Sols pour livre desdits Droits, énoncés au présent Tableau, & classés dans les différens textes du Tarif général, sont ici pour mémoire.

EXTRAIT DU TARIF DES DENRÉES ET MARCHANDISES

Sujettes aux Droits de Premiere & Seconde Moitié d'Octroi, dans la Ville de SAINT LO, *sur lesquelles la Régie a à percevoir la Premiere Moitié, les Dix Sols pour livre d'icelle, & les Dix Sols pour livre de la Seconde moitié appartenante à la Ville.*

OBJETS SUJETS AUX DROITS.	Seconde moitié d'Octroi	*DROITS APPARTENANS A LA RÉGIE.*			
		Dix Sols pour livre.	Premiere moitié d'Octroi.	Dix Sols pour livre.	TOTAL.
	tt ß ₰	tt ß ₰	tt ß ₰	tt ß ₰	tt ß ₰
Pour chaque Muid de Vin vendu en détail dans ladite Ville, & autres vaisseaux à proportion	».10. ».	». 5. ».	».10. ».	». 5. ».	1. ». ».
Et pour la Vente en Gros	». 5. ».	». 2. 6.	». 5. ».	». 2. 6.	».10. ».
Pour chaque queue ou pipe de Cidre & menues Boissons, vendues en gros	». 1. 3.	». ». 7½.	». 1. 3.	». ». 7½.	». 2. 6.
Et en détail	». 2. 6.	». 1. 3.	». 2. 6.	». 1. 3.	». 5. ».
Pour chaque brassin de Biere ou Cervoise, à raison de pipe & demie pour brassin, au dessus & au dessous, à l'équipolent	». 2. 6.	». 1. 3.	». 2. 6.	». 1. 3.	». 5. ».
Pour chaque Drap tissu	». ».10.	». ». 5.	». ».10.	». ». 5.	». 1. 8.
Pour chaque demi-Drap	». ». 1.	». ». »½.	». ». 1.	». ». »½.	». ». 2.
Pour chaque Serge forte, & Lingette	». ». 7½.	». ». 3¾.	». ». 7½.	». ». 3¾.	». 1. 3.
Pour chaque somme de Poisson, à l'exception des Coques & Moules	». ». 5.	». ». 2½.	». ». 5.	». ». 2½.	». ».10.
Pour chaque rondelle de Harengs blancs, & sur chaque millier d'Harengs saurs	». ».10.	». ». 5.	». ».10.	». ». 5.	». 1. 8.
Pour chaque Voide à mouiller, en ladite Ville & Fauxbourgs	». 2. ».	». 1. ».	». 2. ».	». 1. ».	». 4. ».
Pour chaque boite de Garence	». 1. 9.	». ».10½.	». 1. 9.	». ».10½.	». 3. 6.
Pour chaque balle de Garence	». 2. 6.	». 1. 3.	». 2. 6.	». 1. 3.	». 5. ».
Pour chaque Bœuf, Vache & Aumaille, vendu en détail	». ».10.	». ». 5.	». ».10.	». ». 5.	». 1. 8.
Pour chaque Porc, ou panne de Lard	». ». 5.	». ». 2½.	». ». 5.	». ». 2½.	». ».10.
Pour cent de Suif ou Graisse, fondu	». 1. 8.	». ».10.	». 1. 8.	». ».10.	». 3. 4.
Pour chaque cent de Beurre	». ».10.	». ». 5.	». ».10.	». ». 5.	». 1. 8.
Pour chaque cent de Laine & Peaux, vendu dans la Ville, Fauxbourgs & Banlieue	». 1. 8.	». ».10.	». 1. 8.	». ».10.	». 3. 4.
Pour chaque Cuir gris ou pelu	». ». 2.	». ». 1.	». ». 2.	». ». 1.	». ». 4.
Pour chaque Tanneur séant à l'étal ou à la fenêtre, payera chaque semaine	». ». 6.	». ». 3.	». ». 6.	». ». 3.	». 1. ».
Pour chaque Bête à quatre pieds, excepté les Bêtes de lait	». ». 1.	». ». »½.	». ». 1.	». ». »½.	». ». 2.
Pour chaque Mouton	». ». »¼.	». ». »⅛.	». ». »¼.	». ». »⅛.	». ». »½.
Pour chaque somme de Pommes	». ». 1.	». ». »½.	». ». 1.	». ». »½.	». ». 2.
Pour chaque charretée de Fer	». ». 7½.	». ». 3¾.	». ». 7½.	». ». 3¾.	». 1. 3.
Pour chaque baril d'Alun	». 1. 8.	». ».10.	». 1. 8.	». ».10.	». 3. 4.

Nota. Les Droits de premiere moitié d'Octroi, & les Dix Sols pour livre dudit Octroi, énoncés au présent Tableau, & classés dans les différens textes du Tarif général, sont ici pour Mémoire.

DÉNOMINATION DES PARTIES ÉTRANGERES A LA RÉGIE, dont les Dix Sols pour livre sont dus au Roi.

NOMS des Lieux.	DÉNOMINATION des Droits.
SAINT LO...........	Droit d'Hôpital. Poids-le-Roi.
THORIGNY...........	Tarif. Sols pour livre du Tarif ou de la Bourgeoisie.

De l'Imprimerie de LAMESLE, Imprimeur des Fermes du Roi, au Bureau général des Aides, Hôtel de Bretonvilliers, Isle Saint Louis. 1781.

GENÉRALITÉ DE CAEN.

TARIF

DES DROITS DEPENDANTS DE LA RÉGIE GÉNÉRALE, DUS DANS LA DIRECTION *DE VALOGNES.*

A PARIS,

Chez KNAPEN, Imprimeur de la Cour des Aides, au bas du Pont Saint Michel.

M. DCC. LXXXII.

TARIF DES DROITS DÉPENDANTS

De la Regie Generale dus dans la Direction de VALOGNES.

VILLE DE VALOGNES.

BOISSONS.

Droits sur les Boissons à l'entrée & au brassage, par muid de 144 pots.

Nature des Droits & Reglements qui les autorisent.	Eau-de-vie de vin & liqueur	Eau-de-vie de cidre & poiré, à l'entrée.	Eau-de-vie brûlée & façonnée dans la Ville & Fauxb.	Vin de liqueur.	Vin ordinaire.	Cidre.	Poiré.	Biere.
	l. s. d.	l. s. d.	l. s. d.	l. s. d.	l. s. d.	l. s. d.	l. s. d.	l. s. d.
Ord. de 1680, tit 4, art. 1, anciens & nouveaux 5 sols. .	// // //	// // //	// // //	// 14. //	// 14. //	// // //	// // //	// // //
Id. tit. 24, art. 1, tit. 26, art. 3, tit. 27, art. 6, Subvention.	5. 8. //	5. 8. //	5. 8. //	1. 7. //	1. 7. //	// 13. 6	// 6. 9	// 13. 6
Déclarat. des 10 Oct & 31 Décemb. 1689. Jauge-court. .	2. 5. //	2. 5. //	2. 5. //	// 15. //	// 15. //	// 9. //	// 9. //	// 9. //
Edit d'Oct. & Arrêt du Conf. du 29 Décemb. 1705, Inspecteurs.	1.10. //	1.10. //	1.10. //	// 10. //	// 10. //	// 5. //	// 2. 6	// 5. //
Lettres-Patent. du 2 Août 1777, Octrois municipaux	2.17. 7 1/5	2. 3. 2 3/5	1. 8. 9 3/5	2.17. 7 1/5	// 16. //	// 2. 9 1/5	// 2. 9 1/5	// 2. 9 1/5
Total. . .	12. // 7 1/5	11. 6. 2 3/5	10.11. 9 3/5	6. 3. 7 1/5	4 2. //	1.10. 3 1/5	1. 1. //	1.10. 3 1/5
Edit d'Août 1781, 10 sols pour livre . . .	6. // 3 3/5	5 13. 1 1/5	5. 5 10 4/5	3. 1. 9 3/5	2. 1. //	// 15. 1 1/5	// 10. 6 1/10	// 15. 1 1/5
Déclarat. du 3 Janvier 1759, droits réservés	14. 8. //	14. 8. //	14. 8. //	6. // //	1.10. //	// 10. //	// 5. //	// 10. //
Edit d'Août 1781, 10 sols pour liv. modérés à 6 sols par décision du 29 dudit mois . . .	4. 6. 4 4/5	4. 6. 4 4/5	4. 6. 4 4/5	1. 16. //	// 9. //	// 3 //	// 1 6	// 3. //
Total général.	36.15. 3 3/5	35.13. 8 1/5	34 12. 1 1/5	17. 1. 4 [illegible]	8. 2. //	2.18. // 4/5	1.18. 1/10	2.18. 4 1/5

Bourgs de SAINT-SAUVEUR *&* MONTEBOURG.

Nature des Droits & Reglements qui les autorisent.	eau-de-vie & liqueur.	Vin de Liqueur.	Vin ordinaire	Cidre.	Biere.	Poiré.
	l. s. d.	l. s. d.	l. s. d.	l. s. d.	l. s. d.	l. s. d.
Ordonn. de 1680, tit. 4, art. 1, anciens & nouveaux 5 sols.	" " "	" 14. "	" 14. "	" " "	" " "	" " "
Id. tit. 24, art. 1, tit. 26, art. 3, tit. 27, art. 6, Subvention.	5. 8. "	1. 7. "	1. 7. "	" 13. 6	" 13. 6	" 6. 9
Déclarations du Roi des 10 Octobre & 31 Décemb. 1689, Jauge-Courtage...........	2. 5. "	" 15. "	" 15. "	" 9. "	" 9. "	" 9. "
Edit d'Octobre & Arrêt du Conseil du 29 Décembre 1705, Inspecteurs...............	1. 10. "	" 10. "	" 10. "	" 5. "	" 5. "	" 2. 6
Lettres-Patentes du 2 Août 1777, Octrois municipaux...	1. 10. "	" 10. "	" 10. "	" 5. "	" 5. "	" 2. 6
Total....	10. 13. "	3. 16. "	3. 16. "	1. 12. 6	1. 12. 6	1. " 9
Edit d'Août 1781, 10 s. pour l.	5. 6. 6.	1. 18. "	1. 18. "	" 16. 3	" 16. 3	" 10. 4½
Déclaration du Roi du 3 Janv. 1759, Droits réservés.....	14. 8. "	6. " "	1. 5. "	" 10. "	" 10. "	" 5. "
Edit d'Août 1781, 10 s. pour l. modérés à 6 s. par décision du 29 du même mois......	4. 6. 4⅘	1. 16. "	" 7. 6	" 3. "	" 3. "	" 1. 6
Total général....	34. 13. 10⅘	13. 10. "	7. 6. 6	3. 1. 9	3. 1. 9	1. 17. 7½

Bourg de BARFLEUR.

Nature des Droits & Reglements qui les autorisent.	eau-de-vie & liqueur.	Vin de Liqueur.	Vin ordinaire.	Cidre.	Biere.	Poiré.
	l. s. d.	l. s. d.	l. s. d.	l. s. d.	l. s. d.	l. s. d.
Ordonn. de 1680, tit. 4, art. 1, anciens & nouveaux 5 sols.	" " "	" 14. "	" 14. "	" " "	" " "	" " "
Id. tit. 24, art. 1, tit. 26, art. 3, tit. 27, art. 6, Subvention.	5. 8. "	1. 7. "	1. 7. "	" 13. 6.	" 13. 6.	" 6. 9.
Déclarations du Roi des 10 Octobre & 31 Décemb. 1689, Jauge-Courtage...........	2. 5. "	" 15. "	" 15. "	" 9. "	" 9. "	" 9. "
Edit d'Octobre & Arrêt du Conseil du 29 Décembre 1705, Inspecteurs...............	1. 10. "	" 10. "	" 10. "	" 5. "	" 5. "	" 2. 6.
Lettres-Patentes du 2 Août 1777, Octrois municipaux...	1. 10. "	" 10. "	" 10. "	" 5. "	" 5. "	" 2. 6.
Total....	10. 13. "	3. 16. "	3. 16. "	1. 12. 6.	1. 12. 6.	1. " 9.
Edit d'Août 1781, 10 s. pour l.	5. 6. 6.	1. 18. "	1. 18. "	" 16. 3.	" 16. 3.	" 10. 4½
Déclaration du Roi du 3 Janv. 1759, Droits réservés....	14. 8. "	6. " "	1. " "	" 10. "	" 10. "	" 5. "
Edit d'Août 1781, 10 s. pour l. modérés à 6 s. par décision du 29 du même mois......	4. 6. 4⅘	1. 16. "	" 6. "	" 3. "	" 3. "	" 1. 6.
Total général....	34. 13. 10⅘	13. 10. "	7. " "	3. 1. 9.	3. 1. 9.	1. 17. 7½

Bourg de SAINT-VAST.

Nature des Droits & Reglements qui les autorisent.	eau-de-vie & liqueur.	Vin de Liqueur.	Vin ordinaire.	Cidre.	Biere.	Poiré.
	l. s. d.	l. s. d.	l. s. d.	l. s. d.	l. s. d.	l. s. d.
Edit d'Octobre & Arrêt du Conseil du 29 Décemb. 1705, Inspecteurs.	1. 10. //	// 10. //	// 10. //	// 5. //	// 5. //	// 2. 6.
Lettres-Patenres du 2 Août 1777, Octrois municipaux...	1. 10. //	// 10. //	// 10. //	// 5. //	// 5. //	// 2. 6.
Total....	3. // //	1. // //	1. // //	// 10. //	// 10. //	// 5. //
Edit d'Août 1781, 10 s. pour l.	1. 10. //	// 10. //	// 10. //	// 5. //	// 5. //	// 2. 6.
Lettres-patent. du 22 Avril 1759, Droits réservés......	14. 8. //	6. // //	1. 5. //	// 10.	// 10. //	// 5. //
Edit d'Août 1781, 10 s. pour l. modérés à 6 s. par décision du 29 dudit mois.........	4. 6. 4 4/5	1. 16. //	// 7. 6.	// 3. //	// 3. //	// 1. 6.
Total général....	23. 4. 4 4/5	9. 6. //	3. 2. 6.	1. 8. //	1. 8. //	// 14. //

Bourg de QUETTEHOU.

Nature des Droits & Reglements qui les autorisent.	eau-de-vie & liqueur.	Vin de Liqueur.	Vin ordinaire.	Cidre.	Biere.	Poiré.
	l. s. d.	l. s. d.	l. s. d.	l. s. d.	l. s. d.	l. s. d.
Edit d'Octobre & Arrêt du Conseil du 29 Décemb. 1705, Inspecteurs.	1. 10. //	// 10. //	// 10. //	// 5. //	// 5. //	// 2. 6.
Edit d'Août 1781, 10 sols pour liv.	// 15. //	// 5. //	// 5. //	// 2. 6	// 2. 6.	// 1. 3.
Lettres-Patentes du 22 Avril 1759, Droits réservés..	14. 8. //	6. // //	1. 5. //	// 10. //	// 10. //	// 5. //
Edit d'Août 1781, 10 sols pour l. modérés à 6 sols, par décision du 29 dudit mois ...	4. 6. 4	1. 16. //	// 7. 6.	// 3. //	// 3. //	// 1. 6.
Total général....	20 19. 4	8. 11. //	2. 7. 6.	1. // 6.	1. // 6.	// 10. 3.

Bourg de BARNEVILLE.

Nature des Droits, & Réglements qui les autorisent.	Eau-de-vie. & Liqueur.	Vin ordinaire & de liqueur.	Cidre.	Biere.	Poiré.
	l. s. d.	l. s. d.	l. s. d.	l. s. d	l. s. d.
Ordonnance de 1680, tit. 4, art. 1, anciens & nouv. 5 sols.................	// // //	// 14. //	// // //	// // //	// // //
Ordon. de 1680, tit. 24, art. prem. tit. 26, art. 3, tit. 27, art. 6, Subvent...	5. 8. //	1. 7. //	// 13. 6.	// 15. 6.	// 6. 9.
Déclar. des 10 Oct & 31 Déc. 1689, Jauge-court...	2. 5. //	// 15. //	// 9. //	// 9. //	// 9. //
Edit d'Oct. & Arrêt du Conseil de 1705, Inspect...	1. 10. //	// 10. //	// 5. //	// 5. //	// 2. 6.
Total...	9. 3. //	3. 6. //	1. 7. 6.	1. 7. 6.	// 18. 3.
Edit d'Août 1781, 10 s. pour l.	4. 11. 6.	1. 13. //	// 13. 9.	// 13. 9.	// 9. 1 1/2
Total général...	13. 14. 6.	4. 19. //	2. 1. 3.	2. 1. 3.	1. 7. 4. 1/2

OBSERVATION.

Les Nobles sont exempts, pour leur consommation seulement sur les boissons provenantes de leur cru, & les Eccléfiaftiques fur celles du cru de leur bénéfice; les premiers, de la fubvention; les feconds, de la fubvention, des nouveaux 5 fols, de la jauge-courtage & des droits réfervés, en fe conformant aux formalités prefcrites par les Reglements.

Droit de 6 liv. 15 fols fur l'Eau-de-vie de vin, par muid de 144 pots.

	l.	f.	d.
Ordonnance de 1680, tit. 26, art. 1er.	6.	15.	"
Edit d'Août 1781, 10 f. pour liv.	3.	7.	6.
Total.	10.	2.	6.

Nota. Le droit de 6 l. 15 f. eft dû fur l'eau-de-vie de vin, à l'entrée des lieux fujets, & à l'arrivée, dans les lieux non fujets, lorfqu'il n'eft pas juftifié qu'il a été acquitté en route, ou aux premiers Bureaux de paffage. Edit de Décembre 1686, & Lettres-Patentes du 28 Juin 1722.

L'Eau-de-vie rectifiée & l'efprit de vin font affujétis par la Déclaration du Roi du 9 Décembre 1687, à payer, fçavoir; l'eau-de-vie rectifiée le double, l'efprit-de-vin le triple des droits de 6 l. 15 f. & de la fubvention, & ces liqueurs payent les autres droits comme l'eau-de-vie fimple.

Droits de Contrôle fur la BIERE, *par muid de 144 pots.*

	l.	f.	d.
Ordonnance de 1680, titre 27, article 1,	1.	10.	"
Edit d'Août 1781, 10 fols pour livre,	"	15.	"
Total.	2.	5.	"

Nota. Le droit de contrôle fur la Biere eft dû dans les Brafferies en tous les lieux où elle eft façonnée. Ordonnance ci-deffus citée.

Droits dus à la fortie du Royaume, par muid de 144 pots de vin.

	l.	f.	d.
Ordonnance de 1680, titre 4, article 16, anciens & nouveaux 5 fols	"	14	"
Edit d'Août 1781, 10 fols pour livre	"	7	"
Total	1.	1	"

Nota. Il fe perçoit auffi, à la fortie du Royaume, des droits de jauge-courtage fur le vin & l'eau-de-vie, avec les 10 fols pour liv. mais ils ont été réunis à la Ferme Générale.

Droits de GROS, *par muid de 144 pots.*

Par l'Arrêt du Confeil du 13 Mars 1753, le vin deftiné pour être confommé dans la Province de Normandie étant exempt des droits de gros au paffage, ces droits font dus lorfqu'il s'enleve de Normandie pour aller à l'Etranger, ou pour paffer dans une autre Province. Ils confiftent dans le vingtième du prix de la vente, l'augmentation de 16 f. 3 den. & le droit de courtage de 10 fols par muid.

Exemple pour du VIN *vendu 150 liv. le muid.*

	l.	f.	d.	l.	f.	d.	l.	f.	d.
Gros ou vingtième du prix de la vente.	7.	10.	"	8.	16.	3.	13.	4.	4½
Augmentation	"	16.	3.						
Courtage	"	10.	"						
Edit d'Août 1781, 10 fols pour livre				4.	8.	1½			

Droits dus à la vente & revente des Boiſſons, dans toute l'étendue de la Direction ſous la dénomination de Courtiers-Jaugeurs.

Nature des boiſſons.	Nature des Droits & Réglements qui les autoriſent.	1er. Enlevement.		2e. Enlevement.	
		Quotité des Droits.	Total.	Quotité des Droits.	Total.
		liv. ſ. d.	liv. ſ. d.	liv. ſ. d.	liv. ſ. d.
Eau de-vie, par barils de 28 à 29 veltes.	Tarif du 16 Juin 1722 .... Edit d'Août 1781. 10 ſ. pour liv.	// 18.// // 9.//	1. 7 //	// 9. // // 4. 6.	// 13.6.
Liqueur, par muid de 144 pots.	Tarif du 16 Juin 1722......... Edit d'Août 1781. 10 ſ. pour liv.	1.18.// // 19.//	2.17 //	1. 10 // // 15 //	2. 5.//
Vin, par muid de 144 pots, ou demi-queue.	Tarif du 16 Juin 1722. .... Edit d'Août 1781. 10ſ. pour liv.	// 9.// // 4.6.	// 13.6.	// 5.// // 2.6.	// 7.6.
Cidre, Poiré & Biere par muid de 144 pots.	Tarif du 16 Juin 1722. .... Edit d'Août 1781. 10 ſ. pour liv.	// 4.6. // 2.3.	// 6. 9.	// 2.6. // 1.3.	// 3.9.

Droits dus à la vente en détail dans toute l'étendue de la Direction, à l'exception de la Ville de VALOGNES, *par muid de* 144 *pots.*

Nature des Droits & Reglements qui les autorisent.	Eau-de-vie à 3 liv. le pot.	Vin à 1 sol la pinte.	Cidre à 6 den. la pinte.	Poiré à 6 den. la pinte.	Biere à 12 sols le pot.
	l. s. d.	l. s. d.	l. s. d.	l. s. d.	l. s. d.
Le quatrième sur l'eau-de-vie est le tiers du prix de la vente; Edit de Décemb. 1686.	144. ″ ″	″ ″ ″	″ ″ ″	″ ″ ″	″ ″ ″
Le quatrième sur les Vin, Cidre & Poiré est réduit au cinquième; Ordonnance de 1680, tit. 14, art. 1 & 2....	″ ″ ″	3.18. ″	1.18. ″	1.18. .	″ ″ ″
Le quatrième sur la Biere, est le quart du prix de la vente, avec parisis, sol & six den. Ordonnance de 1680, tit. 27, art. 6.......	″ ″ ″	″ ″ ″	″ ″ ″	″ ″ ″	29. 1. 3.
Edit d'Août 1681, 10 s. pour liv. modérés à 8 s. par décision du 29 du même mois......	57.12. ″	1.11. $2\frac{2}{5}$	″ 15. $2\frac{2}{5}$	″ 15. $2\frac{2}{5}$	11.12. 6.
Total...	201.12. ″	5. 9. $2\frac{2}{5}$	2.13. $2\frac{2}{5}$	2.13. $2\frac{2}{5}$	40.13. 9.
Subvention à la consommation, tit. 26, art. 3 de l'Ordonn. de 1680 pour l'Eau-de-vie; tit. 23, art. 1 & 2, pour les Vin, Cidre & Poiré, & tit. 27, art. 6, pour la Biere............	5. 8. ″	1. 7. ″	″ 13. 6.	″ 6. 9.	″ 13. 6.
Jauge & Courtage, Déclaration du Roi du 10 Octobre 1689....	2. 5. ″	″ 15. ″	″ 9. ″	″ 9. ″	″ 9. ″
Total...	7.13. ″	2. 2. ″	1. 2. 6.	″ 15. 9.	1. 2. 6.
Edit d'Août 1781, 10 sols pour livre......	3.16. 6.	1. 1. ″	″ 11. 3.	″ 7.$10\frac{1}{2}$	″ 11. 3.
Total de la subvention, jauge-courtage & dix sols pour livre......	11. 9. 6.	3. 3. ″	1.13. 9.	1. 3. $7\frac{1}{2}$	1.13. 9.
Rapport du quatrième & 8 s. pour liv......	201.12. ″	5. 9. $2\frac{2}{5}$	2.13. $2\frac{2}{5}$	2.13. $2\frac{2}{5}$	40.13. 9.
Total général...	213. 1. 6.	8.12. $2\frac{2}{5}$	4. 6.$11\frac{3}{5}$	3.16. $9\frac{9}{10}$	42. 7. 6.

Nota. Lorsque le Vin est vendu plus d'un sol la pinte, les droits de quatrième sont augmentés à raison de 3 l. 18 s. par chaque sol, & lorsque les cidre & poiré sont aussi vendus plus de 6 d. la pinte, ces droits sont augmentés à raison de 6 s. par chaque d. Art. ci-devant cités.

Il est encore à observer que le droit de Jauge-Courtage au détail ne se perçoit dans aucun des lieux où il a été payé à l'entrée.

Droits dus à la vente en détail dans la Ville de VALOGNES, *par muid de 144 pots.*

Nature des Droits & Reglements qui les autorisent.	Eau-de-vie à 3 liv. le pot.	Vin à 1 sol la pinte.	Cidre à 6 den. la pinte.	Poiré à 6 den. la pinte.	Biere à 12 sols le pot.
	l. s. d.	l. s. d.	l. s. d.	l. s. d.	l. s. d.
Quatrième, dont les autorités sont relatées au tableau précédent.	144. // //	3.18. //	1.18. //	1.18. //	29. 1.3.
Edit d'Août 1781, 10 s. pour liv. modérés à 8 s. par décision du 29 dudit mois	57.12. //	1.11.2$\frac{2}{5}$	// 15.2$\frac{2}{5}$	// 15.2$\frac{2}{5}$	11.12 6.
Total...	201.12. //	5. 9.2$\frac{2}{5}$	2.13.2$\frac{2}{5}$	2.13.2$\frac{2}{5}$	40.13.9.
Subvention à la consommation, mêmes autorités qu'au Tableau précédent	5. 8. //	1. 7. //	// 13.6.	// 6. 9.	// 13.6.
Lettres-patent. du 2 Août 1777, octrois municipaux............	// // //	// 2. //	// // 6$\frac{1}{5}$	// // 6$\frac{2}{5}$	// // 6$\frac{2}{5}$
Total....	5. 8. //	1. 9. //	// 14.//$\frac{1}{5}$	// 7.3$\frac{2}{5}$	// 14. $\frac{2}{5}$
Edit d'Août 1781, 10 sols pour livre........................	2.14. //	// 14. 6.	// 7. $\frac{1}{5}$	// 3.7$\frac{5}{6}$	// 7. $\frac{1}{5}$
Rapport du quatrième, & 8 sols pour livre	201.12. //	5. 9. 2$\frac{2}{5}$	2.13.2$\frac{2}{5}$	2.13.2$\frac{2}{5}$	40.13. 9
Total général....	209.14. //	7.12.8$\frac{2}{5}$	3.14.3$\frac{2}{5}$	3. 4.1$\frac{9}{10}$	41.14.10

Les droits de détail expliqués dans les Tarifs précédents, sont également dus sur les boissons arrivantes & transportées en bouteilles, & autres vaisseaux au-dessous de 72 pintes, mesure de Paris; Lettres-patentes du 25 Mai 1728, aux exceptions y portées, & qui tombent sur le Vin de liqueur venant en caisse, les Vins de Champagne gris arrivants en paniers de 100 bouteilles, en destination pour la Province, les Vins en paniers de 50 bouteilles en destination pour l'Etranger, & les Vins en bouteilles pour la provision des personnes qui vont aux Eaux de Forges, & de celles qualifiées qui vont passer quelque temps dans leurs terres, le tout en se conformant aux formalités prescrites par lesdites Lettres-patentes.

Les eaux-de-vie transportées en barils au-dessous de 60 pintes, sont aussi assujetties aux droits de détail. Lettres-pat. du 24 Août 1728 : ces droits sont encore dûs par les Bouilleurs & Marchands en gros d'eau-de-vie sur les manquants à leurs charges; déduction faite du 21e pot pour 20 ; Lettres-patentes citées ci-dessus : & les soumissionnaires d'eau-de-vie sont assujettis au paiement du double desdits droits, sur les eaux-de-vie pour lesquelles ils ne rapportent pas dans les trois mois certificat d'arrivée. Lettres-patentes des 7 Juin 1727 & 2 Mars 1728.

DROIT ANNUEL.

		l. s. d.	l. s. d.
Dans les Villes.	Ordonnance de 1680, titre 29, art. 1. annuel.	8. // //	12. // //
	Edit d'Août 1781, 10 sols pour livre......	4. // //	
Dans les autres lieux.	Ordonnance de 1780, tit. 29, art. 1. annuel.	6. 10 //	9.15 //
	Edit d'Août 1781, 10 sols pour livre......	3. 5 //	

Ce droit est dû par tous les Marchands en gros, Bouilleurs, Brasseurs, Cabaretiers, Taverniers & autres vendants en détail.

Les Detailleurs de biere ne doivent que la moitié de l'annuel. Ordonn. de 1680, tit. 29, art. 7.

BESTIAUX.

Droits sur les Bestiaux à l'entrée & au massacre. Ville de VALOGNES.

Nature des droits & Réglements qui les autorisent.	Bœuf ou vache.	Genisse.	Veau.	Mouton & Brebis.	Chevre.	Agneau.	Porc.	Livre de viande.
	l. s. d.	l. s. d.	l. s. d.	l. s. d.	l. s. d.	l. s. d.	l. s. d.	l. s. d.
Edit de Févr. 1704, Inspecteurs........	2. // //	// 12.//	// 12.//	// 4.//	// 4.//	// // //	// // //	// // 2
Lettres-patentes du 2 Août 1777, octrois municipaux..	// 6.//	//. 6.//	// // 9$\frac{1}{5}$	// // 9$\frac{3}{5}$	// // //	// // 9$\frac{1}{5}$	// 2.//	// // // $\frac{3}{5}$
Total...	2. 6.//	// 18.//	// 12.9$\frac{1}{5}$	// 4.9$\frac{1}{5}$	// 4.//	// // 9$\frac{1}{5}$	// 2.//	// // 2 $\frac{1}{5}$
Edit d'Août 1781, 10 sols pour liv.....	1. 3.//	// 9.//	// 6.4$\frac{4}{5}$	// 2.4$\frac{4}{5}$	// 2.//	// // 4$\frac{4}{5}$	// 1.//	// // 1 $\frac{3}{10}$
Total...	3. 9.//	1. 7.//	// 19.2$\frac{2}{5}$	// 7.2$\frac{2}{5}$	// 6.//	// 1.2$\frac{2}{5}$	// 3.//	// // 3 $\frac{9}{10}$
Déclaration du 3 Janvier 1759, droits réservés.....	2. // //	// 13.4	// 13.4	// 5.//	// 5.//	// // //	// 13.4	*à proportion.*
Edit d'Août 1781, 10 sols pour liv. modérés à 6 sols par décision du 29 dudit mois.	// 12.//	// 4.//	// 4.//	// 1.6	// 1.6	// // //	// 4.//	*idem.*
Total général.	6. 1.//	2. 4.4.	1.16.6$\frac{3}{5}$	// 13.8[illegible]	// 12.6	// 1.2$\frac{2}{5}$	1. // 4	

Bourgs de MONTEBOURG, SAINT-SAUVEUR, SAINT-VAST & QUETTÉHOU.

Nature des Droits & Réglements qui les autorisent.	Bœuf ou Vache.	Veau ou Genisse.	Mouton, Brebis ou Chèvre.	Porc.	Livre de viande.
	liv. s. d.	liv. s. d.	liv. s. d.	liv. s. d.	liv. s. d.
Edit de Février 1704. Inspecteurs..........................	2. // //	// 12. //	// 4. //	// // //	// // 2.
Edit d'Août 1781. 10 s. pour liv...	1. // //	// 6. //	// 2. //	// // //	// // 1.
Décl. du Roi du 3 Janv. & Lett.-pat. du 22 Avril 1759. Droits réservés..	1.10. //	// 10. //	// 3.6.	// 10. //	à proport.
Edit d'Août 1781. 10 s. pour liv. modérés à 6 s. par décision du 29 du même mois.................	// 9. //	// 3. //	// 1. //$\frac{3}{5}$	// 3. //	idem.
Total.....	4.19. //	1.11. //	// 10. 6$\frac{3}{5}$	// 13. //	

Bourg de BARFLEUR.

Nature des Droits & Réglements qui les autorisent.	Bœuf ou Vache.	Veau ou Genisse.	Mouton, Brebis ou Chèvre.	Porc.	Livre de viande.
	liv. f. d.	liv. f. d.	liv. f. d.	liv. f. d.	liv. f. d.
Edit de Février 1704. Inspecteurs........................	2. // //	// 12. //	// 4. //	// // //	// // 2.
Edit d'Août 1781. 10 f. pour liv.	1. // //	// 6. //	// 2. //	// // //	// // 1.
Déclaration du Roi du 3 Janvier 1759. Droits réservés..........	1. // //	// 6. 8.	// 3. //	// 6. 8.	à proport.
Edit d'Août 1781. 10 f. pour liv. modérés à 6 f. par décision du 29 du même mois..................	// 6. //	// 2. //	// // $10\frac{4}{5}$	// 2. //	idem.
Total.....	4. 6. //	1. 6. 8.	// 9. $10\frac{4}{5}$	// 8. 8.	

Droits dûs sur les Bestiaux dans les Bourg de BARNEVILLE, *à l'entrée & au massacre; dans les Campagnes, par les Bouchers, Maîtres & Fils de Maîtres, avant l'abattis, & par tous les autres Bouchers, à la vente hors domicile.*

Nature des Droits, & Règlements qui les autorisent.	Bœuf ou Vache.	Veau ou Genisse.	Mouton, Brebis ou Chevre.	Livre de viande.
	l. f. d.	l. f. d.	l. f. d.	l. f. d.
Edit de Février 1704, Inspecteurs.......	2. // //	// 12. //	// 4. //	// // 2.
Edit d'Août 1781, 10 fols pour liv.......	1. // //	// 6. //	// 2. //	// // 1.
Total....	3. // //	// 18. //	// 6. //	// // 3.

Pied Fourché.

Nature des Droits, & Réglements qui les autorisent.	Cheval ou Jument.	Bœuf ou Vache.	Porc.	Mouton.
	l. f. d.	l. f. d.	l. f. d.	l. f. d.
Edit de Mars & Arrêt du Conseil de 1663......	// 3. //	// 2. //	// 1. //	// // 6.
Edit d'Août 1781, 10 fols pour livre.........	// 1. 6.	// 1. //	// // 6.	// // 3.
Total....	// 4. 6.	// 3. //	// 1 6.	// // 9.

Nota. Ce droit est dû dans toutes les Foires & Marchés qui se tiennent dans les paroisses dépendantes du Bailliage du COTENTIN & ancien Ressort d'icelui.

Droits réservés sur les BOIS & FOINS, *dans la Ville de* VALOGNES.

Nature des droits & réglements qui les autorisent.	Voiture à un Cheval.	Voiture à deux Chev.	Voiture à trois Chev.	Somme de Cheval.	Somme d'Asne.
Déclaration du Roi du 3 Janvier 1759, & Arrêt du Conseil du 13 Sept. 1776, Droits réservés................................	l. f. d. // 5. //	l. f. d. // 7.6.	l. f. d. //10. //	l. f. d. // 1. //	l. f. d. // // 6.
Edit d'Août 1781, 10 fols pour liv. modérés à 6 fols par décision du 29 dudit mois.......	// 1.6.	// 2.3.	// 3. //	// // $3\frac{3}{5}$	// // 1[illegible]
Total....	// 6 6	// 9.9.	//13. //	// 1.$3\frac{3}{5}$	// // 7[illegible]

Au-dessus de trois Chevaux, chaque Cheval augmente le droit à proportion, & il n'y a de

Bois exempts que ceux désignés dans les Lettres-patentes du 4 Août 1778, & qui sont les bourées & fagots sans parements de ronces, épines, puines, &c.

Nota. Il est encore dû sur les Bois & Foins les octrois municipaux, consistants aux 4 sols pour liv. du principal des droits de tarif, & les 10 s. pour livre desdits octrois municipaux. Renvoyé pour ces droits au Tarif particulier de la Ville.

Sol pour livre sur le POISSON *de Mer, frais, sec & salé.*

Par Edit de 1583 & autres Reglements subséquents, il est dû sur le Poisson de mer venant de l'Etranger ou de Pêche Françoise, lorsque ce dernier n'est pas vendu par le propriétaire, le 20e du prix de la vente, ou sol pour livre, & les 10 sols pour livre de l'Edit d'Août 1781.

Il faut en excepter le Poisson que les Pêcheurs & Mariniers ont eux-mêmes pêché, qu'il leur est permis de vendre ou faire vendre par leurs femmes & enfants, sans être obligés de se servir du ministere des Vendeurs, ni de payer le sol pour livre. Arrêts du Conseil des 31 Mars 1711 portant réglement, & 7 Juin 1763.

Il faut en excepter aussi les morues, harengs & tout poisson salé, que les Marchands, Maîtres de Navires & autres faisant le commerce de la Pêche, ont pêché ou fait pêcher sur des vaisseaux expédiés des Ports de Normandie & Picardie, & qu'ils vendent eux mêmes ou font vendre à leur retour de la pêche par leurs Associés, Matelots & autres gens de l'équipage des vaisseaux qui y ont été employés, lesquels sont pareillement déchargés du sol pour livre, & ce, sans distinction des parts & portions appartenantes à chacun des particuliers intéressés ou employés à ladite pêche; Arrêt du Conseil & Lettres-Patentes du 5 Décembre 1690, autre Arrêt du Conseil du 31 Mars 1711.

Droits sur les HUILES *à la Fabrication.*

REGLEMENTS.	NATURE DES HUILES.	Principal	10 sols pour liv.	TOTAL
		l. s. d.	l. s. d.	l. s. d.
Déclaration du Roi de 1716. Edit d'Août 1781 pour le doublement des droits & les 10 s. pour liv.	Par livre pesant d'huile de poisson, d'olive, d'amande, de noix & autres fruits.........	// 1. //	// // 6.	// 1. 6.
	Par livre pesant d'huile de térébentine, lin, chenevis, rabette, navette & autres graines..	// // 6.	// // 3.	// // 9.
	Par livre pesant d'huile d'essence & autres de plus grande valeur que celles sujettes aux droits d'un sol	// 2. //	// 1. //	// 3. //
	Si le droit principal est de plus de 3 liv. il est payé pour l'acquit	// 5. //	// 2. 6.	// 7. 6.
	S'il n'est que de 3 liv. ou d'une moindre somme jusqu'à 20 sols inclusivement, le droit d'acquit est de 2 sols.....................	// 2. //	// 1. //	// 3. //

Nota. Le droit d'acquit n'a pas lieu lorsque le droit principal est au-dessous de 20 sols.

Droits sur les CUIRS & PEAUX.

Règlements	Objets sujets aux droits.	Cuirs & peaux à la fabrication. Principal.	Cuirs & peaux à la fabrication. 10 s. p. l.	Cuirs & peaux à la fabrication. TOTAL.	Cuirs & peaux à l'exportation. Principal	Cuirs & peaux à l'exportation. 10 s. p. l.	Cuirs & peaux à l'exportation. TOTAL.	Cuirs & peaux à l'impor.
		l. s. d.	l. s. d.	l. s. d.	l. s. d.	l. s. d.	l. s. d.	
Edit d'Août 1759, & Arrêts du Conseil des 28 Juin & 13 Novembre 1760, pour le principal. Edit d'Août 1781, pour les 10 sols pour livre.	Cuirs & peaux de bœufs & vaches à fort & à œuvre ; veaux, moutons, agneaux, chevreaux, porcs & sangliers tannés & apprêtés en toutes sortes d'apprêts, la l. pesant.	" 2."	" 1 "	" 3."	. . .	. . .	. . .	10 pour % de leur valeur.
	Chevaux, mulets & ânes, la livre pesant..	" 1."	" " 6	" 1.6	. . .	. . .	. . .	
	Cerfs, élans & orignaux, *idem*.......	" 6."	" 3 "	" 9."	. . .	. . .	. . .	
	Boucs & Chevres, *id.*	" 4."	" 2 "	" 6."	. . .	. . .	. . .	
	Chamois, daims & chevreuils, *idem*....	" 10."	" 5."	"15."	. . .	. . .	. . .	
	Toutes peaux non dénommées ci-dessus.	10 p^r % de leur val.						
	Cuirs de bœufs & vaches en verd, en demi-aprêt, passant à l'Etranger, la piece.	" " "	" " "	" " "	6." "	3." "	9." "	
	Peaux de veaux, *id.* la piece...........	" " "	" " "	" " "	1." "	"10."	1.10"	
	Peaux de moutons, *id.* la piece...........	" " "	" " "	" " "	"10."	" 5."	" 15"	

Nota. Les deux tiers du principal des droits perçus sur les Cuirs apprêtés, sont remboursés, lorsque lesdits Cuirs passent à l'Etranger, en remplissant les formalités prescrites par les Reglements.

Droits sur la MARQUE *d'*OR *& d'*ARGENT.

REGLEMENTS.	Objets sujets aux droits.	Principal	10 sols pour liv.	TOTAL.
		l. s. d.	l. s. d.	l. s. d.
Ordonnance de 1681, tit. 2, art. 1, & Edit de Mai 1723, pour le principal....	Or, par marc.	33.12. "	16.16. "	50. 8. "
Edit d'Août 1781, pour les 10 s. pour l.	Argent, par marc.	2.16. "	1. 8. "	4. 4. "

*Droits sur l'*AMIDON.

Nature des Droits & Réglements qui les autorisent.	Amidon à la fabrication, par muid de 144 pots.	Amidon & Poudre à poudrer venant de l'Etranger, par l. pesant.	4 sols pour liv. octrois municipaux sur la Poudre & l'Amidon.		
			Par 100 liv. pésant de poudre à poudrer	Par 100 l. pes. d'Amidon entrant en ville & fauxbourgs	Par 100 liv. pesant d'Amidon qui y sera fabriqué
	l. s. d.	l. s. d.	l. s. d.	l. s. d.	l. s. d.
Edit de 1771, & Arrêt du Conseil du 10 Décembre 1778, Principal...	7. 10. //	// 4. //	// // //	// // //	// // //
Lettres-patentes du 2 Août 1777, octrois municipaux............	// // //	// // //	// 5. //	// 3. 4.	// 1. 8.
Edit d'Août 1781, 10 sols pour livre........	3. 15. //	// 2. //	// 2. 6.	// 1. 8.	// // 10.
Total...	11. 5. //	// 6. //	// 7. 6.	// 5. //	// 2. 6.

Droits sur les QUITTANCES TIMBRÉES *pour la Régie & pour les Parties étrangères.*

	l.	s.	d.
Ordonn. de 1680, tit. 33; Déclar. de 1690; Edit de 1748, Déclaration de 1771, & Lettres-patentes de 1780, par quittance de 5 sols & au-dessus..	//	//	10
Edit d'Août 1781, 10 sols pour livre........................	//	//	5.
Total...	//	1.	3.

Nota. Les frais de timbre pour les congés & expéditions qui ne sont point des quittances de droits, sont dus. Ordonnance de Juillet 1681, titre commun, article 16. Déclar. de 1771, & Lettres-patentes de 1780, art. 10.

OBSERVATION GÉNÉRALE.

Les articles de droits qui, payés séparément, ne forment pas une somme de 6 den. ne doivent pas de sols pour livre.

Offices supprimés.

EDIT de Janvier 1697.

Lieux sujets.	Nature des Offices.	Droits attribués à chaque Office.
		l. s. d.
Ville de VALOGNES.	Par boisseau, mesure de Paris, de bled, méteil, seigle & farine............................	// // 2.
	Par boisseau, mesure de Paris, de tout autre grain..................................	// // 1.

Les Octrois municipaux prorogés par le Tarif annexé aux Lettres-Patentes du 2 Août 1777, consistants aux 4 sols pour liv. du principal des droits de tarif, sont dus dans la Ville de Valognes sur les Boissons, Bestiaux, Denrées & Marchandises sujettes auxdits droits de tarif, & non dénommées au présent, ainsi que les 10 sols pour liv. desdits octrois municipaux. Renvoyé pour ces droits au Tarif particulier de la Ville.

Dénomination des parties étrangeres à la Régie dont les 10 sols pour livre sont dus au Roi sur le principal des droits.

SAVOIR :

Noms des lieux.	*Nature des Droits.*	
Valognes.	Tarif. Sol pour livre du Tarif. Droit d'Hôpital.	appartenans à la Ville.
Montebourg.	Droits d'Hôpital.	
S.-Sauveur.	Droits d'Hôpital.	

GÉNÉRALITÉ DE CAEN.

VILLE DE VALOGNES.

TARIF

DES OCTROIS MUNICIPAUX,

DÉPENDANS DE LA RÉGIE GÉNÉRALE, fixés aux Quatre Sols pour livre du Principal des Droits de Tarif, autorisés par Arrêt du Conseil du 11 Août 1705, & Lettres Patentes du 26 Août suivant, registrées en la Cour des Aides de Rouen, le 13 Mars 1710 : lesdits Octrois Municipaux dûs à la Régie, dans la Ville de Valognes, ensemble les Dix Sols pour livre de l'Edit d'Août 1781, tant desdits Octrois Municipaux, que des Droits appartenans à la Ville.

DÉNOMINATION

DES MARCHANDISES ET DENRÉE

SUJETTES AUX DROITS.

BOISSONS.

Pour chaque tonneau de toutes sortes de Vin commun, blanc ou clairet, de continenc cens soixante-quatre pintes, mesure de Paris, ou cinq cens pots, mesure d'Arques, ent ladite Ville & Fauxbourgs, pour y être vendu & consommé, paiera douze livres..........

Chaque muid, faisant le tiers du tonneau, paiera quatre livres..........................

La barique, faisant le quart, paiera trois livres, & des autres futailles, au dessus & au proportion..

Chaque pot de vin d'Espagne, d'Alicante, Canaries & autres vins étrangers ou de liq de toutes sortes d'autres liqueurs, & Eau-de-vie de vin, paiera deux sols...............

Chaque tonneau de Cidre, Biere & Poiré, de continence de cinq cens vingt pots, mesure entrant, ou qui sera brassé & façonné dans ladite Ville & Fauxbourgs, paiera cinquante so

Chaque pot d'Eau-de-vie de Cidre, ou Poiré venant d'ailleurs, entrant dans ladite Ville bourgs, paiera un sol six deniers...

L'Eau-de-vie qui sera brassée & façonnée dans ladite Ville & Fauxbourgs, paiera un sol.

Chaque muid de Vin de cent soixante-six pots, mesure dite d'Arques, & le tonneau de Cid ou Poiré de cinq cens vingt pots, vendus en détail par toutes sortes de personnes, paiera dix la continence, au dessus & au dessous à proportion...................................

BOUCHERIE.

Pour chaque Bœuf, Vache, Taureau, Aumeau, Genisson ou Genisse, entrant, ou acheté dans les Foires & Marchés de ladite Ville & Fauxbourgs, pour être tué & v Boucheries dudit Valognes, paiera trente sols...............................

Chaque Veau de lait, Mouton, Brebis & Agneau, entrant, pour être aussi exposé en dites Boucheries, ou tué pour les provisions des Habitans, paiera quatre sols...........

Chaque Porc gras, entrant pour être tué par les Bouchers ou par les Habitans, pour leur paiera dix sols...

Et pour lesdites chairs en quartiers, ou par morceaux, qui entreront dans ladite Ville & Fa & seront apportés d'ailleurs par les Bourgeois & Habitans sujets au paiement du Tarif, autr Ecclésiastiques, Nobles, Exemts & Privilégiés, sera payé pour lesdits quarts ou moitiés portion de ce que doivent payer les Bêtes entieres, & pour les autres morceaux, la livre p deniers, ce qui sera aussi payé par les Bouchers de la campagne & de l'Élection seulement, auxq permis d'en apporter aux jours de Foires & Marchés, dans ladite Ville & Fauxbourgs, troi

FOIRES ET MARCHÉS.

Chaque Bœuf, Vache, Taureau, Aumeau, Genisson ou Genisse, exposé en vente aux M Foires, paiera en sortant desdites Foires & Marchés, deux sols, sans préjudice du Droit d'e ceux qui resteront dans ladite Ville & Fauxbourgs, pour y être massacrés & consommés, d

Chaque Porc gras paiera un sol, à la même réserve ci-dessus.........................

Chaque Veau de lait, Brebis, Mouton, Agneau & Porc maigre, paiera six deniers, comme

Et pour chaque Cheval, Jument & Poulain d'un an, sera payé deux sols six deniers....

Pour chaque Mulet ou Mule, Ane ou Anesse, sera payé un sol six deniers, ainsi que pour & Chevres...

TANNERIE.

Chaque Cuir mâle en poil, venant des Indes, tant Bresil, Caraques, Avennes, Carthag Dominique, que Mexique, paiera huit sols...

Chaque Cuir de Cap-Verd, Gambaye, Gorge-Coupée, Irlande & du Pérou, paiera ci

Les Cuirs femelles des susdits pays, & mâles, venant des Boucheries de la Ville & Fauxb autres Abbatis, de France, pour être apprêtés dans ladite Ville & Fauxbourgs, paieront en ou avant d'être enlevés desdites Boucheries, quatre sols piece..........................

Chaque Cuir femelle venant desdites Boucheries, & autres Abbatis de France, paiera

…ppartenans … Ville.	TOTAL des Droits appartenans à la Ville.	*Droits appartenans à la Régie.*			TOTAL des Droits appartenans à la Régie.	TOTAL des Droits dûs au Roi & à la Ville.
Sol pour livre du Tarif.		Dix Sols pour livre des Droits appartenans à la Ville.	Octrois Municipaux, ou 4 Sols pour livre du Droit de Tarif.	Dix Sols pour livre des Octrois Municipaux.		
tt ß ₰	tt ß ₰	tt ß ₰	tt ß ₰	tt ß ₰	tt ß ₰	tt ß ₰
».12. ».	12.12. ».	6. 6. ».	2. 8. ».	1. 4. ».	9.18. ».	22.10. ».
». 4. ».	4. 4. ».	2. 2. ».	».16. ».	». 8. ».	3. 6. ».	7.10. ».
». 3. ».	3. 3. ».	1.11. 6.	».12. ».	». 6. ».	2. 9. 6.	5.12. 6.
». ». 1 $\frac{1}{5}$.	». 2. 1 $\frac{1}{5}$.	». 1. » $\frac{3}{5}$.	». ». 4 $\frac{4}{5}$.	». ». 2 $\frac{2}{5}$.	». 1. 7 $\frac{4}{5}$.	». 3. 9.
». 2. 6.	2.12. 6.	1. 6. 3.	».10. ».	». 5. ».	2. 1. 3.	4.13. 9.
». ». » $\frac{9}{10}$.	». 1. 6 $\frac{9}{10}$.	». ». 9 $\frac{9}{20}$.	». ». 3 $\frac{3}{5}$.	». ». 1 $\frac{4}{5}$.	». 1. 2 $\frac{17}{20}$.	». 2. 9 $\frac{3}{4}$.
». ». » $\frac{3}{5}$.	». 1. » $\frac{3}{5}$.	». ». 6 $\frac{3}{10}$.	». ». 2 $\frac{2}{5}$.	». ». 1 $\frac{1}{5}$.	». ». 9 $\frac{9}{10}$.	». 1.10 $\frac{1}{2}$.
». ». 6.	».10. 6.	». 5. 3.	». 2. ».	». 1. ».	». 8. 3.	».18. 9.
». 1. 6.	1.11. 6.	».15. 9.	». 6. ».	». 3. ».	1. 4. 9.	2.16. 3.
». ». 2 $\frac{2}{5}$.	». 4. 2 $\frac{2}{5}$.	». 2. 1 $\frac{1}{5}$.	». ». 9 $\frac{3}{5}$.	». ». 4 $\frac{4}{5}$.	». 3. 3 $\frac{3}{5}$.	». 7. 6.
». ». 6.	».10. 6.	». 5. 3.	». 2. ».	». 1. ».	». 8. 3.	».18. 9.
». ». » $\frac{3}{20}$.	». ». 3 $\frac{3}{20}$.	». ». 1 $\frac{23}{40}$.	». ». » $\frac{3}{5}$.	». ». » $\frac{3}{10}$.	». ». 2 $\frac{19}{40}$.	». ». 5 $\frac{5}{8}$.
». ». 1 $\frac{1}{5}$.	». 2. 1 $\frac{1}{5}$.	». 1. » $\frac{3}{5}$.	». ». 4 $\frac{4}{5}$.	». ». 2 $\frac{2}{5}$.	». 1. 7 $\frac{4}{5}$.	». 3. 9.
». ». » $\frac{3}{5}$.	». 1. » $\frac{3}{5}$.	». ». 6 $\frac{3}{10}$.	». ». 2 $\frac{2}{5}$.	». ». 1 $\frac{1}{5}$.	». ». 9 $\frac{9}{10}$.	». 1.10 $\frac{1}{2}$.
». ». » $\frac{3}{10}$.	». ». 6 $\frac{3}{10}$.	». ». 3 $\frac{3}{20}$.	». ». 1 $\frac{1}{5}$.	». ». » $\frac{3}{5}$.	». ». 4 $\frac{19}{20}$.	». » 11 $\frac{1}{4}$.
». ». 1 $\frac{1}{2}$.	». 2. 7 $\frac{1}{2}$.	». 1. 3 $\frac{3}{4}$.	». ». 6.	». ». 3.	». 2. » $\frac{1}{4}$.	». 4. 8 $\frac{1}{4}$.
». ». » $\frac{9}{10}$.	». 1. 6 $\frac{9}{10}$.	». ». 9 $\frac{9}{20}$.	». ». 3 $\frac{3}{5}$.	». ». 1 $\frac{4}{5}$.	». 1. 2 $\frac{17}{20}$.	». 2. 9 $\frac{3}{4}$.
». ». 4 $\frac{4}{5}$.	». 8. 4 $\frac{4}{5}$.	». 4. 2 $\frac{2}{5}$.	». 1. 7 $\frac{1}{5}$.	». ». 9 $\frac{3}{5}$.	». 6. 7 $\frac{1}{5}$.	».15. ».
». ». 3.	». 5. 3.	». 2. 7 $\frac{1}{2}$.	». 1. ».	». ». 6.	». 4. 1 $\frac{1}{2}$.	». 9. 4 $\frac{1}{2}$.
». ». 2 $\frac{2}{5}$.	». 4. 2 $\frac{2}{5}$.	». 2. 1 $\frac{1}{5}$.	». ». 9 $\frac{3}{5}$.	». ». 4 $\frac{4}{5}$.	». 3. 3 $\frac{3}{5}$.	». 7. 6.
». ». 1 $\frac{4}{5}$.	». 3. 1 $\frac{4}{5}$.	». 1. 6 $\frac{9}{10}$.	». ». 7 $\frac{1}{5}$.	». ». 3 $\frac{3}{5}$.	». 2. 5 $\frac{7}{10}$.	». 5. 7 $\frac{1}{2}$.

DÉNOMINATION

DES MARCHANDISES ET DENRÉES

SUJETTES AUX DROITS.

Chaque douzaine de Trouin verd ou en poil, entrant, ou avant d'être enlevé des Bou la Ville, paiera six sols..

Chaque douzaine de Peaux de Veau en poil, paiera avant d'être enlevées desdites Bouc entrant dans la Ville & Fauxbourgs, trois sols, au dessus & au dessous à proportion......

Lesquels Droits seront aussi payés par les Marchands de la Campagne, qui acheteront le & Peaux auxdites Boucheries de la Ville & Fauxbourgs, avant de les enlever, parce qu'ils y s apportés & exposés en vente.

Chaque Cuir fort pour semelle de toute qualité, entrant dans ladite Ville & Fauxbourgs apprêté au dessous du poids de vingt-cinq livres, paiera quinze sols..................

Du poids de vingt-cinq livres & au dessus, paiera vingt-cinq sols..................

Chaque Cuir de Vache, ou empeigne, & Baudrier tanné ailleurs & non corroyé, paiera six sols..

Et lorsqu'il sera corroyé, sept sols six deniers........................

Chaque cuir de Cheval tanné & apprêté ailleurs, paiera en entrant, quatre sols six deni

La douzaine de Peaux de Veau corroyées & apprêtées ailleurs, paiera en entrant douze

La douzaine desdites Peaux non corroyées, paiera en entrant six sols, au dessus & au dess portion..

La douzaine de Trouins, aussi tannés & apprêtés, paiera en entrant neuf sols, au de dessous à proportion..

La douzaine de Peaux de Mouton ou Basanes tannés & apprêtées ailleurs, paiera quat deniers..

La livre de toutes sortes de Cuirs ou Peaux, apprêts d'Angleterre, entrant dans ladit Fauxbourgs, paiera un sol six deniers..

Le Cuir de Roussi, Maroquin du Levant, & autres, façon semblable & approchant, sols six deniers..

La douzaine de Peaux de Mouton noires ou rouges, paiera sept sols six deniers.......

La douzaine de Talons de cuir venant d'Angleterre ou d'ailleurs, paiera à l'entrée comn deux sols six deniers..

La livre pesant de toutes sortes de cuirs qui entreront par morceaux, paiera dix deniers

La livre pesant de cuirs de Paris, de Hongrie & autres de pareille fabrique ou façon, paiera un sol. ....

Le cuir de cheval en poil, paiera à l'entrée un sol........................

Chaque Paire de Souliers qui entreront dans ladite Ville & Fauxbourgs, pour y être ven bités par les Marchands Cordonniers d'aillleurs, paieront; savoir, pour les Souliers à hom six deniers..

Pour femme, un sol..

Et pour les enfans au dessous de l'âge de dix ans, paieront six deniers..................

Le cent de Cornes, à compte d'Irlande, de Bretagne, & autres semblables, paiera en en sol s huit deniers..

PLAUDERIE, MÉGISSERIE ET PELLETERIE.

La douzaine de Peaux de Mouton ou Brebis, avec leur laine, massacrés dans les Bouche Valognes, ou venant d'ailleurs, paiera en entrant, ou avant d'être enlevées desdites Boucher sols six deniers..

La douzaine de Peaux d'Agneau & Tousars, ou cuirs sans laine, paiera deux sols six deniers parce qu'aucune desdites Peaux ne seront censées Tousars après le premier jour d'Août, toutes lesdites Peaux exposées auxdites Boucheries de la Ville & Fauxbourgs............

Ceux qui enléveront lesdites Peaux ou Cuirs desdites Boucheries, paieront les mêmes dessus.

La douzaine de Peaux de Mouton, passées en blanc ou mégie, paiera en entrant cinq sol

La douzaine de Peaux de Veau, passées en mégie de toutes couleurs, venant d'ailleurs, entrant neuf sols..

…partenans … Ville.			*Droits appartenans à la Régie.*			
Sol pour livre du Tarif.	TOTAL des Droits appartenans à la Ville.	Dix Sols pour livre des Droits appartenans à la Ville.	Octrois Municipaux, ou 4 Sols pour livre du Droit de Tarif.	Dix Sols pour livre des Octrois Municipaux.	TOTAL des Droits appartenans à la Régie.	TOTAL des Droits dûs au Roi & à la Ville.
tt ß ꝗ	tt ß ꝗ	tt ß ꝗ	tt ß ꝗ	tt ß ꝗ	tt ß ꝗ	tt ß ꝗ
». ». 3 1/5.	». 6. 3 1/5.	». 3. 1 4/5.	». 1. 2 2/5.	». ». 7 1/5.	». 4.11 2/5.	».11. 3.
». ». 1 4/5.	». 3. 1 4/5.	». 1. 6 9/10.	». ». 7 1/5.	». ». 3 1/5.	». 2. 5 7/10.	». 5. 7 1/2.
». ». 9.	».15. 9.	». 7.10 1/2.	». 3. ».	». 1. 6.	».12. 4 1/2.	1. 8. 1 1/2.
». 1. 3.	1. 6. 3.	».13. 1 1/2.	». 5. ».	». 2. 6.	1. ». 7 1/2.	2. 6.10 1/2.
». ». 3 1/5.	». 6. 3 1/5.	». 3. 1 4/5.	». 1. 2 2/5.	». ». 7 1/5.	». 4.11 2/5.	».11. 3.
». ». 4 1/2.	». 7.10 1/2.	». 3.11 1/4.	». 1. 6.	». ». 9.	». 6. 2 1/4.	».14. » 1/4.
». ». 2 7/10.	». 4. 8 7/10.	». 2. 4 7/20.	». ».10 4/5	». ». 5 2/5.	». 3. 8 11/20.	». 8. 5 1/4.
». ». 7 1/5.	».12. 7 1/5.	». 6. 3 3/5.	». 2. 4 4/5.	». 1. 2 2/5.	». 9.10 4/5.	1. 2. 6.
». ». 3 1/5.	». 6. 3 1/5.	». 3. 1 4/5.	». 1. 2 2/5.	». ». 7 1/5.	». 4.11 2/5.	».11. 3.
». ». 5 2/5.	». 9. 5 2/5.	». 4. 8 7/10.	». 1. 9 3/5.	». ».10 4/5.	». 7. 5 1/10.	».16.10 1/2.
». ». 2 7/10.	». 4. 8 7/10.	». 2. 4 7/20.	». ».10 4/5.	». ». 5 2/5.	». 3. 8 11/20.	». 8. 5 1/4.
». ». » 9/10.	». 1. 6 9/10.	». ». 9 9/20.	». ». 3 3/5.	». ». 1 4/5.	». 1. 2 17/20.	». 2. 9 1/4.
». ». 4 1/2.	». 7.10 1/2.	». 3.11 1/4.	». 1. 6.	». ». 9.	». 6. 2 1/4.	».14. » 1/4.
». ». 4 1/2.	». 7.10 1/2.	». 3.11 1/4.	». 1. 6.	». ». 9.	». 6. 2 1/4.	».14. » 1/4.
». ». 1 1/2.	». 2. 7 1/2.	». 1. 3 3/4.	». ». 6.	». ». 3.	». 2. » 3/4.	». 4. 8 1/4.
». ». » 1/2.	». ».10 1/2.	». ». 5 1/4.	». ». 2.	». ». 1.	». ». 8 1/4.	». 1. 6 3/4.
». ». » 1/5.	». 1. » 1/5.	». ». 6 3/10.	». ». 2 2/5.	». ». 1 1/5.	». ». 9 9/10.	». 1.10 1/2.
». ». » 1/5.	». 1. » 1/5.	». ». 6 3/10.	». ». 2 2/5.	». ». 1 1/5.	». ». 9 9/10.	». 1.10 1/2.
». ». » 9/10.	». 1. 6 9/10.	». ». 9 9/20.	». ». 3 3/5.	». ». 1 4/5.	». 1. 2 17/20.	». 2. 9 1/4.
». ». » 1/5.	». 1. » 1/5.	». ». 6 3/10.	». ». 2 2/5.	». ». 1 1/5.	». ». 9 9/10.	». 1.10 1/2.
». ». » 1/10.	». ». 6 1/10.	». ». 3 3/20.	». ». 1 1/5.	». ». » 3/5.	». ». 4 19/20.	». ».11 1/4.
». ».10.	».17. 6.	». 8. 9.	». 3. 4.	». 1. 8.	».13. 9.	1.11. 3.
». ». 2 7/10.	». 4. 8 7/10.	». 2. 4 7/20.	». ».10 4/5.	». ». 5 2/5.	». 3. 8 11/20.	». 8. 5 1/4.
». ». 1 1/2.	». 2. 7 1/2.	». 1. 3 3/4.	». ». 6.	». ». 3.	». 2. » 1/4.	». 4. 8 1/4.
». ». 3.	». 5. 3.	». 2. 7 1/2.	». 1. ».	». ». 6.	». 4. 1 1/2.	». 9. 4 1/2.
». ». 5 2/5.	». 9. 5 2/5.	». 4. 8 7/10.	». 1. 9 3/5.	». ».10 4/5.	». 7. 5 1/10.	».16.10 1/2.

DÉNOMINATION

DES MARCHANDISES ET DENRÉES

SUJETTES AUX DROITS.

Chaque cuir de Bœuf, Vache ou Cheval, passé en blanc ou mégie, venant d'ailleurs, pai trée, quatre sols..

La livre pesant de Peaux de Bufle, Elan, Chamois, Daim & autres de pareille nature, sol six deniers...

Chaque Peau d'Ours, Oursseau, Tigre, Zebelines, Loutre & autres de pareille natur poil, paiera en entrant trois sols..

La douzaine de Peaux communes, comme Chien, Renard, Blaireau & autres moin pareille espece, paiera en entrant six sols..

La douzaine de Peaux de Lievres, Lapins, Chats & autres de pareille nature, paiera à l'entré

Chaque Manchon de Bête sauvage & à poil fin, paiera trois sols.............................

Chaque Manchon de poil de Chien, Chévre ou Chévreau, & autre moindre & de pare paiera un sol six deniers..

Tous Manteaux, Robes, Camisoles & autres fourrures de pareille nature, paieront piece en entrant, quatre sols...

La douzaine d'autres Manchons de couleurs, ou prétintaillés, paiera vingt-quatre sols & au dessous à proportion..

La douzaine de Gants de Bufle, Daim, Elan, Castor, Chamois & autres fins de Gr Rome ou d'ailleurs, passés au lait, paiera six sols...

Tous autres Gants bordés ou non bordés, & de toutes couleurs, paieront par chaque en entrant trois sols...

Tous ouvrages de Peaux, comme Culottes, Bas, Vestes, Camisoles d'Élan, Ch autres Peaux de pareille nature, entrant façonnés dans la Ville & Fauxbourgs, le cent pesa l'entrée douze livres, au dessus & au dessous à proportion...................................

Pour les autres ouvrages de Peaux de moindre prix, passés en Huile, ou autrement, com Boucs, Chévres, Chévreaux & autres, sera payé, par chaque cent pesant à l'entrée, cent sols & au dessous à proportion..

LAINES.

Chaque cent pesant de Laine de Ségovie, Annelins d'Espagne, & autres venant des pays qui entrera nette & lavée, paiera trois livres, au dessus & au dessous à proportion.....

Chaque cent pesant de pareille Laine en Suin & non lavée, paiera trente sols à l'entré

Chaque cent pesant de toutes sortes de Laines du pays, paiera en entrant nette & lavée,

Chaque cent pesant de pareille Laine en Suin, paiera en entrant quinze sols, au d dessous à proportion..

Le cent pesant de Bourre de Pilles ou Chardron, paiera dix sols............................

Le cent pesant de Bourre ou Poil de Bœuf & d'Étontiche, paiera cinq sols en entrant.

CHAPEAUX.

Chaque douzaine de Chapeaux de Castor, demi-Castor, Dauphins, Vigognes, demi-V autres Chapeaux fins de pareille qualité ou approchant, paiera cinquante sols...........

Chaque douzaine de Chapeaux de Caudebec, Rouen, Falaise, & autres de pareille façon paiera en entrant vingt-cinq sols...

Chaque cent pesant de Poil de Chameau, tiré, Vigogne & Castille, paiera trois li

Chaque cent pesant de Laine ou Poil d'Autruche tirée, ou d'Autruche en pelote, paiera vingt-cinq sols..

DRAPERIE.

Chaque piece de Drap d'Espagne, Angleterre, Hollande, Paris, Sedan, Abbeville, Elbœuf, Rouen, Caen, & d'autres pareilles Manufactures teintes en Écarlate, de co vingt à vingt-une aunes, paiera cinq livres, & au dessous à proportion.............

Chaque piece de Drap desdites Manufactures, & autres de cinq quarts de large en to couleurs qu'Ecarlate, de vingt à vingt-une aunes, paiera quatre livres, au dessous à pro

…appartenans … Ville.	TOTAL	Droits appartenans à la Régie.			TOTAL	TOTAL
Sol pour livre du Tarif.	des Droits appartenans à la Ville.	Dix Sols pour livre des Droits appartenans à la Ville.	Octrois Municipaux, ou 4 Sols pour livre du Droit de Tarif.	Dix Sols pour livre des Octrois Municipaux.	des Droits appartenans à la Régie.	des Droits dûs au Roi & à la Ville.
tt ß ꝗ	tt ß ꝗ	tt ß ꝗ	tt ß ꝗ	tt ß ꝗ	tt ß ꝗ	tt ß ꝗ
». ». 2 $\frac{2}{5}$.	». 4. 2 $\frac{2}{5}$.	». 2. 1 $\frac{1}{5}$.	». ». 9 $\frac{3}{5}$.	». ». 4 $\frac{4}{5}$.	». 3. 3 $\frac{1}{5}$.	». 7. 6.
». ». »$\frac{9}{10}$.	». 1. 6$\frac{9}{10}$.	». ». 9$\frac{9}{20}$.	». ». 3 $\frac{3}{5}$.	». ». 1 $\frac{4}{5}$.	». 1. 2$\frac{17}{20}$.	». 2. 9 $\frac{1}{4}$.
». ». 1 $\frac{4}{5}$.	». 3. 1 $\frac{4}{5}$.	». 1. 6$\frac{9}{10}$.	». ». 7 $\frac{1}{5}$.	». ». 3 $\frac{3}{5}$.	». 2. 5$\frac{7}{10}$.	». 5. 7 $\frac{1}{2}$.
». ». 3 $\frac{3}{5}$.	». 6. 3 $\frac{3}{5}$.	». 3. 1 $\frac{4}{5}$.	». 1. 2 $\frac{2}{5}$.	». ». 7 $\frac{1}{5}$.	». 4.11 $\frac{2}{5}$.	».11. 3.
». ». 1 $\frac{4}{5}$.	». 3. 1 $\frac{4}{5}$.	». 1. 6$\frac{9}{10}$.	». ». 7 $\frac{1}{5}$.	». ». 3 $\frac{3}{5}$.	». 2. 5$\frac{7}{10}$.	». 5. 7 $\frac{1}{2}$.
». ». 1 $\frac{4}{5}$.	». 3. 1 $\frac{4}{5}$.	». 1. 6$\frac{9}{10}$.	». ». 7 $\frac{1}{5}$.	». ». 3 $\frac{3}{5}$.	». 2. 5$\frac{7}{10}$.	». 5. 7 $\frac{1}{2}$.
». ». »$\frac{9}{10}$.	». 1. 6$\frac{9}{10}$.	». ». 9$\frac{9}{20}$.	». ». 3 $\frac{3}{5}$.	». ». 1 $\frac{4}{5}$.	». 1. 2$\frac{17}{20}$.	». 2. 9 $\frac{1}{4}$.
». ». 2 $\frac{2}{5}$.	». 4. 2 $\frac{2}{5}$.	». 2. 1 $\frac{1}{5}$.	». ». 9 $\frac{3}{5}$.	». ». 4 $\frac{4}{5}$.	». 3. 3 $\frac{1}{5}$.	». 7. 6.
». 1. 2 $\frac{2}{5}$.	1. 5. 2 $\frac{2}{5}$.	».12. 7 $\frac{1}{5}$.	». 4. 9 $\frac{3}{5}$.	». 2. 4 $\frac{4}{5}$.	».19. 9 $\frac{3}{5}$.	2. 5. ».
». ». 3 $\frac{3}{5}$.	». 6. 3 $\frac{3}{5}$.	». 3. 1 $\frac{4}{5}$.	». 1. 2 $\frac{2}{5}$.	». ». 7 $\frac{1}{5}$.	». 4.11 $\frac{2}{5}$.	».11. 3.
». ». 1 $\frac{4}{5}$.	». 3. 1 $\frac{4}{5}$.	». 1. 6$\frac{9}{10}$.	». ». 7 $\frac{1}{5}$.	». ». 3 $\frac{3}{5}$.	». 2. 5$\frac{7}{10}$.	». 5. 7 $\frac{1}{2}$.
».12. »	12.12. ».	6. 6. ».	2. 8. ».	1. 4. ».	9.18. ».	22.10. ».
». 5. ».	5. 5. ».	2.12. 6.	1. ». ».	».10. ».	4. 2. 6.	9. 7. 6.
». 3. ».	3. 3. ».	1.11. 6.	».12. ».	». 6. ».	2. 9. 6.	5.12. 6.
». 1. 6.	1.11. 6.	».15. 9.	». 6. ».	». 3. ».	1. 4. 9.	2.16. 3.
». 1. 6.	1.11. 6.	».15. 9.	». 6. ».	». 3. ».	1. 4. 9.	2.16. 3.
». ». 9.	».15. 9.	». 7.10 $\frac{1}{2}$.	». 3. ».	». 1. 6.	».12. 4 $\frac{1}{2}$.	1. 8. 1 $\frac{1}{2}$.
». ». 6.	».10. 6.	». 5. 3.	». 2. ».	». 1. ».	». 8. 3.	».18. 9.
». ». 3.	». 5. 3.	». 2. 7 $\frac{1}{2}$.	». 1. ».	». ». 6.	». 4. 1 $\frac{1}{2}$.	». 9. 4 $\frac{1}{2}$.
». 2. 6.	2.12. 6.	1. 6. 3.	».10. ».	». 5. ».	2. 1. 3.	4.13. 9.
». 1. 3.	1. 6. 3.	».13. 1 $\frac{1}{2}$.	». 5. ».	». 2. 6.	1. ». 7 $\frac{1}{2}$.	2. 6.10 $\frac{1}{2}$.
». 3. ».	3. 3. ».	1.11. 6.	».12. ».	». 6. ».	2. 9. 6.	5.12. 6.
». 1. 3.	1. 6. 3.	».13. 1 $\frac{1}{2}$.	». 5. ».	». 2. 6.	1. ». 7 $\frac{1}{2}$.	2. 6.10 $\frac{1}{2}$.
». 5. ».	5. 5. ».	2.12. 6.	1. ». ».	».10. ».	4. 2. 6.	9. 7. 6.
». 4. ».	4. 4. ».	2. 2. ».	».16. ».	». 8. ».	3. 6. ».	7.10. ».

DÉNOMINATION

DES MARCHANDISES ET DENRÉES

SUJETTES AUX DROITS.

Chaque piece de Drap du Sceau, Cherbourg, Valognes & autres Manufactures de Dr aune de large, teinte en Écarlate, de vingt à vingt-une aunes, paiera trois livres, & à proportion..

Chaque piece de Drap desdites Manufactures & de Berry, Merbé, Dreux, Derneta autres semblables d'une aune de large, teint en demi-Écarlate & de toutes autres couleurs à vingt-une aunes, paiera quarante sols, au dessous à proportion....................

Chaque piece de Draperie de Laines fines de deux tiers, & de demi-aune de large Droguets d'Elbœuf, Pinchinat de Châlons, Ras de Maroc, Serges de Nîmes, de L façon, d'Antonne, de Rome, du Seigneur d'Arscot, Ras de Gênes & de Châlons, C Espagnolette, Serge de Saint Lo, rase ou forte de toutes couleurs, Serge d'Aumale de c & autres de pareille nature, de vingt à vingt-une aunes, paiera vingt sols, au dessous à p

Chaque piece d'autre Draperie, comme Pinchinats d'Amboise & de Rouen, Frocs de Lizieux, Ratines de Beauvais & d'Argentan, Carisys & Baguettes, Serge de Condé, de de Caen, & autres pareilles Etoffes de continence de vingt à vingt-une aunes, paiera qu & au dessous à proportion..

Chaque piece de Blicourt, Serge de Rouen & de Chartres, Cadix & Sommieres, Flanelle Étoffes de Laine de demi-aune de large ou approchant, propres à doubler, Tiretaine, B Droguets de vingt à vingt-une aunes, paiera cinq sols, au dessous à proportion..........

Chaque piece d'Etamine du Mans, du Lude, Reims, Amiens, Nogent, à la Royale semblables sur Soie ou toutes de Laine, de continence depuis onze aunes jusqu'à quin douze sols, au dessous à proportion..

Chaque piece de Camelot Poil de Chevre, de Camelot de Hollande, Valenciennes, d' de Lille & d'autres Manufactures, de toutes couleurs, de vingt à vingt-une aunes, paiera au dessous à proportion...

Chaque piece de Camelot d'Arras noir, Barracans, Camelot de Rouen, Beige, & de couleur, de vingt à vingt-une aunes, sera payé quinze sols, au dessus & au dessous à pr

Chaque piece de Camelots rayés & unis, Camelots sur Fil, de continence de vingt aun cinq sols, au dessous à proportion..

Chaque piece de Panne ou Peluche de toutes couleurs, paiera un sol de l'aune, suivant sa co

Et à l'égard des Draps qui seront faits & fabriqués dans la Ville & Fauxbourgs & dépend Valognes, sera payé un sol pour chaque aune...

Et des autres Étoffes sur Fil, six deniers..

MERCERIE.

Chaque cent pesant de toutes Manufactures de Soie, comme Damas, Brocards, V Triomphantes, Lucaises, Gros de Tours, Velours, Moires, Taffetas d'Angleterre, Li Florence, Avignon, Serges, Tout-de-Soie, Tabis, Gros de Naples, Ras de Saint Maur, Rubans, Franges, Ceintures, Jarretieres, Tresse, Galon, Epadon, Cropodailles, Gases Crêpe à Chapeau, Dentelle, Soie à coudre & platte, Gances, Cordons, Bas & Gant & généralement toute autre Soierie, paiera quinze livres, au dessous à proportion.......

Le cent pesant de toutes sortes d'Étoffes de Soie avec Laine ou Coton, & sur Fil o Papelines, Ferandines, Satines brunes & de toutes couleurs, Gants, Bas, & autres parei & ouvrages, Écorce d'Arbre, ou Toscane, paiera sept livres dix sols, au dessous à propo

La livre pesant d'Étoffes, Dentelles, Galons, Cordons, Passemens, Ceintures, Pieces Gances, Cordonnet, Fil, passe-Poil, & autres ouvrages d'Or & d'Argent, paiera quinze

La livre pesant des mêmes ouvrages d'Or ou d'Argent faux, paiera cinq sols.......

La Grosse de Boutons d'Or ou d'Argent, gros ou petits, paiera dix sols...........

La piece de Taffetas à petites fleurs, ou rayures d'Or ou d'Argent, paiera par aune

La Grosse de Boutons de Soie sur moule, gros ou petits, paiera cinq sols..........

La Grosse de Boutons de Poil de Chévre, Fleuret, Crin & Laine, & autre de pare gros & petits, paiera deux sols...

Le cent pesant de Poil de Chévre retors ou non retors, sera payé sept livres dix sols, à proportion...

…ppartenans … Ville. Sol pour livre du Tarif.	TOTAL des DROITS appartenans à la Ville.	*Droits appartenans à la Régie.* Dix Sols pour livre des Droits appartenans à la Ville.	Octrois Municipaux, ou 4 Sols pour livre du Droit de Tarif.	Dix Sols pour livre des Octrois Municipaux.	TOTAL des DROITS appartenans à la Régie.	TOTAL des DROITS dûs au Roi & à la Ville.
tt ß d	tt ß d	tt ß d	tt ß d	tt ß d	tt ß d	tt ß d
». 3. ».	3. 3. ».	1.11. 6.	».12. ».	». 6. ».	2. 9. 6.	5.12. 6.
». 2. ».	2. 2. ».	1. 1. ».	». 8. ».	». 4. ».	1.13. ».	3.15. ».
». 1. ».	1. 1. ».	».10. 6.	». 4. ».	». 2. ».	».16. 6.	1.17. 6.
». ». 9.	».15. 9.	». 7.10 ½.	». 3. ».	». 1. 6.	».12. 4 ½.	1. 8. 1 ½.
». ». 3.	». 5. 3.	». 2. 7 ½.	». 1. ».	». ». 6.	». 4. 1 ½.	». 9. 4 ½.
». ». 7 1/5.	».12. 7 1/5.	». 6. 3 1/5.	». 2. 4 4/5.	». 1. 2 2/5.	». 9.10 4/5.	1. 2. 6.
». 1. ».	1. 1. ».	».10. 6.	». 4. ».	». 2. ».	».16. 6.	1.17. 6.
». ». 9.	».15. 9.	». 7.10 ½.	». 3. ».	». 1. 6.	».12. 4 ½.	1. 8. 1 ½.
». ». 3.	». 5. 3.	». 2. 7 ½.	». 1. ».	». ». 6.	». 4. 1 ½.	». 9. 4 ½.
». ». » 1/5.	». 1. » 3/5.	». ». 6 3/10.	». ». 2 2/5.	». ». 1 1/5.	». ». 9 9/10.	». 1.10 ½.
». ». » 3/5.	». 1. » 3/5.	». ». 6 3/10.	». ». 2 2/5.	». ». 1 1/5.	». ». 9 9/10.	». 1.10 ½.
». ». » 3/10.	». ». 6 3/10.	». ». 3 4/10.	». ». 1 1/5	». ». » 3/5.	». ». 4 19/20.	». ».11 ¼.
».15. ».	15.15. ».	7.17. 6.	3. ». ».	1.10. ».	12. 7. 6.	28. 2. 6.
». 7. 6.	7.17. 6.	3.18. 9.	1.10. ».	».15. ».	6. 3. 9.	14. 1. 3.
». ». 9.	».15. 9.	». 7.10 ½.	». 3. ».	». 1. 6.	».12. 4 ½.	1. 8. 1 ½
». ». 3.	». 5. 3.	». 2. 7 ½.	». 1. ».	». ». 6.	». 4. 1 ½.	». 9. 4 ½.
». ». 6.	».10. 6.	». 5. 3.	». 2. ».	». 1. ».	». 8. 3.	».18. 9.
». ». 1 4/5.	». 3. 1 4/5.	». 1. 6 9/10.	». ». 7 1/5.	». ». 3 3/5.	». 2. 5 7/10.	». 5. 7 ½.
». ». 3.	». 5. 3.	». 2. 7 ½.	». 1. ».	». ». 6.	». 4. 1 ½.	». 9. 4 ½.
». ». 1 1/5.	». 2. 1 1/5.	». 1. » 3/5.	». ». 4 4/5.	». ». 2 2/5.	». 1. 7 4/5.	». 3. 9.
». 7. 6.	7.17. 6.	3.18. 9.	1.10. ».	».15. ».	6. 3. 9.	14. 1. 3.

DÉNOMINATION

DES MARCHANDISES ET DENRÉES

SUJETTES AUX DROITS.

Le cent pesant de Crin à faire des Boutons, paiera trois livres quinze sols, à raison deniers la livre..

Le cent pesant de Basin, Futaines, Chamoise, Toile écrue & à doubler, Toile de l Coton, Treillis, Toile cirée imprimée, & Bougran, Tapisserie, Mocade, & port-Paris portant le foible, sera payé quarante sols..

La piece de Toile imprimée, ou Indiennes de dix à douze aunes, paiera quinze sols.

La douzaine de Masques de Velours ou de Drap, paiera six sols..................

La douzaine de grands Fichus ou Mouchoirs de Coton, Écorce d'Arbre ou Réseau, paier

Et les petits, trois sols..

La douzaine de Bas d'Estame fins ou doubles, faits à l'Aiguille ou au Métier, drapé drapés, pour homme, paiera dix-huit sols..

Et ceux pour femme, paieront neuf sols..

La douzaine de Bas d'Estame communs, faits de grosse Laine à l'Aiguille ou au M simple Fil Bas d'Étoffe, Bonnets de Laine & doubles, de Toile piquée ou non piquée, sortes d'autres Bonnets, Carapoux, Bas d'Estame, de Coton ou Fil, pour Homme ou paiera six sols..

Chaque douzaine de Bonnets simples, Bas à Enfans & Chaussons, Gants de Laine, paiera

La piece de toutes sortes de Mousselines, Toile de Hollande fine, commune & gross portant le foible, de douze à quinze aunes, paiera dix-huit sols..

Pour la demi-piece neuf sols, au dessous à proportion..

Le Carreau de toutes sortes de Batiste & Linons unis & rayés, de Cambray, Bretagne & de pareille nature, le fort portant le foible, paiera six sols, à raison d'un sol par aune.

Chaque aune de Toile blanche & de Laval, Pontigny & grosse Bretagne, & autres d Manufacture, paiera neuf deniers..

La livre de Dentelle fine, paiera cinquante sols..

La livre de grosse Dentelle commune & de bas prix, paiera trois sols..................

La livre de Fil d'Épiney, Fil fin à coudre ou pour faire lesdites Dentelles, paiera qu au dessous à proportion..

Le cent pesant de Galons de Laine, Lisettes, Padous, Boutons de Fil, & Fil à coudre, teint, & généralement tous autres ouvrages de Fil & de Laine, & menues Merceries, paiera sols, au dessus & au dessous à proportion..

Chaque grande Castaloigne ou Couverte de Lit, paiera dix sols..................

La moyenne & à petit Lit, paiera six sols..

Et la petite pour Enfans, paiera trois sols..

Chaque grande Couverte à Lit, de Fil ou Bourre, paiera un sol six deniers..........

Et les petites, trois deniers..

La livre de Coton filé ou cardé, Molleton, Ouate ou Creseau, paiera neuf deniers..

Le cent pesant de Baleine, paiera cinquante sols..

Le cent pesant de toutes sortes de Papiers & Cartes, paiera huit sols..................

Le Sixain de Cartes à jouer, paiera un sol..

Chaque Plumet à Chapeau, paiera trois sols..

Chaque douzaine de Masque de Cartes peintes & autres, paiera six sols..........

DROGUERIE ET ÉPICERIE.

Chaque cent pesant de Verd-de-Gris ou Verdet, Poivre noir & blanc, Loix & Brésil, G Tamarins, Indigot, Azur, Café & Chocolat, & autres Drogueries & Epiceries de nature, paiera cent sols..

Chaque livre de Gérofle, Canelle, Muscatte, Cochenille, Manne, Rhubarbe, Sené, Alo monée, Agaric, Safran, Quinquinat, & autres Drogues fines d'Apothicaire, paiera cinq

Le cent pesant d'Alun, Savon, Poix noire ou Bray, Résine, Thérebentine, Tard, Poix gogne, Bois d'Inde & Brésil de toutes couleurs, Colle, Gomme, Thé, ou Huile de R autre Résine, Onguent, Amidon, Régliffe, Huile d'Olives, Crayon blanc de Plomb, Céru de Plomb, & autres de pareille nature, paiera seize sols huit deniers..................

appartenans a Ville.	TOTAL des DROITS appartenans à la Ville.	*Droits appartenans à la Régie.*			TOTAL des DROITS appartenans à la Régie.	TOTAL des DROITS dûs au Roi & à la Ville.
SOL pour livre du Tarif.		Dix Sols pour livre des Droits appartenans à la Ville.	Octrois Municipaux, ou 4 Sols pour livre du Droit de Tarif.	Dix Sols pour livre des Octrois Municipaux.		
tt ß ₰	tt ß ₰	tt ß ₰	tt ß ₰	tt ß ₰	tt ß ₰	tt ß ₰
». 3. 9.	3.18. 9.	1.19. 4 1/2.	».15. ».	». 7. 6.	3. 1.10 1/2.	7. ». 7 1/2.
». 2. ».	2. 2. ».	1. 1. ».	». 8. ».	». 4. ».	1.13. ».	3.15. ».
». ». 9.	».15. 9.	». 7.10 1/2.	». 3. »,	». 1. 6.	».12. 4 1/2.	1. 8. 1 1/2.
». ». 3 1/5.	». 6. 3 1/5.	». 3. 1 4/5.	». 1. 2 2/5.	». ». 7 1/5.	». 4.11 2/5.	».11. 3.
». ». 3 1/5.	». 6. 3 1/5.	». 3. 1 4/5.	». 1. 2 2/5.	». ». 7 1/5.	». 4.11 2/5.	».11. 3.
». ». 1 4/5.	». 3. 1 4/5.	». 1. 6 9/10.	». ». 7 1/5.	». ». 3 3/5.	». 2. 5 7/10.	». 5. 7 1/2.
». ».10 4/5.	».18.10 4/5.	». 9. 5 2/5.	». 3. 7 1/5.	». 1. 9 3/5.	».14.10 1/5.	1.13. 9.
». ». 5 2/5.	». 9. 5 2/5.	». 4. 8 7/10.	». 1. 9 3/5.	». ».10 4/5.	». 7. 5 1/10.	».16.10 1/2.
». ». 3 1/5.	». 6. 3 1/5.	». 3. 1 4/5.	». 1. 2 2/5.	». ». 7 1/5.	». 4.11 2/5.	».11. 3.
». ». 1 4/5.	». 3. 1 4/5.	». 1. 6 9/10.	». ». 7 1/5.	». ». 3 3/5.	». 2. 5 7/10.	». 5. 7 1/2.
». ».10 4/5.	».18.10 4/5.	». 9. 5 2/5.	». 3. 7 1/5.	». 1. 9 3/5.	».14.10 1/5.	1.13. 9.
». ». 5 2/5.	». 9. 5 2/5.	». 4. 8 7/10.	». 1. 9 3/5.	». ».10 4/5.	». 7. 5 1/10.	».16.10 1/2.
». ». 3 1/5.	». 6. 3 1/5.	». 3. 1 4/5.	». 1. 2 2/5.	». ». 7 1/5.	». 4.11 2/5.	».11. 3.
». ». » 9/20.	». ». 9 9/20.	». ». 4 29/40.	». ». 1 4/5.	». ». » 9/10.	». ». 7 17/40.	». 1. 4 7/8.
». 2. 6.	2.12. 6.	1. 6. 3.	».10. ».	». 5. ».	2. 1. 3.	4.13. 9.
». ». 1 4/5.	». 3. 1 4/5.	». 1. 6 9/10.	». ». 7 1/5.	». ». 3 3/5.	». 2. 5 7/10.	». 5. 7 1/2.
». ». 2 2/5.	». 4. 2 2/5.	». 2. 1 1/5.	». ». 9 3/5.	». ». 4 4/5.	». 3. 3 3/5.	». 7. 6.
». 2. 6.	2.12. 6.	1. 6. 3.	».10. ».	». 5. ».	2. 1. 3.	4.13. 9.
». ». 6.	».10. 6.	». 5. 3.	». 2. ».	». 1. ».	». 8. 3.	».18. 9.
». ». 3 1/5.	». 6. 3 1/5.	». 3. 1 4/5.	». 1. 2 2/5.	». ». 7 1/5.	». 4.11 2/5.	».11. 3.
». ». 1 4/5.	». 3. 1 4/5.	». 1. 6 9/10.	». ». 7 1/5.	». ». 3 3/5.	». 2. 5 7/10.	». 5. 7 1/2.
». ». » 9/10.	». 1. 6 9/10.	». ». 9 9/20.	». ». 3 1/5.	». ». 1 4/5.	». 1. 2 17/20.	». 2. 9 1/4.
». ». » 3/10.	». ». 3 3/10.	». ». 1 23/40.	». ». » 3/5.	». ». » 3/10.	». ». 2 39/40.	». ». 5 1/8.
». ». » 9/20.	». ». 9 9/20.	». ». 4 29/40.	». ». 1 4/5.	». ». » 9/10.	». ». 7 17/40.	». 1. 4 7/8.
». 2. 6.	2.12. 6.	1. 6. 3.	».10. ».	». 5. ».	2. 1. 3.	4.13. 9.
». ». 4 4/5.	». 8. 4 4/5.	». 4. 2 2/5.	». 1. 7 1/5.	». ». 9 3/5.	». 6. 7 1/5.	».15. ».
». ». » 3/5.	». 1. » 3/5.	». ». 6 3/10.	». ». 2 2/5.	». ». 1 1/5.	». ». 9 9/10.	». 1.10 1/2.
». ». 1 4/5.	». 3. 1 4/5.	». 1. 6 9/10.	». ». 7 1/5.	». ». 3 3/5.	». 2. 5 7/10.	». 5. 7 1/2.
». ». 3 1/5.	». 6. 3 1/5.	». 3. 1 4/5.	». 1. 2 2/5.	». ». 7 1/5.	». 4.11 2/5.	».11. 3.
». 5. ».	5. 5. ».	2.12. 6.	1. ». ».	».10. ».	4. 2. 6.	9. 7. 6.
». ». 3.	». 5. 3.	». 2. 7 1/2.	». 1. ».	». ». 6.	». 4. 1 1/2.	». 9. 4 1/2.
». ».10.	».17. 6.	». 8. 9.	». 3. 4.	». 1. 8.	» 13. 9.	1.11. 3.

DÉNOMINATION

DES MARCHANDISES ET DENRÉES

SUJETTES AUX DROITS.

Le cent de Compros de toutes couleurs, & Tournesol en chiffre, paiera en entrant huit f deniers...

La livre de Cire blanche paiera un sol..

Et lorsqu'elle sera façonnée en bougie ou autrement, paiera deux sols..................

La livre de Cire jaune ou verte, façonnée ou non façonnée, paiera en entrant six deniers.

Chaque pot de toutes sortes d'Huiles à peindre ou à brûler, paiera six deniers........

Le cent pesant de toutes sortes de Sucres & Confitures séches & liquides, paiera vingt-compris les Papiers, Pots, Caisses ou Barils, dont il ne sera rien diminué...............

Le cent pesant de Cassonnade blanche ou brune, paiera douze sols six deniers......

Le cent pesant de Tournesol, Noix de Gale & Garance, paiera une livre dix sols..

Le cent pesant de Raisins, Figues, Pruneaux, Amandes écalées, & autres Noyaux, pai sols six deniers...

La caisse d'Oranges ou Citrons, paiera une livre.................................

Le cent à compte, paiera huit sols...

Chaque pot-baril d'Anchois, Huitres à la daube, & Olives, paiera un sol six denier

Chaque livre de Capres paiera trois deniers......................................

Chaque cent pesant de Perce-pierre paiera cinq sols...............................

La livre ou le baril de Noir de Fumée paiera six deniers..........................

Le sac ou baril de Graine de Lin venant de Hollande ou d'ailleurs, contenant trois boisse quinze sols, au dessus & au dessous, à proportion....................................

La charge de cheval de Voide paiera douze sols...................................

La charge de cheval d'écorce & racine de Noyer & Vaude, paiera deux sols.......

Le cent pesant de craie ou ocre, paiera deux sols six deniers......................

Le cent pesant de Lie de Vin en pain, paiera, en entrant, dix sols, au dessus & au dessous à p

Le cent pesant de Houblon venant d'ailleurs, paiera, en entrant, deux livres dix sols, a au dessous à proportion...

FÉRONNERIE, JOUAILLERIE ET QUINCAILLERIE

Le cent pesant de toute sorte de Fer non œuvré, paiera, en entrant, sept sols six d

Le cent œuvré venant d'ailleurs, paiera, en entrant, une livre....................

Le cent pesant d'acier de Flandre ou d'Allemagne, paiera une livre dix sols.........

Le cent d'acier, en carreau ou ballot, paiera une livre...........................

Chaque Faulx à faucher, paiera deux sols..

Chaque douzaine de Faucilles venant d'ailleurs, paiera, en entrant, trois sols......

Chaque Serrure de Fer, paiera trois sols...

Chaque Serrure de Fer, montée sur bois, paiera un sol............................

Le cent pesant de Plaques ou Garde-Feux, Poeles à frire, Cuillers à Pots, Pots, Marmites de Fer ou Potin, & autres pareils ouvrages, paiera une livre cinq sols.................

Le cent pesant de Feuilles de Fer noir ou blanc, Fil de Fer ou d'Archal, paiera une livr

Le cent pesant de Clous de toutes façons, venant d'ailleurs, paiera, en entrant, quinz

Le cent pesant de Marteaux, Tenailles, Pinces, Mords de Brides, Canons, Plaques à autres Armes, Étriers, Éperons, Étrilles, Ciseaux, Forces, Scies, Égohinnes, Limes, Éta d'Épées de Fer, Cuivre ou Acier, & autres gros Ouvrages semblables & approchans, paiera c

Chaque douzaine de Lames d'Épées paiera une livre dix sols, au dessus & au dessous, à

Le cent de Feuilles de Bois, pour faire des Fourreaux d'Épées, paiera quatre sols...

La douzaine de Lanternes & de Soufflets de toutes façons, & autres ouvrages semblabl chans, paiera six sols...

Chaque paire de Cardes paiera un sol...

Chaque Peigne à Lanfait, gros ou fin, paiera un sol six deniers...................

La douzaine de Fouets de toutes façons, paiera six sols...........................

La douzaine d'Écrans & Raquettes de toutes façons, paiera quatre sols six deniers..

La douzaine de Sas, Cribles, ou Tamis grands & petits, de toutes façons, paiera

…appartenans … Ville. Sol pour livre du Tarif.	TOTAL des Droits appartenans à la Ville.	Droits appartenans à la Régie. Dix Sols pour livre des Droits appartenans à la Ville.	Octrois Municipaux, ou 4 Sols pour livre du Droit de Tarif.	Dix Sols pour livre des Octrois Municipaux.	TOTAL des Droits appartenans à la Régie.	TOTAL des Droits dûs au Roi & à la Ville.
tt ß ϑ	tt ß ϑ	tt ß ϑ	tt ß ϑ	tt ß ϑ	tt ß ϑ	tt ß ϑ
». ». 5.	». 8. 9.	». 4. 4 1/2.	». 1. 8.	». ».10.	». 6.10 1/2.	».15. 7 1/2.
». ». » 3/5.	». 1. » 3/5.	». ». 6 3/10.	». ». 2 2/5.	». ». 1 1/5.	». ». 9 9/10.	». 1.10 1/2.
». ». 1 1/5.	». 2. 1 1/5.	». 1. » 3/5.	». ». 4 4/5.	». ». 2 2/5.	». 1. 7 4/5.	». 3. 9.
». ». » 3/10.	». ». 6 3/10.	». ». 3 3/20.	». ». 1 1/5.	». ». » 3/5.	». ». 4 19/20.	». ».11 1/4.
». ». » 3/10.	». ». 6 3/10.	». ». 3 3/20.	». ». 1 1/5.	». » ». 3/5.	». ». 4 19/20.	». ».11 1/4.
». 1. 3.	1. 6. 3.	».13. 1 1/2.	». 5. ».	». 2. 6.	1. ». 7 1/2.	2. 6.10 1/2.
». ». 7 1/2.	».13. 1 1/2.	». 6. 6 3/4.	». 2. 6.	». 1. 3.	».10. 3 3/4.	1. 3. 5 1/4.
». 1. 6.	1.11. 6.	».15. 9.	». 6. ».	». 3. ».	1. 4. 9.	2.16. 3.
». ». 7 1/2.	».13. 1 1/2.	». 6. 6 3/4.	». 2. 6.	». 1. 3.	».10. 3 3/4.	1. 3. 5 1/4.
». 1. ».	1. 1. ».	».10. 6.	». 4. ».	». 2. ».	».16. 6.	1.17. 6.
». ». 4 4/5.	». 8. 4 4/5.	». 4. 2 2/5.	». 1. 7 1/5.	». ». 9 3/5.	». 6. 7 1/5.	».15. ».
». ». » 9/10.	». 1. 6 9/10.	». ». 9 9/20.	». ». 3 3/5.	». ». 1 4/5.	». 1. 2 17/20.	». 2. 9 3/4.
». ». » 3/20.	». ». 3 3/20.	». ». 1 23/40.	». ». » 3/5.	». ». » 3/10.	». ». 2 19/40.	». ». 5 5/8.
». ». 3.	». 5. 3.	». 2. 7 1/2.	». 1. ».	». ». 6.	». 4. 1 1/2.	». 9. 4 1/2.
». ». » 3/10.	». ». 6 3/10.	». ». 3 3/20.	». ». 1 1/5.	». ». » 3/5.	». ». 4 19/20.	». ».11 1/4.
». ». 9.	».15. 9.	». 7.10 1/2.	». 3. ».	». 1. 6.	».12. 4 1/2.	1. 8. 1 1/2.
». ». 7 1/5.	».12. 7 1/5.	». 6. 3 3/5.	». 2. 4 4/5.	». 1. 2 2/5.	». 9.10 4/5.	1. 2. 6.
». ». 1 1/5.	». 2. 1 1/5.	». 1. » 3/5.	». ». 4 4/5.	». ». 2 2/5.	». 1 7 4/5.	». 3. 9.
». ». 1 1/2.	». 2. 7 1/2.	». 1. 3 3/4.	». ». 6.	». ». 3.	». 2. » 3/4.	». 4. 8 1/4.
». ». 6.	».10. 6.	». 5. 3.	». 2. ».	». 1. ».	». 8. 3.	».18. 9.
». 2. 6.	2.12. 6.	1. 6. 3.	».10. ».	». 5. ».	2. 1. 3.	4.13. 9.
». ». 4 1/2.	». 7.10 1/2.	». 3.11 1/4.	». 1. 6.	». ». 9.	». 6. 2 1/4.	».14. » 3/4.
». 1. ».	1. 1. ».	».10. 6.	». 4. ».	». 2. ».	».16. 6.	1.17. 6.
». 1. 6.	1.11. 6.	».15. 9.	». 6. ».	». 3. ».	1. 4. 9.	2.16. 3.
». 1. ».	1. 1. ».	».10. 6.	». 4. ».	». 2. ».	».16. 6.	1.17. 6.
». ». 1 1/5.	». 2. 1 1/5.	». 1. » 3/5.	». ». 4 4/5.	». ». 2 2/5.	». 1. 7 4/5.	». 3. 9.
». ». 1 4/5.	». 3. 1 4/5.	». 1. 6 9/10.	». ». 7 1/5.	». ». 3 3/5.	». 2. 5 7/10.	». 5. 7 1/2.
». ». 1 4/5.	». 3. 1 4/5.	». 1. 6 9/10.	». ». 7 1/5.	». ». 3 3/5.	». 2. 5 7/10.	». 5. 7 1/2.
». ». » 3/5.	». 1. » 3/5.	». ». 6 3/10.	». ». 2 2/5.	». ». 1 1/5.	». ». 9 9/10.	». 1.10 1/2.
». 1. 3.	1. 6. 3.	».13. 1 1/2.	». 5. ».	». 2. 6.	1. ». 7 1/2.	2. 6.10 1/2.
». 1. 3.	1. 6. 3.	».13. 1 1/2.	». 5. ».	». 2. 6.	1. ». 7 1/2.	2. 6.10 1/2.
». ». 9.	».15. 9.	». 7.10 1/2.	». 3. ».	». 1. 6.	».12. 4 1/2.	1. 8. 1 1/2.
». 2. 6.	2.12. 6.	1. 6. 3.	».10. ».	». 5. ».	2. 1. 3.	4.13. 9.
». 1. 6.	1.11. 6.	».15. 9.	». 6. ».	». 3. ».	1. 4. 9.	2.16. 3.
». ». 2 2/5.	». 4. 2 2/5.	». 2. 1 1/5.	». ». 9 3/5.	». ». 4 4/5.	». 3. 3 3/5.	». 7. 6.
». ». 3 3/5.	». 6. 3 3/5.	». 3. 1 4/5.	». 1. 2 2/5.	». ». 7 1/5.	». 4.11 2/5.	».11. 3.
». ». » 3/5.	». 1. » 3/5.	». ». 6 3/10.	». ». 2 2/5.	». ». 1 1/5.	». ». 9 9/10.	». 1.10 1/2.
». ». » 9/10.	». 1. 6 9/10.	». ». 9 9/20.	». ». 3 3/5.	». ». 1 4/5.	». 1. 2 17/20.	». 2. 9 3/4.
». ». 3 3/5.	». 6. 3 3/5.	». 3. 1 4/5.	». 1. 2 2/5.	». ». 7 1/5.	». 4.11 2/5.	».11. 3.
». ». 2 7/10.	». 4. 8 7/10.	». 2. 4 7/20.	». ».10 4/5.	». ». 5 2/5.	». 3. 8 11/20.	». 8. 5 1/4.
». ». 3 3/5.	». 6. 3 3/5.	». 3. 1 4/5.	». 1. 2 2/5.	». ». 7 1/5.	». 4.11 2/5.	».11. 3.

DÉNOMINATION

DES MARCHANDISES ET DENRÉES

SUJETTES AUX DROITS.

Le cent pesant de Crin cordé, pour faire des Garnitures, paiera une livre...........
Le cent pesant de Vergettes, Décrotoires, Époussettes & autres ouvrages semblables, paiera
La douzaine de Champeleures & Chandeliers de Bois, paiera un sol..................
La livre de Soie de Sanglier paiera six deniers...
Le cent pesant de toutes sortes de Jouaillerie & Quincaillerie, comme Tabatieres, Pe
voire, de Corne, Buis & autres Bois, ou d'Ecaille, grands & petits, de toutes façons, E
ou non garnis, Miroirs à cadres, de bois ou d'autre façon, grands & petits, Ecritoir
teaux plians ou à gaines, Boucles de toutes façons, Rapes, Grageoires, Epingles, Aigui
à cacheter, & généralement tous autres menus ouvrages ou marchandises semblables ou ap
paiera trois livres quinze sols...
La livre pesant de Bossettes, Boucles, Clous & autres Garnitures d'équipage argentée
moulu, & autres Ouvrages semblables & approchant, payera un sol six deniers.......
Le cent à compte de Feuilles de Corne payera cinq sols..............................
La Livre de Poudre à Gibier paiera six deniers..
Le cent pesant de Plomb à tirer, paiera dix sols......................................
Le cent pesant de Plomb en saumon & non œuvré, paiera six sols...................

ÉTAMIERS, FONDEURS, DINDANDIERS,

Le cent pesant d'Étain fin ou commun, en saumon ou œuvré, paiera une livre dix s
Le cent pesant de toutes sortes de Cuivre, Mitrailles, Potin & Poëlin, non œuvr
trente sols...
Lorsqu'il sera œuvré, il paiera cinquante sols......................................
Le cent pesant de Fonte ou Métal, pour faire des Cloches, Marmites ou Mortiers, p
entrant, quarante sols...
Le Boisseau de Charbon de Terre paiera un sol.......................................

VERRERIE, GLACERIE ET FAYANCERIE.

Chaque grande Glace ou miroir, avec son cadre & sa garniture, paiera vingt sols....
La charge de cheval de toutes sortes de Verres à boire, Bouteilles, Flacons, Carafes, Po
& tous autres ouvrages de Terre, Fayance & Crystal, paiera quarante sols..........
Par charge d'homme ou panier, dix-huit sols...
Et au dessous de la charge d'homme, la douzaine de Piece paiera un sol...........
Chaque Panier de Verre à vitrer, de vingt-quatre plats, paiera vingt sols, au dessus &
à proportion...
Chaque cloche de Verre de toutes façons, grandes ou petites, venant d'ailleurs, paiera
Et à l'égard des vitres en panneaux, & autres ouvrages de Verre, qui seront apportés d
paieront, pour chaque pied-de-Roi en quarré, deux sols.............................

FIL, TOILE ET LANFAIT.

Le cent pesant de livres de Fil de Lanfait, blanc ou écru, paiera en entrant, vingt-c
Le cent pesant de Fil d'Étoupe blanc ou écru, paiera douze sols six deniers........
Le cent pesant de Lin ou Chanvre broyé & teillé, paiera en masse ou en paquet, c
Le cent pesant de Lin ou Chanvre peigné ou raffiné, paiera quinze sols............
Le cent de toutes Etoupes paiera deux sols..
La charge de Cheval, de Chanvre & Lin non teillé, paiera deux sols, au-dessus & au
proportion...
La charge de Cheval, de Lin ou Chanvre vert, sortant du champ, apporté dans ladi
Fauxbourgs, paiera six deniers...
Chaque aune de Toile, Basins, Serviettes, Doubliers & Coutils œuvrés dans ladite Ville
bourgs, paiera, savoir, pour la fine, un sol...
Et pour la grosse & commune, six deniers, lesquelles Toiles ne pourront être censées fines
qu'elles ne soient de fil de quatre aunes..

[…] appartenans [à l]a Ville.		*Droits appartenans à la Régie.*				
Sol pour livre du Tarif.	TOTAL des Droits appartenans à la Ville.	Dix Sols pour livre des Droits appartenans à la Ville.	Octrois Municipaux, ou 4 Sols pour livre du Droit de Tarif.	Dix Sols pour livre des Octrois Municipaux.	TOTAL des Droits appartenans à la Régie.	TOTAL des Droits dûs au Roi & à la Ville.
tt ß §	tt ß §	tt ß §	tt ß §	tt ß §	tt ß §	tt ß §
». 1. ».	1. 1. ».	».10. 6.	». 4. ».	». 2. ».	».16. 6.	1.17. 6.
». 1. ».	1. 1. ».	».10. 6.	». 4. ».	». 2. ».	».16. 6.	1.17. 6.
». ». » 1/5.	». 1. » 1/5.	». ». 6 1/10.	». ». 2 2/5.	». ». 1 1/5.	». ». 9 9/10.	». 1.10 1/2.
». ». » 1/10.	». ». 6 1/10.	». ». 3 1/20.	». ». 1 1/5.	». ». » 3/5.	». ». 4 19/20.	». ».11 1/4.
». 3. 9.	3.18. 9.	1.19. 4 1/2.	».15. ».	». 7. 6.	3. 1.10 1/2.	7. ». 7 1/2.
». ». » 9/10.	». 1. 6 9/10.	». ». 9 9/20.	». ». 3 3/5.	». ». 1 4/5.	». 1. 2 17/20.	». 2. 9 1/4.
». ». 3.	». 5. 3.	». 2. 7 1/2.	». 1. ».	». ». 6.	». 4. 1 1/2.	». 9. 4 1/2.
». ». » 1/10.	». ». 6 1/10.	». ». 3 1/20.	». ». 1 1/5.	». ». » 3/5.	». ». 4 19/20.	». ».11 1/4.
». ». 6.	».10. 6.	». 5. 3.	». 2. ».	». 1 ».	». 8. 3.	».18. 9.
». ». 3 1/5.	». 6. 3 1/5.	». 3. 1 4/5.	». 1. 2 2/5.	». ». 7 1/5.	». 4.11 2/5.	».11. 3.
». 1. 6.	1.11. 6.	».15. 9.	». 6. ».	». 3. ».	1. 4. 9.	2.16. 3.
». 1. 6.	1.11. 6.	».15. 9.	». 6. ».	». 3. ».	1. 4. 9.	2.16. 3.
». 2. 6.	2.12. 6.	1. 6. 3.	».10. ».	». 5. ».	2. 1. 3.	4.13. 9.
». 2. ».	2. 2. ».	1. 1. ».	». 8. ».	». 4. ».	1.13. ».	3.15. ».
». ». » 1/5.	». 1. » 1/5.	». ». 6 1/10.	». ». 2 2/5.	». ». 1 1/5.	». ». 9 9/10.	». 1.10 1/2.
». 1. ».	1. 1. ».	».10. 6.	». 4. ».	». 2. ».	».16. 6.	1.17. 6.
». 2. ».	2. 2. ».	1. 1. ».	». 8. ».	». 4. ».	1.13. ».	3.15. ».
». ».10 4/5.	».18.10 4/5.	». 9. 5 2/5.	». 3. 7 1/5.	». 1. 9 3/5.	».14.10 1/5.	1.13. 9.
». ». » 1/5.	». 1. » 1/5.	». ». 6 1/10.	». ». 2 2/5.	». ». 1 1/5.	». ». 9 9/10.	». 1.10 1/2.
». 1. ».	1. 1. ».	».10. 6.	». 4. ».	». 2. ».	».16. 6.	1.17. 6.
». ». 1 1/5.	». 2. 1 1/5.	». 1. » 3/5.	». ». 4 4/5.	». ». 2 2/5.	». 1. 7 4/5.	». 3. 9.
». ». 1 1/5.	». 2. 1 1/5.	». 1. » 3/5.	». ». 4 4/5.	». ». 2 2/5.	». 1. 7 4/5.	». 3. 9.
». 1. 3.	1. 6. 3.	».13. 1 1/2.	». 5. ».	». 2. 6.	1. ». 7 1/2.	2. 6.10 1/2.
». ». 7 1/2.	».13. 1 1/2.	». 6. 6 3/4.	». 2. 6.	». 1. 3.	».10. 3 3/4.	1. 3. 5 1/4.
». ». 3.	». 5. 3.	». 2. 7 1/2.	». 1. ».	». ». 6.	». 4. 1 1/2.	». 9. 4 1/2.
». ». 9.	».15. 9.	». 7.10 1/2.	». 3. ».	». 1. 6.	».12. 4 1/2.	1. 8. 1 1/2.
». ». 1 1/5.	». 2. 1 1/5.	». 1. » 3/5.	». ». 4 4/5.	». ». 2 2/5.	». 1. 7 4/5.	». 3. 9.
». ». 1 1/5.	». 2. 1 1/5.	». 1. » 3/5.	». ». 4 4/5.	». ». 2 2/5.	». 1. 7 4/5.	». 3. 9.
». ». » 1/10.	». ». 6 1/10.	». ». 3 1/20.	». ». 1 1/5.	». ». » 3/5.	». ». 4 19/20.	». ».11 1/4.
». ». » 1/5.	». 1. » 1/5.	». ». 6 1/10.	». ». 2 2/5.	». ». 1 1/5.	». ». 9 9/10.	». 1.10 1/2.
». ». » 1/10.	». ». 6 1/10.	». ». 3 1/20.	». ». 1 1/5.	». ». » 3/5.	». ». 4 19/20.	». ».11 1/4.

DÉNOMINATION

DES MARCHANDISES ET DENRÉES

SUJETTES AUX DROITS.

Chaque aune desdites Toiles, Basins, Serviettes & Coutils fabriqués ailleurs que dans la
& Fauxbourgs, paiera pour la fine, un sol six deniers.......................................
Et pour la commune & grosse, neuf deniers, attendu que les fil & lansait n'en auront rien

REGRATTIERS, CHANDELIERS, ROTISSEURS, BLANCHISSEURS OU POULAILLERS.

Le cent pesant de Beurre frais ou salé entrant dans la Ville pour y être vendu & consomm
seize sols huit deniers, plus ou moins à proportion.......................................
Le cent de Suif, Graisse, ou Sain provenant des bêtes massacrées dans la Ville & Fau
paiera dix sols, qui seront payés par l'Acheteur, attendu que la bête aura payé..........
Et celui qui entrera dans la Ville & Fauxbourgs, paiera vingt sols, au-dessus & au-
proportion...
Le cent pesant de Chandelle faite & façonnée ailleurs, paiera en entrant, trente sols...
La charge de Cheval, de Marrons, Chataignes, Noix & Amandes à l'écaille, paiera vingt
Et par Boisseau, quatre sols...
Le cent pesant de Plumes d'Oie, qui entrera ou sera exposé en vente, paiera vingt-cinq so
Le cent pesant d'autre Plumes, paiera dix sols.......................................
La charge de Cheval, de Gibier ou Volaille, faite ou enlevée de la Ville pour porter
paiera dix sols...
La charge de Cheval, de Choux à planter, paiera cinq sols...........................
Faix à col, deux sols...
La charge de Cheval, d'Oignons qui entrera ou sera exposée en vente, paiera dix sols
moins à proportion..
La douzaine de petits Fromages de Livaro, Bray, Pont-l'Évêque, & autres semblable
en entrant un sol six deniers..
Chaque Fromage de Brie, Hollande, Auvergne, Gruyere, Parmesan & autres semblable
un sol..
La charge de Cheval, de Pots, Bouteilles, Cruches, Tafaites, & autres grosses poterie
deux sols six deniers, plus ou moins à proportion....................................
La charge de Cheval, de Poterie du Moley, paiera cinq sols..........................
La caisse, ou grosse de Pipes, paiera un sol six deniers...............................
La meule d'Alumette paiera six deniers...
La douzaine d'Arbres à planter, comme Poiriers, Pommiers, & toutes sortes d'autre
trois sols, au-dessus & au-dessous à proportion.......................................

POISSONNERIE.

La charge de Poisson frais, tant de Mer que de Riviere, Huitre écalées, paiera cinq sols,
& au-dessous à proportion...
Le millier ou baril de Hareng blanc salé, paiera vingt sols...........................
Le cent de Hareng sauret, paiera deux sols six deniers................................
Le baril ou millier de Sardines, ou Harangelle salée, paiera dix sols, au-dessus & au-
proportion..
La couple, ou poignée de Molue verte ou salée, paiera un sol six deniers..............
La couple ou poignée de Merlu, ou Molue séche, paiera six deniers....................
Chaque Saumon salé paiera deux sols six deniers.......................................
Le cent de Maquereaux salés paiera quatre sols..
Le millier, ou barique d'Anguilles salées, paiera dix sols.............................
La charge de Cheval, d'Huitre à l'écaille, paiera un sol...............................
La charge de Cheval, de Moles, paiera six deniers.....................................
La charge de Cheval, de Coque sans écailles, de Hommares, Crabes, Clopoings, Pou
autres poissons de pareille espece, paiera trois sols...................................

…ppartenans …Ville.	TOTAL	*Droits appartenans à la Régie.*			TOTAL	TOTAL
Sol pour livre du Tarif.	des Droits appartenans à la Ville.	Dix Sols pour livre des Droits appartenans à la Ville.	Octrois Municipaux, ou 4 Sols pour livre du Droit de Tarif.	Dix Sols pour livre des Octrois Municipaux.	des Droits appartenans à la Régie.	des Droits dûs au Roi & à la Ville.
tt ß ϑ	tt ß ϑ	tt ß ϑ	tt ß ϑ	tt ß ϑ	tt ß ϑ	tt ß ϑ
». ». » 9/10.	». 1. 6 9/10.	». ». 9 9/20.	». ». 3 3/5.	». ». 1 4/5.	». 1. 2 17/20.	». 2. 9 1/4.
». ». » 9/20.	». ». 9 9/20.	». ». 4 29/40.	». ». 1 4/5.	». ». » 9/10.	». ». 7 17/40.	». 1. 4 5/8.
». ».10.	».17. 6.	». 8. 9.	». 3. 4.	». 1. 8.	».13. 9.	1.11. 3.
». ». 6.	».10. 6.	». 5. 3.	». 2. ».	». 1. ».	». 8. 3.	».18. 9.
». 1. ».	1. 1. ».	».10. 6.	». 4. ».	». 2. ».	».16. 6.	1.17. 6.
». 1. 6.	1.11. 6.	».15. 9.	». 6. ».	». 3. ».	1. 4. 9.	2.16. 3.
». 1. ».	1. 1. ».	».10. 6.	». 4. ».	». 2. ».	».16. 6.	1.17. 6.
». ». 2 2/5.	». 4. 2 2/5.	». 2. 1 1/5.	». ». 9 3/5.	». ». 4 4/5.	». 3. 3 3/5.	». 7. 6.
». 1. 3.	1. 6. 3.	».13. 1 1/2.	». 5. ».	». 2. 6.	1. ». 7 1/2.	2. 6.10 1/2.
». ». 6.	».10. 6.	». 5. 3.	». 2. ».	». 1. ».	». 8. 3.	».18. 9.
». ». 6.	».10. 6.	». 5. 3.	». 2. ».	». 1. ».	». 8. 3.	».18. 9.
». ». 3.	». 5. 3.	». 2. 7 1/2.	». 1. ».	». ». 6.	». 4. 1 1/2.	». 9. 4 1/2.
». ». 1 1/5.	». 2. 1 1/5.	». 1. » 3/5.	». ». 4 4/5.	». ». 2 2/5.	». 1. 7 4/5.	». 3. 9.
». ». 6.	».10. 6.	». 5. 3.	». 2. ».	». 1. ».	». 8. 3.	».18. 9.
». ». » 9/10.	». 1. 6 9/10.	». ». 9 9/20.	». ». 3 3/5.	». ». 1 4/5.	». 1. 2 17/20.	». 2. 9 1/4.
». ». » 1/5.	». ». 1 1/5.	». ». 6 3/10.	». ». 2 2/5.	». ». 1 1/5.	». ». 9 9/10.	». 1.10 1/2.
». ». 1 1/2.	». 2. 7 1/2.	». 1. 3 3/4.	». ». 6.	». ». 3.	». 2. » 1/4.	». 4. 8 1/4.
». ». 3.	». 5. 3.	». 2. 7 1/2.	». 1. ».	». ». 6.	». 4. 1 1/2.	». 9. 4 1/2.
». ». » 9/10.	». 1. 6 9/10.	». ». 9 9/20.	». ». 3 3/5.	». ». 1 4/5.	». 1. 2 17/20.	». 2. 9 1/4.
». ». » 3/10.	». ». 6 1/10.	». ». 3 3/20.	». ». 1 1/5.	». ». » 3/5.	». ». 4 19/20.	». ».11 1/4.
». ». 1 4/5.	». 3. 1 4/5.	». 1. 6 9/10.	». ». 7 1/5.	». ». 3 3/5.	». 2. 7 7/10.	». 5. 7 1/2.
». ». 3.	». 5. 3.	». 2. 7 1/2.	». 1. ».	». ». 6.	». 4. 1 1/2.	». 9. 4 1/2.
». 1. ».	1. 1. ».	».10. 6.	». 4. ».	». 2. ».	».16. 6.	1.17. 6.
». ». 1 1/2.	». 2. 7 1/2.	». 1. 3 1/4.	». ». 6.	». ». 3.	». 2. » 1/4.	». 4. 8 1/4.
». ». 6.	».10. 6.	». 5. 3.	». 2. ».	». 1. ».	». 8. 3.	».18. 9.
». ». » 9/10.	». 1. 6 9/10.	». ». 9 9/20.	». ». 3 3/5.	». ». 1 4/5.	». 1. 2 17/20.	». 2. 9 1/4.
». ». » 3/10.	». ». 6 3/10.	». ». 3 3/20.	». ». 1 1/5.	». ». » 3/5.	». ». 4 19/20.	». ».11 1/4.
». ». 1 1/2.	». 2. 7 1/2.	». 1. 3 3/4.	». ». 6.	». ». 3.	». 2. » 1/4.	». 4. 8 1/4.
». ». 2 2/5.	». 4. 2 2/5.	». 2. 1 1/5.	». ». 9 3/5.	». ». 4 4/5.	». 3. 3 3/5.	». 7. 6.
». ». 6.	».10. 6.	». 5. 3.	». 2. ».	». 1. ».	». 8. 3.	».18. 9.
». ». » 1/5.	». 1. » 1/5.	». ». 6 3/10.	». ». 2 2/5.	». ». 1 1/5.	». ». 9 9/10.	». 1.10 1/2.
». ». » 1/10.	». ». 6 1/10.	». ». 3 3/20.	». ». 1 1/5.	». ». » 3/5.	». ». 4 19/20.	». ».11 1/4.
». ». 1 4/5.	». 3. 1 4/5.	». 1. 6 9/10.	». ». 7 1/5.	». ». 3 3/5.	». 2. 5 7/10.	». 5. 7 1/2.

DÉNOMINATION

DES MARCHANDISES ET DENRÉES

SUJETTES AUX DROITS.

Bois.

La Charretée de Bois de chêne à bâtir, comme Poutres, Chevrons, Surchévron Fillieres, & autres gros Bois, paiera dix-huit sols.........................

La charretée de Bois de chêne merrain, comme Planches, Chassis, Soliveaux, Broisses, & autres pieces semblables de toutes longueurs & épaisseurs, paiera trente sols........

Et pour charge de cheval, trois sols six deniers..............................

La charretée de Bois de hêtre aussi merrain, paiera dix-huit sols..................

Et par charge de Cheval, deux sols...

La charretée de Bois de hêtre en piece, dolée ou non dolée, paiera quatorze sols..

La charretée de Bûches, ou gros Bois propres à brûler, & le cent de Fagots, paiera

Et par charge de Cheval, dudit Bois, paiera un sol trois deniers...............

Le millier de Bourrée paiera vingt sols, au-dessus & au-dessous à proportion.......

La charge de Cheval, de menu Bois, Brotilles ou Coupeaux, paiera trois deniers..

La charge de Cheval, ou sac de Charbon d'une barrique, paiera deux sols, au-dessus & à proportion...

Le Paquet de Cercles à tonne, contenant une douzaine, paiera deux sols..........

Le Paquet de Cercles à tonneau, ou Botte contenant deux douzaines, paiera deux sols

La douzaine de petits Cercles, paiera six deniers.........................

La douzaine de Bottes ou Poignée d'Osier pour lier, paiera un sol.............

Pour chaque Fût de Tonne, Tonneau, Botte & Pipe neuve, faits & apportés d'aille en entrant, le fort portant le foible, sept sols six deniers........................

La douzaine de Pailles & Paillots, paiera deux sols............................

La Barratte, Boisseau, Demi-Boisseau, Cuve, Cuvette, Seaux, Barils, & autres o blables de Bois dolé, paiera six deniers...

La charge de Cheval, de Sabots, Jattes, Atelles, Cuillers, Fuseaux, Alettes, & a ouvrages de buis & de bois, paiera cinq sols......................................

Faix à col, deux sols...

La charge de Cheval, de Berceaux, Paniers, Chaises, Vanettes, Picotins, & au & ustensiles d'Osier ou de glu, paiera dix sols..

Faix à col, trois sols...

Ou par grande piece, un sol..

Et petite, trois deniers..

Le cent pesant d'Osier propre à faire les ouvrages ci-dessus, paiera dix sols.......

Chaque Rouet à filer, Canelier, Dévidoir & Trouar, paiera un sol................

La douzaine de Chaises de bois, enfoncées de paille ou de jonc, façon de Rouen, c valeur, paiera six sols...

Chaque douzaine d'autre Chaises communes, enfoncées comme dessus, paiera trois

Chaque Couverture à cuve, paire de Paniers à fumier, Echelettes & Civieres à bras, & Échelles, paiera six deniers..

Chaque Armoire ou Buffet, Cabinet ou Bureau fait & façonné ailleurs, paiera étant acheté hors ladite Ville & Fauxbourgs, ou venant pour y être exposé en vente,

Chaque Bois de Couche ou de Lit, paiera en entrant, dix sols.....................

Chaque Table paiera cinq sols..

La couple de Guéridons, paiera quatre sols.......................................

La douzaine de Chaises de bois, paiera douze sols................................

Le cent à compte de Lattes, paiera trois deniers..................................

La charge de cheval de Palet à plancher, paiera deux sols six deniers.............

Foin et Paille.

La charretée de Foin paiera en entrant, douze sols...............................

La charge de cheval, un sol six deniers..

La charretée de Paille & Glu, paiera six sols....................................

La charge de cheval, paiera neuf deniers...

…appartenans [à la] Ville.		Droits appartenans à la Régie.				
Sol pour livre de Tarif.	TOTAL des Droits appartenans à la Ville.	Dix Sols pour livre des Droits appartenans à la Ville.	Octrois Municipaux, ou 4 Sols pour livre du Droit de Tarif.	Dix Sols pour livre des Octrois Municipaux.	TOTAL des Droits appartenans à la Régie.	TOTAL des Droits dûs au Roi & à la Ville.
tt ß ₰	tt ß ₰	tt ß ₰	tt ß ₰	tt ß ₰	tt ß ₰	tt ß ₰
». ».10 4/5.	».18.10 4/5.	». 9. 5 2/5.	». 3. 7 1/5.	». 1. 9 3/5.	».14.10 1/5.	1.13. 9.
». 1. 6.	1.11. 6.	».15. 9.	». 6. ».	». 3. ».	1. 4. 9.	2.16. 3.
». ». 2 1/10.	». 3. 8 1/10.	». 1.10 1/20.	». ». 8 2/5.	». ». 4 1/5.	». 2.10 13/20.	». 6. 6 1/4.
». ».10 4/5.	».18.10 4/5.	». 9. 5 2/5.	». 3. 7 1/5.	». 1. 9 3/5.	».14.10 1/5.	1.13. 9.
». ». 1 1/5.	». 2. 1 1/5.	». 1. » 3/5.	». ». 4 4/5.	». ». 2 2/5.	». 1. 7 4/5.	». 3. 9.
». ». 8 2/5.	».14. 8 2/5.	». 7. 4 1/5.	». 2. 9 3/5.	». 1. 4 4/5.	».11. 6 3/5.	1. 6. 3.
». ». 6.	».10. 6.	». 5. 3.	». 2. ».	». 1. ».	». 8. 3.	».18. 9.
». ». » 3/4.	». 1. 3 1/4.	». ». 7 7/8.	». ». 3.	». ». 1 1/2.	». 1. » 3/8.	». 2. 4 1/8.
». 1. ».	1. 1. ».	».10. 6.	». 4. ».	». 2. ».	».16. 6.	1.17. 6.
». ». » 1/20.	». ». 3 1/20.	». ». 1 21/40.	». ». » 1/5.	». ». » 1/10.	». ». 2 19/40.	». ». 5 5/8.
». ». 1 1/5	». 2. 1 1/5.	». 1. » 3/5.	». ». 4 4/5.	». ». 2 2/5.	». 1. 7 4/5.	». 3. 9.
». ». 1 1/5.	». 2. 1 1/5.	». 1. » 3/5.	». ». 4 4/5.	». ». 2 2/5.	». 1. 7 4/5.	». 3. 9.
». ». 1 1/5.	». 2. 1 1/5.	». 1. » 3/5.	». ». 4 4/5.	». ». 2 2/5.	». 1. 7 4/5.	». 3. 9.
». ». » 1/10.	». ». 6 1/10.	». ». 3 1/20.	». ». 1 1/5.	». ». » 3/5.	». ». 4 19/20.	». ».11 1/4.
». ». » 1/5.	». 1. » 1/5.	». ». 6 1/10.	». ». 2 2/5.	». ». 1 1/5.	». ». 9 9/10.	». 1.10 1/2.
». ». 4 1/2.	». 7.10 1/2.	». 3.11 1/4.	». 1. 6.	». ». 9.	». 6. 2 1/4.	».14. » 1/4.
». ». 1 1/5.	». 2. 1 1/5.	». 1. » 3/5.	». ». 4 4/5.	». ». 2 2/5.	». 1. 7 4/5.	». 3. 9.
». ». » 1/10.	». ». 6 1/10.	». ». 3 1/20.	». ». 1 1/5.	». ». » 3/5.	». ». 4 19/20.	». ».11 1/4.
». ». 3.	». 5. 3.	». 2. 7 1/2.	». 1. ».	». ». 6.	». 4. 1 1/2.	». 9. 4 1/2.
». ». 1 1/5.	». 2. 1 1/5.	». 1. » 3/5.	». ». 4 4/5.	». ». 2 2/5.	». 1. 7 4/5.	». 3. 9.
». ». 6.	».10. 6.	». 5. 3.	». 2. ».	». 1. ».	». 8. 3.	».18. 9.
». ». 1 4/5.	». 3. 1 4/5.	». 1. 6 9/10.	». ». 7 1/5.	». ». 3 3/5.	». 2. 5 7/10.	». 5. 7 1/2.
». ». » 1/5.	». 1. » 1/5.	». ». 6 1/10.	». ». 2 2/5.	». ». 1 1/5.	». ». 9 9/10.	». 1.10 1/2.
». ». » 1/20.	». ». 3 1/20.	». ». 1 21/40.	». ». » 1/5.	». ». » 1/10.	». ». 2 19/40.	». ». 5 5/8.
». ». 6.	».10. 6.	». 5. 3.	». 2. ».	». 1. ».	». 8. 3.	».18. 9.
». ». » 1/5.	». 1. » 1/5.	». ». 6 1/10.	». ». 2 2/5.	». ». 1 1/5.	». ». 9 9/10.	». 1.10 1/2.
». ». 3 3/5.	». 6. 3 3/5.	». 3. 1 4/5.	». 1. 2 2/5.	». ». 7 1/5.	». 4 11 2/5.	».11. 3.
». ». 1 4/5.	». 3. 1 4/5.	». 1. 6 9/10.	». ». 7 1/5.	». ». 3 3/5.	». 2. 5 7/10.	». 5. 7 1/2.
». ». » 1/10.	». ». 6 1/10.	». ». 3 1/20.	». ». 1 1/5.	». ». » 3/5.	». ». 4 19/20.	». ».11 1/4.
». 1. 6.	1.11. 6.	».15. 9.	». 6. ».	». 3. ».	1. 4. 9.	2.16. 3.
». ». 6.	».10. 6.	». 5. 3.	». 2. ».	». 1. ».	». 8. 3.	».18. 9.
». ». 3.	». 5. 3.	». 2. 7 1/2.	». 1. ».	». ». 6.	». 4. 1 1/2.	». 9. 4 1/2.
». ». 2 2/5.	». 4. 2 2/5.	». 2. 1 1/5.	». ». 9 3/5.	». ». 4 4/5.	». 3. 3 3/5.	». 7. 6.
». ». 7 1/5.	».12. 7 1/5.	». 6. 3 3/5.	». 2. 4 4/5.	». 1. 2 2/5.	». 9.10 4/5.	1. 2. 6.
». ». » 1/20.	». ». 3 1/20.	». ». 1 21/40.	». ». » 1/5.	». ». » 1/10.	». ». 2 19/40.	». ». 5 5/8.
». ». 1 1/2.	». 2. 7 1/2.	». 1. 3 3/4.	». ». 6.	». ». 3.	». ». 2 3/4.	». 4. 8 1/4.
». ». 7 1/5.	».12. 7 1/5.	». 6. 3 3/5.	». 2. 4 4/5.	». 1. 2 2/5.	». 9.10 4/5.	1. 2. 6.
». ». » 9/10.	». 1. 6 9/10.	». ». 9 9/20.	». ». 3 3/5.	». ». 1 4/5.	». 1. 2 17/20.	». 2. 9 3/4.
». ». 3 3/5.	». 6. 3 3/5.	». 3. 1 4/5.	». 1. 2 2/5.	». ». 7 1/5.	». 4.11 2/5.	».11. 3.
». ». » 9/20.	». ». 9 9/20.	». ». 4 29/40.	». ». 1 4/5.	». ». » 9/10.	». ». 7 17/40.	». 1. 4 7/8.

DÉNOMINATION
DES MARCHANDISES ET DENRÉE
SUJETTES AUX DROITS.

Le millier de toutes ſortes de Liens pour gerber, paiera deux ſols ſix deniers........

MAÇONNERIE.

La charreté de Pierre de taille, paiera en entrant dans la Ville & Fauxbourgs, trois ſols
La charge de cheval, ſix deniers.....................................
La charge de cheval de Plâtre, trois ſols, & à proportion..........................
La charretée de petit Carreau Deſſeliers, ou Brique pour paver, paiera dix ſols........
La charge de cheval, un ſol trois deniers..
Le millier de Tuile ou Ardoiſe d'Angleterre, paiera dix ſols, plus ou moins à proport
Le millier de Tuile du pays, paiera cinq ſols.......................................
Le Tonneau de chaux, paiera cinq ſols..
Et chaque charge de cheval de chaux, paiera ſix deniers............................
Celle de Mantchaton, trois ſols, au deſſus & au deſſous à proportion...............

PERRUQUIERS, BAIGNEURS, ETUVISTES ET PARFUME

La livre de toutes ſortes de cheveux de toutes couleurs & qualité achetés dans la Ville & F par les Marchands de la campagne, pour les ſortir & porter ailleurs, ou qui ſeront mis deh voyés par les Perruquiers du lieu, paiera en ſortant, ſavoir, pour le compte deſdits M quinze ſols...

Et par leſdits Perruquiers de ladite Ville, cinq ſols.................................

La douzaine de Perruques de peaux ou commodes, paiera en entrant ſix ſols, au deſſus & à proportion..

Le cent peſant de toutes ſortes de Poudre à poudrer, paiera vingt-cinq ſols, au deſſus & à proportion..

Le cent peſant d'amidon, entrant dans ladite Ville & Fauxbourgs, paiera ſeize ſols huit

Et celui qui pourra y être fabriqué dans la ſuite, paiera en ſortant huit ſols quatre denie

La douzaine de Savonnettes légeres, & autres Savonnettes fines, paiera deux ſols.......

Le cent peſant de Savonnettes blanches ou communes, paiera cinquante ſols, au deſſus & à proportion..

Chaque livre peſant de toutes ſortes d'Eſſences, Huile d'amande douce, Eau de la Re grie, & autres ſemblables, compris les Bouteilles ou Flacons, paiera un ſol ſix deniers. .

La livre de Muſc ou Civette, & autres pareilles odeurs, paiera quarante ſols.........

Et pour éviter aux fraudes & abus qui ſe pourroient commettre à la ſortie des cheveux Marchands ou Perruquiers du lieu, ils ſeront tenus de paſſer & ſigner leur déclaration au B cipal, de la quantité qu'ils voudront envoyer ou porter ailleurs, à peine, en cas de contra confiſcation & de l'amende.

PASSE-DE-BOUT.

La charge de cheval, de toutes ſortes de Marchandiſes & Denrées paſſant debout, ou nant que vingt-quatre heures ſeulement, dans ladite Ville & Fauxbourgs, paiera un ſol.

La charretée deſdites Marchandiſes, paiera huit ſols..................................
Chaque Bœuf, Vache, Taureau, Aumeau, Geniſſon ou Geniſſe, paiera quatre deni
Chaque Veau de lait, Brebis ou Mouton, paiera un denier..............................
Chaque Porc paiera deux deniers...

Fait & arrêté au Conſeil Royal des Finances, tenu à Verſailles, le onzieme jour d'Août mil ſ

Nota. Les Octrois Municipaux & les Dix Sols pour livre deſdits Droits, énoncés au pr

...partenans Ville.	TOTAL des Droits appartenans à la Ville.	Droits appartenans à la Régie.			TOTAL des Droits appartenans à la Régie.	TOTAL des Droits dûs au Roi & à la Ville.
Sol pour livre du Tarif.		Dix Sols pour livre des Droits appartenans à la Ville.	Octrois Municipaux, ou 4 Sols pour livre du Droit de Tarif.	Dix Sols pour livre des Octrois Municipaux.		
tt ß ℊ	tt ß ℊ	tt ß ℊ	tt ß ℊ	tt ß ℊ	tt ß ℊ	tt ß ℊ
». ». 1 $\frac{1}{2}$.	». 2. 7 $\frac{1}{2}$.	». 1. 3 $\frac{1}{4}$.	». ». 6.	». ». 3.	». 2. » $\frac{1}{4}$.	». 4. 8 $\frac{1}{4}$.
». ». 1 $\frac{4}{5}$.	». 3. 1 $\frac{4}{5}$.	». 1. 6 $\frac{9}{10}$.	». ». 7 $\frac{1}{5}$.	». ». 3 $\frac{3}{5}$.	». 2. 5 $\frac{7}{10}$.	». 5. 7 $\frac{1}{2}$.
». ». » $\frac{3}{10}$.	». ». 6 $\frac{1}{10}$.	». ». 3 $\frac{3}{10}$.	». ». 1 $\frac{1}{5}$.	». ». » $\frac{3}{5}$.	». ». 4 $\frac{19}{20}$.	». ».11 $\frac{1}{4}$.
». ». 1 $\frac{4}{5}$.	». 3. 1 $\frac{4}{5}$.	». 1. 6 $\frac{9}{10}$.	». ». 7 $\frac{1}{5}$.	». ». 3 $\frac{3}{5}$.	». 2. 5 $\frac{7}{10}$.	». 5. 7 $\frac{1}{2}$.
». ». 6.	».10. 6.	». 5. 3.	». 2. ».	». 1. ».	». 8. 3.	».18. 9.
». ». » $\frac{1}{4}$.	». 1. 3 $\frac{1}{4}$.	». ». 7 $\frac{7}{8}$.	». ». 3.	». ». 1 $\frac{1}{2}$.	». 1. » $\frac{1}{8}$.	». 2. 4 $\frac{1}{8}$.
». ». 6.	».10. 6.	». 5. 3.	». 2. ».	». 1. ».	». 8. 3.	».18. 9.
». ». 3.	». 5. 3.	». 2. 7 $\frac{1}{2}$.	». 1. ».	». ». 6.	». 4. 1 $\frac{1}{2}$.	». 9. 4 $\frac{1}{2}$.
». ». 3.	». 5. 3.	». 2. 7 $\frac{1}{2}$.	». 1. ».	». ». 6.	». 4. 1 $\frac{1}{2}$.	». 9. 4 $\frac{1}{2}$.
». ». » $\frac{3}{10}$.	». ». 6 $\frac{3}{10}$.	». ». 3 $\frac{3}{10}$.	». ». 1 $\frac{1}{5}$.	». ». » $\frac{3}{5}$.	». ». 4 $\frac{19}{20}$.	». ».11 $\frac{1}{4}$.
». ». 1 $\frac{4}{5}$.	». 3. 1 $\frac{4}{5}$.	». 1. 6 $\frac{9}{10}$.	». ». 7 $\frac{1}{5}$.	». ». 3 $\frac{3}{5}$.	». 2. 5 $\frac{7}{10}$.	». 5. 7 $\frac{1}{2}$.
». ». 9.	».15. 9.	». 7.10 $\frac{1}{2}$.	». 3. ».	». 1. 6.	».12. 4 $\frac{1}{2}$.	1. 8. 1 $\frac{1}{2}$.
». ». 3.	». 5. 3.	». 2. 7 $\frac{1}{2}$.	». 1. ».	». ». 6.	». 4. 1 $\frac{1}{2}$.	». 9. 4 $\frac{1}{2}$.
». ». 3 $\frac{1}{5}$.	». 6. 3 $\frac{1}{5}$.	». 3. 1 $\frac{4}{5}$.	». 1. 2 $\frac{2}{5}$.	». ». 7 $\frac{1}{5}$.	». 4.11 $\frac{1}{5}$.	».11. 3.
». 1. 3.	1. 6. 3.	».13. 1 $\frac{1}{2}$.	». 5. ».	». 2. 6.	1. ». 7 $\frac{1}{2}$.	2. 6.10 $\frac{1}{2}$.
». ».10.	».17. 6.	». 8. 9.	». 3. 4.	». 1. 8.	».13. 9.	1.11. 3.
». ». 5.	». 8. 9.	». 4. 4 $\frac{1}{2}$.	». 1. 8.	». ».10.	». 6.10 $\frac{1}{2}$.	».15. 7 $\frac{1}{2}$.
». ». 1 $\frac{1}{5}$.	». 2. 1 $\frac{1}{5}$.	». ». 1 $\frac{1}{5}$.	». ». 4 $\frac{4}{5}$.	». ». 2 $\frac{2}{5}$.	». 1. 7 $\frac{4}{5}$.	». 3. 9.
». 2. 6.	2.12. 6.	1. 6. 3.	».10. ».	». 5. ».	2. 1. 3.	4.13. 9.
». ». » $\frac{9}{10}$.	». 1. 6 $\frac{9}{10}$.	». ». 9 $\frac{9}{10}$.	». ». 3 $\frac{3}{5}$.	». ». 1 $\frac{4}{5}$.	». 1. 2 $\frac{17}{20}$.	». 2. 9 $\frac{1}{4}$.
». 2. ».	2. 2. ».	1. 1. ».	». 8. ».	». 4. ».	1.13. ».	3.15. ».
». ». » $\frac{1}{5}$.	». 1. » $\frac{1}{5}$.	». ». 6 $\frac{3}{10}$.	». ». 2 $\frac{2}{5}$.	». ». 1 $\frac{1}{5}$.	». ». 9 $\frac{9}{10}$.	». 1.10 $\frac{1}{2}$.
». ». 4 $\frac{4}{5}$.	». 8. 4 $\frac{4}{5}$.	». 4. 2 $\frac{1}{5}$.	». 1. 7 $\frac{1}{5}$.	». ». 9 $\frac{3}{5}$.	». 6. 7 $\frac{1}{5}$.	».15. ».
». ». » $\frac{1}{5}$.	». ». 4 $\frac{1}{5}$.	». ». 2 $\frac{1}{10}$.	». ». » $\frac{4}{5}$.	». ». » $\frac{2}{5}$.	». ». 3 $\frac{1}{10}$.	». ». 7 $\frac{1}{2}$.
». ». » $\frac{1}{20}$.	». ». 1 $\frac{1}{20}$.	». ». » $\frac{21}{40}$.	». ». » $\frac{1}{5}$.	». ». » $\frac{1}{10}$.	». ». » $\frac{11}{40}$.	». ». 1 $\frac{7}{8}$.
». ». » $\frac{1}{10}$.	». ». 2 $\frac{1}{10}$.	». ». 1 $\frac{1}{10}$.	». ». » $\frac{2}{5}$.	». ». » $\frac{1}{5}$.	». ». 1 $\frac{11}{20}$.	». ». 3 $\frac{3}{4}$.

igné, *Ranchin, avec paraphe.*

s les différens textes du Tarif général des Aides, sont ici pour mémoire.

erie de Lamesle, Imprimeur des Fermes du Roi, au Bureau général des Aides, Hôtel de Bretonvilliers, Isle Saint Louis. 1781.

GÉNÉRALITÉ DE CAEN.

TARIF DES DROITS
DÉPENDANS
DE LA RÉGIE GÉNÉRALE,
DUS DANS LA DIRECTION
DE VIRE.

DROITS SUR LES BOISSONS, A L'ENTRÉE ET AU BRASSAGE, par Muid de 144 Pots.

VILLE DE VIRE.

NATURE DES DROITS, ET RÉGLEMENS QUI LES AUTORISENT.	EAU-DE-VIE, & Liqueur.	VIN de Liqueur.	VIN ordinaire.	CIDRE.	POIRÉ.	BIERE.
	tt ß ₰	tt ß ₰	tt ß ₰	tt ß ₰	tt ß ₰	tt ß ₰
Ordonnance de 1680, titre 4, article 1er, Anciens & Nouveaux Cinq Sols.......	». ». ».	».14. ».	».14. ».	». ». ».	». ». ».	». ». ».
Idem, titre 24, art. 1er, titre 26, art. 3, titre 27, art. 6, Subvention..............	5. 8. ».	1. 7. ».	1. 7. ».	».13. 6.	». 6. 9.	».13. 6.
Déclarations des 10 Octobre & 31 Déc. 1689, Jauge & Courtage.............	2. 5. ».	».15. ».	».15. ».	». 9. ».	». 9. ».	». 9. ».
Edit d'Octobre & Arrêt du Conseil du 29 Déc. 1705, Inspecteurs..............	1. 10. ».	».10. ».	».10. ».	». 5. ».	». 2. 6.	». 5. ».
Lettres Patentes du 2 Août 1777, Octrois Municipaux......................	». 12. ».	1. 4. ».	». 8. ».	». ». 8.	». ». 4.	». ». ».
TOTAL............	9. 15. ».	4.10. ».	3.14. ».	1. 8. 2.	».18. 7.	1. 7. 6.
Edit d'Août 1781, Dix Sols pour livre..	4. 17. 6.	2. 5. ».	1.17. ».	».14. 1.	». 9. $3\frac{1}{2}$.	».13. 9.
Déclaration du Roi, du 3 Janvier 1759, Droits Réservés................	14. 8. ».	6. ». ».	1.10. ».	».10. ».	». 5. ».	».10. ».
Edit d'Août 1781, Dix Sols pour livre, modérés, à Six Sols, par Décision du 29 dudit mois.......................	4. 6. $4\frac{4}{5}$.	1.16. ».	». 9. ».	». 3. ».	». 1. 6.	». 3. ».
TOTAL GÉNÉRAL....	33. 6. $10\frac{4}{5}$.	14.11. ».	7.10. ».	2.15. 3.	1.14. 4.	2.14. 3.

BOURG DE VILLE-DIEU.

NATURE DES DROITS, ET REGLEMENS QUI LES AUTORISENT.	Eau-de-vie & Liqueur.	Vin de Liqueur.	Vin ordinaire.	Cidre.	Poiré.	Biere.
	tt ß §	tt ß §	tt ß §	tt ß §	tt ß §	tt ß §
Ordonnance de 1680, titre 4, article 1er, Anciens & Nouveaux Cinq Sols........	». ». ».	».14. ».	».14. ».	». ». ».	». ». ».	». ». ».
Idem, titre 24, art. 1er, titre 26, art. 3, titre 27, art. 6, Subvention..................	5. 8. ».	1. 7. ».	1. 7. ».	».13. 6.	». 6. 9.	».13. 6.
Déclarations du Roi, des 10 Oct. & 31 Déc. 1689, Jauge & Courtage........	2. 5. ».	».15. ».	».15. ».	». 9. ».	». 9. ».	». 9. ».
Edit d'Octobre & Arrêt du Conseil du 29 Décembre 1705, Inspecteurs..........	1. 10. ».	».10. ».	».10. ».	». 5. ».	». 2. 6.	». 5. ».
Lettres Patentes du 2 Août 1777, Octrois Municipaux........................	1. 10. »	».[illegible]0. [illegible]	[illegible].10. ».	». 5. ».	». 2. 6.	». 5. ».
TOTAL............	10. 13. ».	3.[illegible]	[illegible]. ».	1.12. 6.	1. ». 9.	1.12. 6.
Edit d'Août 1781, Dix Sols pour livre..	5. 6. 6.	1.18. ».	1.1[illegible]. ».	».16. 3.	».10. 4 1/2.	».16. 3.
Déclaration du Roi, du 3 Janvier 1759, Droits Réservés........................	14. 8. ».	6. ». ».	1. 5. ».	».10. ».	». 5. ».	».10. ».
Edit d'Août 1781, 10 ß pr tt, modérés à 6 ß pr tt, par Décision du 29 dudit mois.	4. 6. 4 4/5.	1.16. ».	». 7. 6.	». 3. ».	». 1. 6.	». 3. ».
TOTAL GÉNÉRAL....	34. 13. 10 4/5.	13.10. ».	7. 6. 6.	3. 1. 9.	1.17. 7 1/2.	3. 1. 9.

BOURG DE CONDÉ.

NATURE DES DROITS, ET REGLEMENS QUI LES AUTORISENT.	Eau de-vie & Liqueur.	Vin de Liqueur.	Vin ordinaire.	Cidre.	Poiré.	Biere.
	tt ß §	tt ß §	tt ß §	tt ß §	tt ß §	tt ß §
Ordonnance de 1680, titre 4, article 1er, Anciens & Nouveaux Cinq Sols.......	». ». ».	».14.».	».14. ».	». ». ».	». ». ».	». ». ».
Idem, titre 24, art. 1er, titre 26, art. 3, titre 27, art. 6, Subvention...........	5. 8. ».	1. 7.».	1. 7. ».	».13. 6.	». 6. 9.	».13. 6.
Déclarations du Roi, des 10 Oct. & 31 Déc. 1689, Jauge & Courtage........	2. 5. ».	».15.».	».15. ».	». 9. ».	». 9. ».	». 9. ».
Edit d'Octobre & Arrêt du Conseil, du 29 Décembre 1705, Inspecteurs.......	1. 10. ».	».10.».	».10. ».	». 5. ».	». 2. 6.	». 5. ».
Lettres Patentes du 2 Août 1777, Octrois Municipaux..........................	1. 8. 9 3/5.	1.18.4 4/5.	1.18. 4 4/5.	». 5. 9 3/5.	». 3.10.	».19. 3 1/5.
TOTAL.........	10. 11. 9 3/5.	5. 4.4 4/5.	5. 4. 4 4/5.	1.13. 3 1/5.	1. 2. 1.	2. 6. 9 1/5.
Edit d'Août 1781, Dix Sols pour livre..	5. 5. 10 4/5.	2.12.2 2/5.	2.12. 2 2/5.	».16. 7 1/5.	».11. » 1/2.	1. 3. 4 1/5.
Déclaration du Roi, du 3 Janv. 1759, Droits Réservés........................	14. 8. ».	6. ».».	1. 5. ».	».10. ».	». 5. ».	».10. ».
Edit d'Août 1781, 10 ß pr tt, modérés à 6 ß. par Décision du 29 dudit mois....	4. 6. 4 4/5.	1.16.».	». 7. 6.	». 3. ».	». 1. 6.	». 3. ».
TOTAL GÉNÉRAL...	34. 12. 1 1/5.	15.12.7 1/5.	9. 9. 1 1/5.	3. 2.10 4/5.	1.19. 7 1/2.	4. 3. 1 4/5.

BOURG D'AUNAY.

NATURE DES DROITS, ET RÉGLEMENS QUI LES AUTORISENT.	EAU-DE-VIE, & Liqueur.	VIN de Liqueur.	VIN ordinaire.	CIDRE.	POIRÉ.	BIERE.
	tt ß ₰	tt ß ₰	tt ß ₰	tt ß ₰	tt ß ₰	tt ß ₰
Edit d'Octobre & Arrêt du Conseil, du 29 Décembre 1705, Inspecteurs..........	1. 10. »	».10. »	».10. »	». 5. »	». 2. 6.	». 5. »
Edit d'Août 1781, Dix Sols pour livre..	». 15. »	». 5. »	». 5. »	». 2. 6.	». 1. 3.	». 2. 6.
TOTAL........	2. 5. »	».15. »	».15. »	». 7. 6.	». 3. 9.	». 7. 6.
Déclaration du Roi, du 3 Janv. 1759, Droits Réservés..............................	14. 8. »	6. ». »	1. ». »	».10. »	». 5. »	».10. »
Edit d'Août 1781, 10 ß p^{r} tt, modérés à 6 ß, par Décision du 29 dudit mois..........	4. 6. $4\frac{4}{7}$.	1.16. »	». 6. »	». 3. »	». 1. 6.	». 3. »
TOTAL GÉNÉRAL...	20. 19. $4\frac{4}{7}$.	8.11. »	2. 1. »	1. ». 6.	».10. 3.	1. ». 6.

BOURG DE VASSY.

NATURE DES DROITS, ET RÉGLEMENS QUI LES AUTORISENT.	EAU-DE-VIE & Liqueur.	VIN.	CIDRE.	POIRÉ.	BIERE.
	tt ß ₰	tt ß ₰	tt ß ₰	tt ß ₰	tt ß ₰
Ordonnance de 1680, titre 4, article 1er, Anciens & Nouveaux Cinq Sols..................	». ». »	».14. »	». ». »	». ». »	». ». »
Idem, titre 24, art. 1er, titre 26, art. 3, titre 27, art. 6, Subvention.........................	5. 8. »	1. 7. »	».13. 6.	». 6. 9.	».13. 6.
Déclarations du Roi, des 10 Oct. & 31 Déc. 1689, Jauge & Courtage..........................	2. 5. »	».15. »	». 9. »	». 9. »	». 9. »
Edit d'Octobre & Arrêt du Conseil, du 29 Décemb 1705, Inspecteurs..........................	1. 10. »	».10. »	». 5. »	». 2. 6.	». 5. »
TOTAL..............	9. 3. »	3. 6. »	1. 7. 6.	».18. 3.	1. 7. 6.
Edit d'Août 1781, Dix Sols pour livre.........	4. 11. 6.	[illegible].13. »	».13. 9.	». 9. 1½.	».13. 9.
TOTAL GÉNÉRAL...	13. 14. 6.	4.19. »	2. 1. 3.	1. 7. 4½.	2. 1. 3.

BOURGS DE LANDELLE, CLECY ET SAINT SEVER.

NATURE DES DROITS, ET RÉGLEMENS QUI LES AUTORISENT.	EAU-DE-VIE, & Liqueur.	VIN.	CIDRE.	POIRÉ.	BIERE.
	tt ß ₰	tt ß ₰	tt ß ₰	tt ß ₰	tt ß ₰
Edit d'Octobre & Arrêt du Conseil du 29 Décemb. 1705, Inspecteurs..........................	1. 10. »	».10. »	». 5. »	». 2. 6.	». 5. »
Edit d'Août 1781, Dix Sols pour livre.........	». 15. »	». 5. »	». 2. 6.	». 1. 3.	». 2. 6.
TOTAL....................	2. 5. »	».15. »	». 7. 6.	». 3. 9.	». 7. 6.

OBSERVATION GENÉRALE.

Les Nobles sont exempts, pour leur consommation seulement, sur les Boissons provenant de leur crû, & les Ecclésiastiques sur celles du crû de leurs Bénéfices; les premiers, de la Subvention; les seconds, de la Subvention, des Nouveaux Cinq Sols, de la Jauge-Courtage & des Droits Réservés, en se conformant aux formalités prescrites par les Réglemens.

DROIT DE 6tt 15ß SUR L'EAU-DE-VIE DE VIN,
par Muid de 144 Pots.

	tt	ß	♃
Ordonnance de 1680, titre 26, article premier	6.	15.	».
Edit d'Août 1781, Dix Sols pour livre	3.	7.	6.
TOTAL	10.	2.	6.

Le Droit de 6tt 15ß est dû sur l'Eau-de-vie de Vin, à l'Entrée des lieux sujets, & à l'Arrivée, dans les lieux non sujets, lorsqu'il n'est pas justifié qu'il a été acquitté en route ou aux premiers Bureaux de passage, Edit de Décembre 1686, Lettres Patentes du 28 Juin 1722.

L'Eau-de-vie rectifiée & l'Esprit-de-Vin sont assujettis, par la Déclaration du Roi, du 9 Décembre 1687, à payer, savoir, l'Eau-de-vie rectifiée, le double, l'Esprit-de-Vin, le triple des Droits de 6tt 15ß & de Subvention; & ces Liqueurs paient les autres Droits comme l'Eau-de-vie simple.

DROIT DE CONTRÔLE SUR LA BIERE,
par Muid de 144 Pots.

	tt	ß	♃
Ordonnance de 1680, titre 27, article premier	1.	10.	»
Edit d'Août 1781, Dix Sols pour livre	».	15.	».
TOTAL	2.	5.	».

Nota. Le Droit de Contrôle sur la Biere, est dû dans les Brasseries, en tous les lieux où elle se façonne; Ordonnance citée ci-dessus.

DROITS A LA SORTIE DU ROYAUME,
par Muid de Vin, de 144 Pots.

NATURE DES DROITS, ET RÉGLEMENS QUI LES AUTORISENT.	VIN. tt	ß	♃
Ordonnance de 1680, titre 4, article 16, Anciens & Nouveaux Cinq Sols	».	14.	».
Edit d'Août 1781, Dix Sols pour livre	».	7.	».
TOTAL	1.	1.	».

Nota. Il se perçoit aussi à la sortie du Royaume, des Droits de Jauge & Courtage sur le Vin & l'Eau-de-vie, avec les Dix Sols pour livre; mais ils ont été réunis à la Ferme générale.

DROITS DE GROS.

Par l'Arrêt du Conseil, du 13 Mars 1753, les Vins destinés pour être consommés dans la Province de Normandie, étant exempts des Droits de Gros au passage, ces Droits sont dûs, lorsqu'ils s'enlevent de Normandie, pour aller à l'Etranger, ou dans une autre Province; ils consistent dans le vingtieme du prix de la vente, l'augmentation de 16 ß 3 ♃, le Droit de Courtage de 10 ß par Muid, & les Dix Sols pour livre de l'Edit d'Août 1781.

EXEMPLE, pour du Vin vendu 150 liv. le Muid de 144 Pots.

	tt	ß	♃	tt	ß	♃	tt	ß	♃
Gros ou Vingtieme	7.	10.	».	8.	16.	3. ».	13.	4.	4. ½.
Augmentation	».	16.	3.						
Courtage	».	10.	».						
Edit d'Août 1781, Dix Sols pour livre				4.	8.	1. ½.			

DROITS A LA VENTE ET REVENTE DES BOISSONS,

SOUS LA DÉNOMINATION DE COURTIERS-JAUGEURS,

dans toute l'étendue de la Direction.

BOISSONS.	RÉGLEMENS qui autorisent la perception DES DROITS.	1er ENLEVEMENT. Quotité de chaque Droit.	1er ENLEVEMENT. Total par nature de Boissons.	2e ENLEVEMENT. Quotité de chaque Droit.	2e ENLEVEMENT. Total par nature de Boissons.
		tt ß ♃	tt ß ♃	tt ß ♃	tt ß ♃
EAU-DE-VIE, par Baril de 28 à 29 Veltes..	Tarif du 16 Juin 1722, Courtiers-Jaugeurs	». 18. ».	1. 7. ».	». 9. ».	». 13. 6.
	Edit d'Août 1781, Dix Sols pr liv.	». 9. ».		». 4. 6.	
LIQUEUR, par Muid de 144 Pots........	Tarif du 16 Juin 1722, Courtiers-Jaugeurs	1. 18. ».	2. 17. ».	1. 10. ».	2. 5. ».
	Edit d'Août 1781, Dix Sols pr liv.	». 19. ».		». 15. ».	
VIN, par Muid de 144 Pots ou demi-queue...	Tarif du 16 Juin 1722, Courtiers-Jaugeurs	». 9. ».	». 13. 6.	». 5. ».	». 7. 6.
	Edit d'Août 1781, Dix Sols pr liv.	». 4. 6.		». 2. 6.	
CIDRE, POIRÉ & BIERE, par Md de 144 Pots	Tarif du 16 Juin 1722, Courtiers-Jaugeurs	». 4. 6.	». 6. 9.	». 2. 6.	». 3. 9.
	Edit d'Août 1781, Dix Sols pr liv.	». 2. 3.		». 1. 3.	

DROITS DUS A LA VENTE EN DÉTAIL DES BOISSONS,

dans toute l'étendue de la Direction, excepté la Ville de VIRE,

par Muid de 144 Pots.

NATURE DES DROITS, ET RÉGLEMENS QUI LES AUTORISENT.	Eau-de-vie, à 3 livres le Pot.	VIN, à 1 sol la Pinte.	CIDRE, à 6 deniers la Pinte.	POIRÉ, à 6 deniers la Pinte.	BIERE, à 12 sols le Pot.
	tt ß ₰	tt ß ₰	tt ß ₰	tt ß ₰	tt ß ₰
Le Quatrieme sur l'Eau-de-vie est le tiers du prix de la Vente, Edit de Décembre 1686	144. ». ».	». ». ».	». ». ».	». ». ».	». ». ».
Le 4me sur les Vins, Cidre & Poiré, est réduit au 5me, Ordonn. de 1680, titre 14, article premier & deuxieme	». ». ».	3. 18. ».	1. 18. ».	1. 18. ».	». ». ».
Le Quatrieme sur la Biere est le quart du Prix de la Vente, Parisis, sol & six deniers, Ordonnance de 1680, titre 27, article 6.	». ». ».	». ». ».	». ». ».	». ». ».	29. 1. 3.
Edit d'Août 1781, Dix Sols pour livre, modérés à Huit Sols, par Décision du 29 dudit mois	57. 12. ».	1. 11. $2\frac{2}{7}$.	». 15. $2\frac{1}{7}$.	». 15. $2\frac{2}{7}$.	11. 12. 6.
TOTAL	201. 12. ».	5. 9. $2\frac{2}{7}$.	2. 13. $2\frac{1}{7}$.	2. 13. $2\frac{1}{7}$.	40. 13. 9.
Subvention à la Consommation, Ordonnance de 1680, titre 26, art. 3, pour l'Eau-de-vie, titre 23, art. 1er & 2, pour les Vins, Cidre & Poiré, & titre 27, art. 6, pour la Biere.	5. 8. ».	1. 7. ».	». 13. 6.	». 6. 9.	». 13. 6.
Déclaration du 10 Octobre 1689, Jauge & Courtage	2. 5. ».	». 15. ».	». 9. ».	». 9. ».	». 9. ».
TOTAL	7. 13. ».	2. 2. ».	1. 2. 6.	». 15. 9.	1. 2. 6.
Edit d'Août 1781, Dix Sols pour livre	3. 16. 6.	1. 1. ».	». 11. 3.	». 7. $10\frac{1}{2}$.	». 11. 3.
Total de la Subvention, Jauge & Courtage, & Dix Sols pour livre	11. 9. 6.	3. 3. ».	1. 13. 9.	1. 3. $7\frac{1}{2}$.	1. 13. 9.
Rapport du 4eme & Huit Sols pour livre	201. 12. ».	5. 9. 2. $\frac{2}{7}$	2. 13. $2\frac{1}{7}$.	2. 13. $2\frac{2}{7}$.	40. 13. 9.
TOTAL GÉNÉRAL	213. 1. 6.	8. 12. $2\frac{2}{7}$.	4. 6. $11\frac{1}{7}$.	3. 16. $9\frac{9}{10}$	42. 7. 6.

Na Lorsque le Vin est vendu plus d'un sol la Pinte, les Droits de Quatrieme sont augmentés, à raison de 3tt 18ß pour chaque sol; & lorsque les Cidre & Poiré sont aussi vendus plus de 6₰ la Pinte, les Droits sont augmentés à raison de 6ß par chaque denier, Réglemens ci-dessus cités.

Il est encore à observer que les Droits de Jauge & Courtage au Détail, ne se perçoivent dans aucun des lieux où ils sont payés à l'Entrée.

DROITS A LA VENTE EN DÉTAIL DES BOISSONS,

DANS LA VILLE DE VIRE,

par Muid de 144 Pots.

NATURE DES DROITS, ET RÉGLEMENS QUI LES AUTORISENT.	Eau-de-vie, à 3 livres le Pot.	VIN, à 1 sol la Pinte.	CIDRE, à 6 deniers la Pinte.	POIRÉ, à 6 deniers la Pinte.	BIERE, à 12 sols le Pot.
	tt ß ₰	tt ß ₰	tt ß ₰	tt ß ₰	tt ß ₰
Quatrieme dont les autorités sont relatées au Tableau précédent……………………	144. ». ».	3. 18. ».	1. 18. ».	1. 18. ».	29. 1. 3.
Edit d'Août 1781, Dix Sols pour livre, modérés à Huit Sols, par Décision du 29 dudit mois…………………………	57. 12. ».	1. 11. $2\frac{2}{5}$.	». 15. $2\frac{2}{5}$	». 15. $2\frac{2}{5}$.	11. 12. 6.
TOTAL………	201. 12. »	5. 9. $2\frac{2}{5}$.	2. 13. $2\frac{2}{5}$	2. 13. $2\frac{2}{5}$.	40. 13. 9.
Ordonnance de 1681, titre 3, art. 1er, premiere moitié d'Octroi………………	». ». ».	». 14. $4\frac{4}{5}$.	». 7. $7\frac{11}{25}$	». 7. $7\frac{11}{25}$	». ». ».
Ordonnance de 1680, titre 26, art. 3, titre 23, art. 1er & 2, titre 27, art. 6, Subvention à la Consommation…………………	5. 8. ».	1. 7. ».	». 13. 6.	». 6. 9.	». 13. 6.
TOTAL……………	5. 8. ».	2. 1. $4\frac{4}{5}$.	1. 1. $1\frac{11}{25}$	». 14. $4\frac{11}{25}$	». 13. 6.
Edit d'Août 1781, Dix Sols pour livre…..	2. 14. ».	1. ». $8\frac{2}{5}$	». 10. $6\frac{15}{25}$	». 7. $2\frac{11}{50}$	». 6. 9.
Rapport du Quatrieme & Huit Sols pour liv.	201. 12. ».	5. 9. $2\frac{2}{5}$	2. 13. $2\frac{2}{5}$	2. 13. $2\frac{2}{5}$.	40. 13. 9.
TOTAL GENÉRAL…..	209. 14. ».	8. 11. $3\frac{1}{5}$	4. 4. $10\frac{1}{25}$	3. 14. $9\frac{3}{50}$	41. 14. ».

Les Droits de Détail, expliqués dans les Tableaux précédens, sont également dûs sur les Boissons arrivant & transportées en Bouteilles, ou autres vaisseaux, au dessous de soixante-douze Pintes, mesure de Paris, Lettres Patentes du 25 Mai 1728, aux exceptions y portées, & qui tombent sur le Vin de Liqueur venant en Caisses, les Vins de Champagne gris, arrivant en paniers de cent Bouteilles, en destination pour la Province; les Vins en paniers de 50 Bouteilles, en destination pour l'Etranger, & les Vins en Bouteilles, pour la provision des Personnes qui vont aux Eaux de Forges, & de celles qualifiées, qui vont passer quelque tems dans leurs Terres; le tout en se conformant aux formalités prescrites par lesdites Lettres Patentes.

Les Eaux-de-vie transportées en Barils au-dessous de soixante Pintes, sont aussi assujetties aux Droits de Détail, Lettres Patentes du 24 Août 1728. Ces Droits sont encore dus par les Bouilleurs & Marchands d'Eau-de-vie en gros, sur les manquans à leur charge, déduction faite du 21e pour 20, Lettres Patentes citées ci-dessus; & les Soumissionnaires d'Eau-de-vie sont assujettis au paiement du double desdits Droits, sur les Eaux-de-vie pour lesquelles ils ne rapportent pas, dans les trois mois, Certificat d'arrivée; Lettres Patentes des 7 Juin 1727, & 2 Mars 1728.

DROIT ANNUEL.

		tt ß ₰	tt ß ₰
Dans les Villes.....	Ordonnance de 1680, titre 29, art. 1er.......	8. ». ».	12. ». ».
	Edit d'Août 1781, Dix Sols pour livre.....	4. ». ».	
Dans les autres Lieux.	Ordonnance de 1680, titre 29, art. 1er........	6. 10. ».	9. 15. ».
	Edit d'Août 1781, Dix Sols pour livre.....	3. 5. ».	

Ce Droit est dû par tous les Marchands en gros, Bouilleurs, Brasseurs, Cabaretiers, Taverniers & autres vendans en detail.

Les Détailleurs de Biere ne doivent que la moitié de l'Annuel, Ordonnance de 1680, titre 29, article 7.

DROITS SUR LES BESTIAUX, A L'ENTRÉE ET AU MASSACRE.

VILLE DE VIRE.

NATURE DES DROITS, & Réglemens qui les autorisent.	Bœuf & Vache.	Genisse.	Veau.	Mouton & Brebis.	Chevre.	Agneau.	Porc.	Livre de Viande.
	tt ß ₰	tt ß ₰	tt ß ₰	tt ß ₰	tt ß ₰	tt ß ₰	tt ß ₰	tt ß ₰
Edit de Février 1704, Inspecteurs...........	2. ». ».	».12. ».	».12. ».	». 4. ».	». 4. ».	». ». ».	». ». ».	». ». 2.
Lettres Patentes du 2 Août 1777, Octrois Municipaux.................	». 1. 8.	». 1. 8.	». ». 5.	». ». 5.	». ». ».	». ». 5.	». ». 5.	». ». ».
TOTAL.........	2. 1. 8.	».13. 8.	».12. 5.	». 4. 5.	». 4. ».	». ». 5.	». ». 5.	». ». 2.
Edit d'Août 1781, Dix Sols pour livre.......	1. ».10.	». 6.10.	». 6. 2½.	». 2. 2½.	». 2. ».	». ». 2½.	». ». 2½.	». ». 1.
Déclaration du Roi, du 3 Janv. 1759, Droits Réservés..............	2. ». ».	».13. 4.	».13. 4	». 5. ».	». 5. ».	». ». ».	».13. 4.	à proport.
Edit d'Août 1781, 10 ß p[r] tt, modérés à 6 ß, par Décision du 29 dud. mois	».12. ».	». 4. ».	». 4. ».	». 1. 6.	». 1. 6.	». ». ».	». 4. ».	*Idem.*
TOTAL GÉNÉRAL...	5.14. 6.	1.17.10.	1.15.11½.	».13. 1½.	».12. 6.	». ». 7½.	».17.11½.	

BOURG DE CONDÉ.

Nature des Droits, & Réglemens qui les autorisent.	Bœuf & Vache.	Genisse.	Veau.	Mouton & Brebis.	Chevre.	Agneau & Bouc.	Porc.	Livre de Viande.
	tt ß ₰	tt ß ₰	tt ß ₰	tt ß ₰	tt ß ₰	tt ß ₰	tt ß ₰	tt ß ₰
Edit de Février 1704, Inspecteurs..........	2. ». ».	».12. ».	».12. ».	». 4. ».	». 4. ».	». ». ».	». ». ».	». ». 2.
Lettres Patentes du 2 Août 1777, Octrois Municipaux..............	». 4. ».	». 4. ».	». ». 9$\frac{3}{5}$.	». ». 9$\frac{1}{5}$.	». ». 4$\frac{4}{5}$.	». ». 4$\frac{4}{5}$.	». 4. ».	». ». »$\frac{1}{5}$.
Total.......	2. 4. ».	».16. ».	».12. 9$\frac{1}{5}$.	». 4. 9$\frac{1}{5}$.	». 4. 4$\frac{4}{5}$.	». ». 4$\frac{4}{5}$.	». 4. ».	». ». 2$\frac{1}{5}$.
Edit d'Août 1781, Dix Sols pour livre.......	1. 2. ».	». 8. ».	». 6. 4$\frac{4}{5}$.	». 2. 4$\frac{4}{5}$.	». 2. 2$\frac{1}{5}$.	». ». 2$\frac{2}{5}$	». 2. ».	». ». 1$\frac{1}{10}$
Déclaration du Roi, du 3 Janv. 1759, Droits Réservés...............	1.10. ».	».10. ».	».10. ».	». 3. 6.	». 3. 6.	». ». ».	».10. ».	à proport.
Edit d'Août 1781, 10 ß p[r] tt, modérés à 6 ß, par Décision du 29 dud. mois	». 9. ».	». 3. ».	». 3. ».	». 1. »$\frac{1}{5}$	». 1. »$\frac{1}{5}$	». ». ».	». 3. ».	*Idem.*
Total général...	5. 5. ».	1.17. ».	1.12. 2$\frac{1}{5}$.	».11. 9.	».11. 1$\frac{4}{5}$.	». ». 7$\frac{1}{5}$	».19. ».	

BOURG DE VILLE-DIEU.

Nature des Droits, et Réglemens qui les autorisent.	Bœuf & Vache.	Veau & Genisse.	Mouton, Brebis & Chevre.	Porc.	Livre de Viande.
	tt ß ₰	tt ß ₰	tt ß ₰	tt ß ₰	tt ß ₰
Edit de Février 1704, Inspecteurs..............	2. ». ».	».12. ».	». 4. ».	». ». ».	». ». 2.
Edit d'Août 1781, Dix Sols pour livre..........	1. ». ».	». 6. ».	». 2. ».	». ». ».	». ». 1.
Total.................	3. ». ».	».18. ».	». 6. ».	». ». ».	». ». 3.
Déclaration du Roi, du 3 Janvier, & Lettres Patentes du 22 Avril 1759, Droits Réservés.......	1.10. ».	».10. ».	». 3. 6.	».10. ».	à proport.
Edit d'Août 1781, Dix Sols pour livre, modérés à Six sols, par Décision du 29 dudit mois.......	». 9. ».	». 3. ».	». 1. »$\frac{1}{5}$.	». 3. ».	*Idem.*
Total général........	4.19. ».	1.11. »	». 10. 6$\frac{1}{5}$.	».13. ».	

BOURG D'AUNAY.

NATURE DES DROITS, ET RÉGLEMENS QUI LES AUTORISENT.	Bœuf & Vache.	Veau & Geniſſe.	Mouton, Brebis & Chevre.	Porc.	Livre de Viande.
	tt ß ₰	tt ß ₰	tt ß ₰	tt ß ₰	tt ß ₰
Edit de Février 1704, Inſpecteurs....................	2. ». ».	».12. ».	». 4. ».	». ». ».	». ». 2.
Edit d'Août 1781, Dix Sols pour livre..........	1. ». ».	». 6. ».	». 2. ».	». ». ».	». ». 1.
TOTAL.............	3. ». ».	».18. ».	». 6. ».	». ». ».	». ». 3.
Déclaration du Roi, du 3 Janvier, & Lettres Patentes du 22 Avril 1759, Droits Réſervés............	1. ». ».	». 6. 8.	». 3. ».	». 6. 8.	à proport.
Edit d'Août 1781, Dix Sols pour livre, modérés à Six Sols, par Déciſion du 29 dudit mois.......	». 6. ».	». 2. ».	». ». 10 4/5.	». 2. ».	*Idem.*
TOTAL GÉNÉRAL......	4. 6. ».	1. 6. 8.	». 9. 10 4/5.	». 8. 8.	

DROITS DUS SUR LES BESTIAUX, *DANS LES BOURGS DE CLÉCY, LANDELLE, SAINT SEVER & VASSY, à l'Entrée & au Maſſacre; dans les Campagnes, par les Bouchers, Maîtres & fils de Maîtres, avant l'Abattis, & par tous les autres Bouchers, à la vente hors domicile.*

NATURE DES DROITS, ET RÉGLEMENS QUI LES AUTORISENT.	Bœuf & Vache.	Veau & Geniſſe.	Mouton, Brebis & Chevre.	Livre de Viande.
	tt ß ₰	tt ß ₰	tt ß ₰	tt ß ₰
Edit de Février 1704, Inſpecteurs......................	2. ». ».	». 12. ».	». 4. ».	». ». 2.
Edit d'Août 1781, Dix Sols pour livre..................	1. ». ».	». 6. ».	». 2. ».	». ». 1.
TOTAL....................	3. ». ».	». 18. ».	». 6. ».	». ». 3.

DROITS RÉSERVÉS SUR LES BOIS ET FOINS, DANS LA VILLE DE VIRE.

NATURE DES DROITS, ET RÉGLEMENS QUI LES AUTORISENT.	Voiture à trois Chevaux.	Voiture à deux Chevaux.	Voiture à un Cheval.	Somme de Cheval.	Somme d'Aſne.
	tt ß ₰	tt ß ₰	tt ß ₰	tt ß ₰	tt ß ₰
Déclaration du Roi, du 3 Janvier 1759, & Arrêt du Conſeil du 13 Septembre 1776..........	».10. ».	». 7. 6.	». 5. ».	». 1. ».	». ». 6.
Edit d'Août 1781, Dix Sols pour livre, modérés à Six Sols, par Déciſion du 29 du même mois..	». 3. ».	». 2. 3.	». 1. 6.	». ». 3 1/5.	». ». 1 4/5.
TOTAL.........	».13. ».	». 9. 9.	». 6. 6.	». 1. 3 1/5.	». ». 7 4/5.

Au deſſus de trois Chevaux, chaque Cheval augmente le Droit à proportion, & il n'y a de Bois exempts, que ceux déſignés dans les Lettres Patentes du 4 Août 1778, qui ſont les Bourrées & Fagots ſans paremens, d'Epines, Ronces, Puines, &c.

SOL POUR LIVRE SUR LE POISSON DE MER,

FRAIS, SEC ET SALÉ.

Par Edit de 1583 & autres Réglemens ſubſéquens, il eſt dû ſur le Poiſſon de mer venant de l'Étranger ou de pêche Françoiſe, lorſque ce dernier n'eſt pas vendu par le Propriétaire, le Vingtieme du prix de la vente, ou Sol pour livre, & les Dix Sols pour livre de l'Edit d'Août 1781.

Il faut en excepter le Poiſſon que les Pêcheurs & Mariniers ont eux-mêmes pêché, qu'il leur eſt permis de vendre ou faire vendre par leurs femmes & enfans, ſans être obligés de ſe ſervir du miniſtere des Vendeurs, ni de payer le Sol pour livre; Arrêt du Conſeil du 31 Mars 1711, portant Réglement, & du 7 Juin 1763.

Il faut en excepter auſſi les Morues, Harengs & tous Poiſſons ſalés, que les Marchands, Maîtres de Navires, & autres, faiſant le commerce de la pêche, ont pêchés, ou fait pêcher ſur des Vaiſſeaux expédiés des Ports de Normandie & Picardie, qu'ils vendent eux-mêmes, ou font vendre, à leur retour de la pêche, par leurs Aſſociés, Matelots & autres gens de l'équipage des Vaiſſeaux qui y ont été employés, leſquels ſont pareillement déchargés du Sol pour livre; & ce, ſans diſtinction des parts & portions appartenantes à chacun des Particuliers intéreſſés ou employés à ladite pêche; Arrêt du Conſeil & Lettres Patentes du 5 Décembre 1690; autre Arrêt, du 31 Mars 1711.

DROITS SUR LES HUILES,

A LA FABRICATION.

RÉGLEMENS.	NATURE DES HUILES.	Principal. tt ß &	Dix Sols pour livre. tt ß &	TOTAL. tt ß &
Déclaration du Roi, du 21 Mars 1716, Edit du mois d'Août 1781, pour le Doublement des Droits & les Dix Sols pour livre.	Par livre peſant d'Huile de Poiſſon, d'Olives, d'Amendes, de Noix & autres Fruits........	». 1. ».	». ». 6.	». 1. 6.
	Par livre d'Huile de Térébenthine, Lin, Chenevis, Rabette, Navette & autres Graines.........	». ». 6.	». ». 3.	». ». 9.
	Par livre d'Huile d'Eſſence, & autres de plus grande valeur que celles ſujettes au Droit d'un Sol..............................	». 2. ».	». 1. ».	». 3. ».
	Si le Droit principal eſt de plus de 3 tt, il eſt dû pour l'acquit............................	». 5. ».	». 2. 6.	». 7. 6.
	S'il n'eſt que de 3 tt, ou d'une moindre ſomme, juſqu'à vingt ſols incluſivement, le Droit d'Acquit eſt de............................	». 2. ».	». 1. ».	». 3. ».

Nota. Le Droit d'Acquit n'a pas lieu, lorſque le Droit principal eſt au deſſous de Vingt Sols.

DROITS SUR LES CUIRS ET PEAUX,

Établis par Edit du mois d'Août 1759, Arrêts du Conseil des 28 Juin & 13 Novembre 1760, sujets aux Dix Sols pour livre de l'Édit d'Août 1781.

OBJETS sujets aux Droits.	*Cuirs et Peaux, à la Fabrication.* Principal.	Dix Sols pour livre.	Total.	*Cuirs et Peaux, à l'Exportation.* Principal.	Dix Sols pour livre.	Total.	Cuirs & Peaux, à l'Importation.
	tt ß ₰	tt ß ₰	tt ß ₰	tt ß ₰	tt ß ₰	tt ß ₰	
Cuirs de Bœufs & Vaches, à fort & à œuvre; Peaux de Veaux, Moutons, Agneaux, Chevreaux, Porcs & Sangliers, tannés & apprêtés en toutes sortes d'apprêts, la livre pesant........	». 2. ».	». 1. ».	». 3. ».	....	....	....	10 pr % de leur valeur.
Chevaux, Mulets, & Asnes, *id.*	». 1. ».	». ». 6.	». 1. 6.	....	....	....	
Cerfs, Élans & Orignaux, *id.*	». 6. ».	». 3. ».	». 9. ».	....	....	....	
Boucs & Chevres, *idem*.......	». 4. ».	». 2. ».	». 6. ».	....	....	....	
Chamois, Dains & Chevreuils, *idem*..............	». 10. »	». 5. ».	». 15. ».	....	....	....	
Toutes Peaux non dénommées ci-dessus, dix pour cent de leur valeur....................	*Mémoire*.	....	....	....	....	....	
Cuirs de Bœufs & Vaches, en verd, & en demi-apprêt, passant à l'Etranger, la piece....	....	....	....	6. ». ».	3. ». ».	9. ». ».	
Peaux de Veaux, *idem*, la piece.....................	....	....	....	1. ». ».	». 10. ».	1. 10. ».	
Peaux de Moutons, *idem*, la piece.....................	....	....	....	». 10. ».	». 5. ».	». 15. ».	

Les Deux tiers du principal des Droits sur les Cuirs apprêtés, sont remboursés, lorsque les Cuirs passent à l'Etranger, en remplissant les formalités prescrites par les Réglemens.

DROITS SUR LA MARQUE D'OR ET D'ARGENT.

RÉGLEMENS.	OBJETS sujets aux Droits.	Principal.	Dix Sols pour livre.	Total.
		tt ß ₰	tt ß ₰	tt ß ₰
Ordonnance de 1681, tit. 2, art. 1er, & Edit de Mai 1723, pour le Principal.	Or, par marc........	33. 12. ».	16. 16. ».	50. 8. ».
Édit d'Août 1781, pour les Dix Sols pour livre.	Argent, par marc.....	2. 16. ».	1. 8. ».	4. 4. ».

DROITS SUR L'AMIDON.

NATURE DES DROITS, et Réglemens qui les autorisent.	Amidon, à la Fabrication, par Muid.	Amidon, Poudre à poudrer, venant de l'Etranger, par livre pesant.
	tt ß g	tt ß g
Edit de 1771, & Arrêt du Conseil du 10 Décembre 1778......	7. 10. ».	». 4. ».
Edit d'Août 1781, Dix Sols pour livre........................	3. 15. ».	». 2. ».
Total.........	11. 5. ».	». 6. ».

OFFICES SUPPRIMÉS,

Édit de Janvier, & Arrêt du Conseil, du 16 Avril 1697.

NOMS des Lieux.	NATURE DES OFFICES.		Droits attribués à chaque Office.
			tt ß g
Bourg de Condé.	*Mesureurs de Grains.*	Pour 18 livres 5 onces pesant, de Bled, Seigle & Farine..................	». ». 2.
		Par Boisseau de toute autre sorte de Grains.......	». ». 1.

DROITS SUR LES QUITTANCES TIMBRÉES,

pour la Régie et pour les Parties étrangeres.

	tt ß g
Ordonnance de 1680, titre 33, Déclaration de 1690, Edit de 1748, Déclaration de 1771, & Lettres Patentes de 1780, par Quittance de cinq sols, & au-dessus..	». ». 10.
Edit d'Août 1781, Dix Sols pour livre..	». ». 5.
Total............	». 1. 3.

Nota. Les frais de Timbre pour les Congés & Expéditions qui ne sont point des Quittances de Droits, sont dûs; Ordonnance de 1681, titre commun, art. 16, Déclaration de 1771, & Lettres Patentes de 1780, article 10.

OBSERVATION GÉNÉRALE.

Les articles de Droits qui, payés séparément, ne forment pas une somme de 6 deniers, ne doivent pas de Sols pour livre.

VILLE DE VIRE.

OCTROI DE VILLE.

TARIF DES DROITS D'OCTROI, autorisés par Lettres Patentes du 13 Septembre 1739, dûs sur les Boissons, Denrées & Marchandises, dans la Ville de Vire, & sur lesquels la Régie a à percevoir la Premiere Moitié d'Octroi, les Dix Sols pour livre d'icelle, & les Dix Sols pour livre de la Deuxieme Moitié, appartenante à la Ville.

OBJETS SUJETS AUX DROITS.	DROITS principaux de l'Octroi.	Deuxieme Moitié d'Octroi, appartenant à la Ville.	Droits appartenans à la Régie. ÉDIT d'Août 1781, Dix Sols pour livre de la Deuxieme Moitié d'Octroi.	Ordonnance de 1681, Premiere Moitié d'Octroi.	ÉDIT d'Août 1781, Dix Sols pour livre de la Deuxieme Moitié d'Octroi.	TOTAL des DROITS appartenans à la Régie.	TOTAL des DROITS dûs au Roi, & à la Ville.
	tt ß ꝯ	tt ß ꝯ	tt ß ꝯ	tt ß ꝯ	tt ß ꝯ	tt ß ꝯ	tt ß ꝯ
Par Barique de Vin, contenant cent vingt pots	1. 4. ».	». 12. ».	». 6. ».	». 12. ».	». 6. ».	1. 4. ».	1. 16. ».
Par chaque Tonneau de Cidre ou Poiré, de 600 pots, & à proportion	1. 11. 9	». 15. 10½.	». 7. 11¼	». 15. 10½.	». 7. 11¼.	1. 11. 9.	2. 7. 7½.
Par chaque Piece de Toile	». ». 9.	». ». 4½.	». ». 2¼.	». ». 4½.	». ». 2¼.	». ». 9.	». 1. 1½.
Par chaque charge de Pommes, exposée en vente, deux deniers & maille	». ». 2.	». ». 1.	». ». »½.	». ». 1.	». ». »½.	». ». 2.	». ». 3.

VILLE DE VIRE.

OCTROIS MUNICIPAUX.

Les Octrois Municipaux, prorogés par le Tarif annexé aux Lettres Patentes du 2 Août 1777 consistans les uns au douzieme du Principal des Anciens Droits de Tarif, & les autres en la moitié & un sixieme en sus du Principal des Nouveaux Droits, tous dûs dans la Ville de Vire, sur les Boissons, Bestiaux, Denrées & Marchandises sujettes auxdits Droits, tant Anciens que Nouveaux, & non dénommés au présent Tarif, ainsi que les Dix Sols pour livre desdits Octrois Municipaux.

Renvoye, pour ces Droits, au Tarif particulier de la Ville.

BOURG DE CONDE.

OCTROIS MUNICIPAUX.

Les Octrois Municipaux, prorogés par le Tarif annexé aux Lettres Patentes du 2 Août 1777, consistans aux Huit Sols pour livre du Principal des Droits de Tarif, sont dûs dans le Bourg de Condé, sur les Boissons, Bestiaux, Denrées & Marchandises sujettes auxdits Droits de Tarif, & non dénommés au Présent, ainsi que les Dix Sols pour livre desdits Octrois Municipaux.

Renvoyé, pour ces Droits, au Tarif particulier.

DÉNOMINATION DES PARTIES ÉTRANGERES A LA RÉGIE, dont les Dix Sols pour livre sont dus au Roi, sur le principal des Droits.

NOMS DES LIEUX.	DÉNOMINATION DES DROITS.	
VIRE	Tarif. Sols pour livre. Deuxieme moitié d'Octroi. Droit d'Hôpital	Appartenans à la Ville.
CONDÉ	Tarif. Droit d'Hôpital.	
VILLE-DIEU	Droit d'Hôpital.	

De l'Imprimerie de LAMESLE, Imprimeur des Fermes du Roi, au Bureau général des Aides, Hôtel de Bretonvilliers, Isle Saint Louis. 1781.

GÉNÉRALITÉ DE CAEN.

VILLE DE VIRE.

TARIF

DES OCTROIS MUNICIPAUX,

DÉPENDANS

DE LA RÉGIE GÉNÉRALE.

PREMIE

Octrois Municipaux, à raison du douzieme du Prin du Conseil du 23 Mars 1658, registré en la Cour des Aides de Rou tentes des 29 Juin 1760, 27 Juillet 1765, & 2 Août 1777, dûs à 1781, tant desdits Octrois Municipaux, que des Droits apparten

DÉNOMINATION

DES MARCHANDISES ET DENRÉE

SUJETTES AUX DROITS.

Sur chaque piece de Drap, Bure ou Drap blanc, fabriqués dans ladite Ville & Fau Paroisses limitrophes, dix sols...

Sur chacune aune de Serge de Caen, Lingette, Froc, Ras de Chartres, Ras d'Au taine, Carreaux, Droguets, Revêche, Camelots, Bouracans, Étamines & Serges d toutes couleurs, six deniers...

Sur chacune aune de Serge de Saint-Lô, Falaise, Écouché, Coton d'Angleterre, Crese Ras d'Automne, Ras de Châlons, & Serges de Seigneur, douze deniers..............

Sur chaque aune de Drap de Valognes, Cherbourg, Drap du Sceau de Berry, Carcasso de pareille nature, Pout-de-soie, Taffetas & Tabis, deux sols.....................

Sur chaque aune de Drap de Hollande & d'Angleterre, trois sols.....................

Sur chaque aune de Satin & de Velours, vingt sols..................................

Sur chacune douzaine de Coëffes de Taffetas & Cropodail, vingt sols...............

Sur chaque piece de Futaine & Doubliers, de dix aunes, plus ou moins à proportion,

Sur chaque grosse de Boutons d'or ou d'argent, cinq sols...........................

Sur chaque grosse de Boutons de crin, soie ou fil, un sol..........................

Sur chacune douzaine de Cordons de Chapeaux, tels qu'ils soient, six sols..........

Sur chacune douzaine de Peaux de Parchemin, deux sols.............................

Sur chacune aune de Toile de Hollande, Batiste, Linons de soie, deux sols.........

Sur chacune aune de Toile de Laval & de Bretagne, un sol..........................

Sur chacune douzaine de Bas de fil ou laine, douze sols............................

Sur chacune douzaine de Bonnets ou petites Chausses de laine, cinq sols............

Sur chaque douzaine de Peaux de Mouton, passées en blanc, quatre sols.............

Sur chaque douzaine d'aune de Ruban de soie, grand ou petit, deux sols.............

Sur chaque Castelogne de laine, grande ou petite, cinq sols........................

Sur chaque douzaine de Gants, plus ou moins à proportion, six sols.................

Sur chaque douzaine d'aunes de Dentelles de Neige, plus ou moins à proportion, deu

Sur chaque Poinçon de Vin blanc ou clairet, les quatre faisant un tonneau, plus ou r portion, quatre livres...

Sur chaque tonneau de Cidre, gros ou petit, plus ou moins à proportion, trente sols.

Sur chacun tonneau de Poiré, plus ou moins à proportion, quinze sols...............

Sur chaque Pot de Canarie, ou Vin d'Espagne, deux sols.............................

Sur chaque Pot d'Eau-de-vie, un sol..

Sur chaque Chair de Bœuf, Vache ou Genisson, vingt sols............................

Sur chaque Chair de Veau, Agneau, Mouton, Brebis, Pourceau, cinq sols.............

Sur chaque Bœuf exposé en vente, aux Marchés & Foires de Vire, trois sols..........

Sur chaque Vache ou Genisson, exposés en vente, deux sols..........................

Sur chaque bête Chevaline, exposée en vente, cinq sols.............................

Sur chaque Porc ou Truie, exposés en vente, deux sols..............................

Sur chacune charge de Cheval de Poisson frais & Huitres en écailles, vingt sols.....

Sur chaque Barique de Hareng blanc, vingt sols.....................................

Sur chaque cent de Morue verte, plus ou moins à proportion, cinquante sols.........

Sur chaque cent de Morue séche, plus ou moins à proportion, vingt sols.............

Sur chaque charge de Cheval de Hareng, plus ou moins à proportion, dix sols.....

ASSE.

de Tarif, accordés à la Ville, en commutation de Taille, par Arrêt
re suivant ; lesdits Octrois Municipaux prorogés par les Lettres Pa-
Ville de Vire, ensemble les Dix Sols pour livre de l'Edit d'Août

appartenans à la Ville.	TOTAL	*Droits appartenans à la Régie.*			TOTAL	TOTAL
Sol pour livre du Tarif.	des Droits appartenans à la Ville.	Dix Sols pour livre des Droits appartenans à la Ville.	Octrois Municipaux, à raison du douzieme du Droit de Tarif.	Dix Sols pour livre des Octrois Municipaux.	des Droits appartenans à la Régie.	des Droits dûs au Roi & à la Ville.
tt ß ₰	tt ß ₰	tt ß ₰	tt ß ₰	tt ß ₰	tt ß ₰	tt ß ₰
». ». 6.	».10. 6.	». 5. 3.	». ».10.	». ». 5.	». 6. 6.	».17. ».
». ». » $\frac{1}{10}$.	». ». 6 $\frac{1}{10}$.	». ». 3 $\frac{1}{20}$.	». ». » $\frac{1}{2}$.	». ». » $\frac{1}{4}$.	». ». 3 $\frac{9}{10}$.	». ».10 $\frac{1}{5}$.
». ». » $\frac{1}{5}$.	». 1. » $\frac{1}{5}$.	». ». 6 $\frac{3}{10}$.	». ». 1.	». ». » $\frac{1}{2}$.	». ». 7 $\frac{4}{5}$.	». 1. 8 $\frac{2}{5}$.
». ». 1 $\frac{1}{5}$.	». 2. 1 $\frac{1}{5}$.	». 1. » $\frac{3}{5}$.	». ». 2.	». ». 1.	». 1. 3 $\frac{1}{5}$.	». 3. 4 $\frac{4}{5}$.
». ». 1 $\frac{4}{5}$.	». 3. 1 $\frac{4}{5}$.	». 1. 6 $\frac{9}{10}$.	». ». 3.	». ». 1 $\frac{1}{2}$.	». 1.11 $\frac{2}{5}$.	». 5. 1 $\frac{1}{5}$.
». 1. ».	1. 1. ».	».10. 6.	». 1. 8.	». ».10.	».13. ».	1.14. ».
». 1. ».	1. 1. ».	».10. 6.	». 1. 8.	». ».10.	».13. ».	1.14. ».
». ». 1 $\frac{4}{5}$.	». 3. 1 $\frac{4}{5}$.	». 1. 6 $\frac{9}{10}$.	». ». 3.	». ». 1 $\frac{1}{2}$.	». 1.11 $\frac{2}{5}$.	». 5. 1 $\frac{1}{5}$.
». ». 3.	». 5. 3.	». 2. 7 $\frac{1}{2}$.	». ». 5.	». ». 2 $\frac{1}{2}$.	». 3. 3.	». 8. 6.
». ». » $\frac{1}{5}$.	». 1. » $\frac{1}{5}$.	». ». 6 $\frac{3}{10}$.	». ». 1.	». ». » $\frac{1}{2}$.	». ». 7 $\frac{4}{5}$.	». 1. 8 $\frac{2}{5}$.
». ». 3 $\frac{3}{5}$.	». 6. 3 $\frac{3}{5}$.	». 3. 1 $\frac{4}{5}$.	». ». 6.	». ». 3.	». 3.10 $\frac{4}{5}$.	».10. 1 $\frac{2}{5}$.
». ». 1 $\frac{1}{5}$.	». 2. 1 $\frac{1}{5}$.	». 1. » $\frac{3}{5}$.	». ». 2.	». ». 1.	». 1. 3 $\frac{1}{5}$.	». 3. 4 $\frac{4}{5}$.
». ». 1 $\frac{1}{5}$.	». 2. 1 $\frac{1}{5}$.	». 1. » $\frac{3}{5}$.	». ». 2.	». ». 1.	». 1. 3 $\frac{1}{5}$.	». 3. 4 $\frac{4}{5}$.
». ». » $\frac{1}{5}$.	». 1. » $\frac{1}{5}$.	». ». 6 $\frac{3}{10}$.	». ». 1.	». ». » $\frac{1}{2}$.	». ». 7 $\frac{4}{5}$.	». 1. 8 $\frac{2}{5}$.
». ». 7 $\frac{1}{5}$.	».12. 7 $\frac{1}{5}$.	». 6. 3 $\frac{3}{5}$.	». 1. ».	». ». 6.	». 7. 9 $\frac{3}{5}$.	1. ». 4 $\frac{4}{5}$.
». ». 3.	». 5. 3.	». 2. 7 $\frac{1}{2}$.	». ». 5.	». ». 2 $\frac{1}{2}$.	». 3. 3.	». 8. 6.
». ». 2 $\frac{2}{5}$.	». 4. 2 $\frac{2}{5}$.	». 2. 1 $\frac{1}{5}$.	». ». 4.	». ». 2.	». 2. 7 $\frac{1}{5}$.	». 6. 9 $\frac{3}{5}$.
». ». 1 $\frac{1}{5}$.	». 2. 1 $\frac{1}{5}$.	». 1. » $\frac{3}{5}$.	». ». 2.	». ». 1.	». 1. 3 $\frac{1}{5}$.	». 3. 4 $\frac{4}{5}$.
». ». 3.	». 5. 3.	». 2. 7 $\frac{1}{2}$.	». ». 5.	». ». 2 $\frac{1}{2}$.	». 3. 3.	». 8. 6.
». ». 3 $\frac{3}{5}$.	». 6. 3 $\frac{3}{5}$.	». 3. 1 $\frac{4}{5}$.	». ». 6.	». ». 3.	». 3.10 $\frac{4}{5}$.	».10. 1 $\frac{2}{5}$.
». ». 1 $\frac{1}{5}$.	». 2. 1 $\frac{1}{5}$.	». 1. » $\frac{3}{5}$.	». ». 2.	». ». 1.	». 1. 3 $\frac{1}{5}$.	». 3. 4 $\frac{4}{5}$.
». 4. ».	4. 4. ».	2. 2. ».	». 6. 8.	». 3. 4.	2.12. ».	6.16. ».
». 1. 6.	1.11. 6.	».15. 9.	». 2. 6.	». 1. 3.	».19. 6.	2.11. ».
». ». 9.	».15. 9.	». 7.10 $\frac{1}{2}$.	». 1. 3.	». ». 7 $\frac{1}{2}$.	». 9. 9.	1. 5. 6.
». ». 1 $\frac{1}{5}$.	». 2. 1 $\frac{1}{5}$.	». 1. » $\frac{3}{5}$.	». ». 2.	». ». 1.	». 1. 3 $\frac{1}{5}$.	». 3. 4 $\frac{4}{5}$.
». ». » $\frac{1}{5}$.	». 1. » $\frac{1}{5}$.	». ». 6 $\frac{3}{10}$.	». ». 1.	». ». » $\frac{1}{2}$.	». ». 7 $\frac{4}{5}$.	». 1. 8 $\frac{2}{5}$.
». 1. ».	1. 1. ».	».10. 6.	». 1. 8.	». ».10.	».13. ».	1.14. ».
». ». 3.	». 5. 3.	». 2. 7 $\frac{1}{2}$.	». ». 5.	». ». 2 $\frac{1}{2}$.	». 3. 3.	». 8. 6.
». ». 1 $\frac{4}{5}$.	». 3. 1 $\frac{4}{5}$.	». 1. 6 $\frac{9}{10}$.	». ». 3.	». ». 1 $\frac{1}{2}$.	». 1.11 $\frac{2}{5}$.	». 5. 1 $\frac{1}{5}$.
». ». 1 $\frac{1}{5}$.	». 2. 1 $\frac{1}{5}$.	». 1. » $\frac{3}{5}$.	». ». 2.	». ». 1.	». 1. 3 $\frac{1}{5}$.	». 3. 4 $\frac{4}{5}$.
». ». 3.	». 5. 3.	». 2. 7 $\frac{1}{2}$.	». ». 5.	». ». 2 $\frac{1}{2}$.	». 3. 3.	». 8. 6.
». ». 1 $\frac{1}{5}$.	». 2. 1 $\frac{1}{5}$.	». 1. » $\frac{3}{5}$.	». ». 2.	». ». 1.	». 1. 3 $\frac{1}{5}$.	». 3. 4 $\frac{4}{5}$.
». 1. ».	1. 1. ».	».10. 6.	». 1. 8.	». ».10.	».13. ».	1.14. ».
». 1. ».	1. 1. ».	».10. 6.	». 1. 8.	». ».10.	».13. ».	1.14. ».
». 2. 6.	2.12. 6.	1. 6. 3.	». 4. 2.	». 2. 1.	1.12. 6.	4. 5. ».
». 1. ».	1. 1. ».	».10. 6.	». 1. 8.	». ».10.	».13. ».	1.14. ».
». ». 6.	».10. 6.	». 5. 3.	». ».10.	». ». 5.	». 6. 6.	».17. ».

DÉNOMINATION

DES MARCHANDISES ET DENRÉ[ES]

SUJETTES AUX DROITS.

Sur chacune Carpe, Tanche ou Brochet, autre que le frai, six deniers..............
Sur chacun Saumon salé, deux sols..............
Sur chacun cent de Maquereaux salés, plus ou moins à proportion, dix sols..........
Sur chaque Cuir tanné, fort tel qu'il soit, vingt sols..............
Sur chaque Cuir de Vache, Empeigne ou Baudri, tanné, dix sols..............
Sur chaque douzaine de Veaux, tannés ou non, cinq sols..............
Sur chacune Charretée de Tan, plus ou moins à proportion, dix sols..............
Sur chaque charge de Chaux, trois sols..............
Sur chaque charge de Cheval, d'Épicerie, Droguerie, Alun, Garence, Noix de G[...]
raisine, Couperose, Bois de Bresil & d'Inde, & Droguerie mêlée, dix sols........
Sur chaque Charge ou Baril de Voide, dix sols..............
Sur chaque Pot d'Huile d'Olives, six deniers..............
Sur chaque cent de Petun & Vaude, plus ou moins à proportion, dix sols..........
Sur chaque charge d'Acier ou de Fer, œuvré ou non œuvré, en ce, non compris le C[...]
ou moins à proportion, dix sols..............
Sur chaque cent de Faulx à faucher, plus ou moins à proportion, cinquante sols.....
Sur chaque cent de Faucilles, plus ou moins à proportion, vingt sols..............
Sur chacun cent de Plomb, œuvré ou non œuvré, plus ou moins à proportion, dix so[ls]
Sur chaque douzaine de Trubles, Pelles ferrées, plus ou moins à proportion, six sols..
Sur chaque cent de livre de Clou, grand ou petit, plus ou moins à proportion, dix sols
Sur chaque Serrure de fer, enfermée en bois, ou non, un sol..............
Sur chaque douzaine de Cercles à tonneau, six deniers..............
Sur chaque Charretée de Charbon, vingt sols..............
Sur chaque charge de Charbon, deux sols..............
Sur chaque Charretée de Bois, Genêts ou Bourrées, dix sols..............
Sur chaque cent de Fagots, cinq sols..............
Sur chaque douzaine de Fromages, un sol..............
Sur chaque charge de Cheval de Noix & Pruneaux, cinq sols..............
Sur chaque charge de Cheval de Chataignes ou Marrons, trois sols..............
Sur chaque charge de Cheval de Pois, deux sols..............
Sur chaque Pot d'Huile d'Erbette, & autre à brûler, six deniers..............
Sur chaque cent de livres de Beurre salé, Suif, Graisse, plus ou moins à proportion, [...]
Sur chaque livre de Fil de Lin & Lanfait, six deniers..............
Sur chaque aune de grosse Toile, ou déliée, six deniers..............
Sur chaque Chapeau, gros ou fin, deux sols..............
Sur chaque livre de Cuir de Maroquin & Roussy, six deniers..............
Sur chaque Selle neuve de Cheval, dix sols..............
Sur chaque Bat neuf, cinq sols..............
Sur chaque Charretée de Poterie de Terre, vingt sols..............
Sur chaque charge de Pots de Terre, un sol six deniers..............
Sur chaque Pot, Chauderon, Poële ou Cloche de fer, un sol..............
Sur chaque livre de Poudre à Canon, six deniers..............
Sur chaque charge de Choux à planter, un sol six deniers..............
Sur chaque livre de Cire, six deniers..............
Sur chaque cent de livres d'Etaim fin ou commun, plus ou moins à proportion, trent[e]
Sur chaque douzaine de Pelles, Pellots, Boites, Boisseaux, Sceaux de Bois, un sol.
Sur chaque Rame de Papier, deux sols..............

Nota. Les Octrois Municipaux & les Dix Sols pour livre desdits Droits, énoncés au pré[...]
[...]e classés dans les différens textes du Tarif général des Aides, sont ici pour mémoire.

…appartenans …la Ville.	TOTAL des Droits appartenans à la Ville.	*Droits appartenans à la Régie.*			TOTAL des Droits appartenans à la Régie.	TOTAL des Droits dûs au Roi & à la Ville.
Sol pour livre du Tarif.		Dix Sols pour livre des Droits appartenans à la Ville.	Octrois Municipaux, à raison du douzieme du Droit de Tarif.	Dix Sols pour livre des Octrois Municipaux.		
tt ß ₰	tt ß ₰	tt ß ₰	tt ß ₰	tt ß ₰	tt ß ₰	tt ß ₰
». ». » 9/10.	». ». 6 3/10.	». ». 3 3/20.	». ». » 1/2.	». ». » 1/4.	». ». 3 9/10.	». ».10 1/5.
». ». 1 1/5.	». 2. 1 1/5.	». 1. » 3/5.	». ». 2.	». ». 1.	». 1. 3 3/5.	». 3. 4 4/5.
». ». 6.	».10. 6.	». 5. 3.	». ».10.	». ». 5.	». 6. 6.	».17. ».
». 1. ».	1. 1. ».	».10. 6.	». 1. 8.	». ».10.	».13. ».	1.14. ».
». ». 6.	».10. 6.	». 5. 3.	». ».10.	». ». 5.	». 6. 6.	».17. ».
». ». 3.	». 5. 3.	». 2. 7 1/2.	». ». 5.	». ». 2 1/2.	». 3. 3.	». 8. 6.
». ». 6.	».10. 6.	». 5. 3.	». ».10.	». ». 5.	». 6. 6.	».17. ».
». » 1. 4/5.	». 3. 1 4/5.	». 1. 6 9/10.	». ». 3.	». ». 1 1/2.	». 1.11 2/5.	». 5. 1 1/5.
». ». 6.	».10. 6.	». 5. 3.	». ».10.	». ». 5.	». 6. 6.	».17. ».
». ». 6.	».10. 6.	». 5. 3.	». ».10.	». ». 5.	». 6. 6.	».17. ».
». ». » 1/10.	». ». 6 1/10.	». ». 3 1/20.	». ». » 1/2.	». ». » 1/4.	». ». 3 9/10.	». ».10 1/5.
». ». 6.	».10. 6.	». 5. 3.	». ».10.	». ». 5.	». 6. 6.	».17. ».
». ». 6.	».10. 6.	». 5. 3.	». ».10.	». ». 5.	». 6. 6.	».17. ».
». 2. 6.	2.12. 6.	1. 6. 3.	». 4. 2.	». 2. 1.	1.12. 6.	4. 5. ».
». 1. ».	1. 1. ».	».10. 6.	». 1. 8.	». ».10.	».13. ».	1.14. ».
». ». 6.	».10. 6.	». 5. 3.	». ».10.	». ». 5.	». 6. 6.	».17. ».
». ». 3 3/5.	». 6. 3 3/5.	». 3. 1 4/5.	». ». 6.	». ». 3.	». 3.10 4/5.	».10. 1 3/5.
». ». 6.	».10. 6.	». 5. 3.	». ».10.	». ». 5.	». 6. 6.	».17. ».
». ». » 3/5.	». 1. » 3/5.	». ». 6 3/10.	». ». 1.	». ». » 1/2.	». ». 7 4/5.	». 1. 8 2/5.
». ». » 1/10.	». ». 6 1/10.	». ». 3 1/20.	». ». » 1/2.	». ». » 1/4.	». ». 3 9/10.	». ».10 1/5.
». 1. ».	1. 1. ».	».10. 6.	». 1. 8.	». ».10.	».13. ».	1.14. ».
». ». 1 1/5.	». 2. 1 1/5.	». 1. » 3/5.	». ». 2.	». ». 1.	». 1. 3 3/5.	». 3. 4 4/5.
». ». 6.	».10. 6.	». 5. 3.	». ».10.	». ». 5.	». 6. 6.	».17. ».
». ». 3.	». 5. 3.	». 2. 7 1/2.	». ». 5.	». ». 2 1/2.	». 3. 3.	». 8. 6.
». ». » 3/5.	». 1. » 3/5.	». ». 6 3/10.	». ». 1.	». ». » 1/2.	». ». 7 4/5.	». 1. 8 2/5.
». ». 3.	». 5. 3.	». 2. 7 1/2.	». ». 5.	». ». 2 1/2.	». 3. 3.	». 8. 6.
». ». 1 4/5.	». 3. 1 4/5.	». 1. 6 9/10.	». ». 3.	». ». 1 1/2.	». 1.11 2/5.	». 5. 1 1/5.
». ». 1 1/5.	». 2. 1 1/5.	». 1. » 3/5.	». ». 2.	». ». 1.	». 1. 3 3/5.	». 3. 4 4/5.
». ». » 1/10.	». ». 6 1/10.	». ». 3 1/20.	». ». » 1/2.	». ». » 1/4.	». ». 3 9/10.	». ».10 1/5.
». ». 6.	».10. 6.	». 5. 3.	». ».10.	». ». 5.	». 6. 6.	».17. ».
». ». » 1/10.	». ». 6 1/10.	». ». 3 1/20.	». ». » 1/2.	». ». » 1/4.	». ». 3 9/10.	». ».10 1/5.
». ». » 1/10.	». ». 6 3/10.	». ». 3 3/20.	». ». » 1/2.	». ». » 1/4.	». ». 3 9/10.	». ».10 1/5.
». ». 1 1/5.	». 2. 1 1/5.	». 1. » 3/5.	». ». 2.	». ». 1.	». 1. 3 3/5.	». 3. 4 4/5.
». ». » 1/10.	». ». 6 1/10.	». ». 3 1/20.	». ». » 1/2.	». ». » 1/4.	». ». 3 9/10.	». ».10 1/5.
». ». 6.	».10. 6.	». 5. 3.	». ».10.	». ». 5.	». 6. 6.	».17. ».
». ». 3.	». 5. 3.	». 2. 7 1/2.	». ». 5.	». ». 2 1/2.	». 3. 3.	». 8. 6.
». 1. ».	1. 1. ».	».10. 6.	». 1. 8.	». ».10.	».13. ».	1.14. ».
». ». » 9/10.	». 1. 6 9/10.	». ». 9 9/20.	». ». 1 1/2.	». ». » 3/4.	». ».11 1/4.	». 2. 6 3/5.
». ». » 3/5.	». 1. » 3/5.	». ». 6 3/10.	». ». 1.	». ». » 1/2.	». ». 7 4/5.	». 1. 8 2/5.
». ». » 1/10.	». ». 6 1/10.	». ». 3 1/20.	». ». » 1/2.	». ». » 1/4.	». ». 3 9/10.	». ».10 1/5.
». ». » 9/10.	». 1. 6 9/10.	». ». 9 9/20.	». ». 1 1/2.	». ». » 3/4.	». ».11 1/4.	». 2. 6 3/5.
». ». » 1/10.	». ». 6 1/10.	». ». 3 1/20.	». ». » 1/2.	». ». » 1/4.	». ». 3 9/10.	». ».10 1/5.
». 1. 6.	1.11. 6.	».15. 9.	». 2. 6.	». 1. 3.	».19. 6.	2.11. ».
». ». » 3/5.	». 1. » 3/5.	». ». 6 3/10.	». ». 1.	». ». » 1/2.	». ». 7 4/5.	». 1. 8 2/5.
». ». 1 1/5.	». 2. 1 1/5.	». 1. » 3/5.	». ». 2.	». ». 1.	». 1. 3 3/5.	». 3. 4 4/5.

SECONDE CLASSE.

Octrois Municipaux fixes, réduits à moitié & un sixieme du Principal des Droits créés par les Arrêts du Conseil des 15 . 1718, & Lettres Patentes expédiées en conséquence, le 10 Février ſ. & Arrêt du 4 Janvier 1724; lesdits Octrois Municipaux prorogés Lettres Patentes des 29 Juin 1760, 27 Juillet 1765, & 2 Août 17 à la Régie, ensemble les Dix Sols pour livre de l'Edit d'Août 17

DÉNOMINATION DES MARCHANDISES ET DENRÉES sujettes aux Droits.	DROIT Principal.	Droits appartenans à la Régie. Octrois Municipaux.	Dix Sols pour livre des Octrois Municipaux.
MERCERIE.	₶ ß 9	₶ ß 9	₶ ß 9
Galons d'or, Pieces de Busques d'or, & Ceintures d'or, paieront par once, plus ou moins à proportion, cinq sols	». 5. ».	». 2.11.	». 1. 5 ½.
Galons d'argent, Ceintures & Pieces de Busques d'argent, paieront par once, plus ou moins à proportion, trois sols	». 3. ».	». 1. 9.	». ».10 ½.
Les Ceintures & Pieces de Busques de soie, paieront, par douzaine d'aune, un sols six deniers	». 1. 6.	». ».10 ½.	». ». 5 ¼.
Galons de laine à chaînette, paieront par Piece, un sol	». 1. ».	». ». 7.	». ». 3 ½.
Sur chaque douzaine d'aune de Galons à chaînette de soie ou de fil, paiera un sol	». 1. ».	». ». 7.	». ». 3 ½.
Sur chaque aune de Crêpon à coëffe ou écharpe, sera payé un sol	». 1. ».	». ». 7.	». ». 3 ½.
Sur chaque écharpe ou enveloppe faite, soit de Gaze, Taffetas ou autres Étoffes de soie, paieront par Piece, dix sols	».10. ».	». 5.10.	». 2. 11.
Sur chaque Tablier de soie ouvragé, entrant & exposé en vente, paiera cinq sols	». 5. ».	». 2.11.	». 1. 5 ½.
Sur chaque cent de Baleine taillée ou non taillée, entrant & exposé en vente, dans la Ville & Fauxbourgs, plus ou moins à proportion, paiera deux livres dix sols	2.10. ».	1. 9. 2.	».14. 7.
Sur chaque Manchon, de toutes especes, entrant & exposé en vente, ou fabriqué dans ladite Ville & Fauxbourgs, paiera deux sols	». 2. ».	». 1. 2.	». ». 7.
Sur chaque Perruque qui se fabrique, entrant & exposé en vente, dans ladite Ville & Fauxbourgs, sera payé cinq sols	». 5. ».	». 2.11.	». 1. 5 ½.
POISSONNERIE.			
Par chaque charge de Moules exposés en vente, paiera deux sols six deniers	». 2. 6.	». 1. 5 ½.	». ». 8 ¼.
LA TANNERIE.			
Par chaque Cuir de Cheval, apprêté, cinq sols	». 5. ».	». 2.11.	». 1. 5 ½.
Sur chaque douzaine de Cuir de Porc ou Truie, tant verd que sec, plus ou moins à proportion, six sols	». 6. ».	». 3. 6.	». 1. 9.
LE BÉTAIL.			
Sur chaque Mouton, Brebis & Agneaux, sur le			

ÉNOMINATION Marchandises et Denrées sujettes aux Droits.	Droit Principal.	Droits appartenans à la Régie. Octrois Municipaux.	Dix Sols pour livre des Octrois Municipaux.	TOTAL des Droits dûs à la Régie.
	tt ß ₰	tt ß ₰	tt ß ₰	tt ß ₰
ofés en vente, aux Foires & Marchés, fix	». ». 6.	». ». 3 ½.	». ». 1 ¼.	». ». 5 ¼
LE FOIN.				
que Charretée de Foin, entrant dans la auxbourgs, quinze sols........	».15. ».	». 8. 9.	». 4. 4 ½.	».13. 1 ½.
que charge de Cheval de Foin, un sol fix	». 1. 6.	». ».10 ½.	». ». 5 ¼.	». 1. 3 ¼.
ue Faix à col de Foin, fix deniers......	». ». 6.	». ». 3 ½.	». ». 1 ¼.	». ». 5 ¼.
LES LÉGUMES.				
ue charge d'Oignons, expofés en vente, plus ou moins à proportion, cinq fols..	». 5. ».	». 2.11.	». 1. 5 ½.	». 4. 4 ½.
que charge de Choux à pomme, prête à : expofée en vente, plus ou moins à pro- eux fols fix deniers........	». 2. 6.	». 1. 5 ½.	». ». 8 ¼.	». 2. 2 ¼.
ue charge de Navets, expofés en vente, ins à proportion, un fol........	». 1. ».	». ». 7.	». ». 3 ½.	». ».10 ½.
ıe charge de Cheval de Pommes & Poires Cerifes, & tous autres Fruits en pierre, ger & expofés en vente, plus ou moins à , deux fols fix deniers........	». 2. 6.	». 1. 5 ½.	». ». 8 ¼.	». 2. 2 ¼.
FERRONNERIE.				
ue Cloche, Clochette, de Fonte, de rain ou Cuivre, Mortiers, Poëleries, de toutes efpeces, & autres Dindan- ant dans la Ville, & expofés en vente, & Marchés de ladite Ville, paiera, le plus ou moins à proportion, une livre	1.10. ».	».17. 6.	». 8. 9.	1. 6. 3.
e Marmite de fonte ou métal, entrant vente, auxdites Foires & Marchés, deux rs........	». 2. 6.	». 1. 5 ½.	». ». 8 ¼.	». 2. 2 ¼.
e millier d'Ardoife, plus ou moins à fept fols fix deniers........	». 7. 6.	». 4. 4 ½.	». 2. 2 ¼.	». 6. 6 ¼.
e cent pefant de Verre à vitre, paiera, à denier la livre, huit fols quatre deniers.	». 8. 4.	». 4.10 ⅔.	». 2. 5 ⅓.	». 7. 4.
e cent de Verre, Gobelets, Taffes de yftal, & autres vaiffeaux à boire, à enier par Piece, plus ou moins à pro- t fols quatre deniers........	». 8. 4.	». 4.10 ⅔.	». 2. 5 ⅓.	». 7. 4.
e cent de Bouteilles en nombre, de yftal & Sicle, grandes ou petites, de s, plus ou moins à proportion, une	1. ». ».	».11. 8.	». 5.10.	».17. 6.
charge de Cheval, de Berceaux, Pa- es efpeces, Corbeilles, Vans & tous es d'ofier ou bourdeines, expofés en u moins à proportion, dix fols......	».10. ».	». 5.10.	». 2.11.	». 8. 9.
charge de Fayance, expofée en vente, à proportion, quinze fols........	».15. ».	». 8. 9.	». 4. 4 ½.	».13. 1 ½.
fortes & efpeces de Quincailleries, eaux, Cifeaux, Étrilles, Cuillers, de Bois & de Cuivre, Marteaux, Pin- , Limes, Mords de brides, Canons				

DÉNOMINATION DES MARCHANDISES ET DENRÉES sujettes aux Droits.	DROIT Principal.	Droits appartenans à la Régie. Octrois Municipaux.	Dix Sols pour livre des Octrois Municipaux.
	tt ß ₰	tt ß ₰	tt ß ₰
& Pistolets, Plaques à fusil, Brosses & Brossettes; Vergettes, Lampes & Entonnoirs de Fer blanc; toutes sortes de Peignes, Epingles de fer & de laiton, Melles, Crochets & Aiguilles, Boutons d'étaim, métal ou cuivre, & généralement toutes sortes de Quincailleries, tant de bois, que de cuivre, de fer ou d'acier, entrant dans la Ville, & exposées en vente, le cent pesant, plus ou moins à proportion, une livre cinq sols	1. 5. ».	».14. 7.	». 7. 3 $\frac{1}{2}$.
Sur chaque cent de Feuilles de Fer blanc ou noir, en nombre, huit sols quatre deniers.............	». 8. 4.	». 4.10 $\frac{2}{3}$.	». 2. 5 $\frac{1}{3}$.
Sur les Mords de Brides, fabriqués dans la Ville & Fauxbourgs, paieront par Piece, deux sols.....	». 2. ».	». 1. 2.	». ». 7.
Par paire d'Etriers, fabriqués dans ladite Ville & Fauxbourgs, un sol..........................	». 1. ».	». ». 7.	». ». 3 $\frac{1}{2}$.
Sur chaque Lanterne de bois ou de fer blanc, & Soufflets neufs, entrant, se fabriquant & exposés en vente, tant dans ladite Ville, qu'aux Foires & Marchés, six deniers..............................	». ». 6.	». ». 3 $\frac{1}{2}$.	». ». 1 $\frac{3}{4}$.
Sur chaque douzaine de Paires de Cardes, fabriquées & exposées en vente, dans ladite Ville & Fauxbourgs, plus ou moins à proportion, six sols......	». 6. ».	». 3. 6.	». 1. 9.
BEURRE FRAIS ET LE CROCHET.			
Sur chaque cent de Beurre frais, exposé en vente, aux Foires & Marchés, & autres jours, plus ou moins à proportion, huit sols quatre deniers......	». 8. 4.	». 4.10 $\frac{2}{3}$.	». 2. 5 $\frac{1}{3}$.
Sur chaque cent livre de Chanvre ou Lin, broyé ou teillé, exposé en vente, dans la Ville & Fauxbourgs, paiera plus ou moins à proportion, cinq sols..	». 5. ».	». 2.11.	». 1. 5 $\frac{1}{2}$.
Et lorsqu'il sera apprêté pour filer, sept sols six deniers..	». 7. 6.	». 4. 4 $\frac{1}{2}$.	». 2. 2 $\frac{1}{4}$.
Sur chaque Perdrix, Bécace, Cochon de lait, Chapon, Coq, Poules ou Poulardes, Lapins, Lievres, Poulets d'Inde ou Dindons, exposés en vente, dans ladite Ville & Fauxbourgs, & aux Foires & Marchés, paieront par Piece, six deniers..........	». ». 6.	». ». 3 $\frac{1}{2}$.	». ». 1 $\frac{3}{4}$.
Sur chaque Oie & Canard, exposés en vente, dans ladite Ville & Fauxbourgs, Foires & Marchés, paieront par Piece, trois deniers................	». ». 3.	». ». 1 $\frac{3}{4}$.	». ». » $\frac{7}{8}$.
Sur chaque douzaine de Pigeons & Poulets, exposés en vente, dans ladite Ville & Fauxbourgs, Foires & Marchés, plus ou moins à proportion, un sol	». 1. ».	». ». 7.	». ». 3 $\frac{1}{2}$.
Par chaque cent pesant de Miel, exposé en vente, ou entrant dans ladite Ville & Fauxbourgs, plus ou moins à proportion, huit sols quatre deniers...	». 8. 4.	». 4.10 $\frac{2}{3}$.	». 2. 5 $\frac{1}{3}$.
DROITS par augmentation sur les Marchandises employées dans l'ancien Tarif.			
SUR LA MERCERIE.			
Sur chaque douzaine de gros Boutons d'or, qui			

ÉNOMINATION [M]ARCHANDISES ET DENRÉES sujettes aux Droits.	DROIT Principal.	Droits appartenans à la Régie. Octrois Municipaux.	 Dix Sols pour livre des Octrois Municipaux.	TOTAL des DROITS dûs à la Régie.
[o]u feront fabriqués dans ladite Ville & [..]s, paieront cinq fols	tt ß 9 ». 5. ».	tt ß 9 ». 2.11.	tt ß 9 ». 1. 5 ½.	tt ß 9 ». 4. 4 ½.
[..]ue douzaine de petits Boutons d'or, deux [..] que lefdits Boutons ci-deffus ne payoient, [..] Tarif, que cinq fols par Groffe, deux	». 2. ».	». 1. 2.	». ». 7.	». 1. 9.
[..]ue douzaine de gros Boutons d'argent, [f]abriqués dans ladite Ville & Fauxbourgs,	». 3. ».	». 1. 9.	». ».10 ½.	». 2. 7 ½.
[..]ue douzaine de petits Boutons d'argent, [..] lieu que lefdits Boutons d'argent ne [..]ar l'ancien Tarif, que cinq fols par fol	». 1. ».	». ». 7.	». ». 3 ½.	». ».10 ½.
[..]ue douzaine de Dentelle, au-deffous de [..]ne, tant apportée que fabriquée dans [..], ne paieront que deux fols de la dou-[..]es, deux fols	». 2. ».	». 1. 2.	». ». 7.	». 1. 9.
qui feront du prix & valeur au-delà de [..]ne, paieront le quarantieme denier du [v]aleur, à laquelle fin les Marchands & [f]eront tenus de paffer leur déclaration du ; fur lequel prix fera, à l'option de l'Ad-[..], de prendre les Droits, ou de prendre [..]telles, en les payant comptant.				
[..]TATION SUR LA DROGUERIE.				
[..]e cent de Sucre, entrant & expofé en [l]adite Ville & Fauxbourgs, vingt-cinq fols, [..]ns à proportion, au lieu qu'il ne payoit [q]ue dix fols par charge de Cheval, une [..]ols	1. 5. ».	».14. 7.	». 7. 3 ½.	1. 1.10 ½.
[..]e cent de Caffonnade, plus ou moins à douze fols fix deniers	».12. 6.	». 7. 3 ½.	». 3. 7 ¾.	».11.10 ¾.
[..]NTATION SUR LES BOIS.				
[..]e cent de Bois d'Aiferie, Soliveaux & [..]uvelles, tant à Tonnes, Tonneaux, que [..]is de Chêne, en nombre, plus ou moins [..], au lieu qu'il ne payoit ci-devant que [..] Charretée, par l'ancien Tarif, vingt	1. ». ».	».11. 8.	». 5.10.	».17. 6.
[..]e cent en nombre d'Aiferie, de Hêtre, [..]oyers, Sapins & autres Bois de pareille [..]s ou moins à proportion, dix fols, au [..] payoit ci-devant, par l'ancien Tarif, par Charretée, dix fols	».10. ».	». 5.10.	». 2.11.	». 8. 9.
[..]e quintal ou cent livres pefant de laine,	».10. ».	». 5.10.	». 2.11.	». 8. 9.
[..]ls par augmentation, outre & par-deffus qui fe lévent fur chaque Drap de la Ma-[..] la Ville de Vire, & de l'Aunage porté [..]s de ladite Manufacture ; comme auffi le [..]s defdits Droits	». 3. ».	». 1. 9.	». ».10 ½.	». 2. 7 ½.

GÉNÉRALITÉ DE CAEN.

BOURG DE CONDÉ-SUR-NOIREAU.

TARIF

DES

DROITS MUNICIPAUX,

DÉPENDANS de la Régie Générale, fixés aux huit sols pour livre du principal des Droits de Tarif, autorisés par Arrêts du Conseil & Lettres-Patentes des 28 Mars & 19 Avril 1780, régistrées en la Cour des Aides de Rouen, le 12 Mai suivant; lesdits Octrois Municipaux prorogés par les Lettres-Patentes du 2 Août 1777, dûs à la Régie, dans le Bourg de Condé, ensemble les dix sols pour livre de l'Edit d'Août 1781, tant desdits Octrois Municipaux, que des Droits appartenans à la Communauté.

A PARIS,

De l'IMPRIMERIE de CL. SIMON, Imprimeur de LL. AA. SS. Messeigneurs le Prince DE CONDÉ, le Duc DE BOURBON, & de Monseigneur l'Archevêque de Paris.

1782.

DÉNOMINATION DES *DENRÉES* ET MARCHANDISES SUJETTES AUX DROITS.	PRINCIPAL DU DROIT DE TARIF.			DROITS APPARTENANS A LA RÉGIE. Dix sols p. l. DU DROIT DE TARIF.			Octrois municipaux, ou 8 s. p. liv. du Droit de Tarif.			Dix sols pour livre des Octrois municipaux.			TOTAL DES DROITS apparte-nans à la RÉGIE.		
MARCHANDISES qui se fabriquent ou pourront se fabriquer dans le lieu.															
	l.	s.	d.	l.	s.	d.	l.	s.	d.	l.	s.	d.	l.	s.	d.
1. CHAQUE aune d'Etoffe de Soie, & paire de Bas de Soie, deux deniers, ci..	″	″	2.	″	″	1.	″	″	″ 4/5	″	″	″ 2/5	″	″	2 1/5
2. Chaque Mouchoir de Soie, un denier, ci...........................	″	″	1.	″	″	1/2	″	″	″ 2/5	″	″	″ 1/5	″	″	1 1/10
3. Chaque douzaine d'aunes d'Etoffe de Coton, de Laine, ou mêlée de Fil & Laine, chaque douzaine d'aunes de Toile en Fil, Coton ou mêlée de Fil & Coton, neuf deniers, ci.........	″	″	9.	″	″	4 1/2	″	″	3 3/5	″	″	1 4/5	″	″	9 9/10
4. Chaque douzaine de Mouchoirs, Bonnets, paire de Bas, Gants & Mitaines en Laine, Fil ou Coton, quatre deniers, ci........................	″	″	4.	″	″	2.	″	″	1 3/5	″	″	″ 4/5	″	″	4 2/5
5. Chaque douzaine d'aunes de Dentelle en Soie ou Fil, deux deniers, ci..	″	″	2.	″	″	1.	″	″	″ 4/5	″	″	″ 2/5	″	″	2 1/5
6. Chaque Peau d'Animal en fort tanné ou en blanc, deux sols, ci......	″	2.	″	″	1.	″	″	″	9 3/5	″	″	4 4/5	″	2.	2 2/5
7. Chaque Peau de Vache, Cheval, Ane, Cerf, Daim ou Chamois en empeigne ou en plane, neuf deniers, ci..	″	″	9.	″	″	4 1/2	″	″	3 3/5	″	″	1 4/5	″	″	9 9/10
8. Chaque douzaine de Peaux de Cochon tannées ou en blanc, deux sols, ci................................	″	2.	″	″	1.	″	″	″	9 3/5	″	″	4 4/5	″	2.	2 2/5
9. Chaque douzaine de Peaux de Veau, Mouton, Chevre & Chien, tannées ou en blanc, neuf deniers, ci..	″	″	9.	″	″	4 1/2	″	″	3 3/5	″	″	1 4/5	″	″	9 9/10
10. Chaque Chapeau fabriqué ou non dans le lieu, un denier, ci......	″	″	1.	″	″	″ 1/2	″	″	″ 2/5	″	″	″ 1/5	″	″	1 1/10
Toutes les especes de Cuirs tannés ou en blanc, mentionnés dans les Articles ci-dessus venant du dehors, paieront les mêmes Droits.															
MARCHANDISES venant du dehors.															
11. Chaque once de Gallon d'Or, Dentelle, Cordon, Fil & autres ouvrages semblables, deux sols, ci........	″	2.	″	″	1.	″	″	″	9 3/5	″	″	4 4/5	″	2.	2 2/5
12. Chaque once de Galon d'Argent, Dentelle, Cordon, Fil & autres ouvrages semblables, un sol, ci...........	″	1.	″	″	″	6.	″	″	4 4/5	″	″	2 2/5	″	1.	1 1/5
13. Chaque douzaine de Boutons d'Or, d'Argent ou d'Acier, six deniers, ci........................	″	″	6.	″	″	3.	″	″	2 2/5	″	″	1 1/5	″	″	6 3/5

DÉNOMINATION DES *DENRÉES* ET MARCHANDISES SUJETTES AUX DROITS.	PRINCIPAL DU DROIT DE TARIF.			DROITS APPARTENANS A LA RÉGIE. Dix ſols p. l. DU DROIT DE TARIF.			Octrois municipaux, ou 8 ſ. p. liv. du Droit de Tarif.			Dix ſols pour livre des Octrois municipaux.			TOTAL DES DROITS appartenans à la RÉGIE.		
	l.	ſ.	d.	l.	ſ.	d.	l.	ſ.	d.	l.	ſ.	d.	l.	ſ.	d.
14. Chaque livre de Soie, quatre ſols, ci	"	4.	"	"	2.	"	"	1.	7 1/5	"	"	9 3/5	"	4.	4 4/5
Si ladite Soie eſt employée en quelque Manufacture du lieu, elle ne paiera rien.															
15. Chaque aune de Velours de Soie, deux ſols, ci	"	2.	"	"	1.	"	"	"	9 3/5	"	"	4 4/5	"	2.	2 2/5
16. Chaque aune d'Etoffe de Soie de toute eſpece, un ſol, ci	"	1.	"	"	"	6.	"	"	4 4/5	"	"	2 2/5	"	1.	1 1/5
17. Chaque aune d'Etoffe de Soie, mêlée avec Coton ou autres natures, ſix deniers, ci	"	"	6.	"	"	3.	"	"	2 2/5	"	"	1 1/5	"	"	6 3/5
18. Chaque livre de Galon, Brandebourg ou autres Paſſemens de Soie, un ſol ſix deniers, ci	"	1.	6.	"	"	9.	"	"	7 1/5	"	"	3 3/5	"	1.	7 4/5
19. Chaque livre de Paſſement en Fil, Laine, Coton & Poil de Chevre, trois deniers, ci	"	"	3.	"	"	1 1/2	"	"	1 1/5	"	"	" 3/5	"	"	3 3/10
20. Chaque douzaine de Boutons de Soie, Poil de Chevre ou Fil, un denier, ci	"	"	1.	"	"	" 1/2	"	"	" 2/5	"	"	" 1/5	"	"	1 1/10
21. Chaque douzaine d'aunes de Dentelle de Soie ou Fil, deux ſols, ci	"	2.	"	"	1.	"	"	"	9 3/5	"	"	4 4/5	"	2.	2 2/5
22. Chaque douzaine de Mouchoirs de Soie & des Indes, trois ſols, ci	"	3.	"	"	1.	6.	"	1.	2 2/5	"	"	7 1/5	"	3.	3 3/5
23. Chaque paire de Bas de Soie, un ſol, ci	"	1.	"	"	"	6.	"	"	4 4/5	"	"	2 2/5	"	1.	1 1/5
24. Chaque douzaine de Rubans de Soie, un ſol ſix deniers, ci	"	1.	6.	"	"	9.	"	"	7 1/5	"	"	3 3/5	"	1.	7 4/5
25. Chaque aune de Mouſſeline, Batiſte & Linon, ſix deniers, ci	"	"	6.	"	"	3.	"	"	2 2/5	"	"	1 1/5	"	"	6 3/5
26. Chaque aune de Drap, Panne, Velours de Coton, ou Poil, un ſol ci	"	1.	"	"	"	6.	"	"	4 4/5	"	"	2 2/5	"	1.	1 1/5
27. Chaque aune de toutes autres Etoffes en Laine, Coton, Poil de Chevre, Fil mêlé ou non, trois deniers, ci	"	"	3.	"	"	1 1/2	"	"	1 1/5	"	"	" 3/5	"	"	3 3/10
28. Chaque aune de Coutil, Toile de Fil & de toutes eſpeces, deux deniers, ci	"	"	2.	"	"	1.	"	"	" 4/5	"	"	" 2/5	"	"	2 1/5
29. Chaque Couverture de Laine, chaque douzaine de Mouchoirs, de Bonnets, de paires de Gants & de Mitaines en Peau, Laine, Coton, Fil, mêlé ou non, un ſol, ci	"	1.	"	"	"	6.	"	"	4 4/5	"	"	2 2/5	"	1.	1 1/5
30. Chaque douzaine de Culottes en Panne ou Peau, ſix ſols,	"	6.	"	"	3.	"	"	2.	4 4/5	"	1.	2 2/5	"	6.	7 1/5
31. Chaque cent livres de Bijouterie, douze ſols ſix deniers, ci	"	12.	6.	"	6.	3.	"	5.	"	"	2.	6.	"	13.	9.

DÉNOMINATION DES *DENRÉES* ET MARCHANDISES SUJETTES AUX DROITS.	PRINCIPAL DU DROIT DE TARIF.	DROITS APPARTENANS A LA RÉGIE.			TOTAL DES DROITS appartenans à la RÉGIE.
		Dix sols p. l. DU DROIT DE TARIF.	Octrois municipaux, ou 8 s. p. liv. du Droit de Tarif.	Dix sols pour livre des Octrois municipaux.	
	l. s. d.	l. s. d.	l. s. d.	l. s. d.	l. s. d.
32. Chaque cent livres de Cuivre, Etain, Acier, Fer-blanc non-œuvré, qui entreront dans le lieu pour le compte de toutes personnes, autres que pour les Fabricans, paieront deux sols, ci..	〃 2. 〃	〃 1. 〃	〃 〃 $9\frac{3}{5}$	〃 〃 $4\frac{4}{5}$	〃 2. $2\frac{2}{5}$
Et si les Fabricans revendoient les mêmes matieres, ils paieront le Droit.					
33. Chaque cent livres des mêmes matieres mises en œuvre par les Habitans, paieront quatre sols, ci........	〃 4. 〃	〃 2. 〃	〃 1. $7\frac{1}{5}$	〃 〃 $9\frac{3}{5}$	〃 4. $4\frac{4}{5}$
34. Les Fabricans seront tenus de passer leur déclaration des pieces qu'ils fabriqueront dans le jour, & le Droit en sera acquitté, eu égard au poids, à raison & perception de l'Article ci-dessus.					
35. Le même Droit sera payé pour les mêmes matieres œuvrées qui viendront du dehors, soit aux Fabricans ou autres Habitans.					
36. Chaque cent livres de Fer, Plomb & Potin non-œuvré, un sol six deniers, ci......................	〃 1. 6.	〃 〃 9.	〃 〃 $7\frac{1}{5}$	〃 〃 $3\frac{3}{5}$	〃 1. $7\frac{4}{5}$
37. Chaque cent livres des mêmes matieres œuvrées, trois sols, ci.....	〃 3. 〃	〃 1. 6.	〃 1. $2\frac{2}{5}$	〃 〃 $7\frac{1}{5}$	〃 3. $3\frac{3}{5}$
38. Chaque pied d'ouvrage des mêmes matieres, un denier, ci.........	〃 〃 1	〃 〃 〃 $\frac{1}{2}$	〃 〃 〃 $\frac{2}{5}$	〃 〃 〃 $\frac{1}{5}$	〃 〃 $1\frac{1}{10}$
39. Chaque cent livres de Clou, un sol six deniers, ci..................	〃 1. 6.	〃 〃 9.	〃 〃 $7\frac{1}{5}$	〃 〃 $3\frac{3}{5}$	〃 1. $7\frac{4}{5}$
40. Chaque livre de Drogues concernant l'Apothicairerie, 6 den. ci..	〃 〃 6.	〃 〃 3.	〃 〃 $2\frac{2}{5}$	〃 〃 $1\frac{1}{5}$	〃 〃 $6\frac{3}{5}$
41. Chaque cent livres d'Huile d'Olive, Sucre, Café & Poivre, 3 sols, ci.	〃 3. 〃	〃 1. 6.	〃 1. $2\frac{2}{5}$	〃 〃 $7\frac{1}{5}$	〃 3. $3\frac{3}{5}$
42. Chaque cent livres de toutes autres Huiles, Savon, & Fruits secs de toutes especes, un sol, ci...........	〃 1. 〃	〃 〃 6.	〃 〃 $4\frac{4}{5}$	〃 〃 $2\frac{2}{5}$	〃 1. $1\frac{1}{5}$
43. Chaque livre d'Indigo, Cannelle, Muscade, Clou de Girofle, six deniers, ci......................	〃 〃 6.	〃 〃 3.	〃 〃 $2\frac{2}{5}$	〃 〃 $1\frac{1}{5}$	〃 〃 $6\frac{3}{5}$
44. Chaque cent livres de Bois de Teinture, de Soudes & de toutes especes d'Epiceries, un sol, ci..........	〃 1. 〃	〃 〃 6.	〃 〃 $4\frac{4}{5}$	〃 〃 $2\frac{2}{5}$	〃 1. $1\frac{1}{5}$
45. Chaque Rame de Papier, un sol, ci............................	〃 1. 〃	〃 〃 6.	〃 〃 $4\frac{4}{5}$	〃 〃 $2\frac{2}{5}$	〃 1. $1\frac{1}{5}$
46. Chaque cent livres de Plume, deux sols, ci.....................	〃 2. 〃	〃 1. 〃	〃 〃 $9\frac{3}{5}$	〃 〃 $4\frac{4}{5}$	〃 2. $2\frac{2}{5}$
47. Chaque livre de Poudre à poudrer, un denier, ci................	〃 〃 1.	〃 〃 〃 $\frac{1}{2}$	〃 〃 〃 $\frac{2}{5}$	〃 〃 〃 $\frac{1}{5}$	〃 〃 $1\frac{1}{10}$

DÉNOMINATION DES *DENRÉES* ET MARCHANDISES SUJETTES AUX DROITS.	PRINCIPAL DU DROIT DE TARIF.			DROITS APPARTENANS A LA RÉGIE. Dix sols p. l. DU DROIT DE TARIF.			Octrois municipaux, ou 8 s. p. liv. du Droit de Tarif.			Dix sols pour livre des Octrois municipaux.			TOTAL DES DROITS apparte-nans à la REGIE.		
	l.	s.	d.	l.	s.	d.	l.	s.	d.	l.	s.	d.	l.	s.	d.
48. Chaque livre de Cheveux paiera à l'entrée un denier, ci.............	″	″	1.	″	″	″ $\frac{1}{2}$	″	″	″ $\frac{2}{5}$	″	″	″ $\frac{1}{5}$	″	″	$1\frac{1}{10}$
Pourquoi les Marchands seront tenus d'en faire leur déclaration, & d'en prendre un acquit; comme aussi de faire leurs déclarations de ce qu'ils en feront sortir.															
49. Chaque cent livres de Crin & Bourres de toutes especes, un sol, ci..	″	1.	″	″	″	6.	″	″	$4\frac{4}{5}$	″	″	$2\frac{2}{5}$	″	1.	$1\frac{1}{5}$
50. Chaque Armoire ou Buffet, deux sols, ci.........................	″	2.	″	″	1.	″	″	″	$9\frac{3}{5}$	″	″	$4\frac{4}{5}$	″	2.	$2\frac{2}{5}$
51. Chaque douzaine de Chaises & chaque piece de Menuiserie, six deniers, ci.........................	″	″	6.	″	″	3.	″	″	$2\frac{2}{5}$	″	″	$1\frac{1}{5}$	″	″	$6\frac{3}{5}$
52. Chaque Pelle ferrée, Pellot, Sceau, Brouette, Boisseau, Broc, Civiere, Echelle, paire d'Echelettes, Cambotte, Panniers, chaque paire de Rouelle de Charrue, chaque Roue de Charrette, Cuve, Rouet, Van & Bavettes, un denier, ci..............	″	″	1.	″	″	″ $\frac{1}{2}$	″	″	″ $\frac{2}{5}$	″	″	″ $\frac{1}{5}$	″	″	$1\frac{1}{10}$
53. Chaque charretée de Bois à Merrain, quinze sols, ci..............	″	15.	″	″	7.	6.	″	6.	″	″	3.	″	″	16.	6.
54. Chaque somme de même Bois; deux sols, ci.....................	″	2.	″	″	1.	″	″	″	$9\frac{3}{5}$	″	″	$4\frac{4}{5}$	″	2.	$2\frac{2}{5}$
55. Chaque charretée de Bois dolé, douze sols, ci..................	″	12.	″	″	6.	″	″	4.	$9\frac{3}{5}$	″	2.	$4\frac{4}{5}$	″	13.	$2\frac{2}{5}$
56. Chaque douzaine de Cercles ou Cerceaux, trois deniers, ci.........	″	3.	″	″	″	$1\frac{1}{2}$	″	″	$1\frac{1}{5}$	″	″	″ $\frac{3}{5}$	″	″	$3\frac{3}{10}$
57. Chaque cent de Lattes, Tuiles, Ardoises, Briques, Carreaux à blanc, à paver & essente, deux deniers, ci...	″	″	2.	″	″	1.	″	″	″ $\frac{4}{5}$	″	″	″ $\frac{2}{5}$	″	″	$2\frac{1}{5}$
58. Chaque livre de Cire & chaque douzaine de livres de Corderie, de toutes especes, un denier, ci..............	″	″	1.	″	″	″ $\frac{1}{2}$	″	″	″ $\frac{2}{5}$	″	″	″ $\frac{1}{5}$	″	″	$1\frac{1}{10}$
59. Chaque somme de Faïance & Verrerie de toutes especes, deux sols six deniers, ci.....................	″	2.	6.	″	1.	3.	″	1.	″	″	″	6.	″	2.	9.
60. Chaque somme de Potterie, un sol, ci...........................	″	1.	″	″	″	6.	″	″	$4\frac{4}{5}$	″	″	$2\frac{2}{5}$	″	1.	$1\frac{1}{5}$
61. Chaque Lanterne, Fallot & Soufflet, un denier, ci................	″	″	1.	″	″	″ $\frac{1}{2}$	″	″	″ $\frac{2}{5}$	″	″	″ $\frac{1}{5}$	″	″	$1\frac{1}{10}$
62. Chaque paire de Souliers & Mules, un denier, ci.................	″	″	1.	″	″	″ $\frac{1}{2}$	″	″	″ $\frac{2}{5}$	″	″	″ $\frac{1}{5}$	″	″	$1\frac{1}{10}$
63. Chaque paire de Bottes fortes, ou molles, six deniers, ci..........	″	″	6.	″	″	3.	″	″	$2\frac{2}{5}$	″	″	$1\frac{1}{5}$	″	″	$6\frac{3}{5}$
64. Chaque Selle & Panneau à dos, chaque Cuir de Maroquin ou roussi, un sol, ci.......................	″	1.	″	″	″	6.	″	″	$4\frac{4}{5}$	″	″	$2\frac{2}{5}$	″	1.	$1\frac{1}{5}$

DÉNOMINATION DES DENRÉES ET MARCHANDISES SUJETTES AUX DROITS.	PRINCIPAL DU DROIT DE TARIF.			DROITS APPARTENANS A LA RÉGIE. Dix sols p. l. DU DROIT DE TARIF.			Octrois municipaux, ou 8 s. p. liv. du Droit de Tarif.			Dix sols pour livre des Octrois municipaux.			TOTAL DES DROITS appartenans à la RÉGIE.		
	l.	s.	d.	l.	s.	d.	l.	s.	d.	l.	s.	d.	l.	s.	d.
65. Chaque Bât, Panneau simple, & Collier à Chevaux, six deniers, ci....	″	″	6.	″	″	3.	″	″	$2\frac{2}{5}$	″	″	$1\frac{1}{5}$	″	″	$6\frac{3}{5}$
66. Chaque somme de Charbon, Braise, Tan battu ou en fagots, noyer ou chaux, un sol six deniers, ci......	″	1.	6.	″	″	9.	″	″	$7\frac{1}{5}$	″	″	$3\frac{3}{5}$	″	1.	$7\frac{4}{5}$
67. Chaque charretée de Gênet & Bois à brûler de toutes especes, dix sols, ci..........................	″	10.	″	″	5.	″	″	4.	″	″	2.	″	″	11.	″
68. Chaque Somme, un sol, ci....	″	1.	″	″	″	6.	″	″	$4\frac{4}{5}$	″	″	$2\frac{2}{5}$	″	1.	$1\frac{1}{5}$
69. Chaque douzaine de Pommiers & Poiriers à planter, six deniers, ci...	″	″	6.	″	″	3.	″	″	$2\frac{2}{5}$	″	″	$1\frac{1}{5}$	″	″	$6\frac{3}{5}$
70. Chaque cent de Surets & jeunes Epines, un denier, ci..............	″	″	1.	″	″	″ $\frac{1}{2}$	″	″	″ $\frac{2}{5}$	″	″	″ $\frac{1}{5}$	″	″	$1\frac{1}{10}$
71. Chaque somme de Foin venant du dehors, deux sols, ci............	″	2.	″	″	1.	″	″	″	$9\frac{3}{5}$	″	″	$4\frac{4}{5}$	″	2.	$2\frac{2}{5}$
72. Chaque somme de Poisson frais ou salé, cinq sols, ci..............	″	5.	″	″	2.	6.	″	2.	″	″	1.	″	″	5.	6.
73. Chaque somme de Moules & d'Huîtres en pierres, un sol, ci......	″	1.	″	″	″	6.	″	″	$4\frac{4}{5}$	″	″	$2\frac{2}{5}$	″	1.	$1\frac{1}{5}$
74. Chaque Brochet, Tanche ou Carpe, un denier, ci..............	″	″	1.	″	″	″ $\frac{1}{2}$	″	″	″ $\frac{2}{5}$	″	″	″ $\frac{1}{5}$	″	″	$1\frac{1}{10}$
75. Chaque Saumon frais ou salé, deux sols, ci......................	″	2.	″	″	1.	″	″	″	$9\frac{3}{5}$	″	″	$4\frac{4}{5}$	″	2.	$2\frac{2}{5}$
76. Chaque somme de Noix seches ou vertes, de Fruits à couteau, de Légumes & Choux à planter, un sol, ci.	″	1.	″	″	″	6.	″	″	$4\frac{4}{5}$	″	″	$2\frac{2}{5}$	″	1.	$1\frac{1}{5}$
77. Chaque Chair de Bœuf, Vache, Taureau, Genisse, Genisson, Porc brûlé ou écorché, dix sols, ci.......	″	10.	″	″	5.	″	″	4.	″	″	2.	″	″	11.	″
78. Chaque Chair de Veau, Mouton, deux sols, ci......................	″	2.	″	″	1.	″	″	″	$9\frac{3}{5}$	″	″	$4\frac{4}{5}$	″	2.	$2\frac{2}{5}$
79. Chaque Agneau, Chevre ou Bouc, un sol, ci..................	″	1.	″	″	″	6.	″	″	$4\frac{4}{5}$	″	″	$2\frac{2}{5}$	″	1.	$1\frac{1}{5}$
80. Chaque livre de Chair de toutes especes venant de dehors, ou autres que celles apportées par les Bouchers étrangers, qui passeront leur déclaration avant l'exposition en vente, paieront alors le même Droit que les Bouchers du lieu, trois deniers, ci......	″	″	3.	″	″	$1\frac{1}{2}$	″	″	$1\frac{1}{5}$	″	″	″ $\frac{3}{5}$	″	″	$3\frac{3}{10}$
81. Chaque cent livres de Suif, Chandelle, Graisse fondue ou non, venant du dehors, quatre livres, ci...	″	4.	″	″	2.	″	″	1.	$7\frac{1}{5}$	″	″	$9\frac{3}{5}$	″	4.	$4\frac{4}{5}$
82. Chaque Lievre ou Lapin, quatre deniers, ci......................	″	″	4.	″	″	2.	″	″	$1\frac{3}{5}$	″	″	″ $\frac{4}{5}$	″	″	$4\frac{2}{5}$
83. Chaque Perdrix, Bécasse, couple de Volaille, douzaine de Fromages, livre de Beurre, couple de douzaines d'Œufs, un denier, ci............	″	″	1.	″	″	″ $\frac{1}{2}$	″	″	″ $\frac{2}{5}$	″	″	″ $\frac{1}{5}$	″	″	$1\frac{1}{10}$

DÉNOMINATION DES *DENRÉES* ET MARCHANDISES SUJETTES AUX DROITS.	PRINCIPAL DU DROIT DE TARIF.	DROITS APPARTENANS A LA RÉGIE. Dix sols p. l. DU DROIT DE TARIF.	Octrois municipaux, ou 8 s. p. liv. du Droit de Tarif.	Dix sols pour livre des Octrois municipaux.	TOTAL DES DROITS apparte-nans à la RÉGIE.
	l. s. d.	l. s. d.	l. s. d.	l. s. d.	l. s. d.
84. Chaque barrique de Vin, de cent vint pots, quatre livres, ci......	4. ″ ″	2. ″ ″	1. 12. ″	″ 16. ″	4. 8.
85. Chaque barrique de Bierre de cent vingt pots, deux livres, ci......	2. ″ ″	1. ″ ″	″ 16. ″	″ 8. ″	2. 4. ″
86. Chaque tonneau de Cidre de six cents pots, trois livres, ci..........	3. ″ ″	1. 10. ″	1. 4. ″	″ 12. ″	3. 6. ″
87. Chaque tonneau de Poiré de six cents pots, deux livres, ci..........	2. ″ ″	1. ″ ″	″ 16. ″	″ 8. ″	2. 4. ″
Au dessus & au-dessous de six cents pots de Cidre & Poiré, le Droit sera augmenté ou diminué à proportion.					
88. Chaque pot d'Eau-de-vie & de Liqueur, six deniers, ci...........	″ ″ 6.	″ ″ 3.	″ ″ $2\frac{2}{5}$	″ ″ $1\frac{1}{5}$	″ ″ $6\frac{3}{5}$
Les Marchands de vin en gros, qui auront magasin dans la Paroisse, ne paieront que moitié du Droit.					
Les Aubergistes & Cabaretiers, sujets aux Droits d'entrées des Aides, ne paieront que moitié Droit sur le Vin & Cidre.					
Tous les Bestiaux exposés en vente aux Foirés & Marchés dans la Paroisse de Condé, vendus ou non vendus, & ceux vendus hors les Foires & Marchés, dans l'enceinte de ladite Paroisse, paieront savoir;					
89. Chaque Bœuf, Vache, Taureau, Genisse ou Genisson, deux sols, ci....	″ 2. ″	″ 1. ″	″ ″ $9\frac{3}{5}$	″ ″ $4\frac{4}{5}$	″ 2. $2\frac{2}{5}$
90. Chaque Cheval, Jument, Mulet, Mule, Ane ou Anesse, quatre sols, ci.............................	″ 4. ″	″ 2. ″	″ 1. $7\frac{1}{5}$	″ ″ $9\frac{3}{5}$	″ 4. $4\frac{4}{5}$
91. Chaque Mouton, Brebis, Bouc ou Chevre, six deniers, ci.........	″ ″ 6.	″ ″ 3.	″ ″ $2\frac{2}{5}$	″ ″ $1\frac{1}{5}$	″ ″ $6\frac{3}{5}$
92. Chaque Porc, Truie & Veau de lait, un sol, ci....................	″ 1. ″	″ ″ 6.	″ ″ $4\frac{4}{5}$	″ ″ $2\frac{2}{5}$	″ 1. $1\frac{1}{5}$
Les Bestiaux au lait, sous la mere, ne paieront rien.					
Les Marchands de chevaux & de tous autres bestiaux, résidans dans la Paroisse, paieront le quart des Droits ci-dessus, si leurs Bestiaux séjournent plus de trois jours francs dans ladite Paroisse; &, si ils les y vendent, ils paieront le restant du Droit.					
Les Marchandises & Denrées suivantes, paieront à la sortie du Bourg & Paroisse, savoir;					

DÉNOMINATION DES *DENRÉES* ET MARCHANDISES SUJETTES AUX DROITS.	PRINCIPAL DU DROIT DE TARIF.			DROITS APPARTENANS A LA RÉGIE.									TOTAL DES DROITS apparte-nans à la RÉGIE.		
				Dix sols p. l. DU DROIT DE TARIF.			Octrois municipaux, ou 3 s. p. liv. du Droit de Tarif.			Dix sols pour livre des Octrois municipaux.					
	l.	s.	d.	l.	s.	d.	l.	s.	d.	l.	s.	d.	l.	s.	d.
93. Chaque cent livres de Laine, Paignon, Lin, Lanfet, Chanvre ou Coton, chaque Cuir de Bœuf, Vache, Genisse ou Genisson, en vert, deux sols, ci..........................	″	2.	″	″	1.	″	″	″	9 3/5	″	″	4 4/5	″	2.	2 2/5
94. Chaque Peau de Mouton en Laine, de Bouc ou Chevre, cinq deniers, ci........................	″	″	5.	″	″	2 1/2	″	″	2.	″	″	1.	″	″	5 1/2
95. Chaque Peau de Veau en vert, & chaque Peau de Mouton pelé, un denier, ci.......................	″	″	1.	″	″	″ 1/2	″	″	″ 2/5	″	″	″ 1/5	″	″	1 1/10
96. Chaque Peau de Cheval, Ane ou Porc, en verd, neuf deniers, ci...	″	″	9.	″	″	4 1/2	″	″	3 3/5	″	″	1 4/5	″	″	9 9/10
97. Chaque Peau de Loup, Renard, Martre, Fouine, Blaireau, Loutre, chaque douzaine de Putois, Lievres & Lapins, neuf deniers, ci............	″	″	9.	″	″	4 1/2	″	″	3 3/5	″	″	1 4/5	″	″	9 9/10
98. Chaque Vergée de Pré, dans toute l'étendue de la Paroisse, fauchée ou non fauchée, exploitée par les Habitans étrangers, ou par les Fermiers des Nobles & Privilégiés, dix sols, ci.	″	10.	″	″	5.	″	″	4.	″	″	2.	″	″	11.	″
99. Toutes autres Vergées de Terres labourables & non labourables, labourées ou non labourées, plantées ou non plantées, exploitées comme ci-dessus, ensemble les Bois taillis, Cours & Clos, paieront trois sols, ci........	″	3.	″	″	1.	6.	″	1.	2 2/5	″	″	7 1/5	″	3.	3 1/5
100. Chaque somme de Paille, Pommes ou Poires sortant le Bourg, 4 s. ci..	″	4.	″	″	2.	″	″	1.	7 1/5	″	″	9 3/5	″	4.	4 4/5
101. Tout Appartement où il y aura Foyer, & qui sera non-seulement propre à Appartement manable, mais qui sera propre pour tout Appartement de ménage, pour Chaudieres, Four ou autres usages, paiera 7 s. 6 den. * ci..	″	7.	6.	″	3.	9.	″	3.	″	″	1.	6.	″	8.	3.
Et si néanmoins lesdits Appartemens servoient seulement & constamment de Caves, Bûchers, Pressoirs, Etables, Granges ou Ecuries, ils ne paieront rien.															
102. L'entrée seule ou le passage dans le Bourg & Paroisse, obligera à la dé-															

* *Nota.* Par l'Arrêt d'enregistrement de la Cour, « les Maisons & Jardins » appartenans & occupés par les Pri- » vilégiés, ayant exemption de Taille » personnelle, seront exempts de la » taxe mentionnée en l'art. 101 desdites » Lettres-Patentes ».

DÉNOMINATION DES *DENRÉES* ET MARCHANDISES SUJETTES AUX DROITS.	PRINCIPAL DU DROIT DE TARIF.			DROITS APPARTENANS A LA RÉGIE. Dix sols p. l du Droit de Tarif.			Octrois municipaux, ou 8 s. p. liv. du Droit de Tarif.			Dix sols pour livre des Octrois municipaux.			TOTAL DES DROITS appartenans à la RÉGIE.		
	l.	s.	d.	l.	s.	d.	l.	s.	d.	l.	s.	d.	l.	s.	d.
claration, au Bureau du Tarif, avant la décharge.															
103. Tous Marchands étrangers ou Colporteurs, ne pourront étaler ni vendre leurs Marchandises dans le Bourg & Paroisse, sans avoir fait leur déclaration au Bureau, & acquitté le Droit; & à l'égard de ceux qui viendront étaler dans les Foires, ils paieront, savoir; chaque somme de Bijouterie, Draperie & Mercerie, une livre, ci	1.	"	"	"	10.	"	"	8.	"	"	4.	"	1.	2.	"
Chaque somme de Clincaillerie, cinq sols, ci	"	5.	"	"	2.	6.	"	2.	"	"	1.	"	"	5.	6.
104. Aucun Marchand, ni Habitant, ne pourra avoir, qu'à une lieue du Bourg, d'entrepôt ou magasins de Marchandises ou Denrées sujettes au Droit de Tarif, sous peine de confiscation d'icelles, & l'amende ci-après.															
105. Le passe-debout, pour les Habitans, ne sera que de vingt-quatre heures, & de trois jours pour les Etrangers; lesquels Habitans & Etrangers seront tenus d'en passer leur déclaration au Bureau, & n'aura lieu, ledit passe-debout, que pour les Marchandises apportées & emballées hors la Paroisse sans pouvoir y être déballées, sans déroger à l'observation pour les Marchands de chevaux & bestiaux.															
106. Tout Habitant & Fabricant d'étoffe, toile de fil de coton, ou de toutes autres Marchandises, sera tenu de les apporter à la sortie du métier au Bureau pour être marquées & acquitter le Droit.															
107. Les Marchands de fil de coton, de fil de lin, de fil de lanfet, en chaînes ou non, paieront, à la sortie du Bourg, par vingt livres pesant, cinq deniers, ci	"	"	2½	"	"	2.	"	"	1.	"	"	5½	"	"	5.
108. Les Tanneurs & Mégissiers seront tenus de déclarer leur Marchandise avant de la faire sécher, & de la faire marquer après le sec, & en acquitter le Droit.															
109. Les Chapeliers seront tenus de passer leur déclaration au Bureau, du															

DÉNOMINATION DES DENRÉES ET MARCHANDISES SUJETTES AUX DROITS.	PRINCIPAL DU DROIT DE TARIF.	DROITS APPARTENANS A LA RÉGIE. Dix f. p. liv. DU DROIT DE TARIF.	Octrois municipaux, ou 8 f. p. liv du Droit de Tarif.	Dix fols pour livre des Octrois municipaux.	TOTAL DES DROITS apparte-nans à la RÉGIE.
	l. f. d.	l. f. d.	l. f. d.	l. f. d.	l. f. d.
nombre de Chapeaux qu'ils auront fabriqués, & d'en acquitter le Droit avant de les mettre à la teinture.					
110. Tous Bouchers & autres qui tueront des beftiaux, feront tenus d'en faire la déclaration au Bureau avant le maffacre, & d'en acquitter le Droit.					
111. Tous Propriétaires faifant valoir les Maifons, Prés & Terres, feront tenus, dans un mois de la publication du Préfent, d'apporter au Bureau une Déclaration précife, tant de leurs Appartemens, que de la contenance de leurs Prés & Terres, & celui qui n'aura pas déclaré jufte, fera condamné à l'amende ci-après, au profit du Bureau.					
112. Lefdits Propriétaires, ou Faifans-valoir, paieront leurs impofitions de quart en quart, & par avance.					
113. Tout Habitant ou Etranger, exploitant les fonds de la Paroiffe, ne pourra couper, élaguer ni déraciner aucun arbre, ne pourra braffer aucuns fruits, ni en vendre pour fortir de ladite Paroiffe, fans avoir paffé fa Déclaration au Bureau.					
114. Chaque fomme de Quincaillerie, cinq fols, ci.................	// 5. //	// 2. 6.	// 2. //	// 1. //	// 5. 6.
115. Chaque fomme de Sabots, 3 f. ci..	// 3. //	// 1. 6.	// 1. 2 $\frac{2}{5}$	// // 7 $\frac{1}{5}$	// 3. 3 $\frac{3}{5}$
116. Tous les Droits ci-deffus détaillés feront payés par toutes fortes de perfonnes, exemptes ou non exemptes, privilégiées ou non privilégiées, à l'exception des Prêtres & des Perfonnes nobles.					
117. Comme le Bourg de Condé n'a ni portes ni murs, ceux qui feront trouvés hors des grands chemins & chemins vicinaux, apportant ou conduifant quelques Marchandifes ou Denrées fujettes aux Droits ci-deffus, feront réputés Fraudeurs, &, comme tels, condamnés à l'amende.					
118. Toutes Marchandifes & Denrées feront confifquées, & les Contrevenans condamnés en vingt livres d'amende au profit dudit Bureau, fans que, fous aucun prétexte, ladite amende puiffe être modérée ni réputée peine					

DÉNOMINATION DES *DENRÉES* ET MARCHANDISES SUJETTES AUX DROITS.	PRINCIPAL DU DROIT DE TARIF.	DROITS APPARTENANS A LA RÉGIE. Dix s. p liv. DU DROIT DE TARIF.	Octrois municipaux, ou 8 s. p. liv. du Droit de Tarif.	Dix sols pour livre des Octrois municipaux.	TOTAL DES DROITS appartenans à la RÉGIE.
comminatoire : Veut, Sa Majesté, que lesdits Droits ci-dessus détaillés soient payés par toutes sortes de personnes, exemptes & non exemptes, privilegiées & non privilégiées, à l'exception de celles mentionnées à l'Article 116, dont les consommations seront fixées chaque année par un état dressé en présence de chaque Partie intéressée, par les Officiers municipaux, & arrêté par le sieur Intendant & Commissaire départi, ou celui qu'il lui plaira commettre à cet effet : Ordonne, Sa Majesté, que les huit sols pour livre, créés par l'Edit de Novembre 1771, continueront d'être perçus en sus desdits Droits, sans néanmoins que les sommes, provenantes de l'imposition sur les fonds, puissent être assujetties auxdits huit sols pour livre. Fait, Sa Majesté, défenses de lever autres ni plus fortes sommes que celles qui se trouvent déterminées dans le susdit Tarif, sous peine de concussion ; ordonne enfin Sa Majesté que toutes les contestations qui pourront survenir pour la perception desdits Droits, seront portées en premiere Instance au Siége de l'Election de Vire, &, par appel, en la Cour des Aides de Rouen ; & seront, sur le présent Arrêt, toutes Lettres nécessaires expédiées. Fait au Conseil d'Etat du Roi, tenu à Versailles le 28 Mars 1780.	l. s. d.	l. s. d.	l. s. d.	l. s. d.	l. s. d.
Nota. Les Octrois Municipaux & les dix sols pour livre desdits Droits énoncés au présent Tarif, & classés dans les différens textes du Tarif général des Aides, sont ici pour mémoire.					

www.ingramcontent.com/pod-product-compliance
Lightning Source LLC
LaVergne TN
LVHW010959180726
843502LV00004B/1256

9782329604237